重庆市哲学社会科学领军人才特殊支持计划项目资助
重庆市应用伦理学研究生导师团队项目资助
西南大学中央高校基本科研业务费创新团队项目"脆弱性视域的中国传统德性与当代伦理重构"（项目编号：SWU1709111）资助

绩铺论丛

任丑 著

人类伦理思想发微

西南大学出版社
SWUP 国家一级出版社 全国百佳图书出版单位

图书在版编目(CIP)数据

人类伦理思想发微/任丑著.—重庆:西南大学出版社,2022.6
(绩镛论丛)
ISBN 978-7-5697-0165-4

Ⅰ.①人… Ⅱ.①任… Ⅲ.①伦理思想-研究 Ⅳ.①B82

中国版本图书馆CIP数据核字(2020)第106457号

人类伦理思想发微
RENLEI LUNLI SIXIANG FAWEI

任 丑 著

责任编辑:李浩强
责任校对:李晓瑞
封面设计:观止堂_未氓
排　　版:夏　洁
出版发行:西南大学出版社(原西南师范大学出版社)
　　　　　地址:重庆市北碚区天生路2号
　　　　　市场营销部:023-68868624
　　　　　邮编:400715
印　　刷:重庆市国丰印务有限责任公司
幅面尺寸:160mm×235mm
印　　张:25.25
字　　数:376千字
版　　次:2022年6月　第1版
印　　次:2022年6月　第1次印刷
书　　号:ISBN 978-7-5697-0165-4
定　　价:88.00元

序

人类伦理思想博大精深，笔者学力所限，只能蠡测管窥。书名为《人类伦理思想发微》，实为抛砖引玉尔。

一切历史都是当代历史，所有伦理思想也都是当下的思想。研究人类思想，是为了淬炼我们独立思考的理性能力，提升我们的思想。也就是说，他者的思想必须转化为自己的思想，转化为思考当下问题的桥梁，这种思想才是真正的思想。是故，研究人类伦理思想的态度是，打破人为设定的诸多鸿沟壁垒，冲破作茧自缚的藩篱，摒弃国别偏见如西方伦理思想、中国伦理思想，摒弃派别观念如自由主义伦理思想、保守主义伦理思想或道家伦理思想、儒家伦理思想、教派伦理思想、法家伦理思想等，拒斥阶级、地域、性别、地位等差异的狭隘伦理习俗思维，以人的普遍价值和世界胸襟研究人类伦理和道德哲学。

本书试图管窥蠡测人类伦理思想的点面，以求人类伦理思想发微之目的。何谓管窥蠡测？《汉书》卷六十五《东方朔传》载："今世之处士，魁然无徒，廓然独居，上观许由，下察接舆，计同范蠡，忠合子胥，天下和平，与义相扶，寡耦少徒，固其宜也，子何疑于我哉？若夫燕之用乐毅，秦之任李斯，郦食其之下齐，说行如流，曲从如环，所欲必得，功若丘山，海内定，国家安，是遇其时也，子又何怪之邪！语曰'以管窥天，以蠡测海，以莛撞钟'，岂能通其条贯，考其文理，发其音声哉！"唐李商隐《咏怀寄秘阁旧僚》载："典籍将蠡测，文章若管窥。"蠡，意思是葫芦做的瓢。蠡测，"以蠡测海"的略语。以蠡测海，用瓢来测量海，比喻见识短浅，以浅见量度人。

管窥,比喻观察和了解很狭窄片面。管窥蠡测大意如此。

"发微",指阐发微妙之处。汉陈琳《迷迭赋》载:"动容饰而发微,穆斐斐以承颜。"宋周敦颐《通书·诚几德》载:"发微不可见,充周不可穷之谓神。"朱熹注:"发之微妙而不可见,充之周遍而不可穷,则圣人之妙用而不可知者也。"因此,"发微"常用作书名或篇名,指对某一事理精蕴或某一事物原委的探索。清曾国藩《复刘霞仙中丞书》云:"阁下山居静笃,将为《礼经发微》及《或问》等书,何不先取此三礼(昏、丧、祭)撰著鸿篇,使品官士庶可以通行。"又如鲁迅《而已集·大衍发微》。

本书期望对人类伦理思想"以蠡测海",达到发微之目的。当然,这是一种奢望。尽管如此,笔者依然坚信后来者必能达成此目的。为此,本书仍定名为《人类伦理思想发微》。

是为序。

目 录

第一编 西方伦理思想管窥

第一章　古希腊伦理思想管窥　/　3

第二章　中世纪伦理思想管窥　/　5

第三章　近现代伦理思想管窥　/　8

第四章　西方伦理思想的基本形态　/　11

　　第一节　目的论概论　/　11

　　第二节　义务论概论　/　15

第二编 中国伦理思想管窥

第一章　先秦两汉伦理思想管窥　/　23

　　第一节　孔子伦理思想　/　23

　　第二节　老子伦理思想　/　24

　　第三节　墨子伦理思想　/　25

　　第四节　孟子伦理思想　/　26

　　第五节　庄子伦理思想　/　28

　　第六节　荀子伦理思想　/　28

　　第七节　韩非子伦理思想　/　30

　　第八节　董仲舒伦理思想　/　30

　　第九节　王充伦理思想　/　32

第二章　魏晋伦理思想管窥 / 34

　　第一节　王弼伦理思想 / 34

　　第二节　嵇康伦理思想 / 35

　　第三节　裴頠伦理思想 / 35

　　第四节　郭象伦理思想 / 36

第三章　唐宋伦理思想管窥 / 37

　　第一节　韩愈伦理思想 / 37

　　第二节　李翱伦理思想 / 38

　　第三节　周敦颐伦理思想 / 39

　　第四节　张载伦理思想 / 39

　　第五节　二程伦理思想 / 40

　　第六节　朱熹伦理思想 / 41

　　第七节　陆九渊伦理思想 / 43

第四章　明清伦理思想管窥 / 44

　　第一节　王阳明伦理思想 / 44

　　第二节　黄宗羲伦理思想 / 45

　　第三节　王夫之伦理思想 / 46

　　第四节　戴震伦理思想 / 47

第三编　中国伦理思想蠡测

第一章　人类伦理视域的义利之辨 / 51

　　第一节　义利之辨概述 / 51

　　第二节　义利同一的分析判断 / 54

　　第三节　义利对立的综合判断 / 60

　　结　语 / 67

第二章　义利之辨的困境与出路 / 69

　　第一节　义利之辨的困境 / 70

　　第二节　义利之辨困境的反思 / 72

第三节　义利之辨的出路 / 76
　　结　语 / 80
第三章　严复的经济伦理思想 / 81
　　第一节　严复经济伦理思想的使命 / 81
　　第二节　严复经济伦理思想的基本要求 / 83
　　第三节　严复经济伦理思想的目的 / 86
第四章　"中体西用"的二重性 / 89
　　第一节　"中体西用"命题本身的二重性 / 89
　　第二节　"中体西用"思想的二重性 / 90
　　第三节　"中体西用"价值的二重性 / 91
　　第四节　"中体西用"根源的二重性 / 93
　　第五节　"中体西用"二重性的反思 / 94
第五章　谁之功利？何种功利？ / 96
　　第一节　"我们"的而非"我"的功利思想 / 96
　　第二节　自然的而非自由的功利思想 / 100
　　第三节　"同"的而非"和"的功利思想 / 103
第六章　祛贫弱以求富强 / 108
　　第一节　自由平等 / 108
　　第二节　重公务实 / 111
　　第三节　提升国民素质 / 115
第七章　荀子与黑格尔伦理思想的根本差异 / 118
　　第一节　人性论证明的根本差异 / 118
　　第二节　社会学证明的根本差异 / 121
　　第三节　伦理问题的基本认识的根本差异 / 124
　　第四节　伦理实现条件的根本差异 / 126
第八章　《中庸》与人类伦理视域的新君子 / 129
　　第一节　何种中庸主体 / 129
　　第二节　何种问题 / 133

第三节　中庸主体之本然为何 / 138

第四节　中庸主体应当为何 / 142

结　语 / 147

第九章　《中庸》的伦理反思 / 149

第一节　何种君子 / 149

第二节　何种小人 / 152

第三节　何种中庸 / 156

余　论 / 164

第四编　西方伦理思想蠡测

第一章　康德义务论辨正 / 169

第一节　康德义务论的缘起 / 169

第二节　康德对目的论的改造 / 174

第二章　康德论道德教育方法 / 180

第一节　纯粹实践理性的方法论如何可能？ / 180

第二节　纯粹实践理性的方法论 / 183

第三节　纯粹实践理性方法论的反思 / 188

第三章　义务论还是德性论？ / 193

第一节　康德的交代 / 193

第二节　德性不是什么？ / 195

第三节　德性是什么？ / 199

第四节　是否义务论？ / 201

第四章　康德伦理学的几个问题 / 205

第一节　康德的道德与伦理的相关问题 / 205

第二节　康德伦理学的义务问题 / 206

第三节　二律背反和康德的阶级软弱性以及思维方式问题 / 208

第五章　黑格尔关于善的思想 / 212
　　第一节　辩证善恶观 / 212
　　第二节　黑格尔善恶观的辨析 / 217

第六章　黑格尔的伦理有机体思想 / 221
　　第一节　基本伦理思路 / 221
　　第二节　客观伦理 / 224
　　第三节　绝对伦理 / 227
　　第四节　伦理有机体 / 230

第七章　黑格尔理性主义伦理学体系 / 234
　　第一节　伦理精神的演进形态 / 235
　　第二节　法与道德 / 241
　　第三节　伦理实体 / 246
　　结　语 / 253

第八章　黑格尔的伦理有机体思想反思 / 254
　　第一节　伦理有机体的有机统一 / 254
　　第二节　伦理学百科全书 / 278

第九章　黑格尔伦理有机体思想之后 / 309
　　第一节　现代伦理的活水源头 / 309
　　第二节　伦理有机体的批判与复兴 / 320
　　结　语 / 336

第五编　人类伦理思想蠡测

第一章　应用伦理反思 / 341
　　第一节　应用伦理学的两类基本观点 / 341
　　第二节　应用伦理学的逻辑和历史进程 / 345

第二章　追寻正义的进程 / 352
　　第一节　正义之神的渴望 / 352

第二节　朴素正义的追寻 / 353
第三节　亚里士多德的正义反思 / 354
第四节　罗尔斯对正义的系统研究 / 357
第五节　权利正义的尝试 / 362

第三章　锤炼德性精神 / 366
第一节　理论德性论 / 366
第二节　应用德性论 / 375
第三节　后德性论 / 379

结　语 / 387

本书内容初刊信息 / 390

后　记 / 392

第一编

西方伦理思想管窥

西方道德学说的历史形态极其复杂,我们根据时间顺序大致把它分为古希腊伦理学、中世纪伦理学、近现代伦理学。

第一章　古希腊伦理思想管窥

通常认为,伦理学是从苏格拉底(前469—前399)开始的。不可否认,苏格拉底生活的年代也是哲人辈出的时代。阿里斯托芬(前446—385)的《云》、欧里庇得斯(前480—前406)的悲剧和修昔底德(前460—400)的《伯罗奔尼撒战争史》等著作,都表明在公元前5世纪的最后几十年里,伦理学的基础理论处在激烈的讨论之中。前苏格拉底伦理学的讨论至少可以看作是前哲学道德传统的先驱。

苏格拉底的理性德性论为道德哲学的建立及形成一门独立的学科奠定了基础。在希腊传统里,德性中心论是道德理论的主要形式,它主要体现在柏拉图、亚里士多德和斯多葛学派的道德学说中。其中,亚里士多德是古希腊最为重要的伦理学家之一。亚里士多德的伦理学代表作有《大伦理学》《优台谟伦理学》和众所周知的《尼各马可伦理学》。以上三部著作都是在探讨同一个主题。我们主要根据《尼各马可伦理学》概述其德性伦理思想。

亚里士多德的伦理理论可以看作是最明智地趋向柏拉图的道德哲学,并且继承了苏格拉底的一贯主张,即关于人类善的知识。不过,亚里士多德拒绝柏拉图在逻辑学、形而上学和伦理学中的观点,否定柏拉图关于人类对于善的知识应该是抽象的可普遍化的总体的结论。亚里士多德认为,没有可以作为可普遍化的德性的本质,人类的善必须以自己的形式整体性地加以理解。这种知识要求个人经验,对已经成熟的人而言什么主张是有价值的,在这种情况下能表示恰当的回应和尊敬。

亚里士多德认为,人们有能力探究感兴趣问题的理论真相,包括数学、自然物理学和形而上学;人们有能力理解自己和自身德性的本质;人们有能力让非理性的愿望,也就是欲望或柏拉图灵魂三分说中的较低级的部分符合并能支持理性德性论。因此,人类的善首先包含这些完美的能力,通过发展德性合乎其本质。假如没有受到疾病的影响或者缺乏必要的生活物资,那些拥有所有人类德性并能指导其生活的人们,将径直得到充满活力的快乐生活。亚里士多德认为,德性是使得一个事物状态好的本质。灵魂有一个有理性的部分和一个没有理性的部分,即欲望部分。相应地,理性活动的德性即理智德性,理论理智德性是理论理解能力的表现,可通过教导获得。欲望活动上的德性,即伦理德性,可通过习惯养成。在一定范围内我们像上帝,因此能够在某种程度上享受生活的美好。理智德性和伦理德性都是最好的生活所必需的,并且每个方面都是人类善的生活的本质。

亚里士多德的道德哲学对希腊化时期的道德哲学产生了重大影响。

希腊化时期影响较大的两个哲学流派是斯多葛学派和伊壁鸠鲁学派。古希腊世界的两个新的学派提供了一个激进的选择,不是在快乐或者作为最高善的德性之间的选择,而是对他们所处的这个世界所认识的各种方式的选择。柏拉图和亚里士多德也调查了所有的一切,但是他们的伦理在希腊化世界里不够国际化和开放化。希腊化伦理的显著特征是它从实际的政治和古希腊城邦所赋予的财富中脱离出来,往往主张个人主义和世界主义是正当的。希腊化时期伦理学的另一个特点是关照变化困惑的命运。伊壁鸠鲁和斯多葛学派同样给出了幸福的处方,它在最低限度要求的情况下,适用于任何地方的任何人。每个人的责任都是为了自己的幸福,这形成了苏格拉底遗产的一部分。值得注意的是,伊壁鸠鲁学派和斯多葛学派的芝诺(前490—前425)不是单纯的伦理理论家,他们在日常社会生活中遵循着体现他们所教授的生活的原则,因而还是其伦理思想的实践家。

第二章　中世纪伦理思想管窥

古希腊时期的伦理学思想成为中世纪伦理学的重要思想来源之一。中世纪早期(12世纪前)的思想和教父时期具有划时代意义的作品密不可分,这些基督教作品大都出自2至6世纪。中世纪的伦理学假定预设,继承了对柏拉图主义、斯多葛学派的禁欲主义和更为广阔的神学伦理问题的反思。

最有影响的拉丁教父当数希波的奥古斯丁(354—430),他在《天主教的道德》一书中,把对上帝之爱的形式重新定义为主要的德性。在《忏悔录》里,他研究了德性的根据和新柏拉图主义的终极目的后认为,世俗生活就是我们向天国之家朝圣的历程。为了朝圣,我们必须服务我们的上帝和邻居,我们需要由圣经来引领我们的圣途。奥古斯丁在《上帝之城》中详尽阐述了他的政治伦理学。他认为,正如每个人都是充满虔诚的朝圣者一样,教派也是如此。教派"好斗者"在俗世开创它的道路,必须承认上帝在约束邪恶和护佑善方面有它注定的政治秩序。这样的政治秩序同样适用于忠诚信仰者和非忠诚信仰者,以维护正常的社会公众活动。天主教徒必须心甘情愿,且能使自己承担得起这样的政治活动,甚至要达到可以接受审判和服兵役的责任的程度。

另外,在奥古斯丁的文集《婚姻的善》中,他通过实践道德中的事例展示了直接服务于上帝和邻里的爱的概念的力量。有关于此类的思想,在奥古斯丁的其他诸多短篇作品中亦可见到。他认可婚姻中的真善,不仅在于婚姻带来孩子和神圣的性的合法化,还在于婚姻使两个人建立起一种永恒的关系。奥古斯丁在拓宽道德事业方面成为最有影响力的拉丁教父。

除了奥古斯丁的道德理论外,这里要特别提及的是,对于维护中世纪早期的道德世界的两种机制:赎罪制和修道士典范。作为寻求道德和精神康乐的最基本方式,赎罪制及其理论在中世纪早期极为盛行。处在有罪的状态会妨害可能达到的永恒快乐,意味着应该被上帝和邻里排除。赎罪的圣礼实际反映出中世纪早期关于人类真善的观念,以及违背社会正常秩序必须承担的责任和后果。忏悔,到中世纪早期的最后已经被规范制度化。忏悔一般包含三个部分,最核心的部分就是心的悔悟:人认识到了罪恶并后悔它的邪恶。紧跟悔悟的一定是忏悔。在中世纪早期这也就意味着,个人首先要对一个牧师私下认罪。最后,赎罪对于个人重新回归社区活动是必要的。任何一点失误都会使忏悔不完满,也会使其有效性大打折扣。而有趣的是,由这赎罪制预设的道德心理。罪中保留了最广泛意义上的"错误",它暗示欲望本身并不是罪恶的。欲望的复合即对欲望的理解和所采取的行动之复合才是罪恶的。罪恶导致了灵魂的迷乱。没有堕落的有罪者要承受罪恶行为的折磨且要意识到这一行为带来的任何不利后果。忏悔认可要对违背规则的言行承担责任,赎罪则反映出要恢复规则的愿望。

这个时期的复杂性在第二个更盛行的体制即修道院制度上体现得更为清晰。从6世纪到12世纪,西欧学习的中心就是修士为《戒律》献身。《戒律》声称其是上帝圣仪中的培训者,它强调通过练习恭顺来达到谦卑。特别要注意的一点是,圣本尼迪克特(480—550)的"谦卑之梯"的概念。在攀爬梯子时,通过顺从和庄严这样的美德,达到第12级的修道士从最初对上帝的惧怕到内心的谦卑已经在他的行为中显现出来。通过完美的谦卑,修道士使自己提升到完美的宽厚,并拥有了在道德层面可与邪恶对抗的力量。谦卑和慈善,构成了修道士与古典文化中的道德对抗的主要道德。

中世纪后期的道德哲学在拉丁语的西方世界主要体现为由两种主要的明显不同的道德传统交织起来的特点:一种来源于圣经;另一种来自古希腊以来的哲学伦理思想,包括柏拉图主义者、亚里士多德主义者、斯多葛学派和新柏拉图主义者。古代道德传统元素由当时的异教派作者传播、延续至中世纪。这些古代传统到12世纪时大多都已被同化。从12世纪后期起,亚里士多德给中世纪的伦理学在拉丁语的西方世界又施加了更多的影响。从1250年起,亚里士多德的《伦理学》成为伦理学著作中的权威篇章,只有奥古斯丁的作品可与之并驾齐驱。尽管直到14世纪后半叶,伦理学才成为哲学(艺术)课程的一部分,但它却是从13世纪中期延伸到文艺复兴时期的重要思想。

其中,深谙亚里士多德伦理学理论的托马斯·阿奎那(1224/1225—1274)的伦理思想是极其重要的,这主要体现在其《反异教大全》和《神学大全》中。托马斯·阿奎那综合古希腊德性论和教父德性论,提出了一个综合柏拉图、亚里士多德和奥古斯丁等人的德性论的神学德性论体系。他把德性分为人学德性和神学德性,包括公正、节制、智慧、坚韧四种基本德性,又包括信仰、希望和爱上帝三大神学德性。托马斯·阿奎那的伦理思想成为一种庞大的神学经典伦理体系。

第三章　近现代伦理思想管窥

中世纪以后的宗教改革引起了人们对基督教及其道德解释的无休止的争论。以宗教名义发起的破坏性战争似乎永无止境。相对怀疑论依靠宗教争论和非欧洲世界的新知识,似乎既无法逃避也非常危险。问题是,如果道德最多只是关乎当地风俗的问题,如果我们不能确定是否存在上帝审判善与恶、惩罚与奖赏的普遍的标准,那么我们是否不会致力于摆脱监控而过一种寻求快乐的放荡生活?古代皮浪派怀疑论在那个时期的复兴,为少数能够研究其理论的人们提供了一种新的生活方式;斯多葛学派与伊壁鸠鲁学派的经典律令也吸引了一些追随者。但是,对道德精英而言,不仅仅需要道德规范,他们试图既从私人维度又从公共维度来重构道德哲学。

这种重构变成了超越道德信仰,并寻找新的知识理据的要求。它涉及对人类自我引导与自我控制能力的理解方式。17世纪初存在一种普遍的信念,即认为在道德事件中人们需要由他们自身之外的人和物来引导及控制。17至18世纪末期所进行的各种尝试已经表明人类能够为自身提供充分足够的道德引导和控制。正是这种发展,产生了道德哲学的后续问题。

那种认为近现代道德哲学只是始于培根和笛卡尔的认识论发展的分支,是一个错误。因为对可能的道德秩序的普遍崩溃的担忧不能由一般理论知识来缓解。道德哲学家们不得不表明道德需求的意识如何能够激发人们的行动。如果要求的这些意识不能对每个相似的人都是有效的,哲学家就必须解释:对于那些不能领会自身如何行为的人来说,如何能够提供行动的有效引导。这就是道德认识论的问题,这些问题不同于新的科学认识论问题。

如果认为近现代道德哲学最初或者主要产生于一种世俗化道德的有意识愿望,那么同样是错误的。尽管西方世界就如何解释其宗教进行了不可调和的划分,但他们仍自诩为基督徒。为了赢得广泛的认可,一种道德哲学将必须提供一种至少是主要观点的根据,这种观点将作为基督教道德的核心要点。在这个时期,大多数严肃的道德作家们都是宗教信徒。这个时期的很多道德哲学家以律法和爱的理念为中心。德性通常作为解释按照道德法则行事的习惯,直到18世纪,德性才退居道德理论的次要位置。

在17至18世纪,出现了一系列极其丰富的有价值的原创性道德理论。我们这里不纯粹按时间顺序加以讨论,因为这将冒着忽略哲学家们所面对的主要问题和他们创造性回答的风险。我们针对这一时期审视不同理论的密切关系对其进行相应的划分,把这一时期的哲学家们相互联系起来,以集中这一时期的理论关注点。可以将道德哲学家们分为四大类来合理地展现这些观点的主要方向,即自然法理论家如格劳秀斯、霍布斯、洛克、休谟等,理性主义者如笛卡尔、斯宾诺莎、莱布尼茨、康德等。

17至19世纪英国伦理学开始于杰里米·边沁(1748—1832),结束于亨利·西奇威克(1838—1900)。虽然这两位哲学家是功利主义不同的派别,但都是以功利主义开始和结束的。密尔(1806—1873)是这一世纪中期的重要角色。功利主义是这个时期占主导地位的道德哲学,但是它绝不仅仅是这个时期唯一重要的道德哲学。剑桥理性主义也是非常强大的,尤其是胡威立(William Whewell,1794—1866)的作品,即使在很大程度上已经被遗弃了。他不是一个直觉主义者,因为他被很多人排除在外,但是他却是一个有着许多复杂的道德理论和知识渊博的思想家。完美主义理论在很多方面受到康德(1724—1804)和黑格尔(1770—1831)哲学的影响,也变得尤其强大,在托马斯·希尔·格林(1836—1882)(现在经常被低估的哲学家)和布拉德雷(1846—1924)的作品中被着重强调。作为一个辩证论者,布拉德雷的辩证能力是如此之强,以至于他创下了一个哲学思想家不可磨灭的美誉,他的著作和芝诺是相悖的,即使最大多数人难以置信,但我们还是要认真对待它。这个时期最杰出的进步是达尔文(1809—1882)和阿尔弗雷德·拉塞尔·华莱士(1823—1913)的进化论与自然选择论,以及出现在斯宾塞(1820—1903)作品中的期望。在斯宾塞的著作中,其用生物进化论为伦理学理论提出了自然和改革的诠释。从1860年开始,在神学与进化、科学和宗教之间的论战就开始了。所有的道德哲学家不得不达成关于进化理论的协议,不管他们愿意与否,伦理学开始被认为是关于进化的学说:因为物种进化,社会才会进化。一些人试图把进化论和功利论合二为一,另外一些人则试图将进化论独立于功利论,还有的人坚信进化论和伦理学没特别的关系。19世纪末,进化论虽仍然强大,但是理性主义已经回归。理性主义伦理学主要是德国古典伦理学,主要有康德、费希特、黑格尔等人的伦理学思想。

20世纪初,以摩尔(G.E.Moore)1903年出版的《伦理学原理》为标志,元伦理学应运而生。20世纪60年代以来,随着元伦理学的式微和大量关涉人类命运的重大现实伦理问题的凸显,应用伦理学在西方兴起,随后波及全球,形成一股强劲的发展力量,目前已发展成为一门显学。可以说,应用伦理学是当代伦理学的主要形态和里程碑式的标志性形态。

第四章　西方伦理思想的基本形态

一般而言,伦理学的价值取向主要包括善、道义两个基本层面,其选择的伦理路径也相应地主要体现为目的论和义务论。总体上看,这也是西方伦理学的两种基本形态。

第一节　目的论概论

一般来说,目的论认为善独立于并优先于正当,正当依赖于善,善是判断事物正当与否的根本标准。根据对善的不同解释,就派生出快乐主义、幸福主义、功利主义等目的论类型。其中功利主义是典型的目的论,所以我们以功利主义为主要考察对象。经典功利主义作家主要指边沁、密尔,现代功利主义作家主要有斯马特(J.J.C.Smart)(行动功利主义)和布兰特(Richard B.Brandt)、图尔闵、黑尔等(规则功利主义)。

我们知道,利益是道德的主要客体,道德客体间的冲突(利益间的冲突)也是最常见的道德冲突。调节利益冲突的主要伦理路径是功利主义。

边沁、密尔开创的功利主义的基本规则是最大多数人的最大功利标准。功利主义者一般认为,自由(freedom)和福祉(well-being)是大多数人追求幸福的两个基本要素。自由是对追求个人的生活和爱好做出根本决定而不受他者干扰和外界影响的选择能力。福祉是充分运用自由的一系列必需的条件,它主要包括如下因素:健康、一定程度的物质福利、食物、住所和教育。如果一个人贫穷、有病且未受过教育,对于他要获得幸福而言,仅仅是不受他者干预(的自由)几乎没有什么价值。这种功利主义的基本规则要求促进(提升)公众的安全、健康和福祉。伦理学的功利主义主要有三种基本途径:成本/收益法,要求把生活中的消极功利和积极功利转换为单一的货币衡量标准;行为功利法,基于斯马特的行为功利主义理论,不要求严格的量化标准,只要求确保能够带来最好效果的行为;规则功利法,基于布兰特的规则功利主义理论,要求行为应当遵守具有最好效果的规则,此规则被遵守时,又被自己的效用证明是正当的。不可否认,功利主义为解决工程中的利益冲突提出了具有一定可操作性的颇有价值的方法途径,但这并不能遮蔽其理论上的缺陷。

如果说义务论的理论价值在于系统论述了义务体系的话,那么功利主义目的论的价值则在于较为系统地论述了功利目的的体系,包括快乐目的、积极功利目的和消极功利目的。

一、快乐目的,即感性的求乐避苦目的

在边沁看来,人类的一切行为动机都源于快乐与痛苦,求乐避苦是人类行为的最深层动机和最终目的。人类的其他一切义务包括正义、责任、德性等的价值意义,都受到这种感性苦乐的最终裁决。在此基础上,边沁提出了根据苦乐的量的大小之比来判定快乐目的的程度的苦乐计算法。密尔不满于边沁只承认快乐的量的观点,他特别重视快乐的质,提出高级的快乐(精神快乐)与低级的快乐(感性快乐)的质的区分,并肯定高级的快乐在质上优于低级的快乐。需要指出的是,密尔并没有完全否定量的区分,只不过把量的至高位置降格为质的环节罢了。在密尔这里,虽然异质的苦乐中,质是决定性的因素,但同质的苦乐中,量的作用依然是决定性的。这就使快乐目的从量和质的统一方面变得更加精致了。从总体上看,密尔看重的是快乐的质的效果——这种重视精神快乐的目的已经有了和义务论重视意志自律相接近的倾向。

边沁、密尔对于经验领域的苦乐的量与质的区分和探讨是有价值的,这是康德没有涉及的。不过,苦乐成为目的论的最高道德法庭,这和康德

的义务或意志自律的道德法庭有着本质区别,即前者是经验感性的,后者是超验理性的,但它们都是对人生价值的探讨,只有层次上的不同,没有非此即彼的绝对对立。功利主义的这种感性的求乐避苦的目的为最大多数人的最大利益、最大幸福的功利目的(边沁、密尔)乃至最小痛苦目的(波普尔)奠定了理论基础。

二、积极的或理想的功利目的

积极的或理想的功利目的主要有两种形态:边沁的最大多数人的最大利益目的和密尔的最大幸福目的。边沁在苦乐目的的基础上,提出了最大多数人的最大幸福的功利目的。这里,功利是指任何一种行为对于幸福的增进,幸福则是通过个人的苦乐的量的计算衡量的个人的快乐。它包括个人利益(个人的快乐或幸福)和社会利益(最大多数人的最大幸福)。他认为,社会是由被认作其成员的个人所组成的一种虚构的团体,社会利益就是"组成社会之所有单个成员的利益之总和"[1]。因此,理解个人利益是理解社会利益的关键。边沁的机械经验论在这里暴露出致命的弱点,和只承认苦乐的量而无视苦乐的质一样,他完全无视社会利益与个人利益的质的区别,仅仅把社会利益看成是个人利益的简单相加。他没有能力像黑格尔那样把社会看作一个伦理有机体[2],把个人利益和社会利益有机结合起来。鉴于这一思想割裂个人利益和社会利益的弊病,密尔提出了最大幸福的功利目的。如果说边沁强调个人利益为基础的话,密尔则倾向于公益论,他主张有条件的自我牺牲论,即这种牺牲一定要带来其他人或人类整体的利益,这和前述康德的观点基本是一致的。密尔说,功利主义并不否定为了他人的利益牺牲自己的利益的正当性,"它只是拒绝承认牺牲本身是一种善。一种牺牲如果不增加或不能有利于增加幸福的总量,功利主义则把它看成是浪费"[3]。显然,密尔通过肯定超验道德(康德义务论就是超验道德观)同样肯定自我牺牲的价值,力图调和边沁

---

[1] 周辅成:《西方伦理学名著选辑》(下卷),商务印书馆1987年版,第212页。
[2] 任丑:《简析黑格尔的伦理有机体思想》,《武汉大学学报》2005年第6期。
[3] Jonh Stuart Mill, *Utilitarianism*, (Tornto: University of Tornto Press, 1969), p.218.

那里相互对立的个人利益和社会利益的关系,使其最大幸福主义更加完善,同时这也是向义务论接近的一种倾向。

边沁、密尔重视个人利益,其自我牺牲论强调这种牺牲的价值在于它换来的是其他人的或社会的利益,这是其合理要素。但最大利益和最大幸福的目的仍然存在着如何解决最大幸福和最小痛苦之间的矛盾问题,波普尔的最小痛苦目的就是针对这一问题而提出的一个貌似保守但却更具现实价值的目的。

三、消极的或务实的功利目的

如果边沁、密尔等人追求的最大多数人最大幸福的功利目的可称为积极的或理想的功利目的,那么波普尔的最小痛苦目的可称为消极的或务实的功利目的。当代哲学家波普尔认为,谋求幸福的种种方式都只是理想的、非现实的,苦难却一直伴随着我们。我们应该此时此地就同一个个最急迫的、现实的社会罪恶做斗争,而不要去为一个遥远的,也许永远不能实现的至善去做一代一代的牺牲[1]。而且,从道德的角度看,苦与乐并不能互相折算,痛苦不可能被快乐抵消平衡;一个人的痛苦更不可能被其他人的快乐所抵消平衡。处于痛苦或灾难之中的任何人都应该得到救助,绝不应该以任何人的痛苦为代价去换取另一些人的幸福。因此,最大多数人的最大幸福应该代之以一种较谦逊、较现实的原则:尽最大努力消除可避免的苦难,这就是波普尔的"最小痛苦"的功利目的。它要求:把可避免的苦难降到最低限度,并尽可能平等地分担不可避免的苦难[2]。这的确是有一定见地的。

总体上看,功利主义的问题主要在于:①多数人的最大利益具有极其主观的不确定性和偶然性,在现实中很难得到认同;②多数人的最大利益忽视了最为现实的痛苦和不幸,一定程度上遮蔽了人的普遍脆弱性,易引

---

[1] Popper, *Conjectures and Refutations*, (london and Henley Rout ledge and Kegan Paul, 1963), pp.345-346.

[2] Popper, *The open society and its Enemies*, (New Jersey: Princeton university Press, 1977), pp.284-285.

发不人道的事故;③多数人的最大利益和少数人的利益甚至生命的冲突不可避免时,为了前者而牺牲少数人的利益甚至生命在实践上是不人道的,在理论上是难以得到辩护的;④更为严重的是,把利益看作最高目的,就意味着把人看作利益的工具和奴隶,这是功利主义路径的致命弱点,因为利益和人发生冲突时,即使最大利益和人的生命发生冲突时,也不应当把利益凌驾于生命之上,只能是利益为人而存在,人绝不应当为利益而存在——这就是道义论的基本要求。

第二节 义务论概论

与目的论相对,义务论认为正当独立且优先于善,善依赖于正当,依据对义务的不同理解,义务论可区分为规则义务论、行为义务论、权利义务论等类型,其中康德的规则义务论是典型的义务论。义务论的主要代表人物有西塞罗、阿奎那、康德以及20世纪的普里查德、罗斯、罗尔斯等。其中,康德是义务论的经典作家,本节我们主要介绍他的义务论。

追根溯源,康德是在义务论和目的论之间划定鸿沟的"始作俑者"。尽管他没有明确提出义务论和目的论的概念,但他的这一思想在《纯粹理性批判》中就已经明确表达出来,并在《道德形而上学基础》《实践理性批判》《判断力批判》《道德形而上学》等著作中不断加以深化,表现出二者从截然对立到试图融合的心路历程。

康德在《道德形而上学原理》中以自由规律为根据,从义务的性质提出了完全的义务[①]、不完全的义务,从义务的对象提出了为他人的义务和为自己的义务。按照"道德形而上学"的层次,他将义务整理为:对自己的完全的义务、对他人的完全的义务、对自己的不完全的义务和对他人的不完全的义务四类。"完全的义务"就是绝对没有例外的义务,如不要自杀、不要骗人等;"不完全的义务"则允许有例外,如要发展自己的才能、要帮

---

① 德文Plicht可译为义务或责任,原译文虽为"责任",但为了行文方便直接使用"义务"。下同。

助别人等。①完成了三大批判之后,康德在《道德形而上学》中,进一步深化了其义务理论,使之构成一个较为完整的义务体系。他把完全的义务具体规定为公正义务,把不完全的义务具体规定为德性义务。公正义务和德性义务之间的不同在于:公正义务是一种和权利紧密相连的外在强迫,一个人尽义务的同时就享有权利;德性义务是一种和权利并非紧密相连的内在强迫,一个人尽义务的同时并不能因此要求享有某些权利。

康德把德性义务又具体区分为直接义务和间接义务。②直接义务是为了道德性,是绝对命令。间接义务是为了抵制并避免使人趋向邪恶的极大诱惑而追求幸福或财富这个外在目的。它之所以是义务,是为了道德这个内在目的,因此是间接义务。没有直接义务,间接义务就不具有道德价值;没有间接义务,就会产生趋向邪恶的极大诱惑而对道德产生危害。这里,实际上已经把功利目的论包含在义务论之中了。但康德看重的是直接义务,他主张的德性义务严格说来就是直接义务——这和目的论看重间接义务相对立。因此,他详尽地探讨了直接义务。

康德依据意志自律的各原则,把德性义务(实即直接义务)归纳为:

①我自己的目的,兼为我的义务(我自己的完善);

②他人的目的,促成它也是我的义务(他人的幸福);

③法则,兼为动力,由此而有合道德性;

④目的,兼为动力,由此而有合法性。其中,从德性对象看,①和③是德性之内在义务,②和④是德性之外在义务;从德性的形式和资料的关系看,①和②是德性之义务的实质要素,③和④是德性之义务的形式要素③。康德认为,内在义务高于外在义务,形式要素高于资料要素。因此,合道德性高于合法性,自己的完善高于他人的幸福——因为他人的幸福是不确定的,我不是上帝,不能而不是不愿使别人达到幸福。每个人的幸福必须靠自己,而自己的完善则高于自己的幸福,即个人的自由完满高于一切,是真正的道德目的——后来,波普尔从经验功利目的的角度也表达了

---

① 康德:《道德形而上学原理》,苗力田译,上海人民出版社2002年版,第39—41页。
② 康德:《道德形而上学奠基》,杨云飞译,邓晓芒校,人民出版社2013年版,第17页。
③ 郑保华主编:《康德文集》,改革出版社,1997年版,第365页。

类似的思想,容后详述。

同时,康德并不反对为他人奉献——因为这是外在的义务,但坚决反对利他主义的无条件的牺牲,因为"如果把每个人都应为他人而牺牲自己的幸福和真实愿望当作一项普遍法则,那么它就会变成一个自相矛盾的准则"[1]。康德的这一思想和密尔的有条件的自我牺牲的目的论思想是相近的,容后详述。可见,真正的绝对命令是有内容的形式——这就是作为不完全义务的德性义务的内在义务。不难看出,康德是个地道的为己主义者,也是一个真正的自由主义者,但正因为他要求每一个人都要尽力履行可普遍化的义务的为己主义,他反而又是最大的超越功利之上的为他主义者,以祈求达到自由的目的王国。这或许就是罗尔斯把康德和黑格尔、密尔与自己同划在自由的自由主义者阵营的原因所在[2]。

利益冲突的实质是人的利益的冲突。这种冲突的极端化导致利益和人的冲突,即道德客体(利益)和道德主体(人)的冲突。当功利主义路径不能解决利益冲突时,或者不能解决利益和人的冲突时,以人为目的的道义论(又称为义务论)路径就会取代以利益(尤其是多数人的最大利益)为目的的功利途径。

人的存在及其意识生活和其最深刻的世界问题,最终就是有关人的内在存在和外在表现的一切问题包括利益冲突问题都得到解决的场所。利益问题似乎是外在的客观的物质实体,究其实质,则是利益内在的主观的精神体现,其根据在于人这个最终目的。这就蕴含着以人为目的的道义论路径。道义论的观点可用康德的话归结为:"所有的理性存在者都必须服从这个规律:在任何情况下,他们都应当把自己和所有的其他人看作其自身的目的,而不应当仅仅看作工具。"[3]在伦理学中,道义论要求,不得为了更大的总体功利而杀人、骗人、否定人的自由或者侵害人。把人为目

---

[1] 郑保华主编:《康德文集》,改革出版社1997年版,第360页。
[2] 罗尔斯用"自由的自由主义",指的是其第一原理是政治自由和公民自由原理优先于也有可能被诉诸的其他原理的自由主义。参见罗尔斯:《道德哲学史讲义》,张国清译,上海三联书店2003年版,第445页。
[3] Immanuel Kant.*Foundations of the Metaphysics of Morals*.translated by Lewis White Beck.(Beijing: China Social Sciences Publishing House,1999),p.52.

的作为首要道德法则的道义论(道义即道德之根本要义和首要法则),并没有否定追求最大多数人的福祉的功利主义路径,只是把它从第一法则降格为道义论之下的伦理路径。

道义论确立了人为目的这个法则,虽然在一定程度上可以解决利益冲突的价值选择标准,但在如何实践道义目的这个要害问题上,道义论的空洞无力即刻暴露出其致命的缺陷。这既成为道义论招致诟病的根源,也成为超越道义论、探求其实践路径的突破口。人为目的的道义论有两条基本的实践路径:消极路径是对危害人为目的法则之后的承担和追究,即责任论的路径;积极路径是在责任论的基础上,积极主动地把人为目的法则具体化为权利保障,并切实把权利保障落实到实践之中,即权利论的路径。

综上所述,康德从自由本体出发提出的义务有三个基本层次:①义务包括完全义务(公正义务)和不完全义务(德性义务)。②德性义务包括间接义务和直接义务。③直接义务从德性对象看,包括内在义务、外在义务;从德性的形式和资料的关系看,包括义务的实质要素和义务的形式要素。其中,形式的内在义务是最高的,它来自意志自律或者善良意志,即纯粹实践理性。需要强调的是,康德的义务包含了间接义务即目的论的要求,但把目的论的要求即间接义务降格为通向直接义务的桥梁。因此,康德伦理学并没有摧毁功利主义目的论,只是降低了它的位置。实际上,康德时代及康德之后,功利主义日益完善,成为和康德义务论并驾齐驱的伦理学理论。这是以和康德同时代的边沁以及稍后的密尔、波普尔的功利主义目的论为标志的。

我们看到,功利目的和康德间接义务中为了追求幸福而必须同时排除苦难的间接义务在实质内容上是一致的,不过理论地位不同罢了——在目的论中,它是终极目的,就是说,康德的间接义务在这里成了直接目的。康德的直接义务在目的论中好像毫无立足之处,但实际上却作为否定因素潜伏于目的论的目的之中。因为,不可否认的是,目的论的目的都是经验领域的感性目的,它缺少一个普遍的法则作为最高法庭,它自身的不确定性和感性的偶然性迫使它不断自我否定,向义务论靠近。相应地,在义务论中,直接义务才是终极目的,功利目的只是直接义务的一个环节,没有独立的价值,它必须以直接义务为最高根据。但是,义务论也必须不断地从目的论所特别关注的经验领域获取资料,才能具有真正的力量,康德的"德性就是力量"的命题也才能得到确证。

综上所述,我们发现,奇怪的是,以求善为鹄的的目的论和以求正当为鹄的的义务论表面看来针锋相对,但二者却在相互诘难中,不断接近、相互融合。秘密何在呢?从前面的探讨中,我们可以明显地看到这个秘密就是义务论和目的论的内在逻辑关系。目的论和义务论之间不仅存在着分歧和对立,更重要的是它们具有内在的逻辑联系。我们认为,人的自由应当有一个超验的根据悬在那里作为我们对经验自由审判的法庭,否则经验的自由就是偶然的、不确定的,甚至会成为不自由的工具和借口。这就是经验中的自由(如法国大革命的抽象自由)变成了不自由的原因,也是波普尔从目的论内部、罗尔斯从义务论的角度同时批判最大幸福主义的原因。功利且现实的自由虽然不能和先验的自由完全符合,但也是现象界绝对必要的,即现实的自由应该符合先验的自由,而应该则意味着能够,否则,先验自由就完全是空的教条。因此,我们看到,康德义务论主要强调先验的普遍自由,目的论主要强调经验的增加幸福或减少痛苦的自由。尽管他们关注的自由的重心、层次、内容等不同,但他们关注的都是自由必不可少的要素。也就是说,目的论和义务论都是自由的必要环节,都是伦理学的必要类型。这就昭示了自由是伦理学的根本。可见,目的论(善)—义务论(应当)—自由,这就是义务论和目的论的内在逻辑,也是伦理学的内在逻辑之所在。

第二编

中国伦理思想管窥

中国道德学说的历史形态主要包括先秦两汉时期的伦理思想、魏晋时期的伦理思想、唐宋时期的伦理思想、明清时期的伦理思想。本节专门讨论此问题,以期对中国传统伦理思想的性质有一个基本认识。

第一章　先秦两汉伦理思想管窥

第一节　孔子伦理思想

一、"天生德于予"的道德起源论

孔子语境中的"天"有"道德之天"的含义。所谓道德之天,是指作为人类道德的源头的天。孔子认为,人内在的道德心灵是上天赋予的。他说:"天生德于予,桓魋其如予何!"(《论语·述而》)"天生德于予"的说法表明了天命与道德之间存在着紧密联系,这里的天是用来凸显道德价值的终极来源与终极意义的,这个天就是道德之天。

二、对道德情感"仁"的阐发

《论语·颜渊》篇记载了这样一则对话:"樊迟问仁,子曰:'爱人。'""爱人"是孔子的仁的基本含义。由此可见,孔子的所谓仁不是一个抽象的概念,而是一种爱护他人的美好情感。不过,孔子的爱不是平等的爱,他主张,不能同等程度地爱一切人,他认为,爱自己的亲人应当更多一些,爱陌生人应当少一些。

尽管孔子所主张的仁爱是有差等的爱,但这种爱却又不是狭隘的、自私的,而是有着广泛的包容性的。在孔子看来,人们可以把自己爱亲人的感情推延到更广泛的人群中,爱更多的人。孔子所说的仁还具有族群本位性的特点。孔子在说到仁的时候总是着眼于自身与他人的关系,这就说明了,仁是在自身与他人、个人与族群的关系中体现和证成的。另外,孔子所说的仁也具有践行性的特点。孔子讲到仁的地方很多，大多说的是实现仁的方法，这些方法都要在处理人与人之间的关系的伦理生活中去运用。

三、"为仁"的道德修养论

"为仁"即实践仁，"为仁由己"（《论语·颜渊》）是孔子的道德修养论的总原则。"为仁由己"意为，实行仁爱全靠自己，这就确立了道德行为的主体性原则。"克己复礼""忠恕之道""能近取譬"等则是孔子"为仁"的具体条目。

四、"为政以德"的道德作用论

孔子说："为政以德，譬如北辰，居其所而众星共之。"（《论语·为政》）言外之意为，治国者的道德表现对于老百姓具有巨大的感召力，实行德政，能够使老百姓普遍地归服。之所以如此，是因为治理国家实质上是治理这个国家的民众，而要治理好这个国家的民众，最重要的是得到民心，而实行德治就能得到民心。孔子还认为，"为政以德"是一种较为省力、成本较低的统治方式，孔子称其为"无为而治"（《论语·卫灵公》）。

第二节　老子伦理思想

一、老子论"道德"

老子所谓"道德"与儒家所谓"道德"的含义不同，它不是指忠孝、仁爱等利他的情感，也不是指调整人与人之间关系的行为规范的总和。老子的"道"，既可以指派生宇宙万物的本原，又可以指万事万物的根本规律；老子的"德"，指包括人在内的万物从道中所继承来的本性。道与德都以

"自然""无为"为特点,道与德的这种特点也应当成为人们进行自我修养和处理人伦关系的依据。

二、老子的"道德"标准

老子说:"人法地,地法天,天法道。道法自然。"(《道德经》第二十五章)老子的话说明了道既是天地万物的运行法则,同时又是人所应当效法的法则。人要效法道,首先就要效法道的"自然无为"的精神,要"辅万物之自然而不敢为"(《道德经》第六十四章),即遵循万物的自然本性而不妄加干涉。此外,人要效法道,还要学习道的"柔弱不争"和"致虚守静"的特点。

三、老子的"道德"修养论

老子说:"为学日益,为道日损。"(《道德经》第四十八章)这就是认为,获得知识靠积累,体验道则靠减损。"损"就是老子的修养功夫,损的对象包括了外在的知识和人自身的欲望等。只有不断地减损知识和欲望,大道才能逐渐地澄明。除此之外,老子还主张"涤除玄鉴""绝学无忧""致虚守静"等。老子关于修养方法的范畴和名词虽然很多,但它们的实质内容是一致的,即都是要求人们摒除内心的欲望、抛弃头脑中的世俗知识,从而让心灵恢复到空虚和澄明的状态。

第三节 墨子伦理思想

一、"兼相爱"的道德追求

所谓兼爱,就是不分亲疏远近,不分贫富贵贱,同等程度地爱一切人。与儒家的"仁爱"思想相比,墨子的兼爱学说具有以下几个特点:第一,在爱的程度上，儒家认为爱应当有亲疏远近的差别，与儒家的"爱有差等"相反，墨子的是"爱无差等"。第二，在爱的顺序上，儒家主张先爱自己的亲人，墨子的做法则刚好相反，他要求人们先去爱别人的父母。第三，在爱与被爱的关系上，儒家是动机论者，墨子是效果论者。换言之，儒家在爱别人的时候，只求尽自己的心意，而不求回报，墨子则不一样，墨子认为，爱应当是对等的，这种对等就表现在互相对对方有利。

二、"交相利"的功利主义

墨子有"兼相爱，交相利"《墨子·兼爱下》的说法，他把相互对对方有利看作双方彼此相爱的具体表现和实质内容。墨子所崇尚的"利"主要是指"天下之利"、他人之利，墨子认为，凡是符合"利天下""利人"的行为，就是"义"（善），而"亏人自利""害天下"的行为，则是"不义"（恶），显然，这种思想强调了义利统一。

三、"志""功"相结合的道德评价论

在道德评价的根据问题上，墨子提出了"合其志功而观焉"（《墨子·鲁问》）的观点。"志"就是动机，"功"相当于效果，"合其志功而观焉"就是动机与效果相结合。墨子认为，判断某个行为是否合乎道德，既要看动机，又要看效果。效果是容易被看到的，可是，有时候动机产生不了相应的效果，墨子强调，在这种情况下，也应该承认动机的作用。

第四节　孟子伦理思想

一、"仁义礼智根于心"的道德起源论

孟子认为，人类的生命天生就具有向仁义礼智发展的倾向或者趋势。

人类之所以有这样的倾向,是因为人有恻隐之心、羞恶之心、恭敬之心和是非之心。这四种心都是人类天赋的对于外界刺激的感受性,当这种感受性受到外界刺激而发挥功用的时候,它会展现为一些天然的道德情感,比如不忍心的情感、害羞的情感等。孟子说:"恻隐之心,仁之端也;羞恶之心,义之端也;辞让之心,礼之端也;是非之心,智之端也。"(《孟子·公孙丑上》)端就是萌芽,恻隐之心等分别是仁、义、礼、智的萌芽,发展它们、扩充它们,人就可以做到仁义礼智了。

二、"反求诸己"的道德修养论

孟子继承了孔子的"为仁由己"的传统,坚持道德自律的原则。孟子主张"反求诸己"(《孟子·离娄上》),"反求诸己"就是回过头来从自身找原因,遇到问题时首先检讨自己。"反求诸己"是孟子从事道德修养的总原则,孟子的具体修养方法主要有四类,分别为"先立乎其大者""集义""寡欲""存夜气"。

三、"仁政""王道"的道德作用论

孟子说:"以不忍人之心,行不忍人之政,治天下可运之掌上。"(《孟子·公孙丑上》)不忍人之心是恻隐之心,不忍人之政是仁政、王道政治,孟子的话说明了当政者仅培养善心、修养人格是不够的,他们还应当将他们的善心或者人格外化为好的政治举措,使老百姓得到好处。孟子所谓仁政的基本理念是"民贵君轻",仁政的价值取向是"先义后利",仁政的具体举措有"养而后教"、井田制、"轻刑薄税"等。

第五节　庄子伦理思想

一、"独与天地精神往来"的出世追求

庄子的精神追求是一种出世的追求。所谓出世就是超越世俗生活。对于庄子来说,出世了人就自由,不出世人就不自由。《庄子·天下》篇说庄子"独与天地精神往来",意谓庄子独自与天地精神相往来,庄子在这里所表达的正是一种出世的理想。庄子实现出世追求的具体途径是"坐忘""心斋"等神秘的精神修炼。

二、"不谴是非,以与世俗处"的处世策略

庄子要提升自己的精神生命,从而超越世俗的限制;可是同时,庄子也明确地意识到,人总是生活在现实社会中的人,总是有身体、有情感、有欲望的人,人不可能完全逃离这个世间。于是,庄子想到,既然在这个世界上生存,那我们就可以与这个世界的一切人共同相处,表面上我们可以接纳任何人的意见,但是骨子里却不要把任何人的意见、任何世俗的是非善恶当真,这就是无可无不可,与世人敷衍,而不与他们对抗。庄子认为,这样就可以在现实世界中实现出世的目的。这就是他所说的"不谴是非,以与世俗处"(《庄子·天下》),意即不谴责是非,来与世俗相处。

第六节　荀子伦理思想

一、"以礼正国"的道德作用论

荀子认为,礼——道德规范、法令制度是在调节人们的欲望的过程中

出现的,礼是不允许欲望无限膨胀的,当然它也不是要完全扼杀人的欲望,它要在人的欲望的增长与物质供给的增长之间保持一种动态的平衡,这就是所谓的"使欲必不穷乎物,物必不屈于欲,两者相持而长"(《荀子·礼论》)。由于礼能够节制人的欲望,避免社会陷于混乱的状态,所以,荀子就特别看重礼的安定社会秩序和政治秩序的功能,他强调要"以礼正国",即用礼来整饬国家。

二、"人性恶"的道德起源论

荀子所说的性是指情感和欲望,荀子发现,情感和欲望的不加控制地发展,容易流于争夺淫乱、犯分乱理。顺从本性的发展,就会导向恶,这就是荀子所谓的"性恶"。人们与生俱来的本能是恶的,而人类社会中的善则是"伪","伪"就是"人为"的意思。荀子说:"人之性,恶;其善者,伪也。"(《荀子·性恶》)这就说明,善是人们后天培养出来的,这种后天培养出来的善是人的先天本性的对立面。由于礼义在荀子看来是欲望的对立面,因此,礼义就是与本性相对的,礼义就是伪。

三、"化性起伪"的道德修养论

尽管荀子认为道德不是人的本性中固有的,但是荀子仍然热情地呼唤道德,主张用道德来改造人性,这就是他的"化性起伪"的主张。"化性起伪"意为改变自己的本性并且做出人为的努力,其中,做出人为的努力是方法,改变人的本性是目的。不过,要想改变人的本性,仅依靠普通人自己的努力是不够的,因为人的本性是恶的,人们不会主动向善。在这种情况下,荀子就特别强调圣人的作用,他认为,圣人是能够帮助人们"化性起伪"的人。

第七节　韩非子伦理思想

一、"皆挟自为心"的人性论

所谓"自为",就是自己为自己打算,或者说是自利、为己的意思。韩非子认为人性是自私自利的,每个人在内心里都为自己打算,无论是君臣、父子、兄弟、夫妇,还是其他的人际关系,所有的人与人之间都在相互地计算利益。韩非子认为,这种自然本性是无所谓善恶的,也不必加以改造,君主反倒可以利用人们的自为自利之心,明赏设罚,从而役使人们去做事。

二、"抱法处势"的道德无用论

韩非子指出,真正掌握治国大权的君主往往是才智和德性都处于中等水平的普通人。他们比不上尧舜那样圣明的君主,但也不至于坏成桀纣那个样子,这样的人如果"抱法处势",天下就得到治理,如果背法去势,天下就会混乱;要是等到尧舜这样难得的好人出来治理国家,那一定是治世少而乱世多,但只要"抱法处势",即使是中等人也能治理好国家。总之,靠圣贤治国是不切实际的空想,重势才是行之有效的治国方法。

第八节　董仲舒伦理思想

一、"人副天数"的道德起源论

董仲舒说,"为人者天也"(《春秋繁露·为人者天》),就是说,天是人的创造者。既然如此,那么天就像是人的曾祖父一样,人就必然会与天相像,人的形象与天的形象是一致的,人的生理机能、心理机能也类似于天的运行规律,同样的道理,人与天具有相同的道德品性,这就叫"人副天数"。

二、"正其义不谋其利"的义利观

在义利关系问题上,董仲舒将孔孟重义轻利的义利观发挥到极端,提出了"正其义不谋其利,明其道不计其功"(《汉书·董仲舒传》)的命题。这就是认为,做事情只看是否合乎原则,而不必考虑实际利益和客观功效。董仲舒的这一观点意味着其在道德评价问题上,只看动机而不看效果。

三、"三纲""五常"的道德规范

三纲就是"君为臣纲,父为子纲,夫为妻纲","五常"就是仁、义、礼、智、信,其是用来调整君臣、父子、夫妇关系的一些基本原则。按照董仲舒的看法,臣下的地位一定是低于君主并且服从君主的,儿子的地位一定是低于父亲并且服从父亲的,妻子的地位也一定是低于丈夫并且服从丈夫的。董仲舒的讲法违背了儒家的真精神,因为在孔子、孟子乃至整个先秦儒家那里,对君臣、父子和夫妇的要求都是双向的。"三纲"理论符合法家的精神。韩非子曾有"臣事君,子事父,妻事夫,三者顺则天下治"(《韩非子·忠孝》)的"三顺"思想,这种思想确立起强势一方对弱势一方的绝对统治,"三纲"理论也正是如此。

四、"性三品"的人性论

董仲舒把人性分成了三类,这三类人性一类是所谓的圣人之性,一类是所谓的斗筲之性,一类是所谓的中民之性。圣人之性也就是孔子所说的上智之性,斗筲之性也就是孔子所说的下愚之性。这两种人性是稳定的,不会改变的。有中民之性的人是最多的,这种人可善可恶,中民之性的问题是董仲舒人性论问题的核心。

五、"承天意，成民性"的教化思想

董仲舒着眼于中民之性，提出了王道教化的主张。董仲舒认为，中民之性虽然包含了善的因素，但是还不能够说就是善的。他说，"王承天意，以成民之性为任者也"（《春秋繁露·深察名号》），这就是说，要想使有中民之性的人真的成为善人，还必须经过统治者的教育。

第九节　王充伦理思想

一、"禀气"成性的人性论

王充提出，"禀气有厚泊，故性有善恶也。……气有少多，故性有贤愚"（《论衡·率性》），这就是说，人在出生的时候，禀受的元气是有厚有薄、有多有少的，因为有这种不同，所以人性也就有贤有愚、有善有恶。但是另一方面，王充又认为人性可以因为教育和环境而改变。他说，"论人之性，定有善有恶。其善者固自善矣，其恶者故可教告率勉，使之为善"（论衡·率性），这就充分肯定了环境对人性发展的巨大影响。

二、"命""义"无关的命定论

王充认为，人在刚刚获得生命的时候，他的命就被决定了。王充把命分为两种，即正命和遭命。正命又包括了两部分的内容，一部分是"死生寿夭之命"，另一部分是"贵贱贫富之命"。而一个人在他的一生当中，由于客观环境的变化，有可能遭受到意外的祸害，这是所谓遭命。王充否认有所谓的随命。相信随命的人往往认为，有上帝、鬼神的存在，上帝、鬼神能赏善罚恶。王充举了许多善人得恶报、恶人得善报的事例，来证明没有所谓的随命。

三、"观善心"的道德评价论

王充在《定贤》篇中集中探讨了评价人的行为的根据问题。王充反复强调功效不是定贤的依据,他主张观贤者当观其善心,从而表现出了明显的动机论倾向。王充说,"志善不效成功,义至不谋就事"《论衡·定贤》,这种道德评价标准与董仲舒的"正其义不谋其利,明其道不计其功"(《汉书·董仲舒传》)如出一辙。

第二章　魏晋伦理思想管窥

第一节　王弼伦理思想

一、"名教出于自然"的道德本体论

王弼说："始制,谓朴散始为官长之时也……任名以号物,则失治之母也。"(《老子·三十二章》注)这段话说明,在王弼看来,包括名教在内的万事万物都是从"自然"或者从"道"那里派生出来的,名教的确立是"朴散"之后的不得已的结果。"朴"就是道,"朴散"就是道分离变异了,随后才产生出名教。名教要尽可能地根据大道的原则来确立,这就是他的名教出于"自然"的说法,或叫作名教本于"无为"。

二、"崇本以息末"的政治文化诉求

所谓"息"就是生息、生长的意思,末就是枝末、枝叶,这里特指名教,"崇本以息末"(《老子·五十七章》注)就是指依托于根本来使枝叶成长。王弼对仁、孝、忠、恕等名教的内涵做出了重新界定,使它们变成了体现人的自然性情的名词,这就是"崇本以息末"。"崇本以息末"的主张表明了王弼虽然反对形式化的名教和扭曲人性的名教,但是却不反对建立在人的自然本性基础之上的名教。

第二节　嵇康伦理思想

一、"越名教而任自然"的伦理主张

嵇康强烈地批判传统的纲常名教,主张"越名教而任自然"(《释私论》)。"名教"指的是三纲五常、礼法制度,"自然"指的是还没有进入社会关系,还没有经受社会礼法限制的一种自由的生存状态。所以,所谓"越名教而任自然",就是主张冲破伦理纲常的桎梏,任由人的本性自由伸展。

二、"触情而行"的自由精神

嵇康追求个体自我,向往个人自由,他把理智、理性看作狡诈的表现,把注重现实的人生态度看作圆滑,他推崇的是率性而行、纵情直往。所谓"触情而行"(《释私论》),就是自己在情感上有什么要求就怎么做,这就是用真性情来面对他人、面对社会、面对人生。

第三节　裴頠伦理思想

一、"理之所体,所谓有也"的道德本体论

裴頠说:"理之所体,所谓有也。"(《崇有论》)就是说,"理"是以具体事物作为它存在的根据的。这就表明,事物的规律不是由超越事物的本体所决定的,而是事物本身所固有的;同样的道理,道德伦理也不是由超世俗的大道所派生的,而是就存在于人伦事务之中。

二、"收流遁于既过"的养生论

在《崇有论》中，裴頠对魏晋玄风中出现的恣情放荡的纵欲主义进行了批判，并且有针对性地提出了"收流遁于既过"的养生论。裴頠认为，人生在世，"欲不可绝"，因为人要维持生存、保全生命，就必须使自己的物质欲望得到满足。不过，人在满足自己享用的时候，要利用天时、地利，并且付出自己的劳动。

第四节　郭象伦理思想

一、"名教即自然"的名教观

魏晋时期的一般见解认为，注重名教就会对人性的自由伸张造成限制，而放任自由，不受礼法限制，就又违反了名教，然而，这两方面却又都是门阀士族所需要的。于是，郭象提出："圣人虽在庙堂之上，然其心无异于山林之中。"（《庄子·逍遥游》注）这就是主张，仁义名教就在人的本性之中，服从仁义名教也就合乎了人的自然性情。

二、"各足于其性"的人生论

郭象认为，自在逍遥的标准不在于和他人的横向比较，而在于自己是否尽其职责、顺其天性，如果每个人都尽到自己的职责，那么人与人之间就是平等的。他说："苟足于其性，则虽大鹏无以自贵于小鸟，小鸟无羡于天池，而荣愿有余矣。故小大虽殊，逍遥一也。"（《庄子·逍遥游》注）这就是说，虽然万物在禀受和生成的过程中会有种种差别，但是就每一事物刚好成为它自己的这样一种意义来说，万物却是自足的、完满的。

第三章　唐宋伦理思想管窥

第一节　韩愈伦理思想

一、以儒排佛的"道统"论

韩愈受到了佛教特别是禅宗的法统论和传法系统的影响，构造了一个儒家的传授系统。他说："尧以是传之舜，舜以是传之禹，禹以是传之汤，汤以是传之文、武、周公，文、武、周公传之孔子，孔子传之孟轲。轲之死，不得其传焉。"（《原道》）韩愈之所以要构造一个道统，是要确认儒家比佛教更加源远流长，更具有正统性和权威性。

二、以"仁义"为中心的道德观

"道"和"德"这两个名称是儒释道各家通用的，它们没有确定的内容。韩愈站在儒家的立场上说，"凡吾所谓道德云者，合仁与义言之也，天下之公言也"（《原道》）。这就是说，道和德都要以仁、义为具体内容。所以，韩愈所谓的道，就是指按照仁、义的要求去做事；所谓德，就是指仁和义本来就存在于人的本性之中。

三、"性三品"的人性论

韩愈将人性分成三品：上品的人性是全善的，因为这种人性生来就完整地具有仁、义、礼、智、信这五种德性，而且这种人性能够以仁这一德为主导，而贯通于其他的四种德性；中品的人性可以通过引导而使它善，或者使它恶,因为这种人性在仁、义、礼、智、信五德中的仁德方面有所不足或者有所违背,而这种品性的其他四种德性也都是杂驳不纯的;至于下品的人性,则是纯粹的恶,这是因为,下品的人性既违反了仁这种主要的德性,也不符合义、礼、智、信等其他四种德性。

第二节　李翱伦理思想

一、"性善情惑"的道德起源论

李翱说:"人之所以为圣人者,性也;人之所以惑其性者,情也。喜怒哀惧爱恶欲,七者皆情之所为也。情既昏,性斯匿矣。非性之过也,七者循环而交来,故性不能充也。"(《复性书》上)由以上的话可以看出,李翱认为,所有人的人性原本都是善的,只是由于情的干扰,有些人才会显得不善,因此,某些人行为的不善,其罪责并不在于人性本身。

二、"去情复性"的道德修养论

"去情复性"的方法分两个步骤:第一步是"斋戒其心","弗虑弗思"(《复性书》中),意即让自己的心什么都不想。但是,仅做到这一步还是不够的。李翱认为,斋戒其心、不思不虑只是一味地求静,这种静是与动相对的,有这种相对性,就有对静的偏执,人就没有能够真正摆脱情欲的干扰。第二步是"知本无有思,动静皆离"(《复性书》中),也就是连虚静的状态都不去刻意追求,这样,心就超越了动和静,而进入一种绝对静止的境界了。

第三节　周敦颐伦理思想

一、"中正仁义而主静"的人伦规范

"人极"就是做人的最高标准。在《太极图说》中，周敦颐认为，人一旦有了对善恶的不同判断，人类社会就有了是非之争、矛盾之事，于是，各种事情便随之而来。为此，"圣人定之以中正仁义而主静，立人极焉"，即圣人为全人类确立了一个共同取法的最高标准——人极。而这个"人极"的内容就是"中正仁义"，并且以"静"为主的人伦规范。

二、"诚"为"五常之本"的道德准则

到了创作《通书》的时候，周敦颐回到了儒家的一贯提法上来，他把仁、义、礼、智、信这五常作为"立人极"的主要规范，并且认为诚是"五常之本，百行之源"（《通书·诚下》第二）。这样一来，《通书》所讲的圣人所立的人极就不再是"中正仁义而主静"，而是"仁义礼智信而主诚"。从主静到主诚的演变，说明周敦颐已经在一定程度上摆脱了道家和道教的影响。

第四节　张载伦理思想

一、"天地之性"与"气质之性"的性二元论

张载认为，人性包括了太虚本性和阴阳二性两个方面。"太虚"是气的本来状态，太虚之气是清澈纯一的；"阴阳"指的是阴阳二气，阴气和阳气都有清有浊。每个人都具有太虚本性。同时，人出生以后，由于从天地间所禀受来的阴阳二气不同，身体条件也就不尽相同，所以，每个人都有他

特殊的形体和本性。张载把太虚本性叫作"天地之性",把阴阳二性叫作"气质之性"。

二、"自求变化气质"的道德修养论

张载认为,人的各种欲望和一切不善都来自气质之性,气质是杂而不纯的,是有好有坏的。于是张载提出了"变化气质"的学说,他主张气质不好可以通过学习来改变。张载说:"为学大益,在自能变化气质。"(《经学理窟·义理》)"为学"是指从事道德的修养,"变化气质"是指通过道德修养,来克制人的感官欲望,从而使人由杂驳不纯的"气质之性"回复到至善的"天地之性"。

三、"民胞物与"的泛爱主义

张载提出,如果人们能够认识到自己的太虚本性是与一切人、一切物相同的,人们就会广泛地爱一切人、一切物。在《西铭》中,张载发挥了这种思想,他把天地视为父母,把一切人都视为同胞兄弟,一切物都视为同伴,提倡爱一切人、爱一切物,这就叫作"民胞物与"。不过,张载的这种爱仍然不是无差等的爱,而是建立在宗法关系基础上的仁爱。

第五节 二程伦理思想

"二程"是指宋代理学家程颢与程颐,他们的伦理思想可以概括为以下三个方面。

一、天人一"理"的道德本体论

二程认为,世界的根源、宇宙万物的本体是理或道。二程说:"天地之间,无适而非道也。即父子而父子在所亲,即君臣而君臣在所严,以至为夫妇,为长幼,为朋友,无所为而非道。"(《二程遗书》卷四)据此可见,二程所谓道或理,其主要内容是忠君、孝父等伦理观念。二程把道德伦理观念绝对化、普遍化了,他们认为道德伦理是万物的普遍的理,是世界的最高实体。换言之,理具有自然规律和道德准则的双重含义,而且这二者是统一的。

二、二程的人性二元论

二程认为人性有两种,一个是"天命之谓性"的性,一个是"生之谓性"的性。"天命之谓性"的性指人在出生以前就已经存在的性,程颢称它为"人生而静以上"的性,程颐称它为"极本穷源之性"。这个性是最根本的,它是作为宇宙根源的理在人心之中的体现,所以,这个性是绝对的善性。"生之谓性"的性,程颢称它为"气禀"之性,程颐称它为"才",这种性是有善有恶的,是从气那里禀受而来的。

三、"存天理,灭人欲"的道德修养论

二程根据他们的人性论,提出了"存天理,灭人欲"的口号。他们认为,天理与人欲是势不两立的,只有克服人欲,才能彰显天理。二程所谓"人欲",包括了人类的一切欲望,在这种情况下,"存天理,灭人欲"就意味着包括饮食男女等正当欲望在内的一切欲望都成了他们反对和抵制的对象。

第六节　朱熹伦理思想

一、"理一分殊"的道德本体论

"理一分殊"的理既可以指物理,又可以指事理。当"理"作为"事理"解时,它是指人们所履行的道德义务或者道德责任;分是指人的职分,即

人的身份、地位的差异。不同的人有不同的社会地位,处在不同的人际关系中,而在不同的地位上、在不同的人际关系中,人们所要履行的道德义务或者道德责任是不同的,这种不同也就是天理的具体表现的不同。在这种语境下,"理一分殊"也就是指,同一个形而上的天理在不同职分的人那里应当有不同的表现。

二、"性同气异"的人性论

朱熹也从两个角度来说人性:一个是"天命之性",又称"天地之性",即先验的理性,它是人从作为世界本原的理那里得来的;另一个是"气质之性"。朱熹所讲的气质之性不是纯粹从气质的角度来说的,它并不是完全不同于天命之性的另外一种人性,透过人的气质来看天命之性,这种呈现出不同面貌的性也就是气质之性。

三、"理欲之辨"与"王霸之辨"

朱熹认为天理与人欲是截然对立而不能并存的,必须"革尽人欲"才能"复尽天理"。从表面上看,朱熹的主张与二程的"存天理,灭人欲"的主张没有什么不同,实际上,二程将人类的一切欲望都视为"人欲",而朱熹则承认人的合理欲求的正当性,朱熹只是反对欲望的膨胀,他说,"饮食者,天理也;要求美味,人欲也"(《朱子语类》卷十三)。这说明,朱熹把人类的基本生理需求看作天理,相对于二程兄弟,朱熹更宽容一些。

朱熹还根据他的理欲之辨,强调了所谓的"王霸之辨"。朱熹认为,夏、商、周三代的政治都是王道政治,而包括汉朝、唐朝在内的其他朝代则都实行霸道政治。王道政治和霸道政治的本质区别就在于这个王朝的统治者心中是"天理流行",还是充斥着人欲。朱熹认为,从夏、商、周三代到秦汉之后,在政治上是一个道德退化的过程。

四、"居敬穷理"的道德修养论

朱熹认为,在人的内心里本来就含有关于一切事物的道理,但是,人心却不能够直接地自己认识自己,而是必须通过格物的功夫,通过对万事万物加以研究,即物而穷其理,然后才能达到对心中之理的自我认识。

朱熹的格物说还包含一个重要的观点,这就是所谓的"持敬是穷理之本"(《朱子语类》卷九)。持敬又称居敬,居敬是要求人集中自己的注意力在道德原则上。所谓"持敬是穷理之本"就是要求人在格物的时候,心中念念不忘道德的准则,时时刻刻用仁、义、礼、智等道德原则来观察一切、规范一切、处理一切。

第七节　陆九渊伦理思想

一、陆九渊的道德起源论

陆九渊所讲的心大致就是孟子所谓的本心,陆九渊所讲的理既有客观规律的意思,也有人伦道德的意思,它是人之理与物之理的统一。陆九渊认为,理是上天赋予人类的,而本心则是理的承载者。通过修养,人可以把心提升到"公"或"同"的高度,从而使内心容不下一点私心和人欲,此时,为人处世的应然之理就会自然而然地在人心中呈现出来,这就叫"心即理"(《象山全集》卷十一《与李宰书》)。

二、陆九渊的道德修养论

对于陆九渊而言,道德修养分三个步骤:第一步是"先立乎其大者",即发现本心的存在并且确信本心有能力帮助我们弃恶从善;第二步是"发明本心",即剥落蒙蔽在本心上的各种物欲和意见,使本心显明起来;第三步是"存养本心",即保存和涵养本心,时刻防止本心的丢失。

第四章　明清伦理思想管窥

第一节　王阳明伦理思想

一、"心即理"的道德起源论

王阳明说:"夫万事万物之理不外于吾心,而必曰穷天下之理,是殆以吾心之良知为未足,而必外求于天下之广,以裨补增益之,是犹析心与理而为二也。"(《传习录》)这段话批评了朱熹把理和心分而为二的观点,强调了良知的圆满自足,主张事理离不开我心,我心也离不开事理,二者紧密联系,这就是王阳明"心即理"的学说。王阳明的这一观点与陆九渊的十分相似,不同的是,在朱熹和陆九渊那里,"理"是物理与伦理的统一体,而"理"之于王阳明,则是"沿周程之道求之",他始终是在伦理道德的意义上来运用"理"这一概念的。

二、"知行合一"的道德修养论

对于王阳明而言,知是一种自觉,行是一种冲动。这种自觉是指人们对于一件事应不应该去做,这种冲动是指人们迫切地想去做这件事。这种自觉与这种冲动是同时发生的,这就叫知行合一。王阳明所谓的知行合一主要是针对道德实践活动而言的,它是指人们在道德实践活动中的良知与人们想要实践仁义的意向之间的同时性、共在性。但是,因为有各种欲望的障碍,人们做好事和不做坏事的意向常常是不坚定的。在这种情况下,王阳明讲知行合一,就是希望人们能够付出百倍的努力,把想要行善的冲动转化为实际的行动,从而把知行合一贯彻到底。

三、"致良知"的道德修养论

王阳明提出,良知就是生来固有的关于道德真理的认识,所以,在什么场合、到什么时候应该做哪些事,良知自然会告诉我们。而致良知就是完全地彰显出自己本来就固有的良知,让良知不局限在内心里,而能够对万事万物都发挥作用。

第二节 黄宗羲伦理思想

一、"天下为主,君为客"的君民关系说

黄宗羲提出,在上古的时候,"以天下为主,君为客,凡君之所毕世而经营者,为天下也"(《明夷待访录·原君》)。这就是说,在古时候,天下的人民是主,是主导的一方,君主是客,是从属的一方,君主所做的工作是为了天下人民。但是君主和臣民之间的这种合理的关系,后来被颠倒过来了,变成君主要独占一切利益,要把害处都推给别人,黄宗羲认为,有这样的君主还不如没有君主。

二、君臣"名异而实同"的君臣关系说

黄宗羲提出了"臣之与君,名异而实同"(《明夷待访录·原臣》)的观点,这就是说,君和臣之间虽然有领导与被领导的关系,但是他们并不是主人和仆人的关系,而更多的是同事关系,是相互配合的关系,他们都必须服从于治理天下、服务天下的使命。这样一来,黄宗羲就打破了传统的君尊而臣卑的观点,大大地提高了士大夫的地位。

第三节　王夫之伦理思想

一、"性日生日成"的人性论

所谓"性日生日成",是指人性是每天都变化更新的,这是因为,"形日以养,气日以滋,理日以成"(《尚书引义》卷三),人的身体天天发育、人的理性天天成熟,所以,每一个人的本性都处在发展变化的过程当中。不过,王夫之还在一定程度上保存了道德先验论的因素。他仍然承认人在初生的时候就已经具有了仁义礼智等道德的本性,只是,如果不是日生日成,那么初生的天赋就不会起作用,所以,人性主要还是靠后天的培养。

二、主"动"的道德修养论

王夫之反对周敦颐、二程等人所讲的"主静"的道德修养方法,他强调了动的重要性。王夫之说:"圣人之志在胜天,不容不动也……则为功于变化屈申之际,物无不感,天亦不能违也。"(《张子正蒙注》卷一)这就是说,只有动,才能调整自然界的变化,才能做到人定胜天,只有动起来,才能积极地有所作为。

三、"理寓于欲中"的理欲观

在王夫之看来,天理和人欲并不像程朱、陆王所说的那样是绝对对立的,而是相互统一的,具体言之,天理就在人欲之中,离开了人欲,也就无所谓天理。王夫之说:"礼虽纯为天理之节文,而必寓于人欲以见。……故终不离人而别有天,终不离欲而别有理也。"(《读四书大全说》卷八)这就是强调天理不能脱离人欲,天理寓于人欲之中。

第四节　戴震伦理思想

一、"血气心知"的人性论

戴震提出了"血气心知,性之实体也"(《孟子字义疏证》卷中)的命题。他认为,生理欲望和理性思维就是人的本性的实际内容。此外,戴震还提出了人性包含欲、情、知三个方面的内容。戴震说:"人生而后有欲、有情、有知,三者血气心知之自然也。"(《孟子字义疏证》卷下)由此可见,戴震认为,欲望、情感和知觉是人类生来就具有的,这三者都源于人体的生理构造。

二、"理存于欲"的理欲统一观

戴震认为,道德法则意义上的"理"与人的欲望是统一的,欲望的适当满足就是"理"。他说,"今以情之不爽失为理,是理者,存乎欲者也"(《孟子字义疏证》卷上),意谓感情、欲望的适当满足就是理,这个理就在欲望之中,它是节制情欲所依照的标准,它不是与欲望相对立的,也不是独立于人的情欲之外来强制情欲的。戴震还提出,欲是自然的,理是必然的,必然出于自然,必然是自然的完成。而戴震所谓的自然就是指本来的情况,所谓的必然则是指应然的法则。

第三编

中国伦理
思想蠡测

第一章 人类伦理视域的义利之辨

从人类伦理视域来看,中国传统义利之辨的基本伦理精神是以君主为目的、以臣民为工具的。为此,义利之辨既要假借家国同一之名来实现家天下,又要使君主凌驾于臣民之上而具有绝对权威。前者需要分析命题以便混淆家国之别,后者需要综合命题严格区分君主和臣民以便论证君主的神圣权威。分析命题和综合命题之间的内在矛盾把义利之辨最终推向绝境。这就意味着,作为古典经验伦理学形态的义利之辨的终结,同时也就预示着现代理论伦理形态的义利之辨即义利之辨的先天综合判断的发端。义利之辨扬弃其分析判断与综合判断,把自身提升到先天综合判断,实现由自然暴力为基础的自然法则向自由人性为基础的自由法则的历史转变,也在某种程度上综合并超越现代理论伦理形态的功利论和义务论,为追寻当下人类道德视域的应用伦理体系提供了某种理论思路。

第一节 义利之辨概述

中国传统伦理思想是人类伦理思想的重要理论资源,义利之辨是中国传统伦理思想的核心问题。如程颢所说:"天下之事,惟义利而已。"(《河南程氏遗书》卷十一)在人类面临种种道德冲突和伦理问题的当下,从人类伦理学视域反思中国传统义利之辨,既是中国伦理学重构的重要使命,也是人类伦理学的实践需求。这里首先要面临的问题是:在人类伦理学的演进轨迹中,中国传统的义利之辨和中国传统伦理学处在何种地位?

从人类伦理史的视域看,伦理学的演进轨迹可以大致概括为古典经验伦理学、现代理论伦理学和当代应用伦理学。古典经验伦理学的一个重要标志是没有形成独立的伦理学体系。传统生活方式中,人们相对缺乏反思事物的能力和批判精神,"神"或君主之类的绝对权威设定和控制着人类的整个生活方式。人的自由意志仅是从正确中选择错误的自由(即违背绝对权威命令,脱离绝对权威所设定的生活方式)。人的正确行为意味着避免选择,即遵循由绝对权威设定的惯例化生活方式。人的自由意志和行为方式受到教会或皇权之类的总体性权威的全面钳制。各种习俗或道德规范如三纲五常、信仰、爱上帝、希望等本质上是扼杀自由的锁链。砸碎这种锁链的标志性思想运动是文艺复兴。文艺复兴脱离了神学绝对权威的"整体性标准"的控制,致使传统的各种习俗、规范、价值和标准处于分崩离析的境地。人们从神的总体型虚幻中踏入世俗化的现代社会,社会生活在"整体性标准"的碎片中寻求一种可以依赖的普遍道德价值体系。古典经验伦理学在此过程中开始了向现代理论伦理学的艰难蜕变。现代理论伦理话语肇始于哲学家的反思精神和批判意识的日益觉醒及逐步成熟。哲学家认为人类绝不能祈求和依赖传统的形而上学和神话宗教等人类理性之外的力量(康德称为他律)作为禁锢自由的绝对权威,应当依靠实践理性或道德理性构建人类行为的道德规范(康德称为自律)。有基于此,现代理论伦理学家试图探寻一种新的世俗标准,自觉充当"立法者"角色。康德提出了著名的人为自然立法、人为自我立法的道德形而上学的义务论,边沁、密尔则建构了追求最大多数人的最大幸福的功利主义伦理体系。正因为如此,康德的义务论和边沁、密尔的功利论成为现代理论伦理学的经典范式。换言之,现代理论伦理学本质上就是义务论和功利论重叠交织的演进过程。义务论和功利论的颉颃其实就是现代理论伦理视域的义利之辨。现代理论伦理学经过元伦理学(是现代理论伦理学自我批判的一个理论环节)的洗礼,于20世纪70年代前后进入当代应用伦理学的新领域。

那么,中国传统的义利之辨和中国传统伦理学处在何种位置呢？通常认为,伦理学是中国学术文化的核心,孔子的《论语》是中国伦理学形成的标志①。在中国古代,伦理学是同政治、军事、经济、农业、中医等紧密结合、融为一体的。先秦时期的一切学术思想都笼统地称为"学"。宋代有了"义理之学"的名称。义理之学主要由三部分构成:道体(天道)、人道(人伦道德)和为学之方(治学方法)。其中,人道部分属于伦理学范畴。蔡元培先生在《中国伦理学史》中分析说,中国伦理学范围宽广,貌似一种发达学术,"然以范围太广,而我国伦理学者之著述,多杂糅他科学说。其尤甚者为哲学及政治学。欲得一纯粹伦理学之著作,殆不可得"②。是故,"我国既未有纯粹之伦理学,因而无纯粹伦理学史"③。这就是我们不得不正视的一个问题:中国传统伦理思想并没有真正形成一种专业的伦理学学科或道德哲学体系。这大概可以作为对中国伦理学的一个基本定性——它属于古典经验伦理学范畴。与此相应,中国传统义利之辨既没有形成以"最大多数人的最大幸福"为道德法则的功利论,也没有形成以"人为目的"为绝对命令的义务论,而是笼统地把功利与道义贯穿于义利之辨的无休止的经验偶然性争论之中。可见,中国义利之辨属于古典经验伦理学范畴(为简洁起见,如无特别说明,本文把中国传统的义利之辨简称为义利之辨)。那么,从人类伦理视域来看,何为义利之辨？义利之辨如何获得新生？

就其本质而论,义利之辨中的义与利是被设想为必然结合着的两方,以至于一方如果没有另一方也归属于它,就不能被义利之辨所采纳。这种结合本质上是一种判断或命题。在一切判断中,从其主词对谓词的关系来考虑,这种关系可能有两种不同的类型:一种是分析判断,一种是综合判断④。义利之辨和其他判断一样,要么是分析的,要么是综合的。因

---

① 这一观点值得商榷。《论语》是语录汇编,内容庞杂,其中涉及伦理问题的部分只是训诫式的道德说教。这些道德说教既缺乏严密的逻辑论证,也缺少构建伦理学学科的意识,更遑论伦理学学科应有的批判精神和自由气质。
② 蔡元培:《中国伦理学史》,东方出版社1996年版,第2页。
③ 蔡元培:《中国伦理学史》,东方出版社1996年版,第2—3页。
④ 康德:《纯粹理性批判》,邓晓芒译,杨祖陶校,人民出版社2004年版,第8页。

此,义利之辨有两种基本模式:①分析判断主张义即利,义利是同一范畴;②综合判断主张义是行为法则,利是个人私利,义利是对立的范畴。康德认为,分析判断和综合判断各有优劣,其出路在于先天综合判断①。由此看来,义利之辨的两种基本模式潜藏着其可能出路——义利之辨的先天综合判断。

第二节　义利同一的分析判断

康德认为,在分析判断中,谓词B属于主词A,B是隐蔽地包含在A这个概念中的概念。谓词和主词的联结是通过同一性来思考的。分析判断的谓词并未给主词概念增加任何内涵,只是把主词概念分解为它的分概念,这些分概念在主词中已经(虽然是模糊地)被想到了。因此,一切分析判断都是先天的,它是一种说明性判断,可以澄清概念,具有必然性,但并不能增加新的知识②。义利之辨分析判断的基本形式是:义即利。义利是同一范畴,其遵循的逻辑规律是同一律:A是A。义利同一的分析判断(为简洁起见,如无特别说明,后文一律表述为分析判断)表面上是公私不分,其真实意图是以私代公,故必然导致损公害私的严重后果。

一、分析判断的本质是公私不分

从形式上看,义利同一的分析判断可以简单地表述为"义,利也"(《墨子·大取》)或"仁义未尝不利"(《河南程氏遗书》卷十九)。对于国家而言,"国不以利为利,以义为利也"(《大学》第十一章);对于个体(主要是圣人)来说,"圣人以义为利,义安处便是为利"(《河南程氏遗书》卷十六)。如果分析判断遵循同一律即义是利(A是A),那么该判断就可能如黑格尔所说,在A是A这里,"一切都是一","就象人们通常所说的一切牛在黑

---

① 康德:《纯粹理性批判》,邓晓芒译,杨祖陶校,人民出版社2004年版,第10—11页。
② 康德:《纯粹理性批判》,邓晓芒译,杨祖陶校,人民出版社2004年版,第8页。

夜里都是黑的那个黑夜一样"①,义利冲突就不会存在,义利之辨也失去了其必要性。或者说,义利之辨的使命就完成了。事实并非如此,义利同一潜藏着公私混淆或公私不分的玄机。这就要求进一步追问义利的真实含义及其联结的根据。

何为义利?程颢一语道破天机说:"义与利只是个公与私也。"(《河南程氏遗书》卷十七)义包括公义、私义,利包括公利和私利。私义的实质是臣民的私利或私心,"必行其私,信于朋友,不可为赏劝,不可为罚沮,人臣之私义也。……污行从欲,安身利家,人臣之私心也"(《韩非子·饰邪》)。公义表面上是君主、臣民的公正,"夫令必行,禁必止,人主之公义也;……修身洁白而行公行正,居官无私,人臣之公义也"(《韩非子·饰邪》)。究其实质,公义和公利是君主个人的私利和私义。墨子说:"仁人之所以为事者,必兴天下之利,除去天下之害,以此为事者也。"(《墨子·非命》)。仁人就是国君,"国君者,国之仁人也。国君发政国之百姓,言曰:'闻善而不善,必以告天子。天子之所是,皆是之;天子之所非,皆非之。去若不善言,学天子之善言;去若不善行,学天子之善行。'则天下何说以乱哉?察天下之所以治者何也?天子唯能壹同天下之义,是以天下治也"(《墨子·尚同》)。君主一人之利即天下大义或公义,由此衍生出一系列行为规范:"为人君必惠,为人臣必忠;为人父必慈,为人子必孝,为人兄必友,为人弟必悌。故君子莫若欲为惠君、忠臣、慈父、孝子、友兄、悌弟,当若兼之,不可不行也,此圣王之道,而万民之大利也。"(《墨子·兼爱》)追逐圣王个人私利的圣王之道被冒充为"万民之大利",臣民的公义也就转化为摒弃个人私心私利以便绝对维系君主的私心私利。这就把公私完全混为一谈。或者说,把君主一人的私利私义混同于公义公利。

既然义、利的含义都是公利,那么"义,利也"的真实含义就是:①义是指公义,利是指公利。所以,公利才是公义,或者公义才是公利。义利之辨的分析判断实际上是说"公义是公利"。可见,分析判断的义和义把私利和私利排除了。这是典型的违背同一律的偷换概念。这种逻辑错误遮蔽了分析判断的真实意图。②臣民的私义(私利)不是君主的公义(公

---

① 黑格尔:《精神现象学》(上卷),贺麟、王玖兴译,商务印书馆1979年版,第10页。

利),即不是分析命题所说的"义利"。③私利(私义)要么被排除被否定,要么只能听命于公义或公利,即"循公灭私"或"开公利而塞私门"。由于公义(公利)实际上是君主一人的私利,而私义私利则是臣民的私利,私利(私义)的正当性被公义(公利)遮蔽了,因此分析命题以私代公的真实意图也就暴露无遗了。

二、公私不分的真实意图是以私代公

分析命题所说的私利是与君主利益相对的臣民利益,是最大多数人的最大利益。与此相应,分析命题所说的公利并不是最大多数人的最大利益,更不是所有人的福祉,而是君主的一己之私利。如黄宗羲所言,君主"以我之大私为天下之大公"(《明夷待访录·原君》)。可见,公义公利是君主私利,私利私义是臣民百姓的利益。公私不分的真实意图是以君主之大私取代天下之大公。

为达此目起,首先要严格区分君主利益(公利)和臣民利益(私利):"明主之道,必明于公私之分,明法制去私恩。"(《韩非子·饰邪》)韩非子解释说:"古者仓颉之作书也,自环者谓之私,背私谓之公,公私之相背也,乃仓颉固以知之矣。"(《韩非子·五蠹》)然后,以公私之别为前提,再把君主私利冠以天下公义功利之名。这就触及了关键问题:如何处理公义公利与私义私利之间的关系?

在天下之公义公利的崇高目标之下,"私义行则乱,公义行则治"(《韩非子·饰邪》),故必须遏制私利私义,秉持"循公灭私"(《李觏集·上富舍人书》)或"开公利而塞私门"(《商君书·壹言第八》)的行为法则。"私门"就是所谓的私利,"开公利而塞私门"就是以公利公义作为行为根据,进而否定乃至剥夺私义私利。公利公义的根据则是所谓的明君圣主,"明主在上,则人臣去私心行公义;乱主在上,则人臣去公义行私心"(《韩非子·饰邪》)。公利(公义)高于私利(私义)的目的是"致霸王之功"(《韩非子·奸劫弑臣》)。韩非说:"凡治天下,必因人情。人情者,有好恶,故赏罚可用,赏罚可用,则禁令可立,而治道具矣。"(《韩非子·八经》)什么是"人情"?

韩非子说："夫安利者就之,危害者去之,此人之情也。"(《韩非子·奸劫弑臣》)绝大多数臣民的私利私义乃至身家性命都附属于君主一人的私利私义,而且成为和整个专制制度不相容的不义甚或大恶。换言之,义利同一的分析命题追求的价值鹄的是:一人(君主或帝王)的最大利益是行为法则和伦理目的,最大多数人(臣民)的最大利益则是实现君主利益的微不足道的工具。当一个人(君主或帝王)的最大利益甚至最小利益与最大多数人(臣民)的最大利益发生冲突时,后者听命于前者。或者说,"循公灭私"或"开公利而塞私门"的目的是:牺牲最大多数人的最大利益,以维护最少数人的最大利益甚至最小利益。这是为了一个人的自由(黑格尔语)而剥夺绝大多数人的自由境遇中的功利论。它只追求依赖暴力维系君主个人的功利幸福,根本没有意识到每个人的平等独立人格、自由思想和私有财产权的神圣性,也不可能从法治的角度反思这些问题。它导致的结果必然是一个人和最大多数人之间的寇仇状态:君主残酷屠杀臣民,臣民向君主复仇的血腥循环。如此一来,以私代公的后果必然是以虚假的私损害真正的私,同时也必然损害真正的公。

三、以私代公的后果是损公害私

在义即利的分析命题中,私利虽然是"不义",但私利又是合乎人性的,人们不可能不追求这种"不义"。黄宗羲言:"有生之初,人各自私也,人各自利也。天下有公利而莫或兴之,有公害而莫或除之。"(《明夷待访录·原君》)在朝令夕改、随心所欲的皇权意志的人治之下,臣民的私人财产权和生命权得不到法律制度的有效保障,臣民利益乃至身家性命随时随地都有可能被皇权剥夺。马克思曾说:"一切人类生存的第一个前提也就是一切历史的第一个前提,这个前提就是:人们为了能够'创造历史',必须能够生活。"[1]人要生存,就要有自己私人的生活资料。由于个人私利得不到道义舆论和法律制度的认同和支持,在巨大的生存压力和严酷的皇权钳制下,人们不得不在满口仁义道德的掩盖下追逐私利,甚至急功近

---

[1]《马克思恩格斯全集》(第三卷),人民出版社1960年版,第31页。

利、不择手段地疯狂敛财。这就造成了皇权私利和臣民私利的内在矛盾和殊死博弈。皇帝和臣民个人私利间的明争暗斗遵循的是暴力的自然法则,结果是任何人(包括皇帝)的私利都得不到保障,都可以被暴力侵害剥夺。这就同时必然造成对真正的公利的损害。

事实上,只有通过遵循自由规律的合法程序,才能明确并保障合法正当的公利和私利。没有公利保证的私利不是真正的私利,而是虚假的私利。反之亦然,没有私利支撑的所谓公利是虚假的公利,至多是暴力冒名的公利(实质是私利)。一个只有虚假公利的地方,只能存有虚假的私利,不可能存在真正的私利。虽然分析命题中的君主私利拥有公利的遮羞布,但是它只能依靠暴力维系其私利,不可能得到臣民内心的真正认同和支持。一旦力量失衡乃至改朝换代,君主私利甚至身家性命同样会被暴力剥夺。利益冲突本质上只是在私利之间发生,真正的公利被相互残害的私利完全遮蔽。这只不过是自然状态下人对人的豺狼般的动物性资源的争夺,其遵循的弱肉强食的自然法则否定并践踏了人类自由的伦理法则。是故,"循公灭私"或"开公利而塞私门"必然导致害私损公的严重恶果,这也是义利之辨分析判断的必然宿命。

问题是,义利之辨分析判断的根源何在?毋庸讳言,义利之辨的分析判断深深根植于家国不分、家国同构的中国伦理传统。中国(和东方)数千年的成文史贯穿着父权制,这体现为伦理上的移孝作忠以及政治上的移家作国、以孝治天下的治国根本方略。黑格尔分析说,中国传统的家庭关系渗透于国家之中,"中国纯粹建筑在这一种道德的结合上,国家的特性便是客观的'家庭孝敬'。中国人把自己看作是属于他们家庭的,而同时又是国家的儿女。在家庭之内,他们不是人格,因为他们在里面生活的那个团结的单位,乃是血统关系和天然义务。在国家之内,他们一样缺少独立的人格;因为国家内大家长的关系最为显著,皇帝犹如严父,为政府的基础,治理国家的一切部门"[①]。支撑这一家国同构的父权专制制度是以自然血缘原则为本位的封建公有制。关于这一点,马克思和恩格斯在论及东方亚细亚社会时有过深刻的批判。恩格斯在1876年为《反杜林

---

① 黑格尔:《历史哲学》,王造时译,上海书店出版社2001年版,第122页。

论》所写和准备的材料中也指出,"东方的专制制度是基于公有制"①。马克思说:"在印度和中国,小农业和家庭工业的统一形成了生产方式的广阔基础"②,"在这里,国家就是最高的地主。在这里,主权就是在全国范围内集中的土地所有权。但因此那里也就没有私有土地的所有权,虽然存在着对土地的私人的共同的占有权和使用权"③。支撑封建公有制大统一的是君权至上和权力本位的专制制度。君权高于一切,也高于金钱甚至生命。君权至上和权力本位必然要求一人独尊的父权政府。在康德看来,父权政府"是所有政府中最专制的,它对待公民仅仅就像对待孩子一样"④。中国的皇帝皇后是国父、国母,官吏是百姓的父母官。他们金口玉言,以百姓的权威和父母自居,视百姓如无知孩童,根本不把百姓当作独立的、自由的个体,不但不尊重其人格尊严,甚至随心所欲地任意处置其身家性命。实际上,由于缺乏自我意识和自我反思能力和合乎人性的法律制度的保障,君主也没有自由的思想和独立的人格尊严。封建王朝史无非是一部分人和另一部分人喋血争夺君位和权力、争当国父皇帝或父母官的历史闹剧的一幕幕重演,个人尊严则被淹没在皇权和权力之下。这种家国同构的父权政府的实质是公私不分、以私代公的家天下,其结果必然是君主之私利和绝大多数臣民私利的相互损害,真正的国家公利却在臣民私利和皇帝私利的无休止的争斗中荡然无存。

严格说来,分析判断既然主张义即利,就应该遵循同一律,在义即利的前提下,从义中分析出利来,或者说利是义的应有之义。可是,分析判断首先把义利区分为公义公利(君主利益)与私义私利(臣民利益),然后否定了私义私利的正当性,只承认公义公利的正当性。是故,它违背了同一律(A是A)和分析判断的要求:把义利偷换为公义公利,把"义即利"偷换为"公义即公利"。显而易见,"公义即公利"不是从义(公义私义)中推出利(公利私利),而是排除了私义私利,仅肯定公义即公利。其目的是把"公义公利"(君主利益)当作私义私利(臣民利益)而存在,进而要求臣民

---

① 《马克思恩格斯全集》(第二十卷),人民出版社1974年版,第681页。
② 《马克思恩格斯全集》(第二十五卷),人民出版社1974年版,第373页。
③ 《马克思恩格斯全集》(第二十五卷),人民出版社1974年版,第891页。
④ 康德:《法的形而上学原理——权利的科学》,沈叔平译,商务印书馆1991年版,第143页。

利益绝对服从君主利益。为此,分析判断推崇以暴力为后盾的自然法则:绝大多数人的利益屈从于君主个人的最大利益甚至最小利益。其结果只能导致公义公利与私义私利(本质上是利益与利益或私利与私利)的尖锐矛盾冲突。利益之间的这种矛盾冲突内在地呼唤超越于暴力和利益之上的价值范畴的义(而非"等同于利益的义")的出场。这已经超出义利同一的分析判断的限度,触及义利有别的综合判断。或者说,义利之辨的分析判断潜藏着其综合判断的内在因素。

第三节 义利对立的综合判断

康德认为,在综合判断中,谓词B完全外在于主词A,谓词和主词的联结不是通过同一性来思考的。综合判断在主词概念A上增加了谓词B,而谓词B是在主词概念A中完全不曾想到过的,是不能由对主词概念A的任何分析抽绎而来的,因此它是一种可以拓展知识的判断[1]。义利的结合如果是综合的,它就必须被综合地设想,也就是"被设想为原因和结果的联结:因为它涉及到一种实践的善,亦即通过行动而可能的东西"[2]。它是在遵循矛盾律(A不是A)的前提下进行的判断。所以,义利之辨的综合判断(如无特别说明,下文一律简称为综合判断)要求:义利是互不包含、相互对立的范畴(义不是利),义是行为法则,利则是应当摒弃的恶(非义)。或者说,义是使利成为应当摒弃或排除的恶的原因和根据。综合命题秉持重义非利的基本理念,在确立义的神圣地位以遮蔽利的正当诉求的进程中,带来义利俱灭的严重后果。

一、确立义的神圣地位

综合判断秉持义不是利的基本原则,主张义利对立,"大凡出义则入

---

[1] 康德:《纯粹理性批判》,邓晓芒译,杨祖陶校,人民出版社2004年版,第8页。
[2] 康德:《实践理性批判》,邓晓芒译,杨祖陶校,人民出版社2003年版,第155页。

利,出利则入义"(《二程遗书》卷十一)。在此前提下,其首要使命是确定义与利何者优先。这里选择的是义优先于利。

出于这样的思维逻辑,义利对立的综合判断首先必须论证义的绝对性和普遍性,以便确立义的神圣性。

义首先经历了由偶然经验的义到先天普遍的义的论证过程。荀子认为,义源自先王君子,"君子者,治之原也。官人守数,君子养原;源清则流清,源浊则流浊。故上好礼仪,尚贤使能,无贪利之心,则下亦将綦辞让,致忠信,而谨于臣子矣"(《荀子·君道》)。荀子又言:"将原先王,本仁义,则礼正其经纬蹊径也。"(《荀子·劝学》)在荀子这里,听命于礼的义只不过是个体的君子和经验的礼的附属品,是一个偶然性概念。与荀子经验论的义的论证不同,孟子认为义是源自人人生而固有的内在天性,"恻隐之心,人皆有之;羞恶之心,人皆有之;恭敬之心,人皆有之;是非之心,人皆有之。恻隐之心,仁也;羞恶之心,义也;恭敬之心,礼也;是非之心,智也。仁义礼智,非由外铄我也,我固有之也,弗思耳矣"(《孟子·告子章句上》),义是人人心中先天固有的普遍性理则,"仁义根于人心之固有。"(《孟子集注·梁惠王上》),"心之所同然者何也?谓理也,义也。圣人先得我心之所同然耳"(《孟子·告子章句上》),戴震诠释孟子的这一思想时说:"心之所同然始谓之理,谓之义;则未至于同然,存乎其人之意见,非理也,非义也。凡一人以为然,天下万世皆曰'是不可易也',此之谓同然。"(《孟子字义疏证·性》)不过,这种先验的普遍的义还不具有绝对神圣性。

为了把义的先验性、普遍性提升为义的神圣性,董仲舒认为内在的义源自一个本体的天,是天之道。何为天?从地位上看,天既是"万物之祖"(《春秋繁露·顺命》),又是"百神之大君也"(《春秋繁露·郊祭》)。从属性上讲,"天,仁也"(《春秋繁露·王道通三》),"天志仁,其道也义"(《春秋繁露·天地阴阳》)。天是人之本源,"人之为人,本于天,天亦人之曾祖父也,此人之所以上类天也"(《春秋繁露·为人者天》)。是故,"人之受命于天也,取仁于天而仁也"(《春秋繁露·王道通三》),"仁义制度之数,尽取之天"(《春秋繁露·基义》),义成了先验不变的绝对神圣的天道。但是,这种"人之曾祖父"之类的天暴露了其低俗的经验性,很难经得起推敲。同时,独断地未经任何论证地断言"天志仁,其道也义",其实是犯了将事实直接等同于价值的自然主义谬误。尽管那时的人们还没有意识到这一点,但义的神圣地位至少在理论上依然处在可以动摇的危险之中。

为了稳固义的神圣地位,弥补董仲舒理论上的漏洞,程朱理学主张天人一理,认为义源自形而上的理。朱熹说:"理未尝离乎气,然理形而上者,气形而下者。"(《朱子语类》卷一)二程认为:"理则天下只是一个理,故推至四海而准,须是质诸天地,考诸王不易之理。故敬则只是敬此者也,仁是仁此者也,信是信此者也。"(《河南程氏遗书》卷二上)"未有天地之先,毕竟也只是理。"(《朱子语类》卷一)朱熹也说:"未有这事,先有这理。如未有君臣,已先有君臣之理;未有父子,已有父子之理。"(《朱子语类》卷九十五)天理内在具有的正当性就是义。朱熹说:"义者,天理之所宜。"(《论语集注·里仁》)既然天人一理,那么义也是人的行为应当遵循的内在命令,朱熹进一步说:"义者,心之制,事之宜也。"(《孟子集注·梁惠王上》)义综合荀子、孟子等思想,剔除董仲舒以经验论证先验的错误,在天理这里提升出一个规范人心、引领言行的具有绝对命令地位的形而上的神圣的普遍法则。

维系义的神圣地位至少有两种选择:否定利(个体利益)的正当性,或者肯定利的正当性。义利综合命题选择前者,这就是它的另一深层意蕴。

二、遮蔽利的正当诉求

确立了义的神圣地位,也就意味着遮蔽乃至彻底否定利的正当诉求,以达到义绝对优先于利的企图。

综合判断把义绝对化为规范利的道德行为法则。孔子主张"君子义以为上"(《论语·阳货》),因为"放于利而行,多怨"(《论语·里仁》)。孟子甚至说:"大人者,言不必信,行不必果,惟义所在。"(《孟子·离娄章句下》)这是为什么呢?孟子说:"仁义根于人心之固有,天理之公也;利心生于物我之相形,人欲之私也。"(《孟子·梁惠王上》)义作为人心固有的公理,比生命和利欲珍贵,在义和生命之间应当舍生取义。孟子曰:"生,亦我所欲也;义,亦我所欲也,二者不可得兼,舍生而取义者也。"(《孟子·告子章句上》)孟子这种天理之公的义被董仲舒改造为道。董仲舒说:"道之大原出于天。天不变,道亦不变。"(《举贤良对策》即《天人三策》)所以,应当"正其谊不谋其利,明其道不计其功"(《汉书·董仲舒传》)。义成为否定利的大原或根据,其真实意图是推崇臣民绝对服从皇权的义务,忽视乃至蔑视臣民相应的权利诉求。但是,君权只具有对臣民的绝对权力,君主不仁不义的行为(如荒淫误国、残害百姓)却不承担相应的责任和义务。尤为甚者,那些为君主服务的官吏(百姓的父母官)也仅对君主负责,却不承担对百姓的责任,乃至有刑不上大夫的免责传统。韩非子甚至说:"为人臣不忠,当死;言而不当,亦当死。"(《韩非子·初见秦》)其经典形式演化为著名的"三纲":君为臣纲、父为子纲、夫为妻纲。董仲舒:"王道之三纲,可求于天。"(《春秋繁露·基义》)源自天的神圣的"三纲"的实质是"君要臣死,臣不得不死""父(夫)要子(妻)亡,子(妻)不得不亡"的绝对服从和无条件牺牲。"三纲"的要害在于君为臣纲,而父为子纲、夫为妻纲只不过是其衍生品。由于君是义,臣是利,"君(义)为臣(利)纲"也就意味着综合命题的义与利的因果联结:义(君)是正当性的根源,利(臣)自身不具有正当性。只有绝对服从义(君)的利(臣),才具有相对的正当性。

义由本体的不变的天道最终具象为经验的个体的君主权力或意志,义与利的对立也就转化为普遍性的天理与特殊性利欲的对立实即公(天理)与私(人欲)的对立。如程颐所说:"不是天理,便是私欲。"(《二程遗书》卷十五)既然"灭私欲则天理明"(《二程遗书》卷二十四),自然也就要求"损人欲以复天理"(《二程集·周易程氏传·损》)。天理的义由此成为灭绝私欲的利的根据。综合命题把义利作为原因和结果的联结,其意图非常明显:崇义弃利,或者说,义是否定乃至摒弃利的原因和根据。

我们知道,在分析命题中,君主一人的利益和幸福是道德标准,绝大多数人的利益和幸福都必须以君主一人的利益和幸福为目的。二者发生冲突时,前者无条件屈从于后者。如果说分析命题还主张利欲可言,综合命题则主张利欲不可言。君主在综合命题中被赋予天理、天道、大原的绝对神圣高度,君主的利益幸福成为被这种形而上的神圣性遮蔽的不可言说的潜规则。如孟子所说:"王亦曰仁义而已矣,何必曰利?"(《孟子·梁惠王章句上》)践行潜规则的行为规则是:"不论利害,惟看义当为与不当为。"(《二程遗书》卷十七)。利在义的评价体系中毫无价值可言,如荀子所说:"保利弃义谓之至贼。"(《荀子·修身》)朱熹则一言以蔽之:"圣贤千言万语,只是教人明天理,灭人欲。"(《朱子语类》卷十二))由此看来,义利综合命题必然不可摆脱义利俱灭的严重后果。

三、义利俱灭的必然归宿

分析命题囿于经验的利益问题,君权被同化为君主利益的偶然表象,自然也就降低了君权的神圣地位和绝对权威。为了弥补这个缺憾,论证君权的神圣性并借此蔑视臣民利益的正当性也就成了综合命题的历史使命。综合命题极力推崇君权神圣至上的不可侵犯性,为君权寻求形而上的合法根据,借此否定甚至牺牲臣民利益,把臣民利益遮蔽于所谓的义(即神圣君权)之下。

如果说分析命题还为臣民利益的存在留下一点可能性的话,综合命题则在否定了臣民利益之后,余下的只是空洞的天道仁义,这天道仁义的实质依然是经验的君权。君权在压制剥夺臣民利益的同时,也就动摇了君权神圣性和君主利益的根基,义利俱灭的结果也就成为必然。

首先,义对利的肆意践踏。

义利综合命题把人分为君主和臣民两大对立主体。君主是绝对的义的主体,是"人伦之至也"(《孟子·离娄章句上》)。臣民则是利的主体,必须依靠义维系其做人的资格。一般说来,"夫人有义者,虽贫能自乐也;而人无义者,虽富莫能自存"(《春秋繁露·身之养重于义》)。原则上讲,"若其义则不可须臾舍也。为之人也,舍之禽兽也"(《荀子·劝学》)。义表面上指行为必须遵循的道德命令,实际上是天下大公掩盖下的君权。因此,义骨子里追求的主要是君王权力(实际上也包括君主的个人利益)绝对不可动摇的神圣权威。臣民必须绝对听命于义,不奉行义的人就是小人、盗贼,甚至是禽兽。孔子说:"君子喻于义,小人喻于利。"(《论语·里仁》)孟子也说:"无恻隐之心,非人也;无羞恶之心,非人也;无辞让之心,非人也;无是非之心,非人也。"(《孟子·公孙丑章句上》)为了否定利的正当性,先贤们竟然使用了"禽兽""非人"等否定人的资格和尊严的极端手段。这就不仅践踏了利,而且败坏了德性的根本。德性的丧失也就意味着温情脉脉的"义"可以毫无顾忌地肆意践踏利益。对此,黑格尔说:"在中国,那个'普遍的意志'直接命令个人应该做些什么。个人敬谨服从,相应地放弃了他的反省和独立。假如他不服从,假如他这样等于和他的实际生命相分离……'实体'简直只是一个人——皇帝——他的法律造成一切的意见。"①义利综合命题把君主权力作为天道大义,在所谓神圣的义的绝对命令之下,君权剥夺臣民的个体利益甚至生命似乎都是替天行道的义举。当生命都可以被义随时剥夺时,臣民利益也就被所谓的义彻底遮蔽了。然而,义对利的肆意践踏也就同时意味着义丧失了其存在的根据。

其次,义对利的肆意践踏使义自身丧失了存在的根据。

表面看来,在义利综合命题这里,神圣君主是义的化身,卑微臣民是利的载体。集"天地君亲师"于一体的君主具有最高的绝对权力,臣民必须履行服从君主权力的绝对义务,即利必须绝对听命于义。实际上,这恰好为埋葬义自身挖掘了坟墓。

不可否认,传统伦理也有"君不正,臣投他国""父不慈,子走他乡"的思想观念。墨子就说:"为人君必惠,为人臣必忠;为人父必慈,为人子必孝,为人兄必友,为人弟必悌。"(《墨子·兼爱下》)但是,由于缺少对人的尊重的基本理念,这些合理思想常常流于空谈。君主的绝对权力致使君仁臣忠、父慈子孝、兄友弟恭、长幼有序等观念成为表面的幻象。君主钳制臣民的绝对权力以及臣民被迫承担的对君主的绝对义务把君主权力推向否定人的普遍性、平等性乃至人格尊严的极端。诚如戴震所痛斥:"尊者以理责卑,长者以理责幼,贵者以理责贱,虽失,谓之顺;卑者、幼者、贱者以理争之,虽得,谓之逆。……人死于法,犹有怜之者;死于理,其谁怜之?"(《孟子字义疏证·理》)这实际上是对义的形而上的普遍性和神圣性的深刻质疑和否定。显而易见,人类的第一个君主源自非君主,是从百姓

---

① 黑格尔:《历史哲学》,王造时译,上海书店出版社2001年版,第121页。

大众中产生出来的,后来的君主轮流更换,亦是如此。没有天生的君主,君主或天子的不断变化和不变的义或天道自相矛盾,这就否定了君权的绝对神圣性。另外,君主是绝对权力者,绝对权力导致绝对腐败。绝对服从义(君主)的臣民由于被剥夺了作为人的资格和权利,对所谓的义务只是出于恐惧而被迫履行。神圣性的义只不过是自然暴力的代名词而已,义的法则只不过是动物世界弱肉强食的丛林法则,而非伦理的自由法则。一旦有力量反抗,被压制的臣民就会抛弃所谓的绝对义务,运用君主奉行的动物法则、暴力法则对抗甚至杀戮绝对权力者。君主专制和臣民利益绝对对立,君主、臣民双方都不会把对方和自己当作自由的有尊严的人。如果一方胜利,又一轮新的暴力对抗就会重新轮回。在这种人对人如豺狼的自然状态下,神圣性的义在刀剑之下原形毕露,君主的权威在生死考验时刻顿时化为乌有。

那么,义利俱灭的综合命题(取义弃利)的根源何在?我们知道,家国同构的自然状态祈求分析命题,但是分析命题把绝大多数人的最大利益归结为君主一人的个体利益,如此非但不能解决君权利益的绝对合法性和神圣性问题,反而具有否定君主利益的危险性。同时,把君主一人的个体利益归结为义,理论上也犯了自然主义谬误。即使借助天的名义,也不可避免。墨子说:"然则奚以为治法而可?故曰:莫若法天。天之行广而无私,其施厚而不德,其明久而不衰,故圣王法之。既以天为法,动作有为,必度于天。天之所欲则为之,天所不欲则止。然而天何欲何恶者也?天必欲人之相爱相利,而不欲人之相恶相贼也。"(《墨子·法仪》)法天是自然主义谬误,这种谬误导致这一命题不具有令人信服的理论力量(尽管当时人们不知道这是自然主义谬误的后果,但是直觉的"王侯将相,宁有种乎"之类的怀疑思想依然能够对它构成致命威胁)。这是其一。

更深层的问题则在于,综合命题自身何以必要?家国同构的自然秩序虽然祈求分析命题去论证以孝治天下、移孝作忠等家国一致的自然需求,但是骨子里绝对不允许家国一致、君臣平等。对中国传统伦理而言,如果皇家和其他自然家庭平等或君主和臣民平等,这是大逆不道的不义之举乃至禽兽行径。家国同一的目的是小家服从大家(国)、臣民服从君权,其实质是绝大多数的自然家庭所构成的家庭整体绝对服从皇帝一人的意志。可见,家国同构自然秩序的合法性需要把君主之家和臣民之家严格绝对地区别开来,并使前者对后者具有绝对的统治地位,后者绝对听命于前者。这就要求必须论证君主利益的神圣性、至高无上性以及臣民利益绝对服从君权的无条件性,或者说臣民的合法性根据在于绝对服从君权。没有君权,臣民就没有存在的价值。如果说君权是目的价值,那么臣民在分析命题里最多是工具价值,而在综合命题里,臣民则没有丝毫价值可言。另外,由于义(君权利益)利(臣民利益)的实质都是经验的偶然的,所以义利之辨的综合判断是后天的或经验的综合判断,它虽然可以拓展义利的实践认知,但却只具有偶然性,而不能成为道德法则。

那么,从人类伦理视域来看,义利之辨如何获得新生?

结　语

回答义利之辨如何获得新生的问题,需要另文进行详尽辨析和论证。尽管如此,我们依然可以基此理出基本思路。

从人类伦理视域来看,中国传统义利之辨的基本伦理精神是"君主为目的(义)、臣民为工具(利)"。它具体体现为:①义利之辨既要假借家国同一、家国一体之名来实现家天下,又要使君主凌驾于所有臣民之上而具有绝对权威。前者需要分析命题加以论证以便混淆家国之别,后者需要综合命题加以论证以便使君主严格区别于臣民进而具有绝对神圣权威。这就出现了"A是A"(分析命题的义是利)与"A不是A"(综合命题的义不是利或义不是义)的矛盾,同时又出现了"A是—A"(义是非义即利)的矛盾。②这种矛盾归根结底是和家国一体的超稳定结构互为因果造成的:君主既具有个体地位,更具有掌控最高权力的绝对权威;君主的家天下既具有家庭地位,更具有国家地位。与此相应,臣民家庭和个人利益则成为私利私义或不正当的符号。如果说家国一体的超稳定结构是义利之辨的实体,那么义利之辨则是家国一体的超稳定结构的精神支撑。③究其实质,义利之辨滞留在经验领域的利益冲突的藩篱内,遵循自然暴力为基础的自然法则并借此遮蔽实践理性的自由法则,几乎没有关注或有意无意地忽略了利益背后人的自由本质和人格尊严。所以,义利之辨不可能从人类伦理的角度思考国家和家庭的本质区别(国家是自由的政治伦理领域,家庭是自然的私人伦理领域)和内在联系,更遑论国家、公民及其利益的合法性和正当性,最终只能走向义利俱损的绝境。这既是作为古典经验伦理学形态的义利之辨的终结宿命,又是现代理论伦理形态的义利之辨即义利之辨先天综合判断的发轫契机。

那么,义利之辨的先天综合判断是如何可能的？先天综合判断寻求的普遍的义和普遍的利以及二者的联结,既源自人的本性,又以人为根本目的,主要表现在:①义与利具有各自独立的含义:义应当是规范利的价值根据和行动法则,利应当是在义规范下的感性事实(福祉利益)。②普遍的义或利是适用于每个人的先天的行为法则或感性事实(福祉利益),而不仅仅是适用于某个人、某些人或绝大多数人的行为法则或感性事实(福祉利益)。③先天普遍的义是使先天普遍的利成为应当追求的正当权益的原因和根据,先天普遍的利是实现先天普遍的义的工具路径并因此具有工具价值。如此一来,义利之辨扬弃其分析判断与综合判断,把自身提升到先天综合判断,实现由自然暴力为基础的自然法则向自由人性为基础的自由法则的历史转变,也在某种程度上综合并超越了现代理论伦理形态的功利论和义务论,为追寻当下人类道德视域的应用伦理体系提供了某种理论思路。

第二章　义利之辨的困境与出路

义利之辨是中国传统伦理的一个古老话题。在义利之辨中,义与利被设想为是必然结合的,一方如果没有另一方归属于它,就不能被义利之辨涵纳。这种结合是一种判断或命题。那么义利之辨是何种判断或命题呢?

康德认为,在一切判断中,从其主词对谓词的关系来考虑,这种关系可能有两种不同类型:一种是分析判断,一种是综合判断①。分析判断和综合判断各有优劣,其出路则是先天综合判断②。由此而知,义利之辨和其他判断一样,要么是分析的,要么是综合的。换言之,义利之辨有两种基本模式:分析判断和综合判断。

分析判断主张义即利,义利是同一范畴:"义,利也。"(《墨子·大取》)对于国家而言,"国不以利为利,以义为利也"(《大学·第十一章》)。对于圣人来说,"圣人以义为利,义安处便是为利"(《二程遗书》卷十六)。义利同一的实质是强调所有个体都毫无例外地共同隶属于国家皇权,否则就是不义。在分析判断"义利同一"的前提下,综合判断区分义利内涵,并确定二者地位。综合判断主张义利是对立的范畴。义其实是公利,利则是个人私利。如程颢所说:"义与利只是个公与私也。"(《二程遗书》卷十七)就二者的地位而论,公利是私利正当与否的行为法则。质言之,义利之辨的基本伦理精神是以君主为目的、以臣民为工具。为此,义利之辨既要假借家国同一之名来实现家天下,又要使君主凌驾于臣民之上而具有绝对权威。前者需要分析命题以便混淆家国之别,后者需要综合命题严格区分君主身份和臣民身份,以便论证并确立君主的神圣权威。

① 康德:《纯粹理性批判》,邓晓芒译,杨祖陶校,人民出版社2004年版,第8页。
② 康德:《纯粹理性批判》,邓晓芒译,杨祖陶校,人民出版社2004年版,第10—11页。

义利之辨的分析判断和综合判断共同维系绝对义务、摒弃权利诉求，其实是崇尚暴力的丛林法则在伦理世界的暴虐所致，这种暴虐把义利之辨推向道禅追求的非义弃利的虚无与涅槃的寂灭绝境。或者说，道禅追求的非义弃利其实是义利之辨的本质使然。然而，正是这种绝境潜在地预示着义利之辨的重生——义利之辨的先天综合命题。

第一节 义利之辨的困境

义利之辨的分析判断和综合判断在理论上催生了其极端形式：道、禅两家既不重利，也不崇义，把义利之辨由虚无推进到涅槃，从而否定了义利之辨的可能性和必要性。

道、禅两家对义利之本的解构，从根本上否定了义利之辨的价值。老子说："大道废，有仁义。慧智出，有大伪。六亲不和，有孝慈。国家昏乱，有忠臣。"(《老子》第十八章)既然仁义利害有悖大道，拒斥仁义利害、达到"圣人""至人"境界也就成为当然要求。庄子说，既要"忘年忘义"(《庄子·齐物论》)，又要"不就利、不违害"(《庄子·齐物论》)。这种境界"通乎道，合乎道，退仁义，宾礼乐，圣人之心有所定矣"(《庄子·天道》)。在此前提下，进一步超越功利道义，"不利货财，不近贵富；不乐寿，不哀夭；不荣通，不丑穷；不拘一世之利以为己私分，不以王天下为己处显。显则明。万物一府，死生同状"(《庄子·天地》)。这样的终极状态就是"恬淡，寂寞，虚无，无为"(《庄子·刻意》)。庄子说："此天地之本而道德之质也。"(《庄子·刻意》)义利之辨由此进入虚无状态。与道家思路颇为类似，禅门主张摆脱生死名利。通琇说："名不能忘不可以通道，利不能忘不可以学道。"(《普及玉琳国师语录》卷一一)。禅门的根本目的是跳出三界(欲界、色界、无色界诸天)之外，否定并超越名利仁义，以达到寂灭的涅槃之境。何为涅槃？僧肇解释说："既无生死，潜神玄默，与虚空合其德，是名涅槃矣。"(《涅槃无名论》)可见，道、禅两家追求否定生死、拒斥义利的无我境界,试图在无生无死、无义无利中超越义利,以达到大道或涅槃之境。这就否定了义利结合的任何可能性。也就是说,义与利既不可能结合为分析命题,也不可能结合为综合命题。义利之辨在道、禅两家的解构中似乎只能堕入虚无寂灭的绝境。

如果义利之辨的虚无寂灭仅是理论的玄想,那么还不能证明其现实性。遗憾的是,义利虚无寂灭的玄想在某种程度上得到了历史的验证。义利寂灭体现出的传统政治制度是君主和臣民极端对立的君主专制或君主家长制。生活在君主家长制权威下的臣民(利的符号)对君主(义的符号)恨之入骨。臣民(利的符号)和君主(义的符号)之间的尖锐冲突在鸦片战争期间演化为义利寂灭的历史事实:"那些纵容鸦片走私、聚敛钱财的官吏的贪污行为,却逐渐腐蚀着这个家长制的权力,腐蚀着这个广大的国家机器的各部分间的唯一的精神联系。……所以很明显,随着鸦片日益成为中国人的统治者,皇帝及其周围墨守陈(成)规的大官们也就日益丧失自己的权力。"[①]当有一种强力危害皇权的时候,臣民竟然成了君主的看客,宁可被动地和君主屈从于暴力法则。对此,马克思写道:"当时人民静观事变,让皇帝的军队去与侵略者作战,而在遭受失败以后,抱着东方宿命论的态度服从了敌人的暴力。"[②]质言之,利(臣民)宁可选择和义(君主)同归于尽,也不愿与义(君主)同心协力地拼搏图存。神圣的义和为之殉葬的利在暴力法则之下灰飞烟灭、荡然无存。马克思沉痛深刻地总结说:"一个人口几乎占人类三分之一的幅员广大的帝国,不顾时势,仍然安于现状,由于被强力排斥于世界联系的体系之外而孤立无依,因此竭力以天朝尽善尽美的幻想来欺骗自己,这样一个帝国终于要在这样一场殊死的决斗中死去,在这场决斗中,陈腐世界的代表是激于道义原则,而最现代的社会的代表却是为了获得贱买贵卖的特权——这的确是一种悲剧。"[③]中国传统的义利原则在现代英国的功利主义原则面前不堪一击。鸦片战争的炮火所蕴含的现代英国的功利主义原则把中国传统义利之辨

---

① 《马克思恩格斯选集》(第二卷),人民出版社1972年版,第2页。
② 《马克思恩格斯选集》(第二卷),人民出版社1972年版,第19页。
③ 《马克思恩格斯选集》(第二卷),人民出版社1972年版,第26页。

的伦理传统推向了灰飞烟灭的境地,把既不重利也不崇义的道、禅两家的思想转化为铁的历史事实,将大清帝国的臣民麻木和皇权贵族的无耻无能体现得淋漓尽致。这种表面的失败其实是义利之辨寂灭的历史结局。然而,义利之辨在绝境中蕴藏着其重生的可能要素。

第二节 义利之辨困境的反思

义利之辨的寂灭只是一种自我陶醉的幻象,透过幻象就可以探求到它潜藏着自由法则的重生因素。

一、义利之辨寂灭的根源是丛林法则

义利的虚无涅槃违背基本的人性根据。忘利害的前提是忘利害者依然在念念不忘利害。如果真的忘了利害,也就无须要求忘利害了。如果利害忘不了,又自以为忘了利害,则是自欺欺人,"夬妄言者,为自欺身,亦欺他人"(《佛说须赖经》)。如果把利害摒除干净,完全超脱于义利之外,走向无关利害甚至超越生死的虚无逍遥或寂灭涅槃,这种存在者就不再是有限的理性存在者,就不再是有血有肉的现实世界的人,当然不需要义利的综合判断,也不需要其分析判断。但是,义利之辨是基于现实世界的人的利害关系的正当性反思。这种反思不可能摆脱人自身的有限境遇,必然会返回世俗的义利之辨。是故,李师政说:"为佛之为教也,劝臣以忠,劝子以孝,劝国以治,劝家以和,弘善示天堂之乐,惩非显地狱之苦。"(《内德论》)现实生活中,有的人追求大隐隐于朝、中隐隐于市、小隐隐于野甚至放下屠刀立地成佛。这类经验表象也说明:忘利害与不忘利害是对立的,试图使二者同一(把忘利害等同于不忘利害)是不可能的。

就理论而言,以儒学为主的儒、道、禅三教合流的宋明理学以及近代中国传统伦理的演进都没有完全否定义利,这也确证了寂灭虚无的义利

在学理上是经不起诘难的。元贤禅师说得好:"人皆知释迦是出世的圣人,而不知正入世的圣人,不入世不能出世也。人皆知孔子是入世的圣人,而不知正出世的圣人,不出世不能入世也。"(《永觉元贤禅师广录》卷二九)义利是人的世俗生活境遇中的伦理追求,完全否定甚至企图摆脱义利是一种虚妄的幻想。

不过,问题绝非如此简单。这种虚无涅槃的现象背后所道出的真相是:在无力反抗皇权的境遇下,道、禅试图摒除义利的实质是试图消极躲避皇权迫害以求自保的权宜之计,是以超验的路径试图追求经验的保命图存的最低要求——不被杀害。这是弱肉强食的丛林法则主导伦理生活进而呈现出来的人事表象。丛林法则主导下的追求只能是保全自然生命。只有自由法则的伦理世界,才可能在维系自然生命的前提下追求人性尊严和正当诉求。换言之,义利之辨寂灭的后果是对自由法则的遮蔽。

二、义利之辨寂灭的后果是对自由法则的遮蔽

总体而言,义利之辨把义的根基奠定在帝王国君的个人德性涵养上。荀子说:"请问为国?曰闻修身,未尝闻为国也。君者仪也,民者影也,仪正而影正。君者槃也,民者水也,槃圆而水圆。君者盂也,盂方而水方。君射则臣决。楚庄王好细腰,故朝有饿人。故曰:闻修身,未尝闻为国也。"(《荀子·君道》)帝王集天地君亲师于一身,其个人意志之下的金口玉言就等于国家法令。义只是囿于自然人伦亲情前提下的封闭性家国同构型的自然伦理范畴。这种经验型、偶然性、随意性的义遮蔽自由法则,没有也不能上升到(康德主义)先验的意志自由,也就很难推出(密尔主义)经验的法律自由。

义利之辨缺失经验自由和先验自由的维度即它遮蔽自由法则带来的结果是:把绝对服从君主个人意志作为道义的根本,以此否定臣民利益,蔑视个体权利,进而导致父权泛滥乃至权利观念和责任意识的淡薄匮乏。马克思分析说:"就象皇帝通常被尊为全国的君父一样,皇帝的每一个官

吏也都在他所管辖的地区内被看做是这种父权的代表。"[1]不具备权利主体的人的权利观念的匮乏,也就意味着责任意识的极端淡薄。在他们看来,一切问题如地震、腐败、传染病等灾异或贪污、外敌入侵等,似乎都是外在客体逼迫的(常见的理由如人口多、国际环境复杂、敌对势力凶狠狡猾、历史环境决定等),当事人似乎没有什么责任。治乱的根源在君主,君主是绝对道义的化身,臣民无权追究君主的任何责任。荀子说:"君子者,治之原也。"(《荀子·君道》)。这种蔑视权利带来的相应的责任意识淡薄只能导致家长制权力的衰亡和道德沦丧。黑格尔说:"在中国,既然一切人民在皇帝面前都是平等的——换句话说,大家一样是卑微的,因此,自由民和奴隶的区别必然不大。大家既然没有荣誉心,人与人之间又没有一种个人的权利,自贬自抑的意识便极其通行,这种意识又很容易变为极度的自暴自弃。正由于他们自暴自弃,便造成了中国人极大的不道德。"[2]然而,义利之辨的主体(人)毕竟是有限的理性存在者,弱肉强食的丛林法则并不能绝对地遮蔽自由法则。义利之辨在其遮蔽自由法则、陷入丛林法则的进程中具有潜在的追求自由法则的萌芽。

三、义利之辨具有追求自由法则的潜在可能性

义利之辨的分析命题把私人功利和公利都看作功利,在追求公利的同时也在某种程度上承认私利和个体的地位。尤其到了宋代,这种思想逐步得以凸显。北宋李觏反对孟子"何必曰利"的思想,说道:"利可言乎?曰:人非利不生,曷为不可言!欲可言乎?曰:欲者人之情,曷为不可言!……孟子谓何必曰利,激也,焉有仁义而不利者乎?"(《李觏集·原文》)王安石认为杨朱"拔一毛而利天下,而不为也"的利己是不义,墨子"摩顶放踵以利天下"的利他是不仁,"是故由杨子之道则不义,由墨子之道则不仁"。他认为,"为己,学者之本也","为人,学者之末也"(《王文公文集·杨墨》),进而主张"欲爱人者必先求爱己"(《王文公文集·荀卿》)。明清时期思想家如黄宗羲、顾炎武、唐甄、李贽等甚至明确主张废除君主集权,提倡

---

[1]《马克思恩格斯选集》(第二卷),人民出版社1972年版,第2页。
[2] 黑格尔:《历史哲学》,王造时译,上海书店出版社2001年版,第130页。

经济自由放任、各尽所能、维护私利等可贵的启蒙思想。这些思想具有接近合理利己主义的某种倾向。如果再往前跨一步的话，就有可能达到自由功利主义。虽然中国传统的功利思想到此止步，没能跨进追求自由、权利和功利的现代功利主义，但是毕竟具有了这种可能性。

义利之辨的综合命题追求精神力量和人格尊严。孟子曰："生亦我所欲也，义亦我所欲也，二者不可得兼，舍生而取义者也。……一箪食，一豆羹，得之则生，弗得则死。呼尔而与之，行道之人弗受；蹴尔而与之，乞人不屑也。万钟则不辨礼义而受之。万钟于我何加焉？"(《孟子·告子上》)荀子也说："义之所在，不倾于权，不顾其利，举国而与之不为改视，重死持义而不桡，是士君子之勇也。"(《荀子·荣辱》)这种把义置于生命、权贵和利益之上的思想火苗正是追求自由法则的可能基础。从某种意义上看，义利之辨的综合命题还具有把功利和道义综合起来的倾向和努力。董仲舒说："天之生人也，使人生义与利。利以养其体，义以养其心。心不得义不能乐，体不得利不能安。义者心之养也，利者体之养也。"(《春秋繁露·身之养莫重于义》)叶适也说："既无功利，则道义者乃无用之虚语尔。"(《习语记言序目·汉书三》)不过，这种精神力量和综合倾向不可夸大，因为精神力量最终要归结于王霸之业的审判，义的根据依然在于维系皇权而不是人性和自由，其实质还是把人格尊严钳制在君权之下，未能提升到追求普遍道德法则和人为目的的义务论的理论高度。设若把综合功利道义的倾向推进到普遍法则的境地，就可能进入义利之辨的先天综合判断。遗憾的是，它并没有完成这个自我超越，依然停留在经验偶然的义利层面。

在某种程度上，义利之辨缺乏关乎明确权利责任、追求正义公平的法律和政治制度的深入思考，不具有现代陌生人境遇中的功利、自由和权利诉求的理论胸襟和实践气度。尽管如此，义利之辨的合理要素依然为义利之辨的重生埋藏了有生命力的种子，它涅槃重生的路径就是义利之辨的先天综合判断。

第三节　义利之辨的出路

何为先天综合判断？康德认为，先天综合判断是一种既具有先天性、普遍必然性，又能够增加新的知识的判断[①]。据此，义利之辨的先天综合判断是：①从内涵讲，义利不是同一的，不能简单地认为义是利或利是义。义利必须具有各自独立的含义，借此确保判断的综合性。②从外延讲，义利不是适用于某个人、某些人或绝大多数人的概念，而是具有普遍性地适用于每个人的概念，借此确保判断的分析性或普遍必然性。③从义利的联结来看，利是达到义的工具路径或具有工具价值，义则是利的价值原因或目的根据。简言之，义是使利具有正当性的原因和根据，利是达成义之目的的工具途径。据此，义利之辨的先天综合判断（或义利之辨的出路）可以归结为四个基本层面：在厘清义利边界的前提下，探求普遍之利，确定普遍之义，实现义利的先天综合联结。

一、厘清义利边界

义利同一的分析命题混淆了义（公利）利（私利）的边界，义即利的实质是"义是君主私利"或"君主私利就是义"。这里的义利其实都属于利的事实范畴。义利差异的综合命题的义其实是把君主权力偷换为国家、礼、道、天或天理等，使之具有神圣不可侵犯的绝对目的的地位，并且要求绝大多数人及其利益绝对服从君主权力并成为其工具。这就是说，义不过是依靠暴力维系的绝对神圣权力而已，其本质则是和个体利益相对立的自然暴力，与利一样同属于事实范畴。可见，义利之辨囿于事实范畴，并没有真正澄清义与利的区别。

从根本上讲，利主要是满足人的感性需求的客观存在如财富、幸福等，属于事实范畴。墨子说："昔之圣王禹汤文武，兼爱天下之百姓，率以尊天事鬼，其利人多，故天福之，使立为天子，天下诸侯皆宾事之。暴王桀纣幽厉，兼恶天下之百姓，率以诟天侮鬼。其贼人多，故天祸之，使遂失其

---

① 康德：《纯粹理性批判》，邓晓芒译，杨祖陶校，人民出版社2004版，第10—11页。

国家,身死为僇于天下,后世子孙毁之,至今不息。故为不善以得祸者,桀纣幽厉是也。爱人利人以得福者,禹汤文武是也。爱人利人以得福者有矣,恶人贼人以得祸者,亦有矣。"(《墨子·法仪》)这种与祸害相对的利福都属于利的事实范畴。

与利不同,义则是规范行为的道德法则,属于价值范畴。孟子说:"义,人之正路也。"(《孟子·离娄章句上》)荀子说:"义之所在,不倾于权,不顾其利,举国而与之不为改视,重死持义而不桡。"(《荀子·荣辱》)孟、荀这里所说的义具有规范行为的性质,属于经验领域的行为规范(礼或先王之法)。其实,义应当是自由价值,是人的实践理性自身所具有的普遍价值法则。义与利的区别和边界是:义属于价值范畴,利属于事实领域。同时,义利的共同根据是人,离开了人,义利之辨就失去存在的根基。所以,二者具有内在联系:义应当是规范利的价值根据和行动法则,利应当是在义规范下的感性事实。先天综合判断所寻求的普遍的义和普遍的利以及二者的联结,既源自人的本性,又以人为根本目的。这就是寻求普遍的利和普遍的义的人性根据。

二、探求普遍之利

义利之辨的先天综合判断(以下简称先天综合判断)的前提是冲破家国一体、义利同一的思想藩篱,厘定个体利益与国家利益的界限,确定普遍先天的利。其基本程序如下:

(1)先天综合判断遵循同一律,明确国是国,家是家。同时,先天综合判断遵循矛盾律,把国与家严格区别开来(国不等于家):家与国具有本质差异,家是以血缘关系为纽带的自然伦理实体,国是以契约法律为纽带的自由伦理实体。在厘清家国界限的前提下,彻底打破以自然血缘为基础的家国一体、家国不分的熟人伦理模式。

(2)先天综合判断遵循同一律,明确公利是公利,私利是私利,既不以公利冒充私利,也不以私利冒充公利。同时,先天综合判断遵循矛盾律,把公利与私利严格区别开来:公利是国家利益,私利是公民及其家庭利益。这就要求运用法律制度,明确厘定私利和公利的界限以达成公私分明,避免公利私利混淆不清的谬误。

(3)法律确定的利不是个别人或绝大多数人的利益,而是每个人和所有人的幸福和福利即一种普遍的先天性的利。如果私利侵害公利或者公利侵害私利,根据法律予以惩处,使其承担相应的法律责任。只有坚守公利不得非法侵害私利的界限或底线法则,公利才能成为合法的、受到私利认同和保护的公利。因为公利源自私利,如税收等,其合法根据在于公利是为了更好地保护私利,而不是侵害私利。私利是目的,公利只是保护私利的途径和手段。只有依据法律,才能避免以公利之名侵害私利或以私利冒充公利的假公济私行为,才能把利提升为每个人的普遍利益,而不是某个人、某些人或绝大多数人的利益。利的工具目的指向的是社会公正和人的价值,这已经涉及普遍的义。

三、确定普遍之义

传统义利之辨定义的绝对性优先性,却以偶然性的义(君主权力)冒充普遍性的义。在君主即义的范畴中,义就是君权高于一切的神圣价值。义依赖君主个人主观意志的乾纲独断。可见,传统的义是偶然的经验的义或者说是皇帝个人的独断意志。先天综合判断必须把这种偶然的义改造提升为关注每个人的普遍价值的自由法则——正义。

正义是权利的恰当分配。权利是所有人存在的正当诉求,是正义追求的价值目的。由于每个人具有平等的道德价值,同时又各有差异,正义必须关注这种普遍而又多样的人性。维琦(Robert M.Veatch)说:"①没有人应当索求多于或少于可用资源的平等分享的一份,在这个意义上,人们具有平等的道德价值。②此世界中的自然资源总是应当看作具有与它们的用途相关的道德资源。它们从来不是'无主的'可以无条件使用的资源。③人类作为道德主体具有自明的绝对责任:运用此世界中的自然资源建构一个平等地分配资源的道德社会。"[1]正义的核心在于平等优先于

---

[1] Robert M.Veatch. *Justice and the Right to Health Care: an Egalitatian Account*, Thomas J.Bole Ⅲ and William B.Bondeson (eds), Rights to Health Care, (Dordrecht: Kluwer Academic Publishers, 1991), p.85.

差异,或者说正义要求在平等优先的前提下,尊重差异性和多样性。这种关注人的普遍性和差异性的正义就是一种适用于每个人的普遍的义。

四、实现义利的先天综合联结

如何联结普遍的义和普遍的利呢? 换言之,利是义存在的根据还是义是利存在的根据? 要回答这个问题,必须首先回答先天综合判断所追求的目的是义还是利?

亚里士多德在《尼各马可伦理学》的开篇就说,善是万物之目的,每一种艺术和研究,每一种行为和选择都以某种善为目的[1]。义或正义是有限的理性存在者——"人"所追求的内在价值,绝不能降格为可以用金钱、财富或权势等外在的功利来衡量的可归结为"物"的东西。质言之,正义属于"应当"的自由的价值范畴,是人之为人的资格规定。正义作为人性的自身目的,"远远超出了所有的实际功利、所有的经验目的及其所能带来的好处"[2]。利本身是没有价值的,只是因为以正义为目的才具有价值。如果说正义是以人自身为目的的价值目的,利则是因为弘扬人性和正义而具有的工具目的或工具价值。因此,先天综合判断以义为目的,它要求把普遍的义作为普遍的利的正当性的原因和根据。有鉴于此,义利先天综合判断的基本含义如下。

(1)当正义和利益不发生冲突时,正义保障利益的正当性合法性,利益则在正义的秩序中得到实现。密尔认为,功利主义并不否定为了他人的利益牺牲自己的利益的正当性,"它只是拒绝承认牺牲本身是一种善。一种牺牲如果不增加或不能有利于增加幸福的总量,功利主义则把它看成是浪费"[3]。功利主义追求功利的目的是追求公民自由或社会自由,也就是"社会所能合法施用于个人的权力的性质和限度"[4]。先天综合判断

---

[1] Aristotle, *The Nicomachean Ethics*, translated by David Ross, revised by Lesley Browwn, (Oxford University Press, 2009), p.1.
[2] 郑保华主编:《康德文集》,改革出版社1997年版,第363—364页。
[3] John Stuart Mill, *Utilitarianism*, (BeiJing: China Social Sciences Publishing House, 1999), p.24.
[4] 约翰·密尔:《论自由》,许宝骙译,商务印书馆1959年版,第1页。

把避免每个人的苦难作为前提,它要求:尽最大努力消除可避免的苦难,把可避免的苦难降到最低限度,并尽可能平等地分担不可避免的苦难[1]。

(2)当正义和利益发生冲突时,正义优先于利益。正义是权利的恰当分配,具有对利益的优先地位。德沃金(Ronald M.Dworkin)把权利看作"王牌"(trumps),认为真正的权利高于一切,为了实现权利,甚至能以牺牲公共利益为代价[2]。用罗尔斯的话说:"正义所保障的权利决不屈从于政治交易或社会利益的算计。"[3]质言之,正义优先于任何利益是先天综合判断解决义利冲突问题的基本法则。

结　语

义利之辨的先天综合判断要求:①义与利具有各自独立的含义;②义或利是普遍地适用于每个人的先天的行为法则或感性事实,而不仅仅是适用于某个人、某些人或绝大多数人的行为法则或感性事实;③先天普遍的义是使先天普遍的利成为应当追求的正当权益的原因和根据,先天普遍的利是实现先天普遍的义的工具路径并因此具有工具价值。

至此,义利之辨的先天综合判断扬弃其分析判断与综合判断,把自身提升到先天综合判断,完成了由自然暴力为基础的自然法则向自由人性为基础的自由法则的历史转变,也在某种程度上综合并超越功利论和义务论,为追寻当下人类视角的伦理体系提供了某种理论思路。

---

[1] Karl Raimund Popper, *The open society and its Enemies*, Vol.1, (Princeton: Princeton university Press, 1977), pp.284-285.
[2] Ronald Dworkin, *Taking Rights Seriously*, (Cambidge, Massachusetts: Harvard University Press, 1977), p.Ⅺ.
[3] John Rawls, *A Theory of Justice*, (Cambidge, Massachusetts: Harvard University Press, 1971), p.4.

第三章　严复的经济伦理思想

严复是近代中国著名的资产阶级启蒙思想家。他的经济伦理思想根植于近代中国变法图强的实践中,奠基于西方进化论和经济自由主义的理论上,高扬竞争自利,追求公共精神,首倡近代中国民族资本主义新道德新风气,给与世无争、安贫乐道的封建陈腐伦理以致命一击,为死气沉沉的"铁屋子"注入了新鲜空气,在中国伦理史上写下了具有划时代意义的光辉一页。

然而令人痛惜的是,这一极为宝贵的伦理思想长期得不到重视,甚至被贴上资产阶级自由主义标签而束之高阁。本文力图从事实出发,拨开迷雾,恢复其历史真面目,希冀为社会主义市场经济条件下的经济伦理建设提供些微启迪和借鉴。

第一节　严复经济伦理思想的使命

经济伦理是奠基在一定经济基础之上,以善恶为标准,通过社会舆论、传统习俗和内心信念来维系的调整人们在社会经济活动中的各种利益关系的特殊意识形态和行为规范。它的直接目的是将道德转化为生产力,促进经济发展,它的最根本目的在于提高国民素质、完善人生。

产生于自给自足的小农经济基础上的中国传统经济伦理培育了具有浓厚小农意识的自私、自足、自大、保守、狭隘的国民性格。在传统经济伦理范畴中,"贵义轻利"是铁的原则,"贫穷自在、富贵多忧"是座右铭,清高赤贫、与世无争是圣洁美德,"不义而富且贵,于我如浮云"成为超逸气节,阿Q式的精神胜利法成为立于不败之地的"撒手锏"。在封建经济基础上,这种小农意识的经济伦理思想有其存在的理由。然而,历史潮流浩浩荡荡,鸦片战争的狂风恶浪迫使天朝帝国的封建经济在风雨飘摇中向半殖民半封建经济变异。传统经济伦理狭隘落后的弊端在资本主义经济伦理的猛烈冲击下暴露无遗。它再也不能照旧"统治"下去了。

"中国文艺复兴"的先锋严复率先向传统经济伦理猛烈开火。他认为,以历史循环论和经济专制主义为基础的传统经济伦理,鼓吹"大道源于天,天不变,道亦不变",固守被动性、静止性,惧怕斗争和竞争,禁锢生命力,无视个人利益,是十足的蒙昧主义和禁欲主义,是极不人道的罪恶。它抑制了经济自由发展,导致了国民劣根性,是中国积贫积弱、被动挨打的重要根源。因此,要救亡图存、富国强兵,关键在于改造国民性、转变经济伦理观。

与魏源、张之洞、康有为等囿于中学迥异,严复另辟蹊径,从西方引进达尔文社会进化论和亚当·斯密经济自由主义,第一次将中国经济伦理思想奠基在现代科学理论的基础之上。他热情宣扬"世道必进,后胜于今"[1]和经济自由,极力称道竞争、活力、能动性,特别强调自利原则的合理性,认为自利是经济行为的出发点和目标,是创造巨大社会财富的动力和源泉,没有自利,经济行为就失去其造血功能。因此"夫所谓富强云者,质而言之,不外利民云尔。然政欲利民,必自民各能自利始"[2]。具体讲,就是民各私其田产,官吏各私其百里之地,天子私其国土。他豪迈地说:"国行此制者,野无惰民,国多美俗,亦可谓倾倒之极矣。"[3]这就抓住了资本主义经济伦理的要害。由此出发,他积极倡导实现人类全部潜能,使进化力量不受限制地发挥作用,把人由社会仆人变为社会主人,从而树立高度责任感和公德意识并化为推动经济发展的强劲动力。

正如美国施沃茨教授所言,中国传统经济伦理"反对将富强作为一个

---

[1] 赫胥黎:《天演论》,严复译,贵州教育出版社2005年版,第82页。
[2]《严复文选》,牛仰山选注,百花文艺出版社2006年版,第25页。
[3] 王栻主编:《严复集》(第四册),中华书局1986年版,第884页。

自觉的理想而有系统有目的地追求。而西方则证明只有随进化的潮流前进,驾驭潮流,人们才能最终到达'太平'的境界"①。严复深谙此理,他高举进化论和经济自由主义大旗,洞悉封建经济伦理弊端,究察近代中国实际,提出了一系列富有真知灼见的新的民族资本主义经济伦理思想。

第二节 严复经济伦理思想的基本要求

经济生活是人类生活的主要内容。生产、分配、交换、消费诸领域的伦理规范是经济伦理最直接、最现实的道德要求。严复认为,要变法图强、振兴经济、发展民族资本主义,首先要遵循如下这几个方面的经济伦理。

一、义利合一、两利为利的义利观

义利之争是传统经济伦理思想的主线,它客观上形成了我国传统经济伦理思想的基础性理论和思考方式。在小生产方式占统治地位的历史条件下,"安贫乐道""为富不仁""君子喻于义,小人喻于利"的义利观根深蒂固。严复反对这种忽视物质利益只讲空洞道德的不切实际的思想,也不赞同西方资产阶级的极端利己主义,认为两者都割裂了义利关系。他说:"泰东西之旧教,莫不分义利为二涂。此其用意至美,然而于化于道皆浅,几率天下祸仁义矣。"②他尤其痛心疾首地谴责了以沙石作炮,致使甲午海战惨败的罪恶行径,强调"惟公乃有以存私,惟义乃可以为利"③,在生产、分配、流通、消费诸经济生活领域中要坚持"两利为利,独利必不利"④的原则。就是说要把义和利、公和私统一起来,既不要空谈仁义,也不能

---

① 施沃茨:《严复与西方》,滕复、黄小榕、付小平译,职工教育出版社1990年版,第177页。
② 王栻主编:《严复集》(第四册),中华书局1986年版,第858页。
③ 王栻主编:《严复集》(第四册),中华书局1986年版,第897页。
④ 赫胥黎:《天演论》,严复译,贵州教育出版社2005年版,第125页。

见利忘义。他满怀豪情地预言:"庶几义利合,民乐从善,而治化之进不远欤。"①

二、贸易自由,公平为竞

在严复看来,要富强,必先自民各能自利始;要民各能自利,必自皆得自由始。"求其如是者,莫若使贸易自由。自由贸易非他,尽其国地利民力二者出货之能,恣贾商之公平为竞。"②国家要创造自由公平的经济运行环境,充分发挥个人潜能、活力,推动经济发展。为此,严复还主张:①国家不要过多干预经济,否则将"使民举手触禁,移足犯科"③,导致民生凋敝,财源枯竭。②反对"垄断"。因为"垄断"违背了进化论原则,践踏了经济自由主义,"如水方在山,立之隉障,暂而得止,即为以平。去真远矣!"④但他又主张"不可一概而论",赞同保护有利于"通国公利"的"垄断专利"。他说:"此如创机著书诸事,家国例许专利,非不知专利不平也。然不专利,则无以奖劝激厉,人莫之为,而国家所失滋多,故宁许之。"⑤这就内在地蕴含了"效率优先、兼顾公平"原则的思想萌芽。

三、以信为本的商业道德

中国重农轻商,自古"以通商为绝大漏卮,甚且拟之鬼魅凭人,摄吸膏血"⑥。因此,在中国古代,经商被看作是极不光彩、极不道德的欺诈行径,无商不奸的思想深入骨髓。圣人们根本不屑于提出什么商德规范,商人们也自轻自贱,从来也没有自觉地树立坚定的商德意识。严复却极为重视商德建设,认为经商中的"售欺长伪、丛弊启奸"是阻滞经济发展的罪魁祸首,应力戒之。他主张经商要以诚信为本,做到童叟无欺、公私两任。

---

① 王栻主编:《严复集》(第四册),中华书局1986年版,第859页。
② 王栻主编:《严复集》(第四册),中华书局1986年版,第895页。
③ 王栻主编:《严复集》(第四册),中华书局1986年版,第895页。
④ 王栻主编:《严复集》(第四册),中华书局1986年版,第856页。
⑤ 王栻主编:《严复集》(第四册),中华书局1986年版,第887页。
⑥ 伍杰:《严复书评》,河北人民出版社2001年版,第152页。

这样才能促进商品流通和经济发展。马克斯·韦伯也曾谆谆告诫商人"切记,信用就是金钱"[1],"影响信用的事,哪怕十分琐屑也得注意"[2]。近代东、西方两位伟大思想家的商德观不谋而合、相互印证,具有异曲同工之妙。

四、鼓励积极消费,反对挥霍无度

中国的圣人先贤们推崇抽象的仁义,仇视消费,树立了"一箪食、一瓢饮、住陋巷"却"不改其乐"的颜回之类的保守狭隘、以贫为荣、不思进取而又自欺欺人的古典阿Q兼清教徒式的典范,作为世人楷模,直至达到"存天理、灭人欲"的禁欲主义巅峰。"消费"在传统经济伦理中属于"恶"的范畴。严复猛烈抨击了这种愚昧思想,认为吝啬守财、拒绝消费的蒙昧主义和禁欲主义只能压抑人性,不仅达不到仁义,反而会带来亡国灭种之患,只能是"恶"不能是"善"。"致富"本旨在于"享富",不仅要有"致富之由",更要有"享富之实"。"享富"能够改善民主,激发潜力,并能化作"致富"动力推动经济发展,名正言顺,是"善"不是"恶"。他鼓励积极消费,认为"支费非不可多也,实且以多为贵,而后其国之文物声明,可以日盛,民生乐而教化行也"[3]。同时,他也反对盲目过度消费,主张消费要适度,要求"顾事必求其可长,而养必期其无竭"[4]。这无疑体现了"生活中要量入为出"[5]的资本主义经济伦理观。更为可贵的是,严复还大力倡导镯产助学的高尚消费观。亚当·斯密在《原富》中曾对此"若有微词",严复则襟怀开阔地指出"合通国计之,其事固有利而无害也"。因为"盖蠲产助学,有二大利焉:一则使幼学者无衣食朝暮之忧,得以聚精会神,深穷其学。及其既成,遂

---

[1] 马克斯·韦伯:《新教伦理与资本主义精神》,于晓、陈维纲等译,生活·读书·新知三联书店1987年版,第33页。
[2] 马克斯·韦伯:《新教伦理与资本主义精神》,于晓、陈维纲等译,生活·读书·新知三联书店1987年版,第34页。
[3] 王栻主编:《严复集》(第四册),中华书局1986年版,第880页。
[4] 王栻主编:《严复集》(第四册),中华书局1986年版,第880页。
[5] 马克斯·韦伯:《新教伦理与资本主义精神》,于晓、陈维纲等译,生活·读书·新知三联书店1987年版,第34页。

为一群之公利,举世之耳目","二则使开敏而贫之人,藉此而有所成就,而国无弃材之忧"。①他不无钦佩地感叹道:"呜呼!使中土他日新学,得与泰西方驾齐驱,而由此有富强之效者,其诸蠲产助学者为之一篑也欤!"②

第三节　严复经济伦理思想的目的

严复经济伦理思想的深刻性、系统性在于他不仅提出了直接推动经济前进的"表层"经济伦理,而且阐述了促进人的协调发展的"深层"经济伦理,并认为后者是其经济伦理的灵魂和精髓,也是其经济伦理的出发点和归宿。

严复认为,人的素质直接决定着国民创造性劳动的自觉性和经济发展速度,经济发展的动力源是国民素质,经济发展的根本目的是提高国民素质,优化国计民生。因为,经济伦理思想的最终落脚点在于改造国民性,促进人的进步。他说,一个民族的基本素质是民力、民智、民德,"未有三者备而民生不优,亦未有三者备而国威不奋者也"③。他由此提出其"深层"经济伦理思想:"一曰鼓民力,二曰开民智,三曰新民德"④,核心是新民德。

民力,是民智、民德的物质载体,是富强之基,亦称体德。严复说:"自脑学大明,莫不知形神相资,志气相助,有最胜之精神而后有最胜之智略。是以君子劳心劳力之事,均非气体强健者不为功。"⑤从西方柏拉图到东方孔孟,莫不重视体力之强,但后来的中国礼俗,贻害民力,"令其种日偷"。目前要"鼓民力",必须做好四件事:①禁绝鸦片;②废止缠足;③不遗余力操练形骸;④注重饮食养生之道。他甚至提出加强妇女身体锻炼,认为母

---

① 王栻主编:《严复集》(第四册),中华书局1986年版,第867页。
② 王栻主编:《严复集》(第四册),中华书局1986年版,第867页。
③《严复文选》,牛仰山选注,百花文艺出版社2006年版,第18页。
④《严复文选》,牛仰山选注,百花文艺出版社2006年版,第27页。
⑤《严复文选》,牛仰山选注,百花文艺出版社2006年版,第27—28页。

健而后儿肥,培先天之种乃进,以促人种日进。可谓用心良苦、见识高远。他认为,一个袭猛刚毅、壮佼长大、耐苦善战、强健勤劳的民族不但能有力推动经济发展,更能促进自身的优化。从经济伦理观来看,这是道德的。一个软弱瘦枯、矮小多病、怕苦惧战、憔悴畏劳的民族必难以国富民强。这是不合乎"体德"的,属于"恶"的范畴。鼓民力是当务之急,更是长远之计。

民智,是富强之源,是民德之基。民智既为权利,亦是美德,故又称智德。严复认为:"欲国之富,非民智之开,理财之善,必无由也。"①"今日之中国,患不知理财而已……今日之谋国者,过在不知事理。"②"国主之贤不肖,可以旦暮悬,而民群之愚智,国裕之竞否,诚未易以百年变也"。③他不禁长叹道:"不佞常谓世之不仁人少,而不智人多。而西儒亦谓愚者必不肖,无不肖之非愚。然则,民智之开,固不亟乎。"④鉴此,他说,开民智,就要做到:"当以教民知学为第一义。"⑤中国乡塾"无益费付",因循守旧,应废之,教以识字、知书、能算、地理、养生、格物、几何、化学等。废除锢智慧、坏心术、滋游手的八股、试帖、策论诸制,大讲西学,别开用人之途,另立选举之法。打破政府官职为受旧学熏陶的人垄断的局面,无能者除职,选贤任能。开民智为富国强兵、改造国民性提供了智慧保证。

在严复看来,"至于新民德之事,尤为三者之最难"⑥。民德是民力、民智的延伸和体现,是富强之灵魂,是国民之精髓。严复认为,新民德,就要倡导自由、平等、竞争、创造,肯定个人自利意识,解放国民,激发、促进个人建设性自利活力,并驾驭这种活力使之指向国家和集体目标,培养陶冶出一种民族同一性认识,即西方资本主义的"公共精神"意识,又称公德或爱国心。新民德不是一朝一夕之功,更不是权宜之计,事关国家民族长远利益和千秋大业,要持之以恒、不懈锤炼。一旦民众具备了这种公德意

---

① 王栻主编:《严复集》(第四册),中华书局1986年版,第900页。
② 王栻主编:《严复集》(第四册),中华书局1986年版,第902页。
③ 王栻主编:《严复集》(第四册),中华书局1986年版,第893页。
④ 王栻主编:《严复集》(第四册),中华书局1986年版,第897页。
⑤ 王栻主编:《严复集》(第四册),中华书局1986年版,第908页。
⑥ 《严复文选》,牛仰山选注,百花文艺出版社2006年版,第30页。

识，必能转化为经济发展的动力，进而提高国民素质，完善人生——这正是其经济伦理思想的主旨所在。

中国19世纪60年代以来的全部经验证明，没有这种公德意识，任何外部变法改良只能是无源之水、无本之木。严复痛心尖锐地指出："夫今日中国之事，其可为太息流涕者，亦已多矣。而人心涣散，各顾己私，无护念同种忠君爱国之诚，最可哀痛。"①梁启超后来也看到了这一点，他说："吾中国道德之发达，不可谓不早，虽然偏于私德，而公德殆阙如。"②施沃茨提出："中国的圣人和统治阶级无意去发展人民的身体、道德和理智方面的潜在能力，而且不相信人民有这样的潜力。因此，民族公共精神的某些成份是根本不具备的。"③到了19世纪90年代，社会对自利道德、商人及其冒险精神仍然极端敌视，公德意识更无从谈起。严复以敏锐的眼光最先洞察到这一点，彻底否定传统狭隘的封建经济伦理，大讲自利，首倡公德，第一次在中国经济伦理史上实现了从否定自利和公德的封建经济伦理向肯定自利和公德的资本主义经济伦理的质的飞跃。

严复的"浅层"经济伦理和"深层"经济伦理浑然一体，构成了较为完整的思想体系。在19世纪末叶新学与旧学的斗争中，他的这一思想犹如一道闪电，划破了封建旧经济伦理统治的沉沉黑夜，带来了资本主义新伦理的闪闪火花，宣告了中国经济伦理从此进入了一个新时代。

斗转星移，历史的车轮已转动到社会主义市场经济时代。经济伦理学的研究历经十数个春秋，由浅入深，由狭到广，以星火燎原之势蓬勃发展，学科理论体系逐步形成。包括严复经济伦理思想在内的德性主义、功利主义、理想主义、自然主义等传统经济伦理思想无疑是经济伦理学汲取营养的丰富源泉和重要研究课题。严复的义利合一、公平自由、效率优先、奖励先进、激发动力、合理消费、以信为本、肯定自利、强调物质利益、蠲产助学、爱国公德、提高体智德基本素质、促进人的协调发展等合理思想仍然是我们可资借鉴的宝贵精神财富。

---

① 严复：《拟上皇帝书》，载《论世变之亟：严复集》，辽宁人民出版社1994年版，第90页。
② 梁启超：《新民说·论公德》，载《饮冰室合集·专集之四》，中华书局1989年版，第12页。
③ 施沃茨：《严复与西方》，滕复、黄小榕、付小平译，职工教育出版社1990年版，第59页。

第四章 "中体西用"的二重性

"中体西用"是"中学为体,西学为用"的简称,是对"师夷长技以制夷"思想的继承与发展,是洋务派的理论核心和指导思想。鸦片战争以来,西方列强凭借坚船利炮摧毁了天朝帝国的陈旧壁垒,年轻的西方文化以波涛汹涌之势冲击着古老的中国文化。高势能的资产阶级文化同低势能的封建文化展开了殊死搏斗。"中体西用"正是这场交锋的"天然产儿"。虽然先天不足的二重性使它仅仅存在了30多年便"英年早逝",但作为在中西文化矛盾冲突中的一种重要的回应方式,这种观念却如影随形地流行了100多年,至今仍影响着海峡两岸一些中国人的思想。因此,分析"中体西用"的二重性,不仅具有认清其在中国现代化进程中所占地位的历史意义,更具有坚定建设中国特色社会主义新文化信心的现实意义。

第一节 "中体西用"命题本身的二重性

"中体西用"二重性首先就在于此命题本身就是违反逻辑的。众所周知,"体""用"是中国哲学特有的一对范畴。这对范畴的提出,是魏晋玄学的伟大建树。在中国哲学史上,王弼率先明确提出了这对范畴,他说:"虽贵以无为用,不能舍无以为体也。"[1]自魏晋玄学起,就主张"体用一源""体用不二"。朱熹和王夫之是最善言"体用"的两位哲学大师。王夫之说:"天下无无用之体,无无体之用。"[2]他进一步举例论证道:"无车何乘?无

---
[1] 詹首谦:《老子解说》,光明日报出版社2013年版,第35页。
[2] 王夫之:《船山全书》,岳麓书社1991年版,第804页。

器何贮？故曰体以致用；不贮非器，不乘非车，故曰用以备体。"[1]朱熹也说："如这身是体；目视、耳听，手足运动处，便是用。如这手是体；"[2]体、用是就从一个事物的两个方面来说的，"体"指主体、本体或实体，"用"指作用、功用或用处，体、用密不可分——这就是体、用传统且最基本的内涵。

如果将中学、西学各看作一个实体，那么中学、西学各有其体、用，不存在"中体西用"或"西体中用"之说。后来有人批评"中体西用"是"体用两橛"可谓击中了要害。维新派严复对此命题的二重性做了辛辣的讽刺和批评，他说："体用者，即一物而言之也。有牛之体，则有负重之用；有马之体，则有致远之用。未闻以牛为体，以马为用者也。……故中学有中学之体用，西学有西学之体用，分之则并立，合之则两亡。"[3]也就是说，"中体西用"违背了体、用是一物的两个方面的中国传统的体用论的基本原则，将"中体""西用"两个毫不相干的方面生拉硬拽地拼凑在一起，如同"牛体马用"一样，是一个学理不通的荒谬性的二重性命题。

第二节 "中体西用"思想的二重性

"中体西用"不仅在形式上是个二重性命题，而且在内容上也是一种二重性的思想。

在中国近代，"中体西用"者对待中西文化矛盾冲突持一种形而上学的折中调和态度。它代表了在中西文化冲突中力图保持中国传统文化的本体或主导地位，并以此为基础来会通西学，以期中西合璧的一种努力。这就必然表现出其思想上的二重性：一方面要引进"西学"，一方面要固守"中体"。冯桂芬提出："以中国之伦常名教为原本，辅以诸国富强之术。"薛福成1879年在《筹洋刍议》中阐述了"取西人器数之数，以卫吾尧、舜、

---

[1] 王夫之:《船山全书》，岳麓书社1996年版，第1274页。
[2] 朱杰人、严佐之、刘永翔主编:《朱子全书》，上海古籍出版社、安徽教育出版社2002年版，第239页。
[3] 王栻主编:《严复集》(第三册)，中华书局1986年版，第558—559页。

禹、汤、文、武、周、孔之道"的思想。郑观应于19世纪80年代在《盛世危言》中也主张"中学其体也,西学其末也,主以中学,辅以西学"。1898年,"最乐道之"的张之洞撰写《劝学篇》,进一步从董仲舒的"大道源出于天,天不变,道亦不变"的唯心主义哲学观出发,把"中体西用"推向神秘化、神圣化、系统化。他强调"三纲为中国神圣相传之至教""讲西学必先通中学,乃不忘其祖",因此"中学为内学,西学为外学,中学治身心,西学应世事"。即说要以孔孟之道"正人心",以"西艺"济时需。《劝学篇》始终以"尊朝廷卫社稷"为第一义,以"保名教""杜危言"为己任,强调讲西学必"先以中学固其根柢"。张之洞的"中体西用"论已完全成了镇压资产阶级政治改革的反革命思想和舆论工具。

可见,"中体西用"思想的实质是以"西学"为手段,以达固守"中体"的目的。对内用先进枪炮屠杀太平天国农民军,反对资产阶级改良和资产阶级革命;对外以对付西方列强的要挟恫吓。归根结底是借用西艺、西技去巩固、强化封建专制制度和封建文化。但是,由于"欧洲输入之文化,与吾华固有之文化,其根本性质极端相反"①,所以,企图要在老迈昏聩的封建纲常专制的"中体"根基上去发展生机勃勃的资本主义,并妄想通过资本主义——"西用"去加固封建体制——"中体"的堡垒,这就等于在封建文化的"老牛"身上去嫁接资本主义文化"骏马"的四蹄,结果必然是非牛非马,"老牛"非但不能摇身一变为"骏马",反而会因砍去"牛蹄"换上"马蹄"而举步维艰、气息奄奄。"中体西用"这种思想的二重性便决定了其价值的二重性。

第三节 "中体西用"价值的二重性

"中体西用"作为一种政治思想和治国方针,其根本意图是重振大清王朝,捍卫封建专制体制。但事与愿违,"西用"的引进却导致了动摇"中

---

① 吴晓明编选:《德赛二先生与社会主义——陈独秀文选》,上海远东出版社1994年版,第30页。

体"的不测后果。正如列宁所说,历史总喜欢和人们开玩笑,本意想走进这个房间,结果却走进了另一个房间。19世纪下半叶是中国被迫打破闭关锁国的局面开始走向世界的重要时期,也是中国从古代走向近代的重要历史转折时期。在古今、中西文化的激烈冲突中,"中体西用"以貌似公允、开放的心态,在适应民族文化心理的承受能力限度内,把仿效西方、变革社会的方案囿于不从根本上突破数千年封建文化本体这样一种温和的、不彻底的基本构想的模式之内,顽固地死死抱住所谓孔孟精义。封建名教不肯后退一步,企图以新卫旧、以西固中。实际上却是以消极的保守态度回应世界历史变化的潮流,阻碍了中国走向世界、走向现代化的历史进程,束缚了生产力的解放和发展,从而使西艺扭曲变形。当资产阶级维新派主张变法而触动中国封建制度这个"中体"时,当资产阶级革命派力图彻底推翻这个"中体"时,"中体西用"便完全暴露出其封建卫道夫的面目,将矛头指向了资产阶级维新派和资产阶级革命派而走向反动。对于"中体西用"的这一负价值,两广总督张树声在其遗言中曾做了分析总结,他说:"夫西人立国,自有本末""育才于学堂,论政于议院,君民一体,上下一心,务实而戒虚,谋定而后动,此其体也;轮船、大炮、洋枪、水雷、铁路、电线,此其用也。中国遗其体而求其用,无论竭蹶步趋,常不相及,就令铁舰成行,铁路四达,果足恃欤?"[①]

然而,"中体西用"毕竟在一定程度上顺应了历史潮流,具有一定的历史进步意义。在封建的旧文化弥漫整个中国、民族意识在愚昧落后和妄自尊大的恶性循环中自我陶醉之时,"中体西用"论以十分勉强、羞羞答答的封建文化的特有方式,表达了对近代资本主义先进生产力的爱慕之情和政治方面进行改革的朴素要求。在"中体西用"遮羞布的庇护之下,先进的西方文化才可能以"木马计"的方式神不知、鬼不觉地排除顽固的封建旧文化的重重阻挠而插足于封建旧文化这块世袭领地,给"中学""中体"以强烈的影响和冲击,为西学在中国的传播和发展争得了一定的合法地位,确实在当时起了"开风气"的进步作用。

从社会发展史看,由于西艺的引进,逐渐破坏了中国落后的自然经

[①] 张树声:《张靖达公奏议》卷八,清光绪刻本。

济,产生了近代工业的物质基础和资产阶级、无产阶级。人们也就更认识到仅仅言艺并不能从根本上改变中国的命运,也就有了戊戌变法和辛亥革命的言政。于是,言观念、言文化、言伦理、言国民素质便应运而生,也就有了五四新文化运动、彷徨后的"救救孩子"①以及"伦理的觉悟,为吾人最后觉悟之最后觉悟"②的摇旗呐喊,也就有了阿Q的不朽典型和千千万万勇于冲破"铁屋子"的仁人志士的滚滚洪流,也就有了民族的、科学的、大众的文化,也就有了如今的有中国特色的社会主义③新文化。

第四节 "中体西用"根源的二重性

要深刻理解"中体西用"文化内涵的二重性,就必须揭示其二重性的根源。"中体西用"二重性的秘密到底在哪里?我们不应仅从观念上去寻求,而应从当时的社会历史状况中去探究。毛泽东指出:"一定的文化(当作观念形态的文化)是一定社会的政治和经济的反映,又给予伟大影响和作用于一定社会的政治和经济;而经济是基础,政治则是经济的集中的表现。这是我们对于文化、政治、经济的关系以及政治和经济的关系的基本观点。"所以,"我们讨论中国文化问题,不能忘记这个基本观点"④。

自周秦以来,中国是一个封建社会,其政治是封建的政治,其经济是封建的经济,因此反映此种政治和经济的占统治地位的文化必然是封建文化。随着外国资本主义的入侵,中国逐渐生长了资本主义因素。到洋务运动时期,中国已逐渐沦为一个半殖民地半封建的二重性社会。这就决定了洋务派阶级属性的二重性:既有浓厚的封建性,又有一定程度的买办性;既有对外国资本主义的抵制作用,又有对民族资本主义的促进作

---

① 鲁迅:《狂人日记》,四川人民出版社2017年版,第21页。
② 吴晓明编选:《德赛二先生与社会主义——陈独秀文选》,上海远东出版社1994年版,第34页。
③ 此文《对"中体西用"文化内涵二重性的思考》,发表于《沈阳师范学院学报》1999年第5期,故此术语保留当时提法。此书同类情况同此。
④ 《毛泽东著作选读》(上册),人民出版社1986年版,第350页。

用。"中体西用"的二重性正是社会基础二重性和洋务派阶级属性二重性在文化形态上的深刻反映:既固守封建名教,又想发展资本主义;既促进了民族资本主义的发展,又阻碍了资本主义的充分发展;既顺应潮流具有进步性,又逆潮流具有反动性。

这种畸形的二重性使"中体西用"发育不全,决定了其夭折的必然趋势。在中日甲午战争中,经过洋务运动产生的二重性文化"中体西用"和经过明治维新产生的资产阶级文化"西体西用",展开了一场血与火的正面交锋。甲午丧师本质上是"中体西用"二重性文化落后于"西体西用"文化的必然结局和铁的验证。然而,在走向现代化的进程中,"中体西用"的观念却顽固地影响着一些中国人的思想,迫使我们不得不给以深刻的思考和探究。

第五节 "中体西用"二重性的反思

借用陈独秀的话说,"甲午之役,军破国削"[①],彻底宣告了"中体西用"的破产。但是,由于思想观念的历史惯性,"中体西用"观念并未马上销声匿迹,反而以各种变形借尸还魂,在现代化进程中不断施以阻碍作用。

五四以后梁漱溟的"三路向"文化观是一种新的"中体西用"论。1935年,陶希圣等10位教授的本位文化论的理论基础也是"中体西用"论。抗日战争时期的新儒家理论,提出了"以儒家精神为体,以西洋文化为用"的口号。20世纪50年代后,港台现代新儒家学者主张"返本开新",他们认为这是一种"中体西用"论。到了20世纪80年代,又有人提出了"西体中用"理论,认为"中用"就是结合实际运用于中国,即马克思主义的中国化,但其只是笼统地主张以西方的生产方式、意识形态等为体,而不区别是社会主义的还是资本主义的生产方式、意识形态。因此,"西体中用"论有若干混乱和不明晰之处,但其思维方式与"中体西用"论一样,都

---

① 吴晓明编选:《德赛二先生与社会主义——陈独秀文选》,上海远东出版社1994年版,第31页。

囿于中西对立、体用二元的僵固思维模式,都不能正确解决中国的文化现代化问题。

从"中体西用"二重性的分析中可以看出这种思想是当时社会基础二重性和洋务派阶级属性二重性在文化形态上的反映。即使在当时,其主导思想、历史作用都具有二重性:既有进步的一面,又有反动的一面。辛亥革命推翻了清王朝的统治,五四新文化运动给旧文化以毁灭性打击。中国共产党成立后,又率领中国人民推翻了帝、官、封三座大山,建立了社会主义制度。毛泽东提出要建立民族的、科学的、大众的文化。这就从根本上消除了"中体西用"所存在的社会基础及阶级属性。五四以来"中体西用"的各种变形仅是思想观念的历史惯性的一种无谓叹息而已,早已失去其存在根基的"中体西用"论必定被时代潮流无情抛弃。

有鉴于此,如何在世纪之交,在知识经济初见端倪的改革开放的新时期进行文化建设呢?我们主张抛弃中西对立、体用二元的僵固思维模式,以开放的恢廓胸襟,从建设有中国特色的社会主义现代化的客观实际出发,坚持以我为主、为我所用的原则,开展多种形式的对外文化交流,博采各国文化之长,向世界展示中国文化建设的成就。在社会主义现代化建设的伟大实践中,创造出更加绚丽多彩的有中国特色的社会主义新文化,对人类文明做出应有的贡献。

第五章　谁之功利？何种功利？

一般来讲，学术界基本上肯定中国传统的功利论是与道义论相对立的非主流思想。但也有人以边沁、密尔的经典功利主义学说为标准，断然否定中国有功利主义思想。实际上，中国不但有与道义论相对立的功利思想，而且道义论本质上也属于功利思想。真正的问题在于，中国有如此丰富的功利思想资源，却为何没有产生出西方经典的功利主义学说？这就要追问中国传统功利思想的根本性质问题：它追求谁之功利？它又属于何种功利？如果以西方经典功利主义为参照，我们就会看到，中国功利思想追求的是"我们"的而非"我"的功利，这也就决定了它是自然的而非自由的功利思想，是"同"的而非"和"的功利思想。

第一节　"我们"的而非"我"的功利思想

西方功利主义虽然也试图把"我"和"我们"结合起来，但其立足点在于从"我们"中解放出"我"来，充分肯定"我"的个性、自由和独立人格。如果说西方功利主义以"我"为依归，试图通过"我们"来确证"我"，以私人功利作为公共利益的根据，那么中国传统功利主义则以"我们"为依归，即使讲个人私利也以王霸为重，试图通过遮蔽"我"来确证"我们"。下面，我们试分别考察具有代表性的儒、墨、法诸家功利思想的这一性质。

首先，儒学功利思想是中国传统功利思想的一条主线。儒学由孔子出发，出现了两条线索。一是孟子开出的重义轻利的路径，中经董仲舒、二程,到朱熹则达到顶峰,它自"罢黜百家、独尊儒术"以来一直处在中国传统思想的主导地位。这是中国传统的主流儒学——通常称为儒学道义论。究其思想本质而言,儒学道义论也是功利主义。一般来讲,儒学道义论把义与利对立起来,利主要指个人的私利,所谓义(仁、义、道、天理等)表面上指行为必须遵循的道德要求,实际上是天下大公掩盖下的皇权的大私。因此,它实质上追求的主要是君王的利益(有时也附带国家的整体利益和公共利益)。孔子说过:"君子喻于义,小人喻于利。"①孟子强调"上下交征利而国危矣",认为人们各自图谋私利必然要破坏正常的社会秩序。董仲舒则完全割裂义和利,认为仁者"正其谊不谋其利,明其道不计其功"②。宋明理学把义利之辨进一步深化为理欲之辨,提出"存天理,灭人欲"的口号。这种思想的主要目的在于维护统治阶级的利益和皇权的合法性,只有在消极意义上,才符合社会整体利益。因为统治阶级经常把其利益冒充为社会的公共利益,诚如黄宗羲所言,专制的君主"以我之大私为天下之大公"③。重义轻利的实质是否定甚至牺牲个人利益,肯定保证皇权利益的神圣至上的不可侵犯性,把"我"的利益完全掩盖在"我们"的利益实即皇权利益之下。

另一条是由荀子开出的在肯定利的基础上的"以义制利"的路径,中经王安石、陈亮、叶适,绵延至明清时期的黄宗羲、顾炎武、唐甄、李贽、颜元等思想家,它肯定"事功"之效,具有公开的功利儒学特色。这是中国传统的非主流儒学——通常称为儒学功利论。儒学功利论不像儒学道义论那样具有自欺欺人的色彩,它明确肯定追求利益的正当性。荀子主张"以义制利",开始肯定在义的原则下的利的存在。至宋代,儒学功利论对儒学道义论空谈道义天理的思想提出了尖锐的批判,主张功利与道义相统一。李觏明确反对孟子"何必曰利"的思想,他说:"利可言乎?曰:人非利不生,曷为不可言?……孟子谓何必曰利,激也,焉有仁义而不利者乎?"④

---

① 钱穆:《论语新解》,生活·读书·新知三联书店2002年版,第100页。
② 班固:《汉书·董仲舒传》,中华书局1962年版,第2524页。
③ 黄宗羲:《明夷待访录·原君》,古籍出版社1955年版。
④ 李觏:《李觏集·原文》,中华书局1981年版,第326页。

叶适也指出:"既无功利,则道义者乃无用之虚语尔。"①王安石则明确指出利就是义,他说:"(政事)所以理财,理财乃所谓义也。"②清代颜元则批判董仲舒说:"这'不谋、不计'两'不'字,便是老无、释空之根。……盖'正谊'便谋利;'明道'便计功,是欲速,是助长;全不谋利计功,是空寂,是腐儒。"③因此,他主张"正其谊以谋其利,明其道而计其功"④。儒学道义论的实质是重公利而扼杀私利,儒学功利论的实质是把公利和私利结合起来,在追求公利的同时也承认私利的存在。这显然比儒学道义论割裂公私关系,否定私人利益,只追求"我们"的而完全漠视"我"的思想要进步得多。但也要看到,儒学功利论仅仅停留在肯定利益这一点上,他们没有看到利益背后人的自由本质和肯定人格的独立存在,并不主张从法律、人权的角度保证个人利益的合法性和个人的财产权,也不可能提出完全否定皇权的民主思想来。因此,从整体上讲,儒学功利论和儒学道义论一样,追求的仍然是"我们"的功利而不是"我"的功利。

其次,先秦墨家的功利思想。墨家认为义与利不是对立的,而是统一的。从表面上看,这与儒家道义论相反,而与儒家功利论相一致。实质上,墨家功利思想与儒家道义论是一致的,而与儒家功利论是相对的。而且,墨家功利思想比儒家道义论在倡导"我们"抑制"我"的问题上甚至有过之而无不及。《墨子》云:"义,利也。"利是"国家百姓人民之利"⑤,是国家利益、公共利益,而非个人私利,这和儒学道义论的义没有本质不同。墨家主张的大义就是摩顶放踵以利天下,其根据在于"利人者,人必从而利之。……害人者,人必从而害之"⑥。可见,墨家是以利害作为道德标准的。利人实质上是为了利己,不害人实质上是为了不害己。为了这个目的,墨家不惜走向极端,公然否定个人利益,主张毫不利己地以利天下,实质是以救世主自居的最自私自利的行径,毫无道德价值可言。马克思曾

---

① 叶适:《习学记言序目·前汉书》,中华书局1977年版。
② 王安石:《王文公文集·答曾公立书》,上海人民出版社1974年版,第97页。
③ 颜元:《颜元集》,王星贤、张芥尘、郭征点校,中华书局1987年版,第671页。
④ 颜元:《颜元集》,王星贤、张芥尘、郭征点校,中华书局1987年版,第157—163页。
⑤ 吴毓江:《墨子校注》,孙启治点校,中华书局1993年版,第40页。
⑥ 吴毓江:《墨子校注》,孙启治点校,中华书局1993年版,第159页。

说:"一切人类生存的第一个前提也就是一切历史的第一个前提,这个前提就是:人们为了能够'创造历史',必须能够生活。"①墨家根本不考虑人们能够生活这个前提,坚决反对个人私利,墨子宣称:"仁人之所以为事者,必兴天下之利,除去天下之害,以此为事者也。"②这种极端虚伪的言论,只能暂时蒙蔽少数人,不可能长期蒙蔽任何人,诚如王安石所言:"由墨子之道则不仁。"③墨学中绝的原因就在这里。

最后,法家的功利思想。法家认为人的本性自私自利,个人的最高目标就是追求个人私利。为了遏制这种人性之恶,法家主张"开公利而塞私门"④,要求统治者通过严酷的法律约束利己之心。韩非说:"凡治天下,必因人情。人情者,有好恶,故赏罚可用。赏罚可用则禁令可立而治道具矣。"⑤那么,什么是"人情"?人情就是关系,主要是血缘关系和类血缘关系(由血缘关系扩展、泛化开来的人际关系)。王法不能违于人情,也就是不违于关系,甚至王法本身就是着眼于关系而建立起来的。如刑罚主要不是为了落实责任以达到公平和公正,而是韩非子所说的"重刑者,非为罪人也""重一奸之罪而止境内之邪""报一人之功而劝境内之众"⑥,既不是追究责任,也不是实现权利,只是做出样子来警儆他人("杀一儆百"、找"替罪羊")。这是典型的人治和刑治,而不是以尊重个人权利和人格为基础的法治和德治。这样,法家本质上与儒墨是一致的,以"我们"断然否定了"我"的自由、人格的存在。

儒墨法都反对私利——反对"我"的功利,追求"我们"的功利,这是一致的。儒墨法的区别在于,儒家认为道德原则不仅是公利且高于公利,实质是说为了公利还要适当考虑百姓的利益。墨法则完全否定"我"的存在,认为道德的至高原则就是公利,主张摩顶放踵以利天下或严刑酷法以钳制百姓的反人性、非人道的虚伪功利,这必然使其思想得不到上层和下

---

① 《马克思恩格斯全集》(第三卷),人民出版社1960年版,第31页。
② 吴毓江:《墨子校注》,孙启治点校,中华书局1993年版,第158页。
③ 王安石:《王文公文集·杨墨》,上海人民出版社1974年版,第308页。
④ 商鞅:《商君书校注》,张觉校注,岳麓书社2006年版,第78页。
⑤ 韩非:《韩非子新校注》,陈奇猷校注,上海古籍出版社2000年版,第1045页。
⑥ 韩非:《韩非子新校注》,陈奇猷校注,上海古籍出版社2000年版,第1011页。

层的支持而遭到所有人的反对。这也是墨法功利思想衰落的真正原因。如果说墨法把"我"完全扼杀了,于是也就扼杀了它自身的话,那么儒家则把"我"附属于"我们"之下,给予"我"的存在留有一点点余地。儒学功利思想兴盛的主要原因就在于其理论自身的有条件的合人道性——肯定"我"的非独立的、非自由地附属于"我们"的有条件的存在。需要指出的是,儒学思想的另一合理之处在于其对精神力量的肯定,但精神力量最终要归结于王霸之业的审判,儒家提倡的大丈夫气概、"人生自古谁无死,留取丹心照汗青"的根据在于为了自己的皇帝主子而不是为了人性和自由,其实质还是把精神钳制在封建皇权之下。儒学思想追求的依然是"我们"的功利而不是"我"的功利。

问题是,中国传统的功利主义为什么不能突破"我们"而达到对"我"的确证和解放?原因在于它既是建立在自然血缘之上的而非自由的功利思想,又是"同"的而非"和"的功利思想。

第二节 自然的而非自由的功利思想

如果说西方功利思想是以资本主义私有制为经济基础,以契约精神、自由精神、理性精神为理论支撑,以肯定个人自由、独立、权利为核心的自由功利主义,那么中国传统的功利主义则是以封建公有制的大一统为根基,以欠缺契约精神、自由精神、理性精神的自然人情关系为理论根据,它始终在自然血缘、家国同构的范围内转圈,未能突破"我们"的限制而解放出"我",因此属于自然功利主义——套用康德关于自然社会和自由社会(文明社会)的说法。自然功利主义是以封建公有制为经济基础的皇权至上、公私不分的家天下和理论上的一家独尊的几个环节环环相扣构成的缺乏自我否定张力的超稳定结构。

中国(和东方)数千年的"成文史"是和西方一样贯穿着父权制和跨氏族的国家,但却不存在西方的氏族血缘纽带被"炸毁"、而代之以独立的个体家庭相互以契约缔结为国家的情况,而是以血缘家庭和氏族的原则从母权制移交给父权制,并最终放大为国家组织原则,这就是伦理上的移孝作忠,政治上的移家作国,于是以孝治天下——伦理政治化、政治伦理化的自然血缘原则成为中国统治者治国的根本方略。关于这一点,马克思和恩格斯在论及东方亚细亚社会时有过深刻的批判。马克思在《资本论》中说:"在印度和中国,小农业和家庭工业的统一形成了生产方式的广阔基础"[①]"在这里,国家就是最高的地主。在这里,主权就是在全国范围内集中的土地所有权。但因此那里也就没有私有土地的所有权,虽然存在着对土地的私人的共同的占有权和使用权。"[②]恩格斯在1876年为《反杜林论》所写的准备材料中也指出,"东方的专制制度是基于公有制"[③]。当然,这种公有制是以自然血缘原则为本位的封建公有制,不同于社会主义公有制。

　　支撑封建公有制大一统的必然是皇权至上和权力本位的专制制度。在这里,权力才是最可靠的功利和金钱。钱固然可以买权,但皇权只有靠命来换,是钱买不来的。因为皇权高于一切,也高于金钱,它可以换钱,也可以名正言顺地夺钱、抢钱甚至任意剥夺人的生命。金钱随时随着皇帝的喜好而成为救命之物或引来杀身大祸。皇权至上和权力本位必然要求一人独尊的父权政府,其实质是公私不分的家天下。康德说,父权政府"是所有政府中最专制的,它对待公民仅仅就像对待孩子一样"[④]。中国的皇帝皇后是国父、国母,官吏是百姓的父母官,君主要牧民有术,官吏要为民请命,他们以百姓的权威和父母自居,视百姓如无知的孩童,丝毫不把百姓当作一个个独立的、自由的个体,不尊重百姓的人格尊严,他们可以率性而为,随心所欲地任意处置百姓。实际上,掌权者自己由于缺乏自我意识和自我反思能力和合人性的法律制度的保障,也没有自由的思想和独立的人格尊严,乃至一部几千年封建王朝史无非是一部分人和另一部分人喋血争夺皇权和权力、争当国父皇帝或父母官的历史闹剧的一幕幕

[①]《马克思恩格斯全集》(第二十五卷),人民出版社1974年版,第373页。
[②]《马克思恩格斯全集》(第二十五卷),人民出版社1974年版,第891页。
[③]《马克思恩格斯全集》(第二十卷),人民出版社1971年版,第681页。
[④] 康德:《法的形而上学原理——权利的科学》,沈叔平译,商务印书馆1991年版,第143页。

重演,个人始终淹没在皇权和权力之下。

一人独尊的父权政府反过来又要求并强化了理论上的一家独尊。中国先秦时代百家争鸣的局面确实从表面上开创了中国学术思想对话的黄金时代,可惜他们实质上都是为了王霸之术,一旦王霸之业成,百家争鸣也就变为一枝独秀,如汉初的黄老之学、汉武帝时代的"罢黜百家,独尊儒术"。独尊则高傲自负、孤僻狭隘、霸道自私,为达到自己的目的,特别容易要求别人去掉私利而利他。这样,别人就成为自己玩于股掌的工具,自己就可以草菅人命、蔑视规则。更为可悲的是,中国传统功利思想在被禁锢于自然血缘、家国同构的范围内的同时,自己自觉自愿地通过对这种禁锢的神圣性的论证而进一步加强了这种禁锢。主流思想的儒家的"仁学"实际上也就是"关系学",它不过是自然家族内部的亲情孝道:"仁者,人也,亲亲为大"①,并通过"老吾老,以及人之老;幼吾幼,以及人之幼"而"天下可运于掌"②。从根本上说,"天下可运于掌"并不是"人情大于王法",而是王法本身就是建立在宗法等级制的"人情"之上,并表达这种"人情"关系的。这就把自然血缘看作了最高的伦理"仁"的根基。后来的儒家思想并没有从根本上超越"仁"的自然性质。自然功利思想和封建专制制度下的父权政府互为表里,形成一种超稳定结构,自由、理性和个性要突破它真是难于上青天。

透过这种超稳定结构,我们可以从三个层面把握中国自然功利思想的内涵和要义。其一,在这里,国家君主的利益成为名正言顺的大义,个人私利则成为和整个专制制度不相容的大恶。在皇帝看来,普天之下,莫非王土;率土之滨,莫非王臣。因此,皇帝惩治贪官污吏只是为了把天下之利尽数收归己有罢了。这里唯有权、钱能通神甚至可以买命,真正的私人财产权和生命权却得不到任何法律制度的保障,人民生活在朝令夕改、随心所欲的人治制度之下。官僚尤其是百姓的身家性命贱如草芥,毫无保障,随时随地可能被王权剥夺。可是,人是社会的存在,人要生活,要有自己私人的生活资料。这虽然是"不义",但其实质又是合乎人性的,人们

---

① 陈晓芬、徐儒宗译注:《论语·大学·中庸》,中华书局2011年版,第324页。
② 杨伯峻:《孟子译注》,中华书局1960年版,第16页。

不可能不追求这种"不义"。这就导致在实际生活中,由于个人私利得不到道义舆论和法律制度的合法支持,人们不得不在满口仁义道德的掩盖下追逐私利,甚至急功近利、不择手段地疯狂敛财,哪怕被诛灭九族也在所不惜。这就是儒学道义论披着仁义的外衣而占据主导思想地位的秘密所在。中国传统主流功利思想在理论上一贯强调天下为公、以公灭私而实际上却"是唯利是图的",深层次原因就在于此。不过,一旦王权专制统治稍有松动,肯定利益正当性的合乎人性的思想就会破茧而出。这就是儒学功利论长期占有一席之地的人性根据。其二,从公利和私利的内涵来讲,中国传统的功利主义以私代公(公利也是私利——统治者的私利,私利也是私利——被统治者的私利)实质是公私不分。所以,中国传统的功利主义不过是私利主义罢了。私利和私利的斗争只能是非理性的极端利己主义、经验实用的势利主义。因此,有钱有势、光宗耀祖、忠臣孝子、尧舜明君成为中国人追求的理想人格,自由、个性、私有财产权却得不到合法的保证,反而成为"不义"和罪恶。其三,从公利和私利的辩证关系来讲,一个没有真正私利的地方,何来公利？只能有冒充的虚假的公利,其本质上还是私利;反之,一个只有虚假公利的地方,何来私利？只能有虚假的私利,即没有任何法律制度保障的随时可以被暴力剥夺的没有私有权甚至生命权的私利。所谓"正其谊不谋其利,明其道不计其功"的实质不过是另一种的"君让臣死,臣不得不死;父叫子亡,子不得不亡"的愚忠愚教思想罢了。这是一个没有真正的私利、没有真正的公利和人格尊严而只有皇权为所欲为的(如鲁迅先生所说的)"吃人"的社会所奉行的功利主义。因此,中国传统的功利主义只能被称为自然的功利主义。

第三节 "同"的而非"和"的功利思想

中国的自然功利主义是以封建公有制为经济基础的皇权至上、公私不分的家天下和理论上的一家独尊的几个环节环环相扣构成的超稳定结构,因此它缺乏自我否定的张力,这决定了它是一种"同"的而非"和"的功利主义(这里是指"和而不同"意义上的"同""和")。这主要体现在以下几个方面。

首先,墨法兵农诸家均以自然的封建王权为利益之根本,只能提供智者式的治国平天下的技术和人生的机巧,如兵家之道、农家之道等。它们本质上和儒家思想一样都是建立在"我们"的自然血缘的根基之上,因此不可能给儒家功利思想提供有力的批判和反省,不可能促使它走向尊重人格生命和私有财产的自由功利主义。

其次,道、禅两家对义与利的态度与儒家有所不同,既不重利,也不崇义。道家的"圣人""至人"既"忘年忘义",又"不就利、不违害"①,禅门则鼓吹跳出三界外,不在五行中。道、禅两家追求的是完全摆脱义利羁绊的境界。实际上,这是一种自我陶醉的幻想。其一,之所以要忘利害,恰好证明自己在念念不忘利害,否则,就无须忘利害。其二,如果利害忘不了,又自以为忘了利害,则是自欺欺人的功利思想,这和儒家道义论本质上是一致的。其三,如果真的把利害摒除干净,完全超脱于义利之外,就不是人了,如此当然可以和利害无关,这就是动物般的逍遥或虚无的寂灭。由于完全摆脱利义是不可能的,因此道禅思想不但起不到真正的批判作用,反而会把儒家思想推向更为虚伪的功利的深渊。实际上也是如此,这可以从实际生活中的"大隐隐于市甚至隐于朝、放下屠刀立地成佛"等现象以及理论上达到的以儒学为主的儒、道、禅三教合流的宋明理学两个方面得到确证。可见,道禅思想不能像康德义务论那样用超验的道德形而上学的自由律对功利论的经验论起到一种批判的纠正作用。

再次,中国封建社会中流行的宗教是以祖先崇拜与天神崇拜两种形式并存为特征的功利宗教。这种宗教的功利性质,一方面表现在按照宗庙之制确立大小宗,使祖先崇拜的宗教为巩固现实政治的等级制服务,也即通过加强祖先祭祀制度和共同血缘观念,将作为封建国家体制的宗法制度抬高到不容怀疑的神圣地位,即所谓"祖宗之法不可违"。另一方面表现在它将鬼神当作现实政治和道德的立法者,使封建君主上升到天神

---

① 方勇译注:《庄子》,中华书局2010年版,第37页。

代理人的位置,即所谓"君权神授"。这实质上和儒家思想是一致的,难怪马克斯·韦伯称之为儒教。民间流行的迷信观念也普遍相信鬼神贪图功利,此所谓"有钱能使鬼推磨""钱可通神"。人们崇信鬼神或佞佛学仙,实是学势利、求功利。至今,中国民间敬神依然是为了让神上天言好事,下界保平安,保佑自己升官发财、子孙满堂,若稍不如意,就把神骂个狗血喷头,因为神受了他的供奉却没有为他办事。这样,神就完全成了人们玩弄于股掌之中的工具。这种宗教的功利性质本质上是儒家思想在信仰领域的伸展,这不但不能对儒家思想起到否定作用,反而会和儒家思想合流共同把自然的"我们"的功利渗透到信仰领域。

最后,最为关键的是,占据中国主导思想地位的儒家道义论和儒家功利论的实质都是功利思想,不具备自我否定的因素。儒家道义论强调义与利的对立,以义(公利)的名义压制并反对私利,要求以公灭私。孔子、孟子、董仲舒等反对的主要是个人的私利。二程、朱、陆也都严格区分了义与利。程颢强调说:"大凡出义则入利,出利则入义,天下之事唯义利而已。"①程颐更进一步,明确提出义利之辨即公私之别,他说:"义与利只是个公与私也。才出义,便以利言也。"②宋明理学尤其是二程认为义利(公私)是不相容的,乃至主张"存天理,灭人欲",其实质是以公灭私、以义统利,只不过理论水平更高些、论证更为……

与孟子不言利的虚伪面目不同,荀子肯定……的事实,他说:"义与利者,人之所两有也。"③他主张先义后……子更加露骨地把孔子的仁改造为礼,而礼服从并来源于君……为君王是万物之源,是人道之极。荀子的先义后利的实质是……服从君王(利益),真正的个人就这样被他自己所设置的礼窒息了。至宋代,儒学功利论者把私人功利和公利都看作功利,在追求公利的同时也承认私利的重要性。明清时期,黄宗羲、顾炎武、唐甄、李贽等功利思想家,进一步主张废除君主集权,提倡自由,各尽所能,维护私利。这里具有接近边沁、密

---

① 程颢、程颐:《二程集》(卷十一),中华书局1981年版。
② 程颢、程颐:《二程集》(卷十七),中华书局1981年版。
③ 方勇、李波译注:《荀子》,中华书局2011年版,第451页。

尔功利前身的合理利己主义者（如爱尔维修）的某种倾向。如果再往前跨一步的话，就有可能达到自由功利主义。但是，中国的功利思想却到此止步了，再也没能跨进以自由和个性为特色的功利主义，根本原因还在于儒家功利思想缺乏理性的自我反思、自我批判能力，他们虽然肯定"利欲可言"[1]，但却从根本上主张"循公灭私"[2]，以"我们"遮蔽"我"。可见，儒家功利论的根本价值取向是公利高于私利，其实质和儒家道义论一样，仍然是为了王霸之道，根本没有意识到平等独立的人格、自由的思想和私有财产权的神圣性，也不可能主张从法治的角度解决这些问题，骨子里依然主张人治和刑治。

历史的事实是，宋明理学作为儒、道、禅三教合流的国家哲学，非但没有产生出自由精神和契约精神，反而更进一步把儒家建立在自然血缘根基上的理论推向极端。"存天理、灭人欲""饿死事小，失节事大"的观念成为主流意识，女性裹脚等违背人性的封建礼教成为绝对命令，日益要求发展商业的浪潮却被扼杀在摇篮之中。在明清王朝走向腐败和闭关锁国的同时，西方开始了文艺复兴、宗教改革、启蒙运动、资产阶级革命的历史进程。鸦片战争的炮声宣告古老中国已被世界文明远远抛在了时代的后面。五四启蒙运动又因救亡而中断。新中国成立后，外受西方帝国主义的封锁，内有极左思想泛滥，特别是"文革"十年浩劫，结果"我们"又把"我"重重遮蔽起来。这种状况一直持续到十一届三中全会才有了根本性转变。

40多年来，中国的功利思想从以往的羞羞答答逐步走向公开化，功利主义和实用经验主义在当今已成为一股强大思潮。尽管这种功利思想一定程度上摆脱了传统功利思想的虚伪性和自欺性，但并没有真正摆脱传统功利思想的自然性和"同"的性质，它和传统功利思想还有着千丝万缕的联系。因此，一方面我们既要防止急功近利和无节制的欲望与享乐对于人类本身的损害，即功利主义的自然方面，又要反对团体功利剥夺否定个人功利即"我们"的功利，因为它们同时又是"同"的功利思想的体现。

---

[1] 李觏：《李觏集·原文》，中华书局1981年版。
[2] 李觏：《李觏集·上富舍人书》，中华书局1981年版。

所以，另一方面，我们要以构建和谐社会、实现和谐自我为目标，以马克思主义伦理学为指导，大胆吸取西方的自由精神、理性精神和超越精神，以改造传统经验的功利思想，构建具有自我调节能力、自我否定因素的新功利思想。这种新功利思想应该追求"我"和"我们"有机统一的功利，它应该既是自由的而非自然的功利思想，又是"和"而不"同"的功利思想。

第六章　祛贫弱以求富强

面对近代中国"天崩地解"的严峻局势,诸多有志之士为富国强兵、救亡图存进行了可贵的探索和不懈的努力。其中,严复是第一个真正了解西方的近代思想家,他用资产阶级的观点看当时的中国,认为"夷之长技"是"形下之粗迹",非"命脉之所在",西方的根本在于学术和政治,其学术的精神是"黜伪而崇真",政治的精神是"屈私以为公",进而影响归结到优秀的国民素质,"自由"则是贯穿于三者之间的灵魂。近代中国只有学习西方的这些根本精髓,才能真正补贫弱之弊、求富强之道。

第一节　自由平等

严复在《论世变之亟》一文中深刻地指出,西方富强的根本"不外于学术则黜伪而崇真,于刑政则屈私以为公而已。斯二者,与中国理道初无异也。顾彼行之而常通,吾行之而常病者,则自由不自由异耳"[1]。纲常名教是中国言论自由的桎梏,它"必使林总之众,劳筋力、出赋税,俯首听命于一二人之绳轭。而后是一二人者,乃得恣其无等之欲,以刻剥天下,屈至多之数以从其至少,是则旧者所谓礼、所谓秩序与纪纲也,则吾侪小人又安用其礼经为!且吾子向谓富强者,富强此一二人至少之数也;而西国所谓富强者,举通国言之,至多之数也"[2]。这是近代中国落后贫弱的一个根本原因。欲富国强兵,必先自提倡自由民主,反对封建专制始。

---

[1] 卢云昆:《社会剧变与规范重建——严复文选》,上海远东出版社1996年版,第4页。
[2] 卢云昆:《社会剧变与规范重建——严复文选》,上海远东出版社1996年版,第119页。

自由的基本内涵是人人平等相处,人人张扬个性,君民一体,上下齐心,恪尽职守,互不侵扰。"自由者,各尽其天赋之能事,而自承之功过者也。"①具体讲,自由是无法之自由和有法之自由的有机统一。"捐忌讳,去烦苛,决壅蔽,人人得以行其意,申其言,上下之势不相悬,君不甚尊,民不甚贱,而联若一体者"②是无法之自由。其精髓在于言行以理真事实为标准,不随声附和、人云亦云,也不屈从于任何权势和名利。"须知言论自繇,只是平实地说实话真理,一不为古人所欺,二不为权势所屈而已,使理真事实,虽出之仇敌,不可废也;使理谬事诬,虽以君父,不可从也,此之谓自繇。"③严复以理真事实为标准,不以圣贤君父为准则,似乎古希腊哲人亚里士多德的"我爱我师,我更爱真理"的呐喊在古老的东方再次响起,这是针对当时禁锢近代中国思想的宋明理学的大胆否定,也是对封建礼教的猛烈抨击。有法之自由则是"自其官工商贾章程明备观之,则人知其职,不督而办,事至纤悉,莫不备举,进退作息,未或失节,无间远迩,朝令夕改,而人不以为烦"④。就是说,真正的自由不是绝对自由,不是随心所欲、为所欲为,而是有限度的自由。其一,从实践角度来讲,一方自由以不侵害其他方自由为度。就伦理的基本问题而言,"为善为恶,一切皆自本身起义,谁复禁之?但自入群而后,我自繇者人亦自繇,使无限制约束,便入强权世界,而相冲突。故曰人得自繇,而必以他人之自繇为界,此则《大学》絜矩之道,君子所恃以平天下者矣"⑤。从天赋人权论的角度看,"彼西人之言曰:唯天生民,各具赋畀,得自由者乃为全受。故人人各得自由,国国各得自由,第务令毋相侵损而已。侵人自由者,斯为逆天理,贼人道"⑥。其二,从价值目标讲,自由是为善的自由,绝不是行恶的自由。"自繇云者,乃自繇于为善,非自繇于为恶。"⑦严复吸取了西方的自由思想,摒弃了西

---

① 卢云昆:《社会剧变与规范重建——严复文选》,上海远东出版社1996年版,第119页。
② 卢云昆:《社会剧变与规范重建——严复文选》,上海远东出版社1996年版,第13页。
③ 卢云昆:《社会剧变与规范重建——严复文选》,上海远东出版社1996年版,第131页。
④ 卢云昆:《社会剧变与规范重建——严复文选》,上海远东出版社1996年版,第13页。
⑤ 卢云昆:《社会剧变与规范重建——严复文选》,上海远东出版社1996年版,第129页。
⑥ 卢云昆:《社会剧变与规范重建——严复文选》,上海远东出版社1996年版,第4—5页。
⑦ 卢云昆:《社会剧变与规范重建——严复文选》,上海远东出版社1996年版,第131页。

方人性恶的观点,融入了儒家"己所不欲,勿施于人""己欲立而立人,己欲达而达人"的忠恕之道和人性善的思想,独立阐述了颇具儒家特点的有法之自由。这是对明清以来启蒙思潮的进一步发展,是针对"人治"导致的随心所欲、专制黑暗所射出的一支响箭,它企图限制封建王权的无限的恶性膨胀给中国带来的深重灾难,为重重封建枷锁所捆绑的中国人争取人的尊严和价值,进而实现国民的强大。严复的自由是具有启蒙性质的自由观,他不是绝对自由论者,主张有限度的相对的自由,并结合近代中国实际对自由做了层次上的考察论证,成为近代中国争取自由的理论先驱和启蒙者。

严复深知,封建宗法专制是中国贫弱不兴的政治根源,更是自由民主的死敌。故欲求自由民主,必先铲除专制毒瘤,倡导民主政治。

专制是中国贫弱的政治根源,民主是西方富强的政治基本。"乃至立宪民主,其所对而争自繇者,非贵族非君上。贵族君上,于此之时,同束于法制之中,固无从以肆虐。故所与争者乃在社会,乃在国群,乃在流俗。"①严复认为,近代中国与西方列强历次战争屡战屡败、丧师辱国的政治根源在于中国的封建专制落后于西方的资产阶级民主法制。他比较中西政治制度的根本价值取向之优劣说:"西洋之言治者曰:'国者,斯民之公产也,王侯将相者,通国之公仆隶也。'而中国之尊王者曰:'天子富有四海,臣妾亿兆。'臣妾者,其文之故训犹奴虏也。夫如是则西洋之民,其尊且贵也,过于王侯将相,而我国之民,其卑且贱,皆奴产子也。设有战斗之事,彼其民为公产公利自为斗也,而中国则奴为其主斗耳。夫驱奴虏以斗贵人,固何所往而不败?"②最为可怕的是,封建专制直接导致精神的颓废奴化,以致私心奴性、叛国害民,"夫今日中国之事,其可为太息流涕者,亦已多矣。而人心涣散,各顾己私,无护念同种忠君爱国之诚,最可哀痛"③。而"真实民主之国,其兵所以最强者,盖其事虽曰公战,实同私争。所保者公共之产业国土,所伐者通国之蟊贼仇雠。胜则皆乐而荣,败则皆忧而辱,此所

---

① 卢云昆:《社会剧变与规范重建——严复文选》,上海远东出版社1996年版,第131页。
② 卢云昆:《社会剧变与规范重建——严复文选》,上海远东出版社1996年版,第39页。
③ 卢云昆:《社会剧变与规范重建——严复文选》,上海远东出版社1996年版,第82页。

以临陈争先,虽挫而不溃也"[1]。自由民主能培养公心公德、爱国爱民之民族大义和国家精神,使其"先国而后身,先群而后己,则一身虽不利,犹可以及其子孙。况夫处富强之国,其身之未必不利也哉,特一转移之间耳!"[2]严复比较民主法制对富国强兵的有力促进作用和专制愚昧带来的贫国弱兵的严重后果,认为西方资本主义民主政治优于中国封建宗法政治,有力地得出了废除封建专制,建立立宪民主的革命性结论,具有较强的战斗性。

美国学者施沃茨曾就此指出,严复"渴望中国富强,渴望中国人能有普罗米修斯的精神。在这一方面,他求救于西方"[3]。的确,"先国而后身,先群而后己""护念同种忠君爱国之诚"正是严复所渴求的中国人的普罗米修斯精神,这种民族精神也正是使中国富强起来的强大动力和不竭源泉。由于长期的落后挨打,近代中国逐步丧失以致缺乏这种强烈的民族精神。这种缺失反过来成为阻碍近代中国发展的精神枷锁。严复这一思想如一声惊雷,在当时起着解放思想的重大作用。不过,严复如同康德一样,虽然提出了反封建的思想和理论,却忽略了历史进步的决定力量——人民大众,只能停留在思想造反的阶段。这是近代中国资产阶级力量弱小的历史状况在思想领域里的表现。

第二节　重公务实

严复在《救亡决论》中提出,与务实事、重功用的西方文化相比,中国文化高于西学而无实、繁于西学而无用,这是中国贫困落后的又一根本所在。

严复痛批旧文化之弊说:"华风之敝,八字尽之:始于作伪,终于无耻。

---

[1] 卢云昆:《社会剧变与规范重建——严复文选》,上海远东出版社1996年版,第82页。
[2] 卢云昆:《社会剧变与规范重建——严复文选》,上海远东出版社1996年版,第86页。
[3] 施沃茨:《严复与西方》,滕复、黄小榕、付小平译,职工教育出版社1990年版,第180页。

……嬴、李以小人而陵轹苍生,六经五子以君子而束缚天下,后世其用意虽有公私之分,而崇尚我法,劫持天下,使天下必从己而无或敢为异同者则均也。以其劫持,遂生作伪;以其作伪,而是非淆、廉耻丧,天下之敝乃至不可复振也。"①在批旧文化之弊的基础上,严复还批评了当时两种主要的文化思想。他首先运用进化论哲学思想批评了"天不变,道亦不变"的形而上学的历史静止论。他认为天地无时不变,"所不变者,独道而已。虽然,道固有其不变者,又非俗儒之所谓道也"②。为善而变才是不变之道,其精义在于为我自由、兼爱克己、和群利安、厚生进化,这个"不变之道"本质上是改造过的进化论的道。这就从哲学基础上否定了守旧好古、反对更新的理论基础。他进一步分析说:"世变日亟,一事之来,不特为祖宗所不及知,且为圣智所不及料。"③应追祖宗之活精神,不拘古制,与时进化,反对守祖宗之死法制,"不法祖宗,正所以深法祖宗"④。严复还从中国哲学的古老范畴"体、用"关系的角度,批评了当时洋务派的中体西用、政本艺末的学习西方文化的理论思想:"体用者,即一物而言之也。有牛之体,则有负重之用;有马之体,则有致远之用。未闻以牛为体,以马为用者也。……故中学有中学之体用,西学有西学之体用,分之则并立,合之则两亡。……其曰政本而艺末也,愈所谓颠倒错乱者矣。"⑤他又多角度地比较中西文化的优劣说:"尝谓中西事理,其最不同而断乎不可合者,莫大于中之人好古而忽今,西之人力今以胜古""中国最重三纲,而西人首明平等;中国亲亲,而西人尚贤;中国以孝治天下,而西人以公治天下;中国尊主,而西人隆民;中国贵一道而同风,而西人喜党居而州处;中国多忌讳,而西人众讥评。其于财用也,中国重节流,而西人重开源;中国追淳朴,而西人求欢虞。其接物也,中国美谦屈,而西人务发舒;中国尚节文,而西人乐简易。其于为学也,中国夸多识,而西人尊新知。其于祸灾也,中国委

---

① 卢云昆:《社会剧变与规范重建——严复文选》,上海远东出版社1996年版,第57—58页。
② 卢云昆:《社会剧变与规范重建——严复文选》,上海远东出版社1996年版,第54页。
③ 卢云昆:《社会剧变与规范重建——严复文选》,上海远东出版社1996年版,第55页。
④ 卢云昆:《社会剧变与规范重建——严复文选》,上海远东出版社1996年版,第53页。
⑤ 卢云昆:《社会剧变与规范重建——严复文选》,上海远东出版社1996年版,第536页。

天数,而西人恃人力。"①文化的改变是最根本的,救危亡必须借用学习贵进重公的西方文化,以改造主旧好私的中国文化。

严复认为,学习西方文化的基本原则是务求其真、融会贯通、以为我用。他主张西体西用、艺本政末,重科学技术、倡科学精神,学习西方文化之真精神。"且其所谓艺者,非指科学乎? 名、数、质、力,四者皆科学也。……而西政之善者,即本斯而立。……中国之政,所以日形其绌,不足争存者,亦坐不本科学,而与通理公例违行故耳。是故以科学为艺,而西艺实西政之本。……且西艺又何可末乎? ……——皆富强之实资,迩者中国亦尝仪袭而取之矣,而其所以无效者,正坐为之政者,于其艺学一无所通,不通而欲执其本,此国财之所以糜,而民主之所以病也。"②必须重视经济金融和交通运输等富强之基本。严复总结说,西学之道在于"一理之明,一法之立,必验之物物事事而皆然,而后定之为不易。其所验也贵多,故博大;其收效也必恒,故悠久;其究极也,必道通为一,左右逢原,故高明。方其治之也,成见必不可居,饰词必不可用,不敢丝毫主张,不得稍行武断,必勤必耐,必公必虚,而后有以造其至精之域,践其至实之途"③。要之,重实验,贵效用,究真极,以勤耐公虚之精神,求至精至实之鹄的。

无独有偶,马克斯·韦伯在《儒教与道教》中指出,"贸易自由主义"的道家只能培养出隐士、道士;世俗实用主义的儒家,培养出来的是书呆子。他们都不从事创造财富的生产活动,完全没有"天职伦理"的敬业精神。因此,同西方相比,虽然"中国有大量十分有利于资本主义产生的条件,可是,(中国)没有造就这样的资本主义"。④阻碍近代中国走向资本主义的"心态"就是儒道文化固有的消极成分,而西方正是靠清教伦理的天职观培养了资本主义精神,走向了资本主义。严复和韦伯都主要站在西方文化的角度,以比较的方法,重点揭示了中国文化的消极方面及其在转向商品经济的近代化过程中的阻碍作用。不同的是,严复的文化观的直接鹄的是为启蒙国民、救亡图存的现实呐喊论证;韦伯的文化观主要是通过否

---

① 卢云昆:《社会剧变与规范重建——严复文选》,上海远东出版社1996年版,第3、5页。
② 卢云昆:《社会剧变与规范重建——严复文选》,上海远东出版社1996年版,第536页。
③ 卢云昆:《社会剧变与规范重建——严复文选》,上海远东出版社1996年版,第49页。
④ 马克斯·韦伯:《儒教与道教》,王容芬译,商务印书馆1995年版,第300页。

定中国文化的消极因素,论证清教伦理的资本主义精神,为西方发展资本主义服务。可见,为谁服务是文化观的根本问题。

在中国思想史上,严复首次站在西方文化的角度,分析了中国文化的弱点,批判了当时守旧和改良的文化思想,并对中西文化进行了详尽深刻的比较论证,以西方文化的优点和先进痛斥中国文化的落后和缺失,试图借用西方文化改造中国文化,借以求富强之道。但他并没有阐释西方文化的不足和劣势,也很少论述中国文化的精华和优势。一方面,是因为严复的文化基点是西方文化,其文化观的指导思想是西方进化论哲学思想而不是也不可能是唯物辩证法,这就决定了他不可能对中西文化有全面辩证的分析理解。另一个更重要的现实根据是近代中国落后挨打、积贫积弱,面临着亡国灭种的危险,保种强国、救亡图存成为严复文化思想的直接任务。严复为了确立自己的文化思想,必须批判夜郎自大的顽固守旧势力和进退两难的改良力量,大力宣传西方文化的先进以对比中国文化的落后。事实上,任何文化观都是为现实需要服务的,没有脱离历史的纯粹的文化思想。严复文化思想强烈关注现实的突出问题,透出浓厚的爱国主义情怀,这正是其文化思想的重要价值。中西文化的冲突和交融自近代以来一直是我们关注的焦点。严复的文化思想给我们的最重要的启迪是,文化首先是为现实服务的。我们的文化思想必然建立在为当前全面建设小康社会这个核心的现实任务的根本上。依据这个根本,对中西文化各自的优劣势进行辩证的分析,决定取舍并创新发展。中西文化的劣势和不足当然要抛弃,但对中西文化的长处和优势也不能完全继承或肯定,应根据现实的根本任务鉴别选择,不能为我国现实服务的中西文化的长处和优势部分同样要抛弃,要吸收的是能为我国现实服务的中西文化的长处和优势部分,并在此基础上与时俱进,不断创新。

第三节 提升国民素质

严复痛感当时国民素质低下是中国贫弱的又一根源。"今夫民智已下矣,民德已衰矣,民力已困矣。有一二人焉,谓能旦暮为之,无是理也。何则?有一倡而无群和也。是故虽有善政,莫之能行。"[1]他以进化论哲学为理论武器,指出:"人欲图存,必用其才力心思,以与是妨生者为斗。负者日退,而胜者日昌。胜者非他,智德力三者皆大是耳。"[2]欲富国强兵、救亡图存,必须反对愚昧落后,开民智、兴民德、鼓民力,全面提高国民素质,才能使西方"屈私以为公而已"的政治精神、"黜伪而崇真"的文化精神真正在中国落到实处。

其中,又以民智治愚为最急。"何则?所以使吾日由贫弱之道而不自知者,徒以愚耳。"[3]欲免民智卑下之祸患,"为今之计,惟急从教育上着手,庶几逐渐更新也"[4]。这就是严复著名的教育救国论。"继自今,凡可以愈愚者,将竭力尽气鞭手茧足以求之。惟求之能得,不暇问其中若西也,不必计其新若故也。有一道于此,致吾于愚矣,且由愚而得贫弱,虽出于父祖之亲,君师之严,犹将弃之,等而下焉者无论已。有一道于此,足以愈愚矣,且由是而疗贫起弱焉,虽出于夷狄禽兽,犹将师之,等而上焉者无论已。"[5]国家强弱的根本不在物质技术,在于国民素质的优劣。先进的科学经济文明都是人的产物,国民素质才是根本之根本。此论透辟深刻,发人深省。

针对中国民品之劣,严复主要强调培养公德。首先要明损人利己之害,行两利为利之道。他痛心地指出:"今夫中国人与人相与之际,至难言矣。知损彼之为己利,而不知彼此之两无损而共利焉,然后为大利也。故其敝也,至于上下举不能自由,皆无以自利;而富强之政,亦无以行于其

---

[1] 卢云昆:《社会剧变与规范重建——严复文选》,上海远东出版社1996年版,第15页。
[2] 卢云昆:《社会剧变与规范重建——严复文选》,上海远东出版社1996年版,第327页。
[3] 卢云昆:《社会剧变与规范重建——严复文选》,上海远东出版社1996年版,第537页。
[4] 王蘧常、何炳松:《严几道年谱》,商务印书馆1936年版,第74页。
[5] 卢云昆:《社会剧变与规范重建——严复文选》,上海远东出版社1996年版,第537—538页。

中。"①严复特别从社会学的角度强调国家、集体、个人之间的重要关系,说:"积人而成群,合群而成国,国之兴也,必其一群之人,上自君相,下至齐民,人人皆求所以强,而不自甘于弱;人人皆求所以智,而不自安于愚。……泰西各国所以富且强者,岂其君臣一二人之才之力有以致此哉?亦其群之各自为谋也。"②因而,要群智群谋、求智图强、不某愚弱。严复敏锐地把握了中西民品的根本差异在于西方重公德、中方重私德。中国民品的弱点在于公德,并影响到私德。真正的优良民品应是公德、私德兼备,且公德优于私德。公德的核心是爱国敬业,是决定国家强弱的精神力量。培养公德的确是富国强兵的重要道路和当务之急。

解放妇女,进种优民是更根本意义上的富国强兵、全面提高民智民德民力之举。"夫天下之事,莫大于进种。"③严复认为,学问是人所以异于禽兽之处,中国女子多为文盲,累及男子及子孙后代,实是亡国灭种之又一祸端。他痛心疾首地指出,中国"妇女居其半;妇女不识字者,又居十之九。……一家数口,恃男子以为养,女子无由分任。迁流既极,男子亦不能自养,而又仰给于他人。展转无穷,相煦以沫,盖皆分利之人也。……国弱民贫,实阶于是"④。更可怕的是"积数十人或数百人以累一人,……而有志者先死,因而劣者反传,而优者反灭。然若优者尽死,则劣者亦必不能自存,灭种是矣。……退之不已,可以自灭,况加以白人之逼迫哉!"⑤但造成如此惨痛局面的根源并不是女子天生愚笨,而是罪恶的封建礼教所致。他痛斥中国的夫妻关系的实质是男对女的奴役关系,"至于夫妇,仅可谓之曰男女,而不能谓之曰夫妇。其始也,拈阄探筹以得之,无学问性情之素也;其既也,爱则饰之以花鸟,怨则践之以牛马,法则防之以盗贼,礼则责之以圣贤。……观《大清律例》中,死刑由于男女者,几及十之六七焉"⑥。欲改变此惨痛局面,须学习借鉴西方较为进步的"择种留良之

---

① 卢云昆:《社会剧变与规范重建——严复文选》,上海远东出版社1996年版,第17页。
② 卢云昆:《社会剧变与规范重建——严复文选》,上海远东出版社1996年版,第60页。
③ 卢云昆:《社会剧变与规范重建——严复文选》,上海远东出版社1996年版,第103页。
④ 卢云昆:《社会剧变与规范重建——严复文选》,上海远东出版社1996年版,第66页。
⑤ 卢云昆:《社会剧变与规范重建——严复文选》,上海远东出版社1996年版,第103页。
⑥ 卢云昆:《社会剧变与规范重建——严复文选》,上海远东出版社1996年版,第109页。

说",赋予女子自强之权尤其是教育权,废除买妾之制和买卖婚姻,倡导一夫一妻、婚姻自主、尊重女性、男女平等、进种强国。"使国中之妇女自强,为国政至深之根本。"①严复第一次从进化论的高度,把男女平等和进种优民、国富民强的重大现实问题联系起来,对封建礼教重男轻女、夫为妻纲的男权思想以毁灭性的重创。这是自明末李贽倡导男女平等以来发出的最强音,它开启了近代解放妇女、提高国民素质的先河,为五四时期的思想解放运动尤其是妇女解放思潮奠定了理论基础。

补贫弱之弊、求富强之道是严复思想的主题和命脉所在,也是严复思想的光辉和贡献所在。与同时代的康有为、谭嗣同等进步思想家站在中学立场看西学所不同的是,严复第一次站在西学的立场上,以西学之优比中学之劣,反封建专制、倡民主自由;反愚昧落后、倡科学进步。因此,其见解更为独到,其洞察更为深刻,其意义更为深远,其地位也更为显赫。这或许正是毛泽东把严复和康有为、洪秀全、孙中山并称为近代四大优秀人物之一的重要根据。

---

① 卢云昆:《社会剧变与规范重建——严复文选》,上海远东出版社1996年版,第67页。

第七章　荀子与黑格尔伦理思想的根本差异

吾淳先生在《荀子与黑格尔伦理思想共同点之比较》一文(见《哲学研究》2006年第11期,以下简称"吾文")中认为荀子与黑格尔伦理思想有诸多共同点,例如都给伦理学以人性恶的生物学证明和社会学证明,都主张社会整体对于个体的决定意义,都主张以教育和法律的途径作为伦理实现的条件。读后颇受教益,但仔细推敲,却发现实际情况并非如此。本章主要就吾文提出的上述几个方面进行分析,指出荀子与黑格尔伦理思想的这些表面的共同点背后潜藏着的根本性差异,并以此章内容就教于吾先生和学界诸同人。

第一节　人性论证明的根本差异

吾文认为:"荀子与黑格尔都认为人性是恶的"[1],他们都以人性恶为出发点,给伦理学以生物学证明。此说表面上似乎很有道理,实际上却不然。

人性论有三个层面:人性是什么？这属于事实判断;人性应当如何？这属于价值判断;如何从人性的"是"推出人性的"应当",并把二者统一起来？这是人性论的真正完成。

我们先来看荀子的人性论。①人性是什么？荀子认为"凡性者天之就也,……不可学不可事而在人者谓之性"(《荀子·性恶》,以下仅注篇

---

[1] 吾淳:《荀子与黑格尔伦理思想共同点之比较》,《哲学研究》2006年第11期。

名)。性者,"生之所以然者"(《正名》),"本始材朴也"(《礼论》)。可见,荀子是以生而共有、不学而能的自然本能为人性的。②人性应当如何?荀子认为人性(人的自然本能)是恶的,"今人之性,生而离其朴,离其质,必失而丧之。用此观之,然则性恶明矣"(《性恶》)。同时,荀子也明确肯定人有向善的可能性,不过这在他看来却是恶。他说:"人之欲为善者,为性恶也。"(《性恶》)"欲为善"就是有向善的要求,有向善的要求似乎可以证明性善,荀子却用它证明性恶,在逻辑上不能自圆其说。③如何从人性的"是"推出人性的"应当"? 荀子根本没有也不可能意识到休谟所提出的从事实判断推不出价值判断的"休谟问题",他当然也不可能意识到人性论的这个层面问题,更谈不上回答。他是直接把人性的自然事实等同于人性的价值判断(恶)的。如果他的理论能够成立的话,试问如何从恶中培育出善来? 如何"化性起伪"? 如果能的话,则恰好证明人性不是本恶的,而是包含有善的。这是荀子的人性论不可克服的矛盾。这就决定了荀子与黑格尔在人性论的证明方式和思想实质上存在着天壤之别。

首先,黑格尔与荀子的人性论的批评对象不同。荀子的性恶论是在和它处在同一知性思维水平上的(主要是孟子的)性善论的争论中提出的。黑格尔的人性论,是在批判人性善、人性恶的知性思维方式的静态人性论基础上进行的。我在《关于黑格尔的善的思想》一文中认为,黑格尔批判人性本善的错误在于仅仅停留在肯定的纯善上,它无法回应意志何以也可能是恶的这一致命问题的挑战。性恶论认为人性纯恶,它同样也难以回应"意志何以可能也是善的"这一致命问题的挑战。这两种人性论的根本失足在于形而上学的机械的思维方式,它们从外在的概念或事物中去寻求内在的矛盾或对立面,却从来不认为意志自身就包含有差别和矛盾,其结果必然走向善和恶的外在对立①。虽然黑格尔并不是有意针对荀子的,但荀子的性恶论及他所反对的性善论都属于黑格尔所批判的人性论模式。

其次,黑格尔正是在扬弃性善论和性恶论的基础上,提出了与荀子静态人性论不同的动态人性论来证明其伦理思想的。在回答关于人性是

---

① 任丑:《论黑格尔关于善的思想》,《学术论坛》2005年第4期。

什么的问题上,和荀子简单狭隘地把自然本能看作人性不同,黑格尔扬弃康德的思想,把人性看作一个自然和精神相统一的过程。人性不是纯善或纯恶的,而是有内在差别的动态变化着的过程。黑格尔明确地说:"孩子天生既不恶也不善,因为他开始既没有关于善的知识,也没有关于恶的知识。这种无知的天真也许会可笑地被认作理想并渴望回到这种状态去;这种天真是无价值的和短命的。很快在孩子那里就出现了固执和恶行。这种固执和恶行的萌芽必须通过管教来打破和消灭。"[1]在人性的精神事实不断扬弃人性的自然事实时,也就展开了善恶的斗争,这就涉及人性应当如何的问题。和荀子独断地认为人性恶不同,黑格尔认为,分析善恶和人性应该从意志的概念的观点出发。意志的本质规定是自由,自由本身具有差别的规定即自然。因此,意志是自由意志和自然意志的统一体。自然意志自在地是一种矛盾,它要进行自我区分,由潜在的成为现实的,由事实领域进入价值领域,它就含有不自由的规定,如私欲、激情、欲望等,和意志的普遍性即善相对立,从而是恶的。正是这种恶对善的否定性,构成意志的内在矛盾,推动着意志通过自我否定而设定或扬弃自己,使自我扬弃特殊性、自然性,不断向普遍性、精神性提升。这就从逻辑的角度回答了人性应当是趋善避恶的自由存在。在黑格尔这里,人性的逻辑和历史的统一就是对人性是什么和人性应当如何的统一。黑格尔认为,从历史的角度看,善恶不是原始的天然观念,而是历史发展到精神阶段的产物。在人类社会和国家出现之前,人们处在一种无善无恶的自然生活状态之中。黑格尔说:"罪恶生于自觉,这是一个深刻的真理:因为禽兽是无所谓善或者恶的;单纯的自然人也是无所谓善或者恶的。"[2]善恶正是自觉和认识从感官性里分别出来的,和感官性相对地,发展它自己的思想的活动而被发现的。荀子根本没有也不可能意识到人性论的这个环节,更不可能从逻辑和历史相统一的角度回答这个问题。

最后,需要特别说明的是,在黑格尔时代,休谟问题已经提出,康德做出了消极的回应,他把理论理性(事实领域)和实践理性(价值领域)严格

---

[1] 黑格尔:《精神哲学》,杨祖陶译,人民出版社2006年版,第81页。
[2] 黑格尔:《历史哲学》,王造时译,上海书店出版社2001年版,第317—318页。

区分开来,进一步把休谟问题明朗化。经过了康德批判哲学洗礼的黑格尔不满意这种回应,他扬弃传统的形式逻辑和康德的先验逻辑,创立辩证逻辑,独创性地运用逻辑和历史相统一的方法解决人性的事实判断、价值判断及其关系问题。可以说,这是对休谟问题的较好回应。荀子的人性论在黑格尔的体系中只不过是静态的感性人性论。可见,他们的人性论的历史地位和理论价值也具有本质的不同。这也就决定了他们关于伦理学的社会学证明的根本差异。

第二节　社会学证明的根本差异

吾文认为,关于人的社会属性问题,"与荀子一样,黑格尔也从人的社会属性出发,强调社会整体对于个体的决定意义""荀子与黑格尔都指出了人的社会属性,这实际是给予人性以社会学证明",这也就是"荀子与黑格尔伦理学说的社会学证明"[①]。实际上,荀子和黑格尔关于人的社会属性的观点是有巨大差异的。

首先,在社会属性是否是人性的问题上,荀子只把人的自然本能作为人性,而没有把人的社会属性看作人性。在黑格尔这里,人性是一个自然性和精神性相斗争的过程,其中人的社会属性属于精神性,它不但是人性而且还是人性的高级层面。

其次,伦理学的社会学证明方式的根本差异。表面上看,诚如吾文所言,荀子似乎认为礼源于"群"和"分"。但是,荀子的真正目的是通过"群"和"分"来论证礼的必要性,进而论证先王圣君制定礼的神圣性和崇高性。荀子说:"人之生不能无群,群而无分则争,争则乱,乱则穷矣。故无分者,人之大害也;有分者,天下之本利也;而人君者,所以管分之枢要也。"(《富国》)显然,"群""分"只是礼起源的可能性、必要性,如果没有圣君先王出于对百姓的"高尚"关怀和神圣地位而制定出礼的话,礼还是不能产生的。

[①] 吾淳:《荀子与黑格尔伦理思想共同点之比较》,《哲学研究》2006年第11期。

荀子毫不掩饰自己的这一观点,他说:"君子者,礼义之始也。"(《王制》)只有君子才是金口玉言的立法者,普通百姓只有俯首听命,否则,就是祸乱不祥之根源。可见,荀子的社会学论证是非逻辑的经验的叙述,并不是真的论证。整个叙事过程缺乏严密的逻辑性不说,其根本目的是装神弄鬼地企图把圣人君子的所谓礼法提升为绝对不可怀疑、不可动摇的天经地义。这与其说是社会学论证,不如说是社会学布道。

黑格尔的社会学论证,严格说来是逻辑学(辩证逻辑)的论证。他用普遍性、特殊性和个别性三个环节来论证伦理实体(同时也是伦理主体)的三个环节:家庭、市民社会、国家。黑格尔认为,伦理实体就是伦理主体,它们构成一个伦理有机体思想体系。但他缺少感性实践的本体论的证明,这是马克思完成的。关于这一点,拙文《简析黑格尔的伦理有机体思想》有较详细的论证[1],兹不赘述。

再次,在社会整体和个体的关系上,黑格尔与荀子的观点也是对立的。

荀子表面上好像强调社会整体对于个体的决定意义,实际上强调的是圣君先王这个个体对于普通百姓这个整体的决定意义。荀子自己说得明白:"天地者,生之始也;礼仪者,治之始也;君子者,礼仪之始也。为之,贯之,积重之,致好之者,君子之始也。故天地生君子,君子理天地;君子者,天地之参也,万物之始也,民之父母也。"(《王制》)因此,作为个体的圣人君子是凌驾于社会整体之上、不受社会整体约束的神圣立法者。其实,荀子拼命攻击孟子的性善论的根本用意就在于用性恶论论证万民必须服从圣王、礼义的绝对必要性,诚如所言:"性善则去圣王,息礼义矣;性恶则与圣王,贵礼义矣。"(《性恶》)社会整体对于个体的决定意义仅在于礼刑对于普通民众的决定意义,其决定权在君子圣人手中。这一思想的实质是君子圣人对普通百姓具有决定意义,是个体对整体具有决定意义。它是典型的反人道的专制理论、吃人理论。这是黑格尔所批判的只有一个人有权力的东方世界的经典理论表述之一。

在个体和整体的关系上,黑格尔表面上似乎主张整体对个体的决定

---

[1] 任丑:《简析黑格尔的伦理有机体思想》,《武汉大学学报》(人文科学版)2005年第6期。

意义,实质上强调二者的统一。黑格尔既反对古代社会只有"我们"没有"我"的思想,也反对近代社会只有"我"没有"我们"的思想,持有"我"和"我们"相统一的伦理有机体的观点。一方面,黑格尔认为,作为国家的公民,个人的尊严和特殊目的的全部稳定性都以国家为根本。在这个意义上,黑格尔甚至强调"单个人是次要的,他必须献身于伦理整体。所以当国家要求个人献出生命的时候,他就得献出生命"[1]。另一方面,黑格尔认为,作为整体的国家包含着特殊的个体,如果个人的特殊目的不与国家的普遍目的相同一,国家就等于空中楼阁。因此,"特殊利益不应该被搁置一边,或竟受到压制,而应同普遍物符合一致,使它本身和普遍物都被保存着"[2]。黑格尔还特别指出,君主作为私人也必须服从国家,不能凌驾于国家和法律之上。而且,这种整体和个体的关系还必须在精神哲学中经受考验和提升,最终要经受人类绝对精神的审判。在黑格尔这里,只有不断运动、不断自我否定的绝对精神才是最高标准。这和荀子片面强调圣君个体的僵死的礼刑对百姓整体的决定力量和绝对权威的思想是根本不同的。

最后,需要提及的是,除了吾文认为的两种证明外,荀子和黑格尔还对伦理学进行了本体论证明,但证明方式也是截然不同的。荀子认为圣人君子是万物之本体,也是礼之本源。他说:"君子者,天地之参也,万物之总也,民之父母也。"(《王制》)"圣人者,人道之极也。"(《礼论》)如果说荀子坚持的是自然的个体本体论证明,黑格尔坚持的则是逻辑学、认识论、本体论相统一的精神本体论证明,他从逻辑学推出自然,由此进入精神哲学的主观精神,从主观精神推出客观精神(由抽象法、道德和伦理三个环节构成的伦理有机体),并把客观精神提升到绝对精神的领域。当然,他们都没有达到马克思的实践本体论的高度,但黑格尔已经非常接近它了,而荀子还相去甚远。

荀子和黑格尔关于伦理学论证方式上的不同,更具体地体现为他们关于伦理问题的基本认识的差异。

---

[1] 黑格尔:《法哲学原理》,范扬、张企泰译,商务印书馆1961年版,第79页。
[2] 黑格尔:《法哲学原理》,范扬、张企泰译,商务印书馆1961年版,第263页。

第三节　伦理问题的基本认识的根本差异

吾文认为,荀子的"礼"所侧重的主要不是内在的德性,而是外在的社会秩序与规范,"与荀子相比,黑格尔对于伦理的认识主要是通过与道德的比较而展开的,……但若仔细推敲,我们会发现黑格尔所阐述的伦理诸特征即普遍性、现实性和具体性,其实也都是蕴含于荀子的思考之中的"[①]。是这样的吗?

首先,黑格尔的伦理与荀子的礼的内涵根本不同。

荀子关于伦理问题的根本范畴是"礼"。如前所述,荀子的"礼"所关心的社会秩序与规范只是一个很表层的方面,其要害在于"礼"从根本上来自并决定于圣王君子。具体来讲,荀子的"礼"有如下两层含义。

(1)从内容上讲,礼是指伦理道德、政治、刑罚的最高原则和根本大法,"礼者,人道之极也"(《礼论》)。"礼者,贵贱有等;长幼有差,贫富轻重皆有称者也。"(《富国》)礼是由先王圣君标示出的治或乱的界限,是确定上下贵贱的等级差别并确定人类生活方式的文理或法式,是维护封建制度的等级规范制度,所谓"礼者,其表也,先王以礼表天下之乱,今废礼者,是去表也"(《大略》)。

(2)从功能上讲,礼是维护圣君王者专制霸权的最高统治工具。荀子说:"人无礼则不生,事无礼则不成,国家无礼则不宁。"(《修身》)"礼之所以正国也。"(《富国》)一方面,荀子主张礼法(实即刑)并举,但认为礼是高于刑的统治术,刑要以礼为根据。另一方面,荀子倡导普通人要以礼养情,值得注意的是,尽管礼的地位如此之高,但"礼莫大于圣王"(《非相》)。因为圣王是礼的来源、根据和服务目的,礼只不过是圣王制定的统治万民的工具而已。以礼养情的目的就在于希望万民能够自觉地成为"礼"(实即圣君)的奴才和顺民。显然,荀子礼法的实质是蔑视人权、以人为工具的礼刑,他根本没有以权利义务为基础的现代法治思想,更不可能有以人为本的德治思想。荀子的礼刑并举是地地道道的刑治和人治。

[①] 吾淳:《荀子与黑格尔伦理思想共同点之比较》,《哲学研究》2006年第11期。

总之，荀子的礼是静态的、平面的，是与政治、刑罚、自然混淆在一起的经验的统治技巧和驾驭社会的秩序大法。黑格尔的伦理则是一个自由意志贯穿始终，由抽象法（包括风俗习惯）、道德、伦理三个环节构成的伦理有机体。与荀子把道德和自然、政治、刑罚混为一谈不同，黑格尔在把道德和自然、政治、刑罚严格区分开来的基础上，把道德、政治、法律都归结为伦理。黑格尔的伦理把层次的区分和各层次间的内在联系有机统一起来，是一个有生命力的动态过程，它既符合个体的发展历程，也符合人类整体的发展历程。这是荀子的抽象的独断的伦理思想所无法比拟的。和荀子把礼看作道德极为不同，黑格尔把自由看作伦理的根本；和荀子把礼看作圣人的统治工具不同，黑格尔把自由看作伦理的本质和目的，他甚至把拿破仑式的人物也看作马背上的世界精神及自由精神的工具。因此，"伦理就是成为现存世界和自我意识本性的那种自由的概念"[1]。如果说黑格尔的伦理是自由，那么荀子的礼则是对自由的钳制。

其次，黑格尔与荀子在伦理内涵方面的差异决定了二者伦理地位的根本不同。我曾把黑格尔的伦理概括为三个基本层次：客观伦理（风俗礼教、抽象法）、主观伦理（道德）和绝对伦理[2]。黑格尔的伦理是由抽象到具体的不断展开的发展过程：客观伦理、主观伦理和绝对伦理是一个肯定、否定、否定之否定的逻辑进程。绝对伦理扬弃了客观伦理和主观伦理并把二者包含于自身之内，达到了形式与内容的和解、逻辑与历史的统一。在这个意义上，绝对伦理就是伦理有机体和真正的伦理。这就是黑格尔构建的伦理有机体，也就是黑格尔所阐述的伦理的诸特征即普遍性、现实性和具体性的有机统一。荀子的伦理思想只能属于客观伦理的层次，还不能和黑格尔的伦理有机体思想相提并论，更不可能把黑格尔的这一思想蕴含于自己的思考之中。

---

[1] 黑格尔:《法哲学原理》,范扬、张企泰译,商务印书馆1961年版,第164页。
[2] 任丑:《简析黑格尔的伦理有机体思想》,《武汉大学学报》(人文科学版)2005年第6期。

第四节　伦理实现条件的根本差异

吾文认为,在伦理的实现途径上,黑格尔与荀子看法相似,他们都把教育和法律作为伦理实现的条件。实际上,他们的教育和法律的内涵是根本不同的。

首先,黑格尔的教育与荀子的教育的内涵根本不同。荀子的教育即"化性起伪"。他认为,教化百姓要靠圣人君王。原因在于,礼源自圣人君王,"君者,民之原也;原清则流清,原浊则流浊"(《王霸》)。这样看来,民的善恶道德完全取决于君的善恶。既然如此,就不需要教化百姓了,只需要教化君王即可。可是,君王是不需要教化的圣人和教化者。而且,人性既然是恶的,君王凭什么能够制定礼仪、引导善的道路呢?答案只能是,君王不是人。可是,荀子显然认为君王是人,且承认"涂之人皆可为禹"(《性恶》)。如果君王是人,其人性也是恶的,他就没有资格制定礼仪并成为万民之原。这样,荀子的道德教育根本不能进行。荀子的这种教育方式本身缺少黑格尔的动态的历史的分析和辩证思考,连最起码的自我反思意识都没有,它是一种独断的填鸭式的强制措施。究其实质而言,荀子的教育主要是统治者造就顺民的奴化训练,是一种扼杀人性和道德的统治术。

和荀子的抽象的王霸之术的教育方式完全不同,黑格尔讲的教育主要指人类精神的自我训练、自我磨砺,特别是历史的训练和磨砺,然后才指作为历史环节之一的社会的伦理教育。黑格尔主要从个体成长、伦理有机体和人类发展三个角度展开教育的论述。①人类个体的教育。黑格尔认为,人类个体经过了童年、青年、成年、老年的自然年龄进程,"通过这样一个过程,就是灵魂的直接个别性成为与普遍东西相适应的,就是这个普遍东西在那个个别性中实现了出来,而这样一来灵魂与自身的那个最初简单的统一就被提高为由对立中介了的统一,灵魂的最初抽象的普遍性就被发展成为具体的普遍性。这个发展过程就是教育"[①]。②伦理有机

[①] 黑格尔:《精神哲学》,杨祖陶译,人民出版社2006年版,第74—75页。

体的教育。黑格尔认为,伦理有机体包括家庭、市民社会和国家三个伦理环节。个人在伦理有机体中接受训练并改造着伦理有机体,使之充满生命力。这种训练和教化的过程就是善恶发展斗争的历史,就是人类争取至善自由的历史。当人类脱离自然状态进入社会状态后,就进入了相对自由阶段,但它是不断朝着至善即自由发展的,即人类经过了一个人自由、一部分人自由和所有人自由的阶段返回到自由的历史训练过程[①]。③历史的训练。与个体的四个发展阶段相对应,黑格尔认为人类历史也经过了四个阶段:东方世界、古希腊世界、罗马世界、日耳曼世界。黑格尔说:"虽然世界在本质上必须承认是完成了的,可是它并不是一个僵死的东西,一个绝对静止的东西,而是——如生命过程一样——一个永远重新创造着自己的东西,一个在只保持自己之际就同时前进着的东西。"[②]人类的老年世界日耳曼和个体的老年状态不同,它是自由的绝对精神的成熟状态。当然,黑格尔的日耳曼世界老年论是应该加以批判的典型的欧洲中心论。

其次,黑格尔的法律与荀子的法律作为实现伦理途径的内涵是根本不同的。荀子礼法并举的实质是刑治和人治并举的统治工具。在荀子这里,一方面,礼法(刑)相通,二者都是对不同等级的规范规定。另一方面,礼高于法(刑),因为法以礼为大本,礼是法律条文的根据。刑治不过是"暴察之威",靠它治国最多为霸;礼治则是"道德之威",如果以礼治为本,就可以王天下。问题的关键是,礼法(刑)最终决定于圣王君子。荀子非常露骨地说:"有乱君,无乱国;有治人,无治法,……故法不能独立,类不能自行;得其人则存,失其人则亡。法者、治之端也;君子者、法之原也。故有君子,则法虽省,足以遍矣;无君子,则法虽具,失先后之施,不能应事之变,足以乱矣。"(《君霸》)圣王君子比法重要,礼法统一于圣王君子,其实质是人治和刑治。

与荀子相反,黑格尔痛恨封建法律的封闭、滥用和神秘。黑格尔强调公正和权利,强调权利和义务的统一,强调法律的自由本质,主张法律的

---

① 黑格尔:《历史哲学》,王造时译,上海书店出版社2001年版,第19页。
② 黑格尔:《精神哲学》,杨祖陶译,人民出版社2006年版,第84页。

公开性、正义性和可变性。黑格尔认为,自由是法的定在,法律是自在的是法的东西被设定在其客观定在中。实定的法律即各种法律条文是黑格尔要扬弃的对象,却是荀子要探求的根本问题。可见,黑格尔讲的法律主张法治,反对人治,这和荀子把圣王看作礼刑的根据完全相反。荀子的刑治和人治的所谓礼法统一正是黑格尔深恶痛绝、大加批判的对象。

要言之,①荀子的伦理思想是随着所谓圣人的变化而变化的偶然性的个人的随意规定,不过是实现政治统治的工具罢了。因此,它是静态的封闭的。黑格尔的整个伦理思想只不过是其精神哲学的一个环节即客观精神,它前纳主观精神之源流,后经绝对精神之洗礼,在哲学中才能达到真正的自由。因此,黑格尔的伦理思想整个来说是动态的、开放的。②荀子的礼为诸德之纲,强调的是外在的社会规范,属于康德批判的他律。黑格尔强调自律和他律相统一的自由伦理。如果根据黑格尔伦理的三个环节即抽象法、道德、伦理来看,荀子属于抽象法的环节,康德属于第二个环节,黑格尔则属于二者的合题。第三个环节(黑格尔)和第一个环节(荀子)虽然表面相似,却有着本质的不同。③无论从历史背景、理论地位、思维方式、精神实质、影响价值上看,荀子与黑格尔的差异都是根本性的。甚至可以说,他们的伦理思想的可比性微乎其微,他们伦理思想的本质差异却是一道极难逾越的鸿沟。

是为管见,不当之处,敬请吾先生和学界诸同人批评指正。

第八章 《中庸》与人类伦理视域的新君子

儒家经典《中庸》似乎是一部关于人生修养的重要道德哲学著作。然而,《中庸》表面上主张适度用中,骨子里推崇的却是极端绝对:"中庸其至矣乎!"(《中庸·第三章》)或者说:"天下国家可均也,爵禄可辞也,白刃可蹈也,中庸不可能也。"(《中庸·第九章》)这种内在极端与表面适度的冲突集中体现为"君子中庸,小人反中庸"(《中庸·第二章》)的独断论。

此论仅承认极少数人(君子)具有中庸主体的资格,却把绝大多数人(小人)排除在中庸主体之外——这就势必造成人对人如寇仇般的遵循丛林法则的自然状态。或许,丛林法则在宗法血缘关系为基础的熟人社会中具有一定程度的合理性,但在当代法治境遇的陌生人社会中,它业已失去其存在的社会根据和伦理价值。这就迫切要求我们从人类伦理的视域深刻反思:对《中庸》而言,何种中庸主体?存在何种问题?中庸主体之本然为何?中庸主体之应当为何?归结为一个问题就是:谁之中庸?其实,这正是一个追寻人类伦理视域的新君子的进程。

第一节 何种中庸主体

《中庸》以"德"为依据,把人分为两类:有德者即君子,无德者即小人。这里的"德"指中庸之德即"诚"。

与君子相反,小人是无德者或反中庸者。换言之,小人是与天道至诚或人道之诚相悖逆的不诚者、伪诈者或欺骗者。《中庸》借孔子之口说:"小人之(反)中庸也,小人而无忌惮也。"(《中庸·第二章》)或者"小人行险以徼幸"(《中庸·第十四章》)。既然小人不是"诚者"或"诚之者",不修身受教,不能慎独,也不可能具备中庸之德。可见,小人作为反中庸者不能也不必中庸,也不可能是中庸主体,而是中庸主体的否定者或反中庸者。那么,《中庸》追求的是何种中庸主体呢?

既然"君子中庸,小人反中庸",小人被排除在中庸主体之外,那么只有君子才可能是中庸主体。在《中庸》这里,以"德""位"为依据,可以把君子分为两类:有德有位的圣人君子(以下简称"圣人")、有德无位的普通君子(以下简称"君子")。这里的"德"依然是指中庸之德即"诚",而"位"则特指国家或部落的最高权力之位如君王之位、皇帝之位等。虽然《中庸》并没有明确区分甚至有意无意地混淆圣人与君子,但是我们依然可以根据"德""位"对二者做出严格清晰的辨别。

(1)圣人是德位兼备的中庸主体。《中庸》认为,圣人是天道至诚者、生而知之者,只需"率性"而为即可中庸。就是说,圣人自身就是中庸,能够"不勉而中,不思而得,从容中道"(《中庸·第二十章》)。因此,圣人自足自满、绝对自由,不依赖任何他者:"唯天下至诚,为能经纶天下之大经,立天下之大本,知天地之化育,夫焉有所倚?"(《中庸·第三十二章》)圣人既能把握天道,又能洞悉人道:"质鬼神而无疑,知天也;百世以俟圣人而不惑,知人也。是故君子动而世为天下道,行而世为天下法,言而世为天下则。"(《中庸·第二十九章》)需要注意的是:此处的"君子"是指"圣人"。圣人因其"配天""至诚"而有资格成为万民的立法者,或者说,圣人之言行就是天下之法则。所以,圣人不依赖任何他者的因素,不考虑万民百姓的想法和建议,不需要任何程序,只需本乎生而固有的"至诚"即可把一人之意志强加并凌驾于百姓黎民的意志之上。

圣人的这种绝对自由本质上是完全否定百姓黎民意志的绝对任性。所谓"大哉,圣人之道!洋洋乎,发育万物,峻极于天。优优大哉!礼仪三百,威仪三千,待其人而后行"(《中庸·第二十七章》)。由此带来的圣人崇拜必然登峰造极、无以复加:圣人"溥博如天,渊泉如渊。见而民莫不敬,言而民莫不信,行而民莫不说。是以声名洋溢乎中国,施及蛮貊。舟车所至,人力所通,天之所覆,地之所载,日月所照,霜露所队:凡有血气者莫不尊亲。故曰配天"(《中庸·第三十一章》)。如此一来,配天之圣人似乎天然具有治国行政、占据最高权力的绝对合法性。或者说,为政专属于圣人,根本不是臣民百姓的事情。这就把臣民百姓排除在为政之外。既然圣人的权力没有任何限制,绝对的专制独裁也就不可能不产生。借用孟德斯鸠的话说,这种专制的性质是:"一个单独的个人依据他的意志和反复无常的爱好在那里治国。"[1]没有限制的权力必然被不加限制地滥用,也就难免带来人存政举、人亡政息的命运。《中庸》说:"文武之政,布在方策。其人存,则其政举;其人亡,则其政息。人道敏政,地道敏树。夫政也者,蒲卢也。故为政在人。"(《中庸·第二十章》)或许,其本意是为了颂扬圣人的不可替代性和绝对权威,但也无意间暴露出为政在人的实质是人治:为政在圣人,而非百姓臣民。

其实,即使圣人就是天道至诚,却也难免偏离正道。文武周公尧舜禹等圣人皆用中于民,至诚的中庸天道只不过是君王之道或统御之术。以圣人舜用中于民为例:"舜其大知也与!舜好问而好察迩言。隐恶而扬善,执其两端,用其中于民,其斯以为舜乎!"(《中庸·第六章》)舜的用中行为表明:要么舜不是圣人,那么舜只是孔子之类的君子;要么舜是圣人,那么舜之类的圣人就并非"不勉而中,不思而得,从容中道"(《中庸·第二十章》)。换言之,尧舜禹文武周公等圣人至多是德位兼备的凡夫俗子,不可能生而知之、从容中道。既然如此,圣人既有可能行善,也有可能为恶。诚如笛卡尔所说:"仅仅拥有善的心灵是不够的,最为重要的是正确地应用它。最伟大的心灵能够做出最大的恶也能够做出做大的善。"[2]圣人不可能必然地行善。必然行善否定了善的自由根据,也就相当于把圣人与善混淆为自然因果律。其实,圣人可能做大善之事,也可能为大恶之行,也可能碌碌无为,游离于常善常恶之间。这就否定了圣人天道的绝对权威,或者说,这就否定了圣人存在的正当性、合法性与现实根据,进而否定

---

[1] 孟德斯鸠:《论法的精神》(上册),张雁深译,商务印书馆2005年版,第23页。
[2] René Descartes, *A Discourse onthe Method of Correctly Conducting One's Reason and Seeking Truth in the Sciences*, translated byIan Maclean, (Oxford: Oxford University Press, 2006), p.5.

了圣人治国行政的合法根据。如果圣人失去了最高权力,那么他与普通君子就没有本质区别了。

(2)君子是有德无位的中庸主体。君子介乎圣人与小人之间。与小人相比,君子有德;与圣人相比,君子有德却并不拥有圣人之"位"。君子不是生而知之,而是学而知之或困而知之。是故,他们既不能从容中道,也不能反中庸,只能通过受教、修身、养性、慎独等途径接近中庸之道,所谓"君子诚之为贵"(《中庸·第二十五章》)。这种君子之道即人之道:"诚之者,人之道也""择善而固执之者也。"(《中庸·第二十章》)具体而言,君子(如孔子、颜回等)的中庸之道是:"君子素其位而行,不愿乎其外。素富贵,行乎富贵;素贫贱,行乎贫贱;素夷狄,行乎夷狄;素患难,行乎患难。君子无入而不自得焉。在上位,不陵下;在下位,不援上;正己而不求于人则无怨。上不怨天,下不尤人。"(《中庸·第十四章》)君子之道是介于天之道与反中庸之间的人之道。因此,君子具有接近圣人(实际上就是尧舜禹文武周公之类的君主)或追求天之道的资格与可能性。君子必须听命于圣人,安分守己、明哲保身,"是故居上不骄,为下不倍。国有道,其言足以兴;国无道,其默足以容。《诗》曰:'既明且哲,以保其身。'"(《中庸·第二十七章》)。虽然君子只是圣人的忠实追随者,只能模仿圣人接近天道,但是其内心却又极度渴望能够成为德位兼备之圣人。遗憾的是,这种抱负似乎只能掩盖在内心之中,否则就是离经叛道地挑战圣人的绝对权威。为此,面对圣人(天道至诚),君子(人道之诚)战战兢兢、惊恐万分,"是故君子戒慎乎其所不睹,恐惧乎其所不闻。莫见乎隐,莫显乎微。故君子慎其独也"(《中庸·第一章》)。与这种难以明言的慎独状态相比,君子持之以恒地守"诚"的公开理由则是避免成为悖逆中庸之道的小人。君子必须时刻警惕自己与小人的界限,严格厘定君子与小人、中庸与反中庸之间的鸿沟。

既然小人反中庸,君子实践中庸的途径除了修身等以否定反中庸或达到中庸的内在途径外,还有一个外在的重要途径,就是否定反中庸的主体(小人)以维系圣人至诚的天之道。君子鄙视小人之反中庸,竭尽全力与小人完全隔离,唯圣人马首是瞻,其目的在于试图把自己归入圣人之列。因此,君子把小人作为另一极端,否定小人成为君子的资格或可能性,把小人彻底排除在君子之外。如果说君子可能成为圣人的工具,小人则根本不具备成为圣人工具的资格。其实,小人是绝大多数人,圣人是一个人或几个人,君子是极少数人。可见,中庸主体的本质追求在于:为了竭尽全力地成为某一个人或某几个人(圣人)的工具,极少数人(君子)通过受教、修身、慎独等途径摆脱绝大多数人(小人)不能成为工具的命运,并杜绝最大多数人(小人)成为工具的可能性。质言之,在各种人中,只有最少数人或一个人(圣人)是目的,只有极少数人(君子)有资格成为其工具,最大多数人(小人)则没有资格成为其工具。这就必然陷入人对人如豺狼般的相互敌对的自然状态,因为贯穿其中的不是伦理法则,而是弱肉强食的丛林法则。就此而论,以圣人为圭臬的君子不可指望,甚至也不可期望。这也就否定了君子存在的正当性、合法性与现实根据。

既然圣人、君子作为中庸主体不具有正当性,那为什么《中庸》却孜孜以求呢？或者说,本质上看,这是何种问题？

第二节　何种问题

有关中庸主体的问题可以归结为两类:①主观意图问题:为什么遮蔽圣人、君子与小人之间的真实关系？②客观后果问题:此种主观意图将会带来何种客观后果？

一、主观意图问题

如前所论,君子与圣人既有联系,也有明显的区别:君子有德无位,圣人有德有位。君子与小人既有区别,也有不可否认的联系:君子有德,小人无德;君子是人,小人也是人。问题是:《中庸》为什么模糊君子与圣人之区别而彰显二者之联系？为什么严防死守君子与小人之界限而遮蔽二者之联系？究其根源,君子谋求自身的最大私利才是《中庸》遮蔽圣人、君子与小人的真实关系的根本意图。

其一,相对降低圣人地位以提升君子地位。《中庸》混淆君子与圣人的界限,相对抬高君子地位的同时,也相对降低了圣人地位。最为典型的是《中庸》把无位的孔子拔高为圣人,混淆模糊了圣人与君子的严格边界:"仲尼祖述尧、舜,宪章文、武;上律天时,下袭水土。辟如天地之无不持载,无不覆帱,辟如四时之错行,如日月之代明。万物并育而不相害,道并行而不相悖。小德川流,大德敦化。此天地之所以为大也。"(《中庸·第三十章》)孔子并不具备《中庸》所说的圣人资格。尽管他是近乎圣人的君子,但毕竟不是德位兼备的圣人,至多属于准圣人(即后人说的素王)。即使孔子这类君子具有替代圣人教化培训君子生的资格,本质上也只是圣人实施教化的工具。

君子与圣人含糊不明的实质是君子追求富贵利禄为根本。诚如章太炎所说:"宗旨多在可否之间",议论止于含糊之地①。这既为君子与圣人之间的相互转换留下了回旋余地,也为君子与圣人之间的冲突提供了可能。借助于概念模糊留下的诠释空间,《中庸》甚至明确地把君子等同于圣人:"君子依乎中庸。遁世不见知而不悔,唯圣者能之。"(《中庸·第十一章》)在这种观念影响下,个别自以为是的所谓君子(狂狷类的腐儒)虚幻地凭借道德心理优势,自封自诩为天子之师,甚至敢于蔑视批评君王。这既显示出君子似乎可以越界成为圣人的妄想,也埋下了祛魅圣人并把圣人变为君子或小人的种子。

其二,严防小人僭越界限,以固守君子之特权。如果说君子与圣人含糊不明,君子与小人则界限极其严格分明。《中庸》没有严格区分君子与准君子的界限,而是笼统地把二者称为君子。这否定了准君子联结君子与小人的中介地位,遮蔽了君子的来源,独断地割裂了君子与小人的天然联系。其目的是试图从人性根基上先验地杜绝小人成为君子的任何可能性,彻底与反中庸的小人划清界限,梦想固守君子狭小的特权领域。就是说,只有君子才有资格归入圣人或准圣人的行列。相反,如果君子与小人

---

① 章太炎:《国学概论·国故论衡》,中华书局2015年版,第107页。

之间的界限被打破,君子居高临下、颐指气使的道德优势也就不复存在,低微贫贱的不诚者或反中庸者也就不再是固定的一类人——小人的标签。更为严重的是,如此一来,小人成为君子就可能具有合理性与正当性,君子成为小人也具有了可能性,君子的道德优势与狭隘特权也将随之化为烟云。

其三,暗贬圣人、明拒小人的意图在于最大限度地维系君子之"臣位"。

《中庸》虽然没有明确地表达君子追求"位"的想法,实际上又掩盖不住其极度渴望甚至贪婪地苛求"位"的潜在意图。君子羞于启齿却梦寐以求的圣人之"位",其实是企图通过模糊圣人君子的界限而偷偷地为占据其位预留可能性,这就是其三缄其口的《中庸》"潜"规则。

君子虽然不敢公开坦率地承认其妄想窃取圣人"君位"的野心,却可以公开地攫取"臣位",以便成为替圣人奴役教化小人的工具,满足君子奴役小人的贪欲。这样,君子"各素其位"也就有了根据和理由,这个"位"是"臣位",是君子成为圣人奴才的"位"。"臣位"虽然与"君位"有天壤之别,但毕竟也是一种"位"。臣位可能是实际的官位,也可能只是一种官位资格而实际上并无官位的虚位,甚至是准君主之类的虚位(如素王)。章太炎说得好:"所谓中庸,实无异于乡愿。……所谓中庸者,是国愿也,有甚于乡愿者也。孔子讥乡愿,而不讥国愿,其湛心利禄,又可知也。"[①]在君位面前,"臣位"只能小心翼翼、战战兢兢地绝对服从,绝不可暴露出任何觊觎之心。否则,君子可能失其臣位而成为小人,甚至性命不保。如孟子所说:"士之失位也,犹诸侯之失国家也。"(《孟子·滕文公下》)如此一来,明哲保身便成为君子的成己之道,也是避免灾祸的奴臣之术。因此,君子素其位而行,"在上位,不陵下;在下位,不援上;正己而不求于人则无怨。上不怨天,下不尤人"(《中庸·第十四章》)。或许正因为如此,君子各素其位的"位"在《中庸》中只是轻描淡写地提及,并没有如同君位那样大肆渲染。

至此,君子企图投身圣人、颂扬圣人的卑劣奴性昭然若揭。一方面,君子毫无限制地谄媚圣人,以避免遭到圣人嫉恨,期望能够素其奴臣之

---

① 章太炎:《国学概论·国故论衡》,中华书局2015年版,第106页。

位;另一方面,君子不遗余力地堵塞小人成为君子的可能性,竭力保全自己奴臣的资格。于是,圣人成了其膜拜的天然对象,小人成了其仇恨践踏的天然对象,其目的在于最大限度地维系所谓的君子之臣位或保留其成为圣人的可能性。

然而,《中庸》极力贬低的小人和顶礼膜拜的圣人都是人,君子也是人。圣人、君子与小人并非某个个体所拥有的永恒不朽或僵死不变的身份符号或道德标签。为了君子最大利益所阐释的圣人、君子与小人的虚假幻象,客观上必然导致三方成为相互仇恨的工具关系。这种互为工具的关系既蔑视践踏小人,也严重危害圣人与君子。

二、客观后果问题

《中庸》凭借"中庸"之名所竭力推崇的极端观念,在小人与圣人、君子之间厘定了一道不可跨越的鸿沟,这就不可避免地带来圣人、君子与小人冲突或中庸与反中庸冲突的严重后果。

首先,君子为了占领虚假的道德制高点以"素其位",企图把自己混同于圣人,却又不承担也没有资格承担圣人之责任;同时又把自己与小人截然分开,试图避免承担小人之义务。如此一来,君子既要提防圣人的迫害,又要提防小人的攻击;既要伪装成圣人的好奴臣,又要假扮为小人的道德楷模。这就超出了君子的人性限度,迫使君子只能依赖伪善欺瞒来遮蔽其本真状态。故而伪圣人、伪君子或乡愿、国愿也就应运而生。

其次,小人反中庸的恶名严重践踏了绝大多数人(主要是民众)的人之为人的尊严,堵塞了其追求人生目的和价值的正常诉求途径。为了凸现最少数人(圣人君子)作为道德优等人的价值,君子不惜把最大多数人(小人)贬低为道德劣等人。小人之类的劣等人如同蝼蚁,只不过是听命于圣人、君子的动物或供圣人、君子奴役的工具。但是,小人也是人,他们不堪忍受君子强加的所谓反中庸的污名,要么自暴自弃、破罐破摔,要么挺身而出、奋起反抗。其仇恨对象直指圣人、君子,尤其仇恨那些兜售中庸、反中庸标签的君子。

再次,圣人中庸的道德标签,远远超出了圣人之辈的真实人性的能力限度。通常情况下,负此盛名者不堪重负,但是为了虚荣名誉或权势却不愿、不肯也没有勇气承认自己平常人的本真面目。

圣人实质上是拥有绝对权力、身居高位、可能秉持至诚之德的君主、帝王或领袖。《中庸》极力歌颂圣人,强调绝对服从圣人是其他主体的绝对义务,这就意味着把圣人排除在道德规范和权力制约之外。普锐斯(Terry L.Price)说:"当领袖否认其行为的道德要求范围和其他人一致时,伦理失败就会发生。"[1]其实,经验领域的圣人拥有的并非天道,而是独特的后天的"例外素质"(exception making)——至高无上的权位以及偶然性的良心品性。如果没有对圣人言行的明确刚性的底线要求和法制规约,其虚假的例外素质几乎不可能得到有效限制甚至很难受到任何质疑。专制独裁的策源地就在于缺乏能够有效限制圣人之类的统治者的不可动摇的伦理底线和刚性有效的明确限制。

最后,更为严重的是,圣人、君子与小人在相互争斗中成为互为工具、互为敌对的主体,陷入互相仇视、互相践踏的动物状态。

君子虚构的圣人天道、小人反中庸的标签潜在地假定了圣人不可能有过错,小人不可能有德性。但是,圣人与小人都是凡夫俗子,他们既可能有德性,也可能有恶习。这就成为君子们可以随时侮辱小人,亦可偶尔批判圣人的借口。一般情况下,君子可以利用圣人欺压小人以确保其具有凌驾于小人之上的臣位,又可以利用小人威胁圣人以确保其成为圣人必需的臣位。特殊情况下,如果君子素其臣位而不得,就可能利用小人逼迫圣人,甚至取而代之。

可见,君子表面上尊圣人贬小人,骨子里欺上瞒下,试图成为真正的立法者。为此,《中庸》明确地说:"君子之道,费而隐。夫妇之愚,可以与知焉,及其至也,虽圣人亦有所不知焉;夫妇之不肖,可以能行焉,及其至也,虽圣人亦有所不能焉。"就是说:"君子之道,造端乎夫妇;及其至也,察乎天地。"(《中庸·第十二章》)神秘的"君子之道"可以影响愚者、不肖者

---

[1] Terry L.Price, *Understanding Ethical Failures in Leadership*, (Cambridge: Cambridge University Press, 2006), p.25.

（小人），也可以凌驾于圣人之上，"天地之大也，人犹有所憾。故君子语大，天下莫能载焉，语小，天下莫能破焉"（《中庸·第十二章》）。君子不但"为天地立心，为生民立道"[1]，而且还为圣人立法。如此一来，小人、圣人都被剥夺了发言权。

追根溯源，小人之恶名与圣人（不可能企及的帝王标准）之虚名正是源自这些所谓的君子们。君子极力推崇的圣人和竭力打击的小人只不过是君子利己的工具。就此而言，君子亦是圣人与小人的共同敌人。因此，特定条件下，小人（民众）仇恨君子甚于圣人（如皇帝），圣人（如皇帝）反对君子甚于反对小人（民众）。

综上，小人、圣人与君子之间相互仇恨、互为敌人，也就不可避免地陷入恶性循环的人对人豺狼般的自然状态。在这种野蛮的自然状态中，暴露出人之为人的自然本性与互为工具的非人性关系，遮蔽了人之为人的自由本性，也遮蔽了互为目的的伦理关系。或者说，圣人、君子与小人之间相互仇恨、相互敌视的根源是圣人、君子作为中庸主体的不合理、不正当，因为贯穿其中的不是伦理法则，而是弱肉强食的丛林法则。这就提出了一个重要问题：中庸主体应当为何呢？

解决这个问题可以分两步：首先，把中庸主体置于无知之幕之后，还原其本然状态。然后，在此基础上，探求扬弃自然状态的中庸主体之应然状态。

第三节　中庸主体之本然为何

为了扬弃圣人、君子与小人之间的自然状态冲突，我们把一些并非生而固有的偶然属性置于无知之幕（the Veil of Ignorance）[2]之后，还原中庸

---

[1] 张载：《张载集·拾遗·近思录拾遗》，章锡琛点校，中华书局1978年版，第376页。
[2] 我们这里仅仅借用罗尔斯无知之幕的方法，并不涉及无知之幕的其他内容。关于无知之幕的详细论证，请参见 John Rawls, *A Theory of Justice*, (Cambridge, Massachusetts: The Belknap Press of Harvard University Press, 1971), pp.118–122。

主体的实然状态。然后,再敞开无知之幕,恢复中庸主体具体差异的本然状态,为探求中庸主体之应然状态奠定基础。

首先,悬置圣人之"位"于无知之幕之后。圣人之"位"要么来自禅让,要么来自前辈死亡后的接替传承,要么来自最高权力博弈的暴力夺取。换言之,没有任何一个圣人是生而固有其"位"的存在者,也没有一个圣人是永恒拥有其"位"的个体。有位之圣人要么禅让失去其位,要么自然死亡失去其位,要么权力争夺失败而被强行夺去其位。用《中庸》的标准来看,圣人失去其位的一个重要标志就是丧失参与议礼、制度、考文三大要事的资格,所谓"非天子,不议礼,不制度,不考文"(《中庸·第二十八章》)。就是说,无位之"圣人"不再具有圣人资格。如果失去其位的圣人还能保持"德",也就降格为无位有德的君子;如果失去其位的圣人失去其德,也就由圣人直接降格为无德的小人。

其次,悬置君子之"德"于无知之幕之后。任何一个君子都并非生而有德或永恒有德,即使君子也不例外。君子之"德"是君子在圣人(如尧舜)或准圣人(如孔子)等外在教化之下,通过修身养性获得的后天德性。每位君子都可能因为缺少圣人教化或缺失修身养性而失去其德。君子一旦失德,就成为反中庸的小人。其实,大多数君子只是可能性的君子。

"位""德"悬置之后,原来被贴上圣人或君子标签的个体并没有消失,而是归属为无位无德或反中庸的小人。在《中庸》境遇中,任何类别的人都具有小人的自然禀赋——无位无德,区别仅在于无位无德是潜在的或现实的。可见,小人是所有主体的根基:圣人、君子都具有小人的禀赋。这既是因为小人是绝大多数人,也因为其他类型的少数人如圣人、君子等也具有小人的规定性。

小人的规定性是什么呢?中庸的两个要素是德与位。据此,德位兼备者是圣人,有德无位者是君子,无德有位者、无德无位者是小人。无德无位似乎是所有中庸主体的普遍性规定。值得注意的是:无论有位与否,只要无德就是小人(反中庸)。反中庸本质上就是无德,无德是小人的规定性。因此,无德是各类主体(中庸主体圣人与君子、反中庸主体小人)共有的普遍性规定之一(区别只在于它是潜在的或现实的)。

既然无德就是反中庸，那么圣人、君子、小人都具有反中庸的潜质。否则，君子不必修身以追寻中庸，圣人也不必用中于民。可见，与中庸相关的要素其实有三：德、位、无德。如果说德、位是肯定要素，无德（反中庸）则是否定要素。换言之，反中庸是中庸自身具有的被遮蔽的内在要素。或者说，反中庸是中庸的内在规定性之一，是中庸的否定性潜质。是故，中庸绝不可能完全摆脱反中庸，因为摒除反中庸的唯一路径只能是摒除中庸，反之亦然。

既然无德是反中庸，那么有德就是中庸。"位"作为中庸主体的要素是没有理据的，是强加的外在要素。"位"的干扰使德与无德的尖锐冲突重叠交织、错综复杂，由此造成了更大的矛盾：有位有德与有位无德的冲突、有位有德与无位有德的冲突、有位有德与无位无德的冲突、无位有德与无位无德的冲突等等。这些冲突使《中庸》彻底陷入中庸与反中庸的尖锐冲突的泥潭而不能自拔。

最后，悬置反中庸于无知之幕之后。无德（恶或反中庸）也是后天获得的偶然性要素，并非生而固有的自然禀赋。如果把无德或反中庸悬置于无知之幕之后，中庸主体与反中庸主体都成为仅具有"非德"的主体。何为非德呢？

非德是与道德善恶、中庸等价值无关的自然状态或先于无位无德的自然状态，它并非属于中庸或反中庸的价值范畴，而是属于事实范畴。圣人、君子、小人的原初状态皆为无位无德的婴儿或赤子般的自然状态。婴儿或赤子标志着一种尚无自我意识的自然主体。他既无己他观念，也无己他界限，故而既不为己，亦不为他。这是一种无己无他、无伪无诚的天然状态，也是赤子禀赋的实质内涵，亦是非德的质的规定性。质言之，非德不是反中庸，更不是中庸，而是至诚天道、坦诚无欺的无意识的自然状态。也就是说，神秘莫测的天道至诚仅仅是自然规律的无意识的混沌状态。天道本质上属于自然规律的物理之道，是比君子的中庸、小人的反中庸更低层次的婴儿状态。此即天道至诚的本真意蕴。因此，天道至诚并不具有道德价值。

天道具有孕育圣人的可能性，也具有孕育君子或小人的潜质，甚至具有孕育动物、植物、无机物的可能性。中庸主体的普遍实然状态就是天道即非德。可以说,无德衍生于非德,所有主体包括小人都具有非德。圣人、君子、小人源自赤子状态的天道至诚,最终复归于天道至诚。赤子是圣人、君子与小人的原初本真存在,是天之道即遵循自然规律的主体。遵循自然规律的主体秉持弱肉强食的丛林法则或物理规律,这就是至诚无假的所谓天道的实质。天道中庸是低级的本能反应的自然规律,即弱肉强食的丛林法则,根本不配为人之法则。换言之,天道的实质是非德。圣人天道仅仅是非人道的自然规律的古典表达形式,圣人秉持非德本质上则是遵循自然规律。

现在我们敞开无知之幕,逐步呈现出中庸主体的本然状态。

在天道乐园的境遇中,"万物并育而不相害,道并行而不相悖。小德川流,大德敦化。此天地之所以为大也"(《中庸·第三十章》)。天道乐园类似所谓的大同世界,"大道之行也。天下为公。选贤与能。讲信修睦。故人不独亲其亲。不独子其子。……货恶其弃于地也。不必藏于己。力恶其不出于身也。不必为己。……故外户而不闭。是谓大同"①。天道乐园之存在也就意味着可能失去:大道废,有仁善,亦有邪恶;至诚失,有中庸,亦有反中庸。这是一个失乐园般的隐喻:大同世界堕入小康社会——标志着人类从没有自我意识提升到具有自我意识,"今大道既隐,天下为家。各亲其亲,各子其子,货力为己。……是谓小康"②。在"为我为己、天下为家"的境遇中,非德的自然状态经由自我意识的确立而进入善恶博弈的轨道。于是,圣人在博弈中脱颖而出,"禹汤文武成王周公,由此其选也。此六君子者,未有不谨于礼者也。以著其义,以考其信,著有过,刑仁讲让,示民有常"③。这里的"六君子"就是《中庸》所谓的德位兼具者——圣人。与德位具备的圣人相比,无位有德者是君子,无德者是小人。可见,非德状态的进展在个体那里呈现出千差万别的镜像:有德有位者(圣人)、有德无位者(君子)、无德有位或无德无位者(小人)等。与此同时,赤

---

① 《礼记正义·礼运》,《十三经注疏》(下),上海古籍出版社1997年版,第1414页。
② 《礼记正义·礼运》,《十三经注疏》(下),上海古籍出版社1997年版,第1414页。
③ 《礼记正义·礼运》,《十三经注疏》(下),上海古籍出版社1997年版,第1414页。

子们也源源不断地来到世间,成为各种潜在的主体。赤子们的天道状态也潜在地存在于各个进程之内。虽然各种主体形态重叠交织、变幻莫测,而非固定静止、一成不变,但是他们的身份(圣人、君子、小人)则是君子根据德、位做出的主观判定。或者说,圣人、君子或小人的标签名号其实取决于君子,把圣人、君子与小人推向相互仇恨、相互冲突的极端者也是君子。可见,圣人、君子或小人的具体实然状态就是君子独断赋予的标签或名号。就此而论,君子是中庸之道的实际立法者,《中庸》推崇的是一种典型的君子中心论。

在根源天道至诚与归宿天道至诚这两个极端之间即赤子状态与自然状态之间,存在着人道。不过,真正的人道并非《中庸》所说的绝对崇拜天道,而是对天道的扬弃——否定自然为人立法,肯定人为自然立法,即肯定人超越自然的自由本性。由此可见,秉持人道的中庸主体应当是彰显人之自由本性的主体。

第四节　中庸主体应当为何

彰显人之自由本性的中庸主体应当具备基本的人类伦理精神:①肯定中庸主体的普遍性本然状态,尊重人格平等,拒斥遮蔽共同人性;②扬弃中庸主体的特殊性实然状态,摒弃主观标签符号(如圣人、君子、小人),尊重中庸主体的客观差异。在人类伦理视域中,是否具备这种精神可以在主体间的"工具—目的"关系中得到验证。

根据主体间的"工具—目的"关系,中庸主体有四种基本选项:
(A)仅作为目的的主体;
(B)仅作为工具的主体;
(C)不仅作为某类人的工具,同时也作为另一类人的目的的主体;
(D)不仅作为每个人的工具,同时也作为每个人的目的的主体。
凭直觉而论,应当排除(A)(B)(C)。

圣人属于(A)型：只能作为(君子、小人)目的的主体。这同时意味着圣人仅把君子与小人作为工具。

小人属于(B)型：仅作为(圣人或君子)工具的主体。这也意味着小人只能把他者(圣人、君子)作为目的，自身则成为被他者奴役的毫无人性尊严的工具。

君子属于(C)型：不仅作为圣人的工具，同时也作为小人目的的主体。相对于圣人，君子仅是工具而非目的；相对于小人，君子仅是目的而非工具。就是说，君子既是圣人的奴才(工具)，又是小人的主人(目的)。这种既是一些人的工具(圣人的奴才)又是另一些人的目的(小人的主人)的两面性矛盾，要求君子自我否定并提升为真正的中庸主体。

质言之，(A)(B)(C)型的中庸主体是君子中心论所导致的人与人之间的"我—它"关系，即把自我或客体当作工具性存在的关系。如马丁·布伯所说："人无'它'不可生存，但仅靠'它'则生存者不复为人。"[①]圣人、君子、小人之间是互为工具的我它关系，而非互为目的的"我—你"关系。因此，(A)(B)(C)不应当成为真正的中庸主体的选项。

那么，(D)是否是中庸主体的正确选项？

如前所论，虽然"位"属于中庸主体的外在要素，然而正是它使中庸主体陷入"我—它"关系的困境。因此，寻求真正的中庸主体，必须首先祛除"位"，然后把不尊重人格平等的独断性主体(圣人、君子、小人)还原为主体的本质规定：具有独立自我意识和道德尊严的自由主体——"我"。在"我"的视域中，其他人与"我"一样，都是平等的具有独立自我意识和道德尊严的个体，因而也是另一个"我"(或"你")。"我—你"关系网络中的主体既是"我"，又是"你"。它既拒斥任何所谓"圣人、君子、小人"之类的身份标签，也拒斥"位"这样的反平等人格的外在强权。它既不作为其他主体的附属品，也不奴役其他主体。就是说，"我—你"主体是互为主体，而不是单向度的独自主体。这就要求把每个人都当作平等人格的人来看待，而不是机械地把人分割为圣人、君子或小人，更不是简单地把人推向极端对立、互为工具、互为敌对的两类主体——君子(中庸)与小人(反中庸)。

---

① 马丁·布伯：《我与你》，陈维纲译，生活·读书·新知三联书店2002年版，第126页。

这就破解了(A)(B)尤其是(C)所陷入的伦理困境。因此,正确的选择是(D)。

相对于《中庸》式的圣人君子、普通君子(以下简称为古君子)而言,我们可以把(D)这种中庸主体称为新君子。那么,新君子这种中庸主体应当如何呢?

如前所论,圣人、君子并非天下所有人的道德标准,小人亦非反中庸、不道德的标准。就是说,任何人都不能成为道德与否的评判标准。作为中庸主体的新君子绝不是固定的某些人,亦非评判人的道德标准,而应当是符合某种道德标准的个体。因此,任何人都具有新君子的可能性,也都具有非新君子的可能性。或者说,①任何非新君子都具有新君子的可能性;②任何新君子都具有非新君子的可能性。与古君子相比,新君子有其自身的规定。

(1)从外延来看,新君子应当是中庸主体的通称。古君子似乎范围较广,"此上举天子,下举民,以见君子为通称也"①。不过,古君子常常囿于性别、年龄、地位等与德性无关的偶然因素。君子者,"道德之称也。君之为言群也。子者,丈夫之称也"②。孔子也说:"唯女子与小人为难养也,近之则不孙,远之则怨。"(《论语·阳货》)。古君子主要局限于个别男性的圣人或君子,小人、女性几乎没有成为古君子的资格。可见,古君子是对少数男性(如孔子)的通称。或者说,古君子是与其他人(非君子)机械隔离的一个特殊群体,它本质上属于机械型君子。

新君子彻底打破古君子设置的各种机械性藩篱,排除任何外在的虚名(权位、性别、年龄、出身等),以道德作为唯一标准,把每个人都看作具有道德主体可能性的存在者。这也意味着新君子并非先天固有的某些人(圣人),亦非后天固定的某些人(君子),而是出自道德或符合道德标准的人。

与古君子相比,新君子主要"新"在三个方面:①剔除其对圣人或类似权威者尤其是专权(位)的谄媚奉承、奴颜婢膝的奴性;②拒斥对小人或地

---

① 陈立:《白虎通疏证》(上),吴则虞点校,中华书局1994年版,第49页。
② 陈立:《白虎通疏证》(上),吴则虞点校,中华书局1994年版,第48页。

位卑微者颐指气使的动物性;③秉持平等尊重他人和自己的人性的伦理精神。

当然,这里所说的"道德"并非《中庸》所说的独断性规定——中庸与反中庸之类的机械伦理,而是具有新的伦理精神内涵的道德——自由伦理法则。如果说古君子属于机械型伦理主体,新君子则是自由型伦理主体。就是说,新君子并非与他人机械隔离的个体,而是与每个人有机融合的人类共同体中的道德主体。

(2)从内涵来讲,新君子是自由型伦理主体。表面上看,古君子似乎也是伦理主体:君子者,"道德之称也。……德民之称也"①。不过,古君子的道德标准属于机械伦理规范:以某个人或某些人的行为规范甚至以某一类人或某一个人如圣人为道德标准,把人机械地隔离为若干种类。《中庸》甚至把人机械地分为水火不容的两类——君子与小人。与此不同,新君子的道德标准把每个人都看作相互联系的人类有机整体中的独立个体,遵循适用于每个人的自由法则。在新君子这里,只有普遍的道德规则才能成为评判每个人的道德标准。

古君子的机械伦理假借中庸之名,追求圣人至德的极端,所谓"天道四时行,百物生,无非至教;圣人之动,无非至德,夫何言哉!"②《中庸》甚至以尧、舜、孔子等这样的个人作为判断他人道德与否的法则标准。其实,这是把偶然经验的个体言行假冒为先验的普遍规则的一种幻象,本质上是企图在经验领域把圣人、君子与小人绝对隔离的机械伦理观念。值得一提的是,孟子也曾毫不客气地批评公孙衍、张仪之类的纵横家说:"是焉得为大丈夫乎?子未学礼乎?……得志与民由之,不得志独行其道。富贵不能淫,贫贱不能移,威武不能屈,此之谓大丈夫。"(《孟子·滕文公下》)孟子推崇的大丈夫以"礼"为准则,也就是以周公之类的圣人为圭臬,且自居于"民"之上。这样的大丈夫依然属于古君子范畴,而非新君子。

不可否认,每个人:①具有成为经验领域的圣人、君子、小人的偶然性、差异性、可能性,②也先验地生而具有人的普遍性、共性。

---

① 陈立:《白虎通疏证》(上),吴则虞点校,中华书局1994年版,第48页。
② 张载:《张载集·天道篇第三》,章锡琛点校,中华书局1978年版,第13页。

比较而言,古君子遵循①优先于②的逻辑起点。新君子否定并颠倒古君子的机械观点,理性地遵循②优先于①的逻辑起点:在认同人的普遍共性的前提下,肯定人的差异性和多样性。

首先,新君子平等地尊重每个人的人格尊严和正当权益。与古君子用"中"于"民"不同,新君子持"中"于人:对包括自己在内的每个平等的人持"中"或平等地待人待已。新君子否定任何人具有圣人的例外素质和道德优势的狂妄幻象,自觉打破至德至诚诸极端,不以尧、舜、孔子或古往今来的任何个人或某些人尤其是权威、领袖、圣人等为道德标准,也不以未经反思的经验偶然的"礼"之类的习俗或僵化制度为行为准则。新君子摒弃圣人、君子、小人之类的标签符号,不崇拜不屈从任何权威、权力与利益,不固守盲目模仿或俯首听从圣人的无我之奴性。

新君子的"中庸之道"不偏不倚地平等尊重每个人包括自己和他人,自觉尊重"我—你"关系,拒斥"我—它"关系。新君子既不把人单向度地仅作为工具,也不把人单向度地仅作为目的,而是把所有人都看作平等的人,把自身看作既是人的工具又是人的目的的主体。或者说,只有把每个人不仅仅作为工具而同时也当作目的来对待的人,才有资格成为新君子。

其次,新君子既尊重人人生而平等的先验人性,又尊重人人皆有差异的经验人性。这种差异与古君子固守的机械性极端对立(中庸与反中庸、君子与小人)不同,是在尊重人格平等前提下的人与人有机联系基础上的差异。借用斯洛特(Michael Slote)的话说:"当他们为了其所关爱的人而行动时,他们不是简单地把自己日常认可的善的观念强加于人,也不把其关爱个体所主张的善的观念强加于人。毋宁是,在帮助他人的过程中,对他人所建构世界的方式或他和世界的关系予以关注并参与其中。"[①]善的生活既是自我善的生活,也包括他者善的生活。如果没有他者善的生活,我的善的生活几乎是不可能的,反之亦然。在新君子这里,人人处在我与你共在的有机联系的自由境遇中。所以,追求善的生活就是追求自己和他人的善的生活的自由伦理行为,而不是仅仅追求自己(或仅仅追求他人)善的生活的机械伦理行为。

---

① Michael Slote, *The Ethics of Care and Empathy*, (New York: Rutledge, 2007), p.12.

新君子在遇到伦理冲突的境遇中,拒斥弱肉强食的丛林法则,绝不简单机械地把矛盾双方区分为(君子与小人、中庸与反中庸之类的)敌我两类或正反双方,更不采取极端的敌对手段导致矛盾激化甚或流血冲突、残害人命。相反,新君子严格区分规则的对立与人的对立,不把规则的对立混同于人的对立,不强迫也不道德绑架自己或他人,而是理性地把民主协商与同意认可的程序综合起来,自觉遵循规则并智慧化解不可避免地遇到的各种伦理冲突与实践问题。简言之,新君子明确"己—他"观念、遵循"己—他"界限,秉持敬重"己—他"人格尊严的伦理精神。

老子曰:"反者道之动,弱者道之用。"[①]古君子之道转向新君子之道既是机械型中庸转向有机型中庸之道,也是人对人如豺狼的自然争夺状态转向人对人如对己的自由平等秩序。或者说,新君子拒斥古君子屈从于圣人天道的卑微之道,消解古君子以中庸之名追求极端对立、刻骨仇恨的"仇必仇到底"的梦魇,祈求人人平等、彼此尊重而禁止相互伤害,以期人人自由发展,达成"仇必和而解"[②]之正道。是故,中庸主体应当是这样的新君子。

结　语

在当代法治境遇的陌生人社会中,新君子立足中国传统伦理精神之深厚底蕴,秉持人类伦理精神之恢宏胸襟,否定并超越古君子狭隘的机械伦理观念,把所有人认同并遵循的行为法则作为衡量人之道德的客观标准,尊重人类普遍公认的行为规则与伦理秩序。因此,新君子既是具有自我意识与人格尊严的伦理主体,也是中国传统伦理精神与人类伦理精神绵延和新生之主体。

伦理精神之绵延是伦理主体自我否定过程中的自我提升,伦理精神

---

① 《老子·四十章》,汤漳平、王朝华译注,中华书局2014年版,第154页。
② 张载:《张载集·太和篇第一》,章锡琛点校,中华书局1978年版,第10页。

之新生是伦理主体自我肯定过程中的自我超越。或者说,真正意义上的伦理精神之绵延是新生中的绵延,否则就是僵死机械的简单重复;真正意义上的伦理精神之新生是绵延中的新生,否则就是无本之木般的空洞枯竭。就此而论,新君子所彰显的中国传统伦理精神的绵延与新生既是中国伦理精神的发展过程,亦是中国人的内在气质和外在形象的绵延与新生的铸造过程;既是人类伦理精神发展过程中的有机组成部分,亦是人类的内在气质和外在形象的绵延与新生的有机组成部分。我们尊重中国传统伦理精神与人类伦理精神的绵延,更祈盼中国传统伦理精神与人类伦理精神的新生。

第九章　《中庸》的伦理反思

作为儒家经典著作之一,《中庸》对中国传统伦理文化的塑造与影响具有不可取代的重要地位。什么是中庸呢？朱熹对此有一个权威的解释,他说:"中者,不偏不倚、无过无不及之名。庸,平常也。"又说:"不偏之谓中,不易之谓庸。中者,天下之正道,庸者,天下之定理。"[1]中庸是出自正道之本的不可更改的定理或常理,"放之则弥六合"[2]。不过,这只是朱熹对中庸的个人理解,而非《中庸》的真正本意。从某种意义上讲,《中庸》遵奉道德权威、遮蔽伦理真理,并非放之四海而皆准的真理。在当今世界联系日益密切、国际文化交流不断加强的境遇中,《中庸》的伦理反思也就成为一项重要的学术使命。

究其实质,《中庸》表面上主张适度,推崇的却是极端。适度与极端的尖锐冲突集中体现为"君子中庸,小人反中庸"(《中庸·第二章》)。那么,如何在当下境遇中消解适度与极端的对立,真正把握中庸应当具有的真精神,使之浴火重生呢？这就需要追问三个层面的问题:何种君子？何种小人？何种中庸？

第一节　何种君子

大致说来,《中庸》非常注重人与人的善恶之别。它以中庸之"德"(即"诚")为根据,把人区分为两类:君子与小人。君子是有德者,小人是

---

[1] 朱熹:《四书章句集注》,中华书局1983年版,第17页。
[2] 朱熹:《四书章句集注》,中华书局1983年版,第17页。

无德者,或者说,"君子中庸,小人反中庸"(《中庸·第二章》)。君子与小人泾渭分明、截然对立。然而,问题远非如此,在君子与小人这两个极端中暗藏着诸多玄机。我们首先把握君子的含义,然后反思小人的意蕴。

在《中庸》中,君子的要素既包括"德",还包括"位"——最高统治权力的权位(如君主之位或帝王之位)。以"德""位"为依据,《中庸》所说的君子有两类:有德有位的圣人君子、有德无位的普通君子。为简洁计,本节用"圣人"专指德位兼备者,用"君子"专指有德无位者。君子与圣人存在着严格的界限。

一、位之有无

圣人有位,君子无位。以舜为例,舜"德为圣人,尊为天子,富有四海之内。宗庙飨之,子孙保之。故大德,必得其位,必得其禄,必得其名,必得其寿"(《中庸·第十章》)。文武周公也是这样的圣人,"武王缵大王、王季、文王之绪,壹戎衣而有天下,身不失天下之显名,尊为天子,富有四海之内,宗庙飨之,子孙保之"(《中庸·第十八章》)。由此看来,圣人就是受命于天、有德有位的天子如尧舜禹、文武周公等。

《中庸》认为,只有德位俱备的圣人才有资格布政四方、用中于民,"文武之政,布在方策。其人存,则其政举;其人亡,则其政息"(《中庸·第二十章》)。与此相应,只有圣人才有资格从事议礼、制度、考文三大要事。

比较而言,君子有德,但并不具有天子之位。因此,君子没有资格布政四方、用中于民,也没有资格作礼乐,所谓"非天子,不议礼,不制度,不考文"(《中庸·第二十八章》)。即使孔子这样的君子,"虽有其德,苟无其位,亦不敢作礼乐焉"(《中庸·第二十八章》)。严格说来,在《中庸》里,孔子只是君子,并非德位兼备意义上的圣人。这不仅因为君子无"位",还因为君子之德不能与圣人之德相提并论。

二、德之高下

圣人之德是纯粹的中庸之德——天道之"诚",或者说,"诚者,天之道也"(《中庸·第二十章》)。尧舜禹、文武周公等圣人的天道至诚是完美无缺、无与伦比的大德:"大哉圣人之道!洋洋乎,发育万物,峻极于天。"(《中庸·第二十七章》)天下至诚既是天下至圣之德,也是宇宙万物之本,且具有神鬼莫测之功:"唯天下至诚,为能经纶天下之大经,立天下之大本,知天地之化育,夫焉有所倚?肫肫其仁,渊渊其渊,浩浩其天!苟不固聪明圣知,达天德者,其孰能知之?"(《中庸·第三十二章》)可以说,天道之诚是纯粹无杂的先验之诚——是不诚(伪诈)的绝对对立面,亦是诚的极端。这种绝对的极端是中庸的重要含义。

如果说圣人之德是天道中庸之原型,那么君子之德则是天道中庸之摹本——人道即"诚之"。《中庸·第二十章》认为:"诚之者,人之道也。"人道只是相对之诚或不纯粹的掺有杂质的经验之诚,而非天道至诚。孔子、颜回等"诚之者"属于追求或具备人道的君子。君子之德只是圣人天道的摹本。就此而论,君子之德具有虚伪不诚的可能性,君子也蕴含着成为小人与伪君子的可能性。可见,圣人之先验纯粹的极端中庸与君子之经验驳杂的相对中庸之间存在着本质的区别。这种本质区别在二者的知行差异中体现得淋漓尽致。

三、知行差异

圣人上乘天命,生而知之,"不勉而中,不思而得,从容中道"(《中庸·第二十章》)。君子不受天命,学而知之或困而知之,所谓"择善而固执之者也"(《中庸·第二十章》)。或者说,君子"自明诚"(《中庸·第二十一章》),不能率性而为。因此,君子必须以圣人为圭臬,亦步亦趋地修道受教。

圣人"自诚明",故能率性而为。其一言一行、一举一动都是天道天德,因而成为天下臣民的法则和目的,可以理所当然地"王天下"。如《中庸》所说:"王天下有三重焉,其寡过矣乎!……故君子之道,本诸身,征诸庶民,考诸三王而不缪,建诸天地而不悖,质诸鬼神而无疑,百世以俟圣人而不惑。质鬼神而无疑,知天也;百世以俟圣人而不惑,知人也。是故君子动而世为天下道,行而世为天下法,言而世为天下则。"(《中庸·第二十九章》)值得注意的是,这里所说的知天、知人的"君子"是指圣人。

在《中庸》里,圣人是唯一有资格作为(君子、小人的)绝对目的的主体。或者说,圣人是只能作为目的而不可作为工具的主体,而君子则似乎是仅作为圣人工具的主体。《中庸》说:"唯天下至圣,为能聪明睿知,足以有临也;宽裕温柔,足以有容也;发强刚毅,足以有执也;齐庄中正,足以有敬也;文理密察,足以有别也。"(《中庸·第三十一章》)就是说,圣人是决定中庸与否、君子与否的标准。君子与小人一样,是被圣人决定的被决定者。换言之,"君子中庸"的实际意义是"圣人中庸"。严格意义上的中庸之德(天道)只有圣人具备,与之相反的则是小人之"反"中庸之恶。因此,"君子中庸,小人反中庸"所说的"君子"实际上是指"圣人"。是故,"君子中庸,小人反中庸"应当修正为"圣人中庸,小人反中庸"。

那么,君子中庸还是反中庸呢?君子介乎圣人与小人之间,试图拒斥小人之"反"中庸而接近圣人之中庸。在这个意义上,可以说君子秉持的是"准"中庸(人道)。所以,"君子中庸"实际上包含有两层含义:圣人中庸,君子准中庸。据此,"君子中庸,小人反中庸"可以准确地表达为"圣人中庸,君子准中庸,小人反中庸"。

第二节 何种小人

如果说"圣人中庸"是天道诚者,那么小人反中庸的实质则是反"诚者"(圣人天道),并非反"诚之者"(君子人道)。可见,小人不是与君子相对的主体,而是与圣人相对的悖逆天道者或不知"择乎中庸"者。

既然圣人是极端(中庸、天道或至诚),小人则是与圣人相对的另一极端(反中庸、反天道或至伪)。或者说,小人是不具备中庸之德者或反中庸者。根据德位之有无,小人可以分为两类:无德无位之小人、无德有位之小人。

一、无德无位之小人

对于无德无位的小人而言,其反中庸要么"过",要么"不及"。《中庸》有言:"道之不行也,我知之矣:知者过之;愚者不及也。道之不明也,我知之矣:贤者过之;不肖者不及也。"(《中庸·第四章》)与此相应,无德无位的小人也有两类:"不及"者——无德无位的愚者或不肖者;"过"者——无德无位的知者或贤者。

《中庸》所谴责甚至痛恨的小人主要指"不及"者——无德无位的愚者或不肖者。这类小人属于不知"择乎中庸"的芸芸民众,是与圣人相颉颃的绝对纯粹的恶人,他们甚至不具备接受圣人教化的资格或潜能,其秉持的反中庸是中庸的反面"不中"或"偏",也是诚的反面不诚或"伪"。与天道至诚相反,反中庸属于反天道之至伪,套用《中庸》描述圣人的语言方式,我们可以这样描述纯粹小人:"伪者,勉而不中,思而不得,从容不中道,小人也。"这种生而固有的离经叛道,具有不可更改的绝对性,所谓"小人行险以徼幸"(《中庸·第十四章》),"小人反中庸"(《中庸·第二章》)。如此一来,也就难免出现极端性的后果:"中庸其至矣乎!民鲜能久矣。"(《中庸·第三章》)可见,只有绝对纯粹的小人与绝对纯粹的圣人,才能构成真正对立的两个极端。

除了"不及"的愚者与不肖者,还有另一类小人——"过之"的知者与贤者。问题是,中庸是圣人之道(天道至诚),君子修身养性甚至慎独也难以企及,知者、贤者之类的小人如何能"过之"?

显而易见,知者、贤者"过之"的可能有三:

(A)对圣人之道(天道)这个极端本身的超越;

(B)等同于愚者的不及;

(C)对圣人之道(天道)的偏离。

首先,知者、贤者"过之"不可能是(A),因为圣人之道是天道至诚的绝对极端。如果超过这个极端,那么这个极端就不是绝对极端。这是自相矛盾的。

其次,知者、贤者"过之"也不可能是(B)。如果是(B),知者、贤者及其"过之"就等同于愚者及其"不及"。这是一种毫无意义的同义反复（a tautology），至多是一种隐含的同义反复（an concealed tautology）[1]。

最后，知者、贤者"过之"可能是（C）。他们固执地死守圣人之道的"经"的一面，因而偏离"中"的精神，陷入不知权变、僵化守旧、抱残守缺之类的暗昧状态，如愚忠、愚孝等。值得注意的是，既然"过之"的知者与贤者能够抱残守缺，就足以说明他们是以对中庸的片面了解或认识为前提的偏执。换言之，他们是偏离中庸精神的困而知之者或学而知之者。如果说"过之"的知者与贤者是被遮蔽了中庸精神的小人，那么这种小人具备被祛蔽而"择乎中庸"的可能性，因而常常是君子候选者。或者说，他们中的某些人属于尚未达到中庸之道的君子候选人。为简洁计，我们借用"博士生"这一说法，把君子候选人简称为"君子生"。知者、贤者被遴选为君子生，可能成为君子，也可能成为小人，因为君子生既具有君子的潜质，也具有变成小人的可能性。

通常情况下，遴选君子生时，首先排除的是不可教的无德无位的纯粹小人（不及的愚者或不肖者），而那些具有"诚之者"潜质的人（"过之"的知者、贤者）则可能入围。入围的君子生通过圣人教化、个人修身（如择善而固执之、慎独等）则可能改造、提升为君子，如颜回等。不可忽视的是，如果君子生改造失败，那么他们常常成为伪君子、乡愿甚至国愿（本质上属于小人）。因此，在《中庸》的潜意识中，"过犹不及"的真实含义是"过"优先于"不及"。这就埋下了"过"比"不及"更好的危险观念，也是《中庸》的一种隐性极端思想。这种隐性的极端思想在其无限度地颂扬圣人、无节制地诋毁小人的字里行间中暴露无遗。

二、无德有位之小人

《中庸》还隐含着与知者、贤者类似的另一类小人：无德有位之小人。根据《中庸》，只有德位兼备的圣人才有资格作礼乐，有位无德的君主与无位有德的君子都没有这个资格，"虽有其位，苟无其德，不敢作礼乐焉；虽

---

[1] Derek Parfit, *On What Matters*, Volume One, (Oxford: Oxford University Press, 2011), p.71.

有其德,苟无其位,亦不敢作礼乐焉。"(《中庸·第二十八章》)身居高位却不具备至诚天道之德的人(如夏桀、殷纣等)不是圣人(中庸),也不是君子(准中庸),只能归属于小人之列(反中庸)。虽然《中庸》并没有明确地把无德有位者称为小人,但是这种隐含的归属却是显而易见的。

尽管《中庸》有意无意地遮蔽了有位无德的小人,然而历史进程中"王侯将相,宁有种乎?"(陈胜)之类的愤怒呐喊、"彼可取而代之"(项羽)之类的豪言壮语以及实实在在的历史行动替《中庸》明确地道破了其中的玄机:有德有位者如果缺德,就从圣人降格为有位无德的小人。这意味着一旦出现此类境遇,有德无位者应该具有取代有位无德者进而升格为圣人的合理诉求,这种诉求通过行动甚至可能变为现实。由此看来,《中庸》既蕴藏着正义的力量和生生不息、勇往直前的精神,也暗含着极端尖锐的重重矛盾与血腥杀机。

为了更清楚地把握小人的本质,我们对小人做了个归类。设若:

X = 有位无德的小人;

Y = 无位无德且"过"的小人;

Z = 无位无德且"不及"的小人。

那么,X、Z 是与圣人真正相对的两个极端。其中,X 是常常被钉在历史的耻辱柱上甚或肉体消灭(如桀、纣等暴君)的反中庸者,Z 是最底层、最纯粹的反中庸者(主要是普通民众)。相对而言,Y 是 X 与 Z 的"中道"。就是说,在小人这个极端结构中,Y 是小人中的"准小人"。"准小人"体现的是准反中庸。这暗示出 Y 可能是君子的来源,至少表明小人中的一部分人(如贤者、知者)具有中庸的潜能。

不过,这也隐含着另一个问题:被圣人君子完全遮蔽的 Z 类小人即"反中庸者"或"不诚者"是否具备"诚者"的可能性?是否可以通过修身养性成为君子甚至圣人?

由上可知,在《中庸》里,圣人是最好最强者,也是道德优先者,君子其次,小人最次。在小人中,Z 类小人是最为低等的存在者,是仅仅作为(圣人或君子)工具的主体——反中庸主体的原型,X、Y 类小人则是其摹本。小人与圣人君子的界限犹如猴子与人的界限一般不可逾越。德国著名达尔文主义者哈耶克尔(Ernst Haeckel)曾认为低等人的价值和类人猿的价值相等或相似,他说:"最高等的人与最低等的人之间的差距远远大于最低等的人与最高等的动物之间的差距。"[1]与此类似,如果小人不具备中庸的潜能,则圣人君子(高等人)与小人(低等人)之间的鸿沟就成为不可逾越的森严壁垒。

事实上,圣人、君子、小人的标签并非永恒不变。如果Z类小人具有中庸或准中庸的潜能,则可能成为君子,甚至也可以接近或成为圣人,更遑论X、Y类小人。另外,圣人、君子也可能因为修身养性的功夫不足或不能慎独而沦为小人。需要特别指出的是,即使圣人、君子与小人具有根本区别,但也具有不可分割的内在联系。

综上所述,《中庸》呈现出三个令人疑惑的问题:

(1)"君子中庸"的问题。虽然圣人与君子具有严格的界限,但是《中庸》并没有明确地予以区分,反而有意无意地模糊圣人与君子的差异,混淆中庸与准中庸的概念,笼统地把圣人君子与普通君子都称为君子,把中庸与准中庸都称为中庸。这是为什么?

(2)"小人反中庸"的问题。虽然圣人、君子与小人具有不可分割的内在联系,但是《中庸》却竭尽所能地刻意区分圣人、君子与小人,独断地在他们之间划定一条不可跨越的身份鸿沟,断然否定小人成为君子或圣人的可能性。这是为什么?

(3)"何种中庸"的问题。此问题有两个层面:"君子中庸,小人反中庸"追求何种中庸?应当追求何种中庸?

第三节　何种中庸

如前所论,"何种中庸"第一个层面的问题("君子中庸,小人反中庸"

---

[1] Richard Weikart, *From Darwin to Hitler: Evolutionary Ethics, Eugenics, and Racism in Germany*, (New York: Palgrave Macmillan, 2004), pp.105-106.

追求何种中庸?)是由(1)与(2)共同导致的。因此,要回答这个问题,必须回答(1)与(2)。这三个问题的关系可以归结为两个三段论。

三段论Ⅰ

大前提Ⅰ:"君子中庸";

小前提Ⅰ:"小人反中庸";

结论Ⅰ:"君子中庸,小人反中庸"。

三段论Ⅰ是《中庸》的表面论述。这里的"君子"包括圣人君子与普通君子,中庸包括圣人之中庸与君子之准中庸。所以,"君子中庸"其实是"圣人中庸,君子准中庸"。由此看来,三段论Ⅰ的实质是三段论Ⅱ。

大前提Ⅱ:"圣人中庸,君子准中庸";

小前提Ⅱ:"小人反中庸";

结论Ⅱ:"圣人中庸,君子准中庸,小人反中庸"。

根据三段论Ⅰ与三段论Ⅱ,可以基本回应《中庸》呈现出的三个问题。

(1)大前提Ⅰ、Ⅱ把君子与圣人归为同类,把准中庸与中庸完全等同,混淆了圣人与君子的概念,模糊了中庸与准中庸的界限。其显性原因是为了把君子与圣人归为德性高贵的同类,隐性原因则是为了肯定君子具有成为圣人的合法性。或许,这就是"君子中庸"的真实含义。

(2)小前提Ⅰ、Ⅱ把小人规定为圣人、君子的敌对目标,或者说把小人规定为与圣人、君子不同的"异类",把反中庸规定为中庸的否定价值。其显性原因是为了把小人规定为与圣人、君子截然不同的异类,隐性原因则是君子企图利用小人威胁圣人,为君子帮助圣人奴役小人(以便成为圣人的奴臣)提供合法性和必要性。这似乎就是"小人反中庸"的真实意图。

(3)结论Ⅰ、Ⅱ是(1)(2)带来的结果:《中庸》的表面目的是圣人中庸(天道至诚),实质目的则是君子准中庸(人道之诚)。与此相应,表面看来,仅仅作为工具的只有小人(反中庸)。实际上,圣人也是君子"各素其位"的工具。换言之,只有君子才是圣人与小人的立法者,只有准中庸(人道之诚)才是真正的中庸法则。或者说,准中庸(人道之诚)优先于中庸(天道至诚)。因此,君子之准中庸(人道之诚)才是"君子中庸,小人反中庸"或"圣人中庸,君子准中庸,小人反中庸"所追求的中庸。

显然,《中庸》表面上追寻圣人中庸,实际上追寻君子准中庸,摒弃小人反中庸。问题是,这种中庸思想是否具有正当性?应当追寻何种中庸?或者说,何种中庸具有正当性与合理性?这就是"何种中庸"第二个层面的问题。它可以分解为两个密切关联的子问题:①何种道德目的?或者仅以某一类人(如圣人、君子或小人)为目的还是以每个人为目的?②何种道德价值?或者追寻某一类人认同的道德价值(如天道至诚、人道之诚、反中庸)还是每一个人都认同的道德价值?

一、何种道德目的?

此问题的答案有两个选项:一是仅以某一类人(圣人、君子或小人)为目的;二是以每个人为目的。

《中庸》所说的圣人并非上帝,亦非天使,而是有限的理性存在者。诚如孟德斯鸠所说:"即使是最高尚的理智,如果过度了的话,也并非总是值得希求的东西,适中往往比极端更适合于人类。"[①]尽管与君子或小人相比,圣人可能是强者;但是,相对于无限的宇宙、社会法律制度和人际网络等而言,圣人也是极其脆弱的个体,因为圣人的思想、能力、生命等都是有限的。如果武断地仅仅把圣人作为目的,那么最大多数人(君子与小人)就仅仅是工具。同理,如果武断地仅仅把君子作为目的,那么最大多数人(圣人与小人)也仅仅是工具。不过,也不能仅仅把小人作为目的,把圣人或君子作为工具。虽然这是以最大多数人(小人)为目的,以最少数人(圣人与君子)为工具,但是它依然会造成一部分人对另一部分人的敌对与仇恨。

更为严重的是,仅仅以某一类人(圣人、君子或小人)为目的,隐藏着极大的恶的因素,甚至具有根本恶(radical evil)的可能。其实,如果把这种观念推进一步,根本恶就可脱颖而出。从某种意义上讲,真正的根本的恶是种族灭绝之恶。种族灭绝的逻辑是,"异类"对同类构成威胁且不可同化,必须予以彻底消灭。在圣人、君子那里,小人是名副其实的"异类",

---

① 孟德斯鸠:《论法的精神》(上册),张雁深译,商务印书馆2005年版,第196页。

反之亦然。"君子 A，小人反 A"的逻辑即如此，如"君子中庸，小人反中庸"(《中庸·第二章》)、"君子居易以俟命，小人行险以徼幸"(《中庸·第十四章》)等等。《中庸》把人明确界分为绝对对立的两大类别：善的阵营(圣人、君子)与恶的阵营(小人)。这种区分在理论上是荒谬的，在实践中将会带来灾难性的罪恶。其实，君子、圣人可能是善的，也可能是恶的。小人可能是恶的，也可能是善的。换言之，每一个人(圣人、君子或小人)既可能是善的，也可能是恶的。仅仅以某一类人为目的，就等于仅仅认同某一类人是善的，而其他人则是恶的。

另外，仅仅把某一类人作为目的也是有条件的：当且仅当圣人、君子或小人是某一类人所生而具有的永恒标签时，仅仅把某一类人作为目的才有可能。或者说，当且仅当某一类人的一生与某一标签(圣人、君子或小人)完全一致时，仅仅把某一类人作为目的才有可能。在人类历史的长河中，圣人、君子或小人并非某一类人的固定标签，而是动态变化的身份符号。而且，某一类人的一生与某一标签(圣人、君子或小人)也不可能完全一致。这种情况可以在谭嗣同的有关论述中得到较为具体的了解。他在《仁学》中诠释了君、臣、民的运行机制与理由："生民之初，本无所谓君臣，则皆民也。民不能相治，亦不暇治，于是共举一民为君。夫曰共举之，则非君择民，而民择君也。……夫曰共举之，则且必可共废之。君也者，为民办事者也；臣也者，助办民事者也。赋税之取于民，所以为民办事之资也。如此而事犹不办，事不办而易其人，亦天下之通义也。"[①]文中所说的"君"(如果有德)大致相当于圣人，臣(如果有德)大致相当于君子，民(如果无德)大致相当于小人。当然，如果"君"或臣无德，则是小人；民若有德，则是君子。虽然圣人、君子不可能通过民主法治的文明秩序失去权力，但是小人可能运用暴力夺取权力，并把圣人、君子当作工具而予以践踏甚或屠杀。一旦这些小人夺取权力转变为新的圣人或君子，旧的圣人、君子也随之转变为新的小人。同理，新的圣人、君子或小人也将面临与旧的圣人、君子或小人同样的命运。既然圣人、君子或小人并非某一类人生而具有的永恒标签，某一类人的一生与某一标签(圣人、君子或小人)也不

---

① 李敖主编：《谭嗣同全集》，天津古籍出版社2016年版，第48—49页。

可能完全一致,仅仅把圣人、君子或小人当作目的或工具,只不过是仅仅把某一类标签(圣人、君子或小人)当作工具或目的,而不是把具体的某一类人当作目的。

是故,仅仅以某一类人(圣人、君子或小人)为目的是不正当的。换言之,不应当仅仅以某些人或某个人为目的,而应当以每个人为目的。

不过,人与人的道德理念常常不同,甚至存在尖锐对立,如《中庸》所说的圣人的天道之诚、君子的人道之诚、小人的伪诈等等。那么,如果以每个人为目的,应当追寻何种道德价值?

二、何种道德价值

此问题的答案亦有两个选项:一是某一类人(圣人、君子或小人)认同的道德价值;二是每个人都认同的道德价值。

《中庸》的道德价值(或不道德价值)有三个层面:圣人的天道"至诚"、君子的人道"诚之"、小人的反中庸之"伪诈"。如果以某一类人的道德价值作为衡量所有人的道德价值的标准,就会产生天道与人道、天道与反中庸、人道与反中庸的冲突。其实质是试图以个别人(圣人、君子或小人)的道德价值作为每个人(圣人、君子和小人)的道德价值所引发的冲突,也就是道德相对价值与道德绝对价值的矛盾。

对《中庸》而言,道德相对价值与道德绝对价值的冲突有两种形式:①显性形式——以少数人(圣人或君子)的道德价值作为每个人(圣人、君子和小人)的道德价值;②潜在形式——以多数人(小人)的道德价值作为每个人(圣人、君子小人)的道德价值。这两种形式的共同点是,把相对道德价值等同于道德绝对命令。那么,应当遵循个别人的道德价值还是每一个人或所有人的道德价值? 或者说,应当遵循何种道德价值?

首先,从道德认识论的角度看,每个人都可能把自己认可的道德价值(相对之善)误以为是道德的绝对命令或绝对之善。苏格拉底早已意识到这个问题,他认为善恶与利害相关,有自知之明者趋利避害[①],没有人故意

---

① 周辅成:《西方伦理学名著选辑》(上卷),商务印书馆1964年版,第47—53页。

为恶。对此,斯宾诺莎说得更肯定:"每一个人必然追求他所认为是善的,避免他所认为是恶的。"①《中庸》的谬误在于,把某一个人或某一类人(圣人或君子)的道德价值推崇为普遍的绝对之善并奉为天经地义,把另一类人(小人)的道德价值判定为绝对之恶而予以断然否定。其实,天道至诚缺少民主程序与商谈沟通,人道之诚盲目崇拜天道至诚,二者本质上都是独白式的道德教条。如果圣人、君子以此作为绝对道德标准,小人则属于违背天道或人道的恶人。同理,如果小人以反中庸作为绝对道德标准,圣人、君子则属于违背反中庸的恶人。《中庸》把相对道德价值等同于道德绝对命令,违背了中庸应当具有的真精神"诚"而陷入误以为诚的"伪"的幻境。在这种自我陶醉的幻境中,伪君子、伪圣人、乡愿、国愿之辈的出现也就不足为奇了。

其次,从道德价值论的角度看,《中庸》推崇或拒斥的价值不具有正当性。圣人的天道至诚无限放大了圣人配天的至善,严重遮蔽了圣人现实的或可能的恶性或恶行。小人的反中庸之伪诈暴露并竭力放大了小人的反中庸之恶,完全遮蔽了小人现实的或可能的德性与善。君子的"人之道"或"诚之"的体现是,君子既要奴役小人,又要谄媚圣人。或者说,君子既不信任圣人,又要伪装成圣人的忠实崇拜者;既明目张胆地不信任小人,又要假借圣人天道奴役小人、贬低小人甚至否定小人的诚实资格,同时还要暗中利用小人以威胁圣人,试图把替圣人奴役小人作为君子可能成为圣人奴才的资本。就此而言,人道之诚是徒具"诚之"虚名的虚伪、欺骗的奴性而非德性。可见,天道至诚、人道之诚与反中庸之伪诈都不具有普遍的正当性。或者说,《中庸》推崇的价值(天道至诚、人道之诚)或拒斥的价值(小人之伪诈)不具有普遍的正当性。

再次,从道德主体论来看,《中庸》推崇或拒斥的道德价值遮蔽了人格平等的人性事实。在《中庸》里,圣人是绝对善的配天者,君子是相对善的人道者,小人则是绝对恶的反中庸者。对于小人来说,圣人、君子具有绝对的道德优势和权威。圣人、君子与小人的差异被无限夸大,人格平等被极力抹杀。

---

① 斯宾诺莎:《伦理学》,贺麟译,商务印书馆2017年版,第185页。

与《中庸》不同,清教伦理明确地认可每个人的脆弱性与邪恶。对于清教世界来说,"在上帝面前,被造物的堕落并无区别可言,所以,人本身都是邪恶的,在道德上绝对有缺陷,世界就是盛罪恶的容器"[①]。在清教那里,上帝是无可置疑的权威,人在上帝面前都是有缺陷的恶,就此而言人人平等。不过,清教伦理把善建立在对上帝信仰的基础上,具有用上帝的神性贬低人性的倾向,也具有遮蔽人的善与特殊性的可能。与清教伦理相比,《中庸》以圣人天道取代上帝,祛除了上帝神性的同时,赋予了圣人配天的绝对权威,用人的差异遮蔽了人的平等。其实,每个人都是人格平等的存在者。《中庸》无视这种基本的人性事实,竭力遮蔽少数人(圣人、君子)的脆弱与邪恶的可能性,无限夸大多数人(小人)的脆弱与邪恶的可能性,由此带来人与人的仇恨敌意与尖锐对立。"君子中庸"与"小人反中庸"尖锐对立的根源之一就在于固守人之差异优先于人之平等的逻辑,独断地用人的差异性遮蔽人的共同性。

最后,排除某一类人(圣人、君子或小人)认同的相对道德价值,也就意味着应当追寻每个人认可的道德价值。

既然圣人、君子与小人都是人,那么他们就应当具有共同人性意义上的道德价值诉求。真的中庸价值应当是每个人可能认同的道德价值,而非一个人、少数人或多数人认可的道德价值。唯有如此,才可能做到以每一个人或所有人为目的。与《中庸》相比,我们把这种价值称为新中庸之道。

新中庸之道颠倒《中庸》的人之差异优先于人之平等的逻辑,秉持人之平等优先于人之差异的原则,主张每个人都具有人格尊严意义上的平等,而不是某个绝对权威(上帝或圣人)意义上的平等。由此看来,新中庸之道的基本精神(诚)可以在中庸的基础上修正为:人人平等,尊重差异。诚然,中庸的基本形式(不偏不倚、无过无不及)并没有什么不妥之处,其问题主要是模糊不清,不能明确表达中庸的基本要求。为了明确具体,我们用"人人平等,尊重差异"作为中庸的基本形式。或者说,不偏不倚、无过无不及就是要秉持"人人平等,尊重差异"的基本理念。这是新中庸之

[①] 马克斯·韦伯:《儒教与道教》,王容芬译,商务印书馆1995年版,第290页。

道的基本精神即诚的形式。

那么,其实质内容是什么呢?如前所论,《中庸》秉持人之差异优先于人之平等的逻辑,带来人与人互为工具的相互伤害。圣人天道至诚的绝对权威危害君子与小人;小人反中庸之伪诈危害圣人与君子;君子人道之诚欺上瞒下,危害圣人与小人;圣人、君子与小人危害他者的同时也受到他者的危害即伤害自己。新中庸之道必须否定这种相互伤害。所以,"人人平等,尊重差异"的具体要求是:在没有受到伤害的前提下,不得伤害任何人(不伤害自己,也不伤害他人)。这种伤害是指(包括欺骗在内)对自己或他人的精神或身体造成不良或恶劣影响的观念或言行等。简言之,当且仅当在人不害我的条件下,我绝不害人,也绝不害己。或者说,既不要相互伤害,也不要自我伤害。这一言行之规范可以简称为"勿伤害"原则。如果说新中庸之道或诚的正当性形式为人人平等、尊重差异,那么其正当性质料则是"勿伤害"。新中庸之道或正当的诚就是,在平等优先于差异的原则下,秉持"勿伤害"的基本精神,最大限度地尊重人性差异。

需要特别注意的是,"勿伤害"原则既不等同于"己所不欲,勿施于人",更非"己之所欲,施之于人"。原因在于,己之欲与人之欲既有共同之处,也存在诸多差异。当且仅当己之欲与人之欲为共同之欲的条件下,"己所不欲,勿施于人"才可能是正当的。不过,即便如此,"己之所欲,施之于人"也未必是正当的。如果己之欲与人之欲并非共同之欲,那么"己所不欲,勿施于人"未必是正当的,"己之所欲,施之于人"则几乎不可能是正当的。因此,新中庸之道不能仅考虑人之平等,也要在平等优先的前提下尊重人之差异。

就是说,新中庸之道遵循平等优先于差异的原则,承认在坏人与好人之间、君子与小人之间、善与恶之间存在一定程度的中间环节。在善恶冲突或善善冲突的情况下,绝不简单地套用好人好事或坏人坏事(君子中庸,小人反中庸)式的冲突型思维模式以激化矛盾,而是在民主协商的过程中,最大限度地做到"勿伤害",智慧地缓解或消除冲突。换言之,新中庸之道的"勿伤害"原则不但是个人的道德原则,而且也是社会制度的正当要求。如果说社会制度的首要德性是正义[①],那么正义的基本要求则是"勿伤害"。正义的社会制度秉持的伦理底线是,不得伤害任何无辜公民,任何公民也不得无故伤害正义的制度。如果社会制度伤害无辜公民,那么公民具有不服从的权利,社会制度的制定者或执行者必须承担直接责任,社会制度本身则需要被拷问是否正义合法、是否需要修订或废除等。如果公民伤害了正义的制度,那么社会制度则具有迫使公民承担相应责任的正当权利。或许,这就是新中庸之道应有之真精神。

余 论

无独有偶,《尼各马可伦理学》与《中庸》相似,也以追求适度或中道著称。姑且不论二者其他方面的异同,仅就诠释范式来说,《尼各马可伦理学》对中道的外延、内涵及存在的问题等尽可能地进行了说理论证[②]。比较而言,《中庸》缺乏论证的自觉性,是一部"不太讲理"的著作。

《中庸》在诠释"中庸"时,概念模糊、夸张类比随处可见,循环论证、逻辑混乱比比皆是。它虽然借此强化了对道德权威的赞颂,却弱化了对道德真理的探求,因而在一定程度上失去了"诚"的真精神。《中庸》名不副实的原因固然较多,不注重讲理却是其缺陷之一。这也是《中庸》思想与当代法治社会和全球文明的基本精神不相一致的重要原因之一。或许正因为如此,《中庸》囿于"君子中庸,小人反中庸"之藩篱,忽视人与人的本质联系,加剧人与人之间的差异与对抗,醉心于把伦理教化寄托在道德权威(圣人、君子)的经验言行上,未能真正把握处理人与人之间各种关系的正当法则,更遑论探究如何建构正义的法律制度。

---

① John Rawls, *A Theory of Justice*, (Cambridge, Massachusetts: The Belknap Press of HarvardUniversity Press, 1971), p.3.
② Aristotle, *The Nicomachean Ethics*, translated by David Ross, (Oxford: Oxford University Press, 2009), pp.29-37.

有鉴于此,我们应当扬弃辩护型研究范式,实事求是地反思、追问中庸之道的理论根据,让《中庸》(以及类似的其他著作)在当下境遇中自觉地"讲理",使之具有全球视野和人类胸襟,并在直面现实问题中浴火重生,为中华文明与人类文明添砖加瓦。

第四编

西方伦理
思想蠡测

第一章 康德义务论辨正

康德的义务论道德哲学,历来是一个充满歧见的话题。至今仍有不少人认为康德的义务论是和目的论绝对对立的形式主义的唯动机论,其实不然。要澄清这个问题,就必须从康德哲学思想的高度深入完整地研究康德的义务论,而不能停留于他的个别道德命题和提法。在我们看来,康德的义务论可归结为对如下三个核心问题的回答:为什么选择义务论?什么是义务论的义务?义务论是如何对待它自身和目的论的关系的?这其实是对同一个问题即"义务论如何可能?"的三个不同层面的回答。回答了这些问题,也就为探寻伦理学的本质奠定了基础,进而为我们深刻理解马克思的伦理思想、反思马克思主义伦理学的自由本质提供了颇有价值的理论借鉴。

第一节 康德义务论的缘起

康德选择义务论有其深厚的哲学伦理学背景。自泰勒斯以来,自然哲学或理论哲学就一直是西方哲学的主流。苏格拉底试图扭转这种偏向,但没有获得根本性的成就。西方哲学在亚里士多德那里又走向了科学主义的路径。尤其是近代以来,以培根的"知识就是力量"的口号为标志的理论哲学,主要重视探讨自然规律的认识论,它和近代自然科学一起更深层地淹没了实践哲学。在康德看来,这就是自然因果性对自由因性的遮蔽,由此导致感性的自然的道德主体对理性的自由的道德主体的遮蔽和道德认识、道德规范对道德行为、道德实践的遮蔽。康德哲学面临的主要任务就是去除这三重幕布,基于此建构起道德形而上学即义务论的道德哲学,以高扬德性之力量。下面我们具体来看康德是如何完成这个任务的。

第一,理论哲学对实践哲学的遮蔽,主要体现为自然的因果性对自由的因果性的遮蔽。

在西方哲学史和科学史上,人们通常认为任何现实事物都有其原因,要把握一件事物的本质就必须找出它的原因。可以说,将全部自然科学建立于因果性之上正是西方科学精神的根本特色。这一科学传统自亚里士多德始一直延续至康德以前。休谟的怀疑论集中攻击的科学认识原理正是因果性原理。他从彻底的经验论出发,认为因果律不过是一种主观心理的习惯性联想,这就否定了作为一种必然规律的"因果律"。休谟的这一论证惊醒了康德所言及的"独断论的迷梦",它引导康德洞悉到作为理论哲学的根本规律的因果律的实质是一种遮蔽了自由的自然因果性。因此,康德把因果性明确区分为自然因果性和自由因果性。他把严格意义上的因果性局限于自然界的致动因,但也为目的因或自由因(自由的原因性)留下一定的余地,因为在某种意义上,自由意志本身也是一种致动因。这样,在因果性概念上就集中了康德先验哲学所要探讨和解决的总问题,即自由和必然(自然)的关系。康德是如何解决这个问题的呢?他通过对包括因果性在内的纯粹知性范畴的"先验演绎",追溯到这些范畴之上的最高的先天根据,即先验自我意识的"本源的统觉的综合统一",发动了把"我们的一切知识都必须依照对象"颠倒为"对象必须依照我们的知识"这一"哥白尼式的革命"[①]。这就把传统的自然和自由的地位颠倒了过来,彰显了自由对自然的主导地位,但这只是这场革命的一个序曲,因为因果律的重建的根本还在于解决自由因果性何以可能的问题。要解决这个问题,康德时代面临的困境在于:自然因果律越出自己的领地盲目地闯入自由的领地即道德的领地并试图取而代之,同时自由因果律也盲目

[①] 康德:《纯粹理性批判》,邓晓芒译,杨祖陶校,人民出版社2004年版,第二版序。

地闯入自然因果律的领地去寻求道德规律。结果,一方面,它体现为感性道德主体对理性道德主体的遮蔽;另一方面,它体现为道德认识、道德规范对道德选择、道德实践的遮蔽。康德解决这两个问题的途径是:为自由因果律和自然因果律明确划界,扫除自然因果律对道德领域的遮蔽。

第二,感性的自然的道德主体对理性的自由的道德主体的遮蔽。

自由因果律和自然因果律在前康德的哲学家那里是混淆在一起的。在他们看来,只有一个因果律而没有自然因果律和自由因果律之分。18世纪有些哲学家如拉梅特里、笛卡尔、爱尔维修等把人看成机器或自然环境的产物,看成是完全服从于自然的必然性的东西——这是自然因果律侵入伦理学领域试图取代自由因果律的最突出体现。而休谟、亚当·斯密等主张的道德情感论以及霍布斯、葛德文、边沁等主张的功利主义则把人的道德行为归于某种天生的道德感或功利苦乐等外在目的——这是自由因果律闯进自然因果律的结果。他们的共同之处在于,都把道德建立在物质、身体、环境、苦乐、情感等自然因果性的基础上,使人的意志带上了物质自然的枷锁而被纳入自然因果律的轨道。这就把人降为没有自由意志的自然物,取消了自由因果律和意志自由,也取消了道德义务或道德责任。

康德对此特别不满,他在《纯粹理性批判》一书中把自由的因果性与自然的因果性严格区分开来,为自然因果性划定疆界,不允许它侵犯自由因果律的领地。相应地,他在《道德形而上学原理》一书中划定了自由因果律或实践理性的界限。康德既禁止自然因果律闯入自由因果律,又禁止自由因果律闯入自然因果律的领地去寻求道德规律。在划定自然因果律和自由因果律各自领地的基础上,康德认为,作为道德主体的人和只服从自然因果律的其他事物不同:人既是自然的一部分,从属于经验世界的自然因果律,同时又由于具有理性和意志能够超越于自然因果律之上而从属于超验世界的自由因果律。前康德的伦理学只看到前一方面;康德则更重视后一方面,并试图寻求自由规律作为道德根据来调和二者的矛盾。为此,康德在《判断力批判》一书中严格区分了道德规范和道德规律即自由律。康德认为,以前的道德理论所包含的只是一些熟巧规则,为的是产生按照因果的自然概念所可能有的结果。由于自然概念只属于理论哲学,这些东西所服从的只是作为出自理论哲学(自然科学)的补充的那些规范,它体现为各种道德规范如勇敢、智慧、节制、公正、信仰、希望、同情等实践规则。在康德看来,"这样一类实践规则并不称之为规律(例如像物理学规律那样),而只能叫作规范:这是因为,意志不仅仅从属于自然概念,而且也从属于自由概念,它的诸原则在与自由概念相关时就叫作规律"①。规范是外在的他律的要求,是与自然概念相关时的意志的诸原则。规律是与自由概念相关时的意志的诸原则;虽然规律也是规范,但它是规范的规范或者是规范的超验根据,是内在的自律的自由或绝对命令。因此,"那些完全建立在自由概念之上,同时完全排除意志由自然而来的规定根据的道德上实践的规范,则构成了规范的一种完全特殊的方式:它们也像自然所服从的那些规则一样,不折不扣地叫作规律,但不是像后者那样基于感性的条件,而是基于某种超感性的原则"②。自由的道德主体是遵循道德规律的,而自然的感性的道德主体遵循的则只是各种道德规范而不涉及道德规律。前者优越于后者,后者有待于提升到前者,这就把二者的位置颠倒过来了。

第三,道德认识对道德行为或道德选择的遮蔽。

认识论侵入本体论或自然因果律侵犯自由因果律的另一重要问题是,认为道德认识、道德规范是伦理学的核心问题,由此遮蔽了道德选择、道德行为的重要性。在西方伦理学的发展中,人们不是一开始就认识到自由在道德活动中的重要作用的。苏格拉底等人的伦理学说就认为,人们只要认识到什么是善,就会自觉地按照善去行动,为恶完全是由于对善的无知。因此无人有意作恶,美德即知识(实践智慧)。中世纪的奥古斯丁、阿奎那等主张的宗教伦理学和近代莱布尼茨、斯宾诺莎为代表的理性派伦理学则把上帝或理论理性当作颁布道德法则的道德权威,这就把作为道德认识对象的道德法则归之于外在的道德权威而遮蔽了自由意志。问题在于,首先,知和行之间是有距离的。人们在选择和决定行为准则时

---

① 康德:《判断力批判》,邓晓芒译,杨祖陶校,人民出版社2002年版,第6页。
② 康德:《判断力批判》,邓晓芒译,杨祖陶校,人民出版社2002年版,第7页。

要受到情感和欲望的影响,有可能知善不行、知恶偏去做或知善而行。因此即使认识到善,要选择善并把它变成行动却不是必然的。知善行善是意志在克服了种种诱惑和障碍之后才做出的决定,是意志自由选择的结果。其次,如果作恶都是由于道德认识不足所致,那么作恶也就不应该承担任何义务。实际上,这种情况下的作恶只是一种无知的动物行为,根本无所谓善恶。最后,作为道德认识对象的道德法则如果来自外在的道德权威,它就和来自自然因果性的法则一样只能是规范而不是规律,因为它剥夺了人们的选择和自由。这就否定了自由意志选择善恶的可能性,取消了义务和道德,堵塞了伦理学之路。

针对这些问题,康德强调,指导人的行为的道德法则就存在于人的理性之中,人们无须多大的智慧就可达到对道德行为和道德法则的自觉意识,自由选择才是要害。只有有了可供选择的行为准则的多样性,选择了善才是有道德价值的,因为这种选择不仅是意志战胜情感和欲望的结果,而且它带来责任或义务。康德特别指出,自由和无条件的实践法则是互相蕴含的,自由是道德法则的存在基础,而道德法则是自由的认识基础。因此,道德律是自立法自守法的自律,而不是服从外在的权威和规则的他律。自由是使人成其为人的根本,只有当人具有自由时,他才能进行选择,才会提出遵循何种行为准则的问题,才有行为的道德法则存在的可能性;反过来,只有在意志为遵循道德法则进行决断时,我们才能清晰地看到意志的自由,才能为自己的自由选择承担起责任或义务。

因此,自然因果性、道德规范、道德认识都不是道德规律,只有出自善良意志的自由因果律才是道德规律,而义务就是作为善良意志的体现的出于尊重规律而产生的行为必要性。这就是康德在扫除以上三重遮蔽的基础上,出于探求自由规律的缜密思考而选择义务论的根据所在。

接下来的任务就是解决什么是义务了。康德认为,义务是善良意志的体现,是"由于尊重规律而产生的行为必要性"[1]。这就是定言命令,且只有一条,即"要只按照你同时认为也能成为普遍规律的准则去行动"[2]。

---

[1] 康德:《道德形而上学原理》,苗力田译,上海人民出版社2002年版,第16页。
[2] 康德:《道德形而上学原理》,苗力田译,上海人民出版社2002年版,第38—39页。

出于对义务的这种理解,康德从自由意志出发提出的义务有三个基本层次:其一,法的义务和德性义务。法的义务是一种和权利紧密相连的外在强迫,一个人尽义务的同时就享有权利;德性义务是一种和权利并非紧密相连的内在强迫,你对别人尽了义务,但你并不能因此而向别人要求享有某些权利——它是狭义的德性义务。

其二,狭义的德性义务,包括完全的义务和不完全的义务。"完全的义务"就是绝对没有例外的义务,如不要自杀、不要骗人等。违背了完全的义务就会陷入完全的自相矛盾和自我取消,如自杀一旦普遍化就没有人再自杀了。"不完全的义务"则允许有例外,如要发展自己的才能、要帮助别人等。违背不完全的义务则不一定是自我取消,不遵守义务者只不过是希望自己一个人"例外"而已。所以,违背了它只会导致自己意愿中(而非客观上)的自相矛盾。①

其三,广义的德性义务,包括间接义务和直接义务(狭义的德性义务)。康德试图把目的论的追求也包括进来,为此,他对目的论做出了有条件的让步:提出并区分了直接义务和间接义务,把德性义务的领域扩大为间接义务和直接义务。间接义务是假言命令,是为了抵制并避免使人趋向邪恶的极大诱惑的痛苦、贫困、不幸等而追求健康、福祉或财富等外在目的。不过康德对目的论的让步是有条件的:他认为这个外在目的之所以是义务,是为了道德这个内在目的。②只有直接义务才是绝对命令,没有直接义务,间接义务就不具有道德价值。在这里,康德实际上已经把目的论的追求幸福、利益、快乐等方面的内容包含在其义务论中了。

第二节　康德对目的论的改造

显然,康德在批判目的论的同时,也看到了义务论对目的论的需要。

---

① 康德:《道德形而上学原理》,苗力田译,上海人民出版社2002年版,第39—40页。
② 郑保华主编:《康德文集》,改革出版社1997年版,第337页。

因此,他没有把两者完全对立起来,也没有完全否定目的论,而是对两者之间的关系做出了深刻的思考和回答。这给我们澄清并深刻理解如下四个问题提供了理论根据。

第一,人们一般仅根据康德的个别论述尤其是关于绝对命令的形式的论述,就认为它是空洞的形式主义,却没有注意到,他只是为了使伦理学超越目的论进而提升到道德形而上学和纯粹实践理性的高度而提出的绝对命令。康德在《实践理性批判》一书的序言中谈到当时人们对绝对命令的公式产生误解时强调说:"谁要是知道一个极其严格地规定依照题目应该做什么而不许出错的公式对于数学家意味着什么,他就不会把一个对所有的一般义务而言都做着同一件事的公式看作某种无意义的和多余的了。"[①]而且,他一直强调,和法学式分析的不同,伦理学是综合的,他要把超验世界的绝对命令应用于经验世界,建立道德形而上学。他在《道德形而上学原理》中提出绝对命令的最高法则之后,就用这个最高法则对一般实践理性进行批判——这是《实践理性批判》的任务。在《道德形而上学》中,康德把建立在实践理性批判基础上的义务按照从经验到纯粹理性的秩序重新组合成一个义务体系——如前所述,他已把目的论所追求的外在目的也包含在自己的义务论即内在目的之内了。可见,真正的绝对命令并不是完全空洞的形式,康德的义务论并非和目的论绝对对立的。

第二,康德的义务论虽然明确反对目的论,但是并不否认道德行为具有目的性,而且深入到了二者之间的内在逻辑联系。康德把目的分为两种:一种是由感性冲动所决定的技术的(主观的)目的——它是目的论所追求的外在目的;一种是依据自身法则所确立的客观的目的——它"同时也是义务的目的"即义务论所追求的内在目的。[②]它既是义务也是目的,这个目的就是人本身。可见,义务论和目的论都有目的,只是所追求的目的的层次不同。义务论是以道德自身的目的即内在目的为目的,目的论是以道德之外的经验世界的物质利益或感官快乐即外在目的为目的。在区分两种目的的基础上,康德义务论的目的试图包含目的论的目的,追求

[①] 康德:《实践理性批判》,邓晓芒译,杨祖陶校,人民出版社2003年版,序言第8页。
[②] 郑保华主编:《康德文集》,改革出版社1997年版,第351页。

德福一致的完满的善。但康德并没有停留在这个结论上,而是试图进一步挖掘出二者之间的内在逻辑联系。他认为:"目的概念这一要素不是我们本来就有的,而是我们应该有的,因此是纯粹实践理性本身所具有的。其最高的、无条件的目的(然而仍是一项义务)在于:德性就是它自身的目的,弘扬人性就是它自身的回报。……与各有其障碍待克服的人类诸目的相比,作为德性自身目的的它自身的尊贵,的确远远超出了所有的实际功利、所有的经验目的及其所能带来的好处。"[1]康德在这里已经非常明确地表达了三个重要思想:①义务必须有目的,但超验的德性目的即内在目的高于功利苦乐等经验目的;②最高义务和绝对目的是一致的;③二者一致的基础就在于自由。康德关于目的论和义务论在最高层次上相一致的思想是非常明确的,只是到了马克思的历史唯物主义的实践的伦理思想那里,才把这一思想的积极含义真正揭示出来。

第三,康德的义务论常常被有些人讥笑成是与目的论的效果论相反的唯动机论,这实质上是以经验的眼光或效果论的眼光得出的片面的独断结论。康德的实践哲学的先天立法即道德律本身诚然只从其"原因性"来考虑而不顾它在经验世界中的效果,但作为一种实践的目的行为,道德律的"应当"毕竟是着眼于自己在现实的经验世界中所负的责任,其终极目的肯定要考虑自己在现实中德福一致的完满实现,这也是康德为什么必定要假定一个来世和上帝的根据。康德要建立的是德福一致的综合的伦理学。所以,他不像斯多葛学派式的德性即幸福的分析的伦理学所主张的唯动机论那样完全不考虑效果,也不像伊壁鸠鲁式的幸福即德性的分析伦理学所主张的唯效果论那样,只看行为是否符合义务而不问行为本身是否出于义务的事实的效果(这在边沁、密尔那里发展为唯效果论的功利主义),而是试图综合之。康德认为只是道德的动机或事实的效果还不够,他站在自由律的高度把出于并符合自由律的善无善报,甚至善得恶报而依然出于义务而为的动机和效果也考虑进来,试图以此吸纳动机论和效果论于义务论之中。在康德这里,动机论和效果论、目的论和义务论的藩篱就被自由因果性撤除了,伦理学也就冲破重重迷雾显现出其自由

---

[1] 郑保华主编:《康德文集》,改革出版社1997年版,第363—364页。

的真面目。

第四,伦理学的基础是人的自由意志,其本质是自由之学,它必须探求道德规律和道德规范之间的辩证关系,而不能仅仅停留在对经验的规范的分析的层次上。

目前,国内的伦理学著作一般把道德规范和道德原则区别开来,用道德原则作为道德规范的根本大法。而现实中,人们对个人主义和整体主义道德原则以及各种道德规范的解释和理解颇有差异,根本原因就在于个人主义和整体主义都属于规范的范畴,还没有提升到道德规律的高度。这就必然把道德规范的总和作为道德或伦理的本质。追根溯源,在于一些马克思主义哲学的解释者把自由概念置于认识论的语境中,即倒退到斯宾诺莎的"自由是对必然的认识"的前康德时代。其经典的自由观是在苏联哲学家罗森塔尔和尤金主编的《简明哲学辞典》一书中论述的:"自由并不在于想象中的脱离自然规律,而在于认识这些规律,并能够把它们用到实践活动中去……自然界的必然性、规律性是第一性的,而人的意志和意识是第二性的。在人没有认识必然性以前,他是盲目地、不自觉地行动的。一旦人认识到必然性,他就能学会掌握它、利用它为社会谋福利。因此,只有在认识必然性的基础上才能有自由的活动。自由是被认识了的必然性。"[1]这种认识论的自由理论直接影响到马克思主义哲学和马克思主义伦理学。它对伦理学的影响明显地表现在,把伦理或道德仅仅规定为各种可认识的道德规范、道德原则而蔑视自由规律。这种影响在苏联和我国的某些有代表性的伦理学著作或教科书中体现得尤为明显。一方面,是把道德界定为各种道德规范的总和。20世纪60年代,苏联哲学教授施什金在《马克思主义伦理学原理》一书中认为:"所谓道德,通常是指人们行为的原则或规范的总和。"[2]施什金把道德看作原则或规范的总和的思想,对我国伦理学的影响几乎是决定性的。至今我们依然没有完全摆脱这个巨大的阴影,它仍然作为权威性的道德定义覆盖于各种思想品

---

[1] 罗森塔尔、尤金编:《简明哲学辞典》,中共中央马克思恩格斯列宁斯大林著作编译局译,生活·读书·新知三联书店1973年版,第171—172页。
[2] 施什金:《伦理学原理》,北京大学人民出版社1981年版。

德教育和伦理学教材中。[1]这就必然导致:另一方面,通行的马克思主义伦理学著作或教材很少谈论自由问题,即使谈论也一般是从认识论的角度谈的。这既无视康德的义务论,又割裂了马克思的自由观和康德自由观的内在联系。如果自由只是对必然的认识,它就否定了自由意志和道德责任,伦理学也就根本无法真正建立起来,因为伦理学的基础是人的自由意志。这就是康德批判的自然因果性对自由因果性的遮蔽所带来的问题。虽然马克思不赞成康德把此岸世界(现象界)与彼岸世界(本体界)割裂开来——他把这两者统一在他所创立的历史唯物主义学说中,但他又继承了康德关于实践哲学(自由因果性)优先于理论哲学(自然因果性)的基本思想。正是出于对人的自由本质的深刻把握,马克思恩格斯在《共产党宣言》中说:"代替那存在着阶级和阶级对立的资产阶级旧社会的,将是这样一个联合体,在那里,每个人的自由发展是一切人的自由发展的条件。"[2]显然,具体的实践的自由是马克思伦理思想的核心,也是马克思扬弃康德的超验自由而取得的理论成果。无论从伦理学的本质来看,还是从马克思本人的伦理思想来看,马克思主义伦理学的核心都应该是自由规律,所有的道德规范、道德原则都应该在自由规律的批判中接受检验。

郑昕先生曾说:"超过康德,可能有新哲学,掠过康德,只能有坏哲学。"[3]这尤其适用于康德伦理学,因为它是康德哲学的核心所在。康德义务论的贡献就在于他明确地揭示了意志自由在道德活动中的重要作用,揭示了没有自由就没有真正意义上的道德行为,这就抓住了伦理学的根本——人的自由。另外,康德把自由限制在"自在之物"上而禁止其在经验中做认识上的理解,至今仍然有其重要意义:日常理性和科学主义尤其是摩尔开创的元伦理学力图把自由还原为自然、必然或可由认识和逻辑规则固定下来并具有可操作性的对象,这种倾向最终将导致人成为非人。显然,凡成为已知的,就有成为自由的束缚的可能。自由正在于努力突破这种禁锢而向未知的领域超升。自由就是不断扬弃过去认为是自由的、

---

[1] 罗国杰:《马克思主义伦理学》,人民出版社1982年版,第4页;魏英敏:《新伦理学教程》,北京大学出版社1993年版,第114页;周中之:《伦理学》,人民出版社2004年版,第6页。
[2] 《马克思恩格斯选集》(第一卷),人民出版社1972年版,第273页。
[3] 郑昕:《康德学述》,商务印书馆1946年版,弁言第1页。

而今已成为自由的"异化"的东西而进行新的创造,这就是人性或人的本质,它在历史中不断地得到实现和完善。人的自由本质决定了伦理或道德的本质是自由规律而不仅仅是道德规范,伦理学是综合的自由之学而不仅仅是各种道德规范的分析说明。

第二章 康德论道德教育方法

目前,康德道德哲学的研究已经深入各个具体的理论层面,但人们却不太注意研究康德的道德教育方法——纯粹实践理性的方法。其实,这是康德道德哲学落到实处的关键。研究这个问题,不仅有助于深入理解康德道德哲学的精髓,而且对于我们加强道德教育也具有非常重要的现实意义和指导价值。

第一节 纯粹实践理性的方法论如何可能?

康德认为,纯粹实践理性的方法是关于"一种道德的教养和训练的最普遍的方法论准则"①。它研究的是:"我们如何能够做到使纯粹实践理性的法则进入人的内心和影响内心准则的那种方式,也就是能够使客观的实践理性也在主观上成为实践的那种方式。"②它的任务就是把纯粹道德的动因带进内心。解决这个问题首先要避免道德教育方法的独断论,即首先要回答"纯粹实践理性的方法论如何可能"的问题。康德从以下四个方面做了回答。

其一,纯粹德性是人类的本性。康德认为,纯粹德性就是对纯粹实践理性的法则的纯粹敬重。他说:"对纯粹德性的那种描述甚至在主观上,也比由娱乐的哄骗和一般我们可以归入到幸福里面去的一切东西所可能造成的所有那些引诱,或者甚至比由痛苦和灾难在某个时候所可能造成

---

① 康德:《实践理性批判》,邓晓芒译,杨祖陶校,人民出版社2003年版,第219页。
② 康德:《实践理性批判》,邓晓芒译,杨祖陶校,人民出版社2003年版,第205页。

的所有那些威胁,都能够对人的内心拥有更多威力,并能够充当一个远为强烈的动机去自己促成行动的那种合法性,产生一些更有力的、出于对法则的纯粹敬重宁要法则而不要任何其他考虑的决断。"①假如人的本性不具有纯粹德性,就不会有法则的任何表象方式在某些时候以劝说的手段产生出意向的道德性,一切都将成为纯然的伪善。人们将厌恶乃至轻视道德法则,只是为了自己的好处才会遵守它。如此一来,虽然我们的行动可能具有合法性,但道德法则的精神在我们的意向中(道德性)则会荡然无存。实际上,即使我们竭尽所能,也不可能在我们的判断中完全摆脱纯粹实践理性。伪善并非出自对道德法则的纯粹敬重,它必然会使我们在心中的道德法庭面前把自己看作毫无价值的卑鄙小人,即使我们试图用种种娱乐方式使自己轻松愉快也无济于事。由此可以看出,对纯粹实践理性法则的纯粹敬重即纯粹德性是人的本性和存在。这是纯粹实践理性的方法何以可能的直接根据。

其二,作为人的本性的纯粹德性要求出于义务而不是出于偏爱来遵守。康德从普通的人类理性出发,通过设想把纯粹德性的检验标准提交给一个10岁男孩去评判,看他不经过老师的指导,自己是否必然会做出符合纯粹德性的检验标准的判断。康德设想有人给这个小男孩讲述一个正派人士的故事。某人想鼓动这个正派人士参与对一个无辜而又无权势的人的诽谤。人家首先许以好处(送以重礼或封以高位),他拒绝接受。这在男孩的心里所引起的只是赞许,因为拒绝的不过是好处。接着,人家开始威胁这个正派人士:中止友情、亲情,剥夺继承权;权贵们可以随时随地迫害和侮辱他;君王要剥夺他的自由甚至生命;他的极度贫苦的家庭恳求他让步;他自己为人正直,并不具有对于同情困苦麻木不仁的感官;等等。在如此巨大的重重压力之下,在这个正派人士希望永远不愿意过那种苦不堪言的日子的这一刻,他依然毫不动摇地忠于其正直的决心。这样,这个男孩就会一步步从单纯的赞同上升到钦佩,从钦佩上升到惊奇,从惊奇上升到崇敬,直到激起一种强烈愿望:要求自己能够成为一个出于义务而不是偏爱来遵守道德法则的纯粹德性的人。在这里,"德性之所以

---

① 康德:《实践理性批判》,邓晓芒译,杨祖陶校,人民出版社2003年版,第205—206页。

具有这么多的价值,仍然只是由于它付出了这么多,而不是由于它带来了什么。整个钦佩、甚至要与这种品格相似的努力,在这里都完全是基于道德原理的纯粹性,这种纯粹性只有通过我们把一切只要是人类能够归入幸福之中的东西都从行动的动机中去掉,才能够相当引人注目地表现出来。所以,德性越是纯粹地表现出来,它对于人心就必定越是有更多的力量。"①德性之所以能够施加这种影响,只是因为它以纯粹义务为动机而不掺杂对自己的福利的意图,它在苦难中才最庄严地表现出来。正是对法则的敬重、对自己的义务的尊重,才会使得他(正派人士)对目击者的内心产生最大的力量。就是说,人们根本不可能也不应当把偏爱作为前提,纯粹德性要求出于义务而不是出于偏爱来遵守道德律。因此,它才会对内心具有最确定的、最透彻的影响,才可能成为趋向于善的最有力的唯一的动机。

其三,纯粹德性是趋向于善的最有力的唯一的动机。纯粹德性是唯一规定意志的根据,只有它才能把道德价值赋予各种准则,使其成为道德的。所以,道德行动的真正动机必须是纯粹德性。如果行动的真正动机不是出自纯粹德性,那么这只有可能导致行动的合法性,但绝不会导致意向的道德性。康德说:"我们愿意通过任何一个人都能够进行的观察,而把我们内心的这种属性,这种对一个纯粹道德兴趣的感受性,因而对纯粹德性表象的这种动力,当它被理直气壮地带到人心中来时,证明为趋向于善的最有力的动机,并且如果在遵守道德准则时关键在于持久性和严格性,则证明为唯一的动机。"②如果注意社交聚会中的交谈,我们就会发现,除了讲故事和戏谑之外,还有说闲话的一席之地。在一切闲话中,唯有关于某个人的品格或某个行动的道德价值的闲话,最能够激起人们的参与心。我们往往可以在这些评判中看到判断者自己的品格,他们中的有些人,似乎主要倾向于为有关行为的善辩护,最终为个人的全部道德价值辩护。相反,另外一些人则主要倾向于谴责,不承认这种道德价值。但人们毕竟不能总是允许后面这种人完全否定德性的企图。我们常常还可以看

---

① 康德:《实践理性批判》,邓晓芒译,杨祖陶校,人民出版社2003年版,第212页。
② 康德:《实践理性批判》,邓晓芒译,杨祖陶校,人民出版社2003年版,第207页。

到,为已有榜样的意图的纯洁性做辩护的人喜欢为这些榜样擦去最微小的污点,其动因是为了当一切榜样都被怀疑其真实性、一切人类德性都被否认其纯洁性时,德性不会最终被看作只是一个幻影,以致趋向德性的一切努力都遭到蔑视[①]。这些动机的感受性的证据链确证了纯粹德性是趋向于善的最有力的唯一动机。

其四,德性可教是纯粹实践理性的方法论的前提。在德性是否可教的问题上,除了少数人认为德性不可教外,大多数人都认为德性可教,如智者普罗泰戈拉、苏格拉底、德谟克利特、亚里士多德等。康德认为,既然德性是人的本性,那么也必然是可教的。但德性和知识不同,理论理性是人为自然立法(知识),实践理性则是人为自己立法(自由)。知识可以也应该通过灌输和训练进行。德性是人的本性,它指向内在的善良意志,因此,道德教育不能像自然知识那样以灌输为主,应该引导受教育者自己认识到德性的本性,并把它实现出来,即把自在德性扬弃为自为的德性。这也决定了道德教育的任务不是造就合乎道德法则的行为,而是应该培养出于义务的德性[②]。因为道德自律最终要靠个人的内在的实践理性的力量,否则,一切道德教育等于白费。因此,纯粹实践理性的方法应该是批判的,不是独断的;应该是自由的,不是强制的。

第二节　纯粹实践理性的方法论

基于对实践理性的方法论何以可能的上述论证,康德认为,培训道德主体的主体性是关键,纯粹实践理性的方法论的目的就在于如何循循善诱地使道德法则进入每个普通人(哪怕是一个10岁儿童)的内心,启发人们意识到自由意志的纯粹性和道德人格的尊严,并在伦理共同体中使道

---

① 康德:《实践理性批判》,邓晓芒译,杨祖陶校,人民出版社2003年版,第208—209页。
② Immanuel Kant, *The Metaphysics of Moral*, translated and edited by Mary Gregor, (Cambridge: Cambridge University Press, 1996), pp.221-225.

德法则成为人的内在品格。这正是康德的纯粹实践理性的方法论的两个不可分割的层面。为此,康德提出了纯粹实践理性的四个层面的方法。

一是道德判断力的训练。康德认为,首先,教育者要善于引导受教育者运用理性对实践问题做出最精细的鉴定。要有这种倾向。教育者在把某种单纯的道德上的教义作为基础之后,就要为此搜遍古今人物传记,以便把握所提出的凭据。运用这些凭据,通过对各种不同情况下的类似行动加以比较,使受教育者自己评判这些行动的道德内涵。在这里,甚至思辨还不成熟的少年也会马上变得非常敏锐,并因为自己判断力的进步而对道德判断产生很大的兴趣。最重要的是,他们可以有把握地指望,一方面,经常练习认识和称赞具有全部纯洁性的良好行为;另一方面,惋惜和轻蔑地去发现哪怕最小的对纯洁性的偏离。即使这种做法只是被当作一种判断力游戏,但却会对于推崇纯洁性的良好行为而憎恶不纯洁性的行为留下持久的印象。受教育者通过这些练习,就会为以后正直不阿的生活方式奠定一个良好的基础①。其次,教导受教育者运用判断力区别在一个行动中的不同义务:(人类的需要要求的法则颁布的)非本质性的义务和(人类的权利要求的法则颁布的)本质性的义务②。最后,必须注意的是:这个行动是否主观上也是为了道德律而发生的,它是否不仅拥有作为行为的道德正确性,而且也拥有作为按照行为准则的意向的道德价值。我们通过这种练习培养起来的单纯对实践上的事进行判断的理性意识,必定会对理性的法则产生兴趣,因而对道德上善的行动也逐渐产生某种兴趣。

这还不是对行动及其道德性本身的兴趣,它只是使人们乐意以这样一种评判来自娱,并赋予德性和按照道德律形成的思维方式以一种美的形式。虽然这种形式令人赞叹,但并不因此被人寻求。因为这时客体的实存只被看作引起我们心中觉察到德性素质的一个诱因,它对德性来说仍然是无所谓的。这就需要开始第二种训练,即通过榜样来生动地描述道德意向,使人注意到意志的纯洁性。

---

① 康德:《实践理性批判》,邓晓芒译,杨祖陶校,人民出版社2003年版,第219页。
② 康德:《实践理性批判》,邓晓芒译,杨祖陶校,人民出版社2003年版,第207页。

二是利用榜样的工具性作用训练人们对义务的敬重。康德时代盛行运用情感尤其是单纯依靠道德榜样培养儿童的道德教育方式。康德批判说:"为儿童树立一些行动作为高尚、慷慨和值得赞扬的模范,以为通过灌输某种热忱就会获得他们对这些行动的好感,这完全是适得其反。因为既然儿童在遵守最普通的义务上,甚至在正确评判这种义务上还如此远远滞后,那么这就等于说要使他们及时地成为幻想家。但甚至在人类的更有学问更有经验的那一部分中,这种臆想的动机对人心如果不是更有害的话,也至少是没有什么真正的道德作用的,但人们本来却正是想借此促成这种道德作用。"① 在他看来,榜样只能作为培养意志的完善性的一种桥梁,绝不能作为道德教育的目的。道德教育的目的是通过榜样的桥梁作用,来训练对义务的敬重,达到意志的完善性。首先,达到意志的消极的完善性。这要求,在一个作为义务的行动中,初学者放弃爱好的动机,把注意力保持在对自己的自由的意识上。虽然这会产生痛苦的感觉,但初学者基于此摆脱了需求的影响,同时从各种不满足中解放出来,并使其内心对来自另外源泉的满足感易于接受。当相关实例中的纯粹道德决定揭示出一种内部的、平时甚至完全不为人本身所知的能力,即内心的自由(也就是挣脱爱好的剧烈纠缠,以至于没有任何爱好对我们应当用理性做出的决定发生影响)时,意志就暗中摆脱了时刻压在自己身上的爱好的重负而获得了解放。其次,达到意志的积极的完善性。由于我们已经达到了意志的消极的完善性,尽管我们遇到如此巨大的矛盾——我侵犯了某人的权利,只有我一个人知道错在我方,而且受到我的虚荣心、自私心,甚至我平时对那个人很有道理的反感等的阻碍——但我仍然坦率地承认错误并提议向对方赔礼道歉。这就包含有不依赖于爱好和巧合的独立性意识,以及自满自足的可能性意识,也就是积极的行动自由。现在,义务法则凭借在遵守它时让我们感到的积极价值,通过在我们的自由意识中对我们自己的敬重找到了入门的捷径。"如果这种敬重被完全建立起来了,如果人没有比他通过内部的自我审查觉得在自己眼中是可鄙和下流的更使他强烈地感到害怕的了,那么任何善良的道德意向就都能够嫁接到这

---

① 康德:《实践理性批判》,邓晓芒译,杨祖陶校,人民出版社2003年版,第213页。

种敬重上来;因为这是防止我们内心的不高尚和腐败冲动入侵的最好的、甚至是惟一的守卫者。"[1]当然,意志的完善性仅靠榜样的工具性作用是很难达到的,它更需要合道德性的道德教育程序和伦理共同体的训练做保证。

三是合道德性的道德教育程序——精神接生术和引导问答法。康德批判独断的道德教育方法(教师一个人讲,学生听的填鸭式教育)违背了道德教育自身的规律,因为它不懂得德性是人自身的本性,企图从外在的方面灌输内在的德性。他主张运用合道德性的道德教育程序,即根据教养对象的不同分别运用精神接生术或引导问答法。首先,对于对道德有了一定的认识的成年人,应该采取苏格拉底式的精神接生术的方法(互相问答),通过辩论和自我反省达到对德性的认知和践行。其次,由于青少年对道德的基本内涵还不清楚,只能通过老师的逐步引导达到对德性的认知和践行。康德在《道德形而上学》中把《道德形而上学原理》中探讨道德规律的方法或程序运用到道德教育之上,专门详细地探讨了在《实践理性批判》中提出却未及展开的引导问答法——教师通过提问启发,引导学生思考回答,以此一步步达到对德性和义务的敬重的道德训练方法。他精心设计了如何把普通的道德理性经过哲学的道德理性提升为纯粹实践理性的道德训练的程序——从对生活的渴望开始,经过幸福、配享幸福的桥梁,引导到自由意志对它们的克服和剔除,引出道德命令、道德规律,使学生认识到德性的力量和纯粹性[2]。康德提出的这一循循善诱的道德教育程序,对于青少年的道德教育具有极大的道德价值和指导意义,因为它抓住了道德教育的根本,否定了把道德教育的工具作为道德目的的填鸭式教育方法,否定了扼杀道德主体性和道德纯粹性的陈旧程序。康德把道德教育内容的道德性和道德教育程序的道德性结合起来,这是一个独创性的思想。尽管现实中人们不可能像他这样去做,但他为我们提供了一种可资借鉴的比较正确的合道德性的道德教育的模式和程序。

---

[1] 康德:《实践理性批判》,邓晓芒译,杨祖陶校,人民出版社2003年版,第219页。
[2] Immanuel Kant, *The Metaphysics of Moral*, translated and edited by Mary Gregor, (Cambridge: Cambridge University Press, 1996), pp.221-225.

四是摆脱伦理自然状态,实现伦理共同体的联合。康德在论述了道德教育者应遵循的德性训练方法的同时,把眼光投向了社会领域。在康德看来,即使通过道德教育对一个人进行了德性训练,使他确立了向善的意念和对纯粹德性的尊重,这也仅仅是迈出了善战胜恶的第一步,此人依然还是会受到恶的原则的侵袭。这种侵袭并不是在他离群索居的情况下,来自其粗野本性,而是来自他身处其中的社会。只要他生活在人群之中,甚至无须假定人们都已经堕落为恶,充当了教唆他为恶的榜样,单是妒忌心、统治欲、占有欲等,就会时刻冲击着他那本来易于知足的本性,迫使他或者必须防范别人,或者产生要压倒别人的欲望,这就足以使他变恶。康德把这种现象称作伦理的自然状态,它是"对德性法则的一种公共的、相互的损害,是一种内在的无道德的状态;自然的人应该勉励自己尽可能快地走出这种状态"①。所有想要改恶向善的人们都应该联合起来,形成一个"伦理共同体",即伦理的自由状态,以此来促进每一个人的道德修养。康德说:"由于道德上的至善并不能仅仅通过单个的人追求他自己在道德上的完善来实现,而是要求单个的人,为了这同一个目的联合成为一个整体,成为一个具有善良意念的人们的体系。只有在这个体系中,并且凭借这个体系的统一,道德上的至善才能实现。"②人们应该通过伦理共同体的力量加强来稳固道德训练,由伦理的自然状态进入伦理的自由状态。康德的这一思想和卢梭在《爱弥儿》中主张的自然教育方法是不同的,但和黑格尔后来提出的伦理有机体对人的德性的训练是相通的。在一定的意义上,马克思和恩格斯提出的自由人联合体的思想在康德这里已经萌芽了。

由此可知,康德通过各种具体的实践理性训练方法和伦理共同体的熏陶,才似乎有可能把德性和道德规律落到实处。

---

① 康德:《单纯理性限度内的宗教》,李秋零译,商务印书馆2012年版,第95页。
② 康德:《单纯理性限度内的宗教》,李秋零译,商务印书馆2012年版,第95页。

第三节　纯粹实践理性方法论的反思

不得不说,我们对于康德的道德教育方法研究得不够。一个明显的事实是,目前盛行的道德教育方法基本上缺乏论证和自我批判,往往不确证方法的可能性就独断地提出各种各样的方法。这就必然导致道德教育过于重视普遍性而忽视特殊性,同时也使普遍性本身流于空谈。批判吸取康德的纯粹实践理性的方法,至少可以给我们以下几个方面的启示。

一是注重道德教育方式本身的道德性,反对独断的道德教育方法。康德认为,教育方法的可能性在于德性的本质是自由,是人的本性。马克思恩格斯继承了康德的这一基本思想,主张具体的实践的自由,他们在《共产党宣言》中说:"代替那存在着阶级和阶级对立的资产阶级旧社会的,将是这样一个联合体,在那里,每个人的自由发展是一切人的自由发展的条件。"①无论从伦理学的本质来看,还是从马克思本人的伦理思想来看,马克思主义伦理学的核心都应该是自由规律。道德不是限制扼杀自由,恰好相反,它本身就是自由规律。因此,道德教育的方法应该出自自由而不是出自强制,道德教育方式本身应该是道德的。高大全空的道德教育和强行灌输的道德教育方式本身就是不道德的,因为它把受教育者看作了道德灌输的工具(客体)而不是目的(主体),败坏了教育者和受教育者的最根本的德性。这和道德教育的真正目的恰好相反。道德教育必须尊重受教育者的主体性,把阶段性和连续性、特殊性和普遍性结合起来,把区别对待和德性本质的一致结合起来。对儿童、青少年、成年人的道德教育方法、内容等必须区别对待,而且要以德性本身为目的,而不是以德性之外的其他东西为目的。当前,尤其应该把道德和政治区别开来,二者虽有联系,却有着层次的区别,不可混为一谈。道德教育要打破伦理政治化和政治伦理化的千年传统,绝不可用政治标准、政治判断取代道德标准、道德判断;反之亦然。

二是榜样教育应该以德性为目的,而不是以学习榜样为目的。康德

---

① 《马克思恩格斯选集》(第一卷),人民出版社1995年版,第294页。

在《实践理性批判》中谈到道德判断力的训练时说:"只是我希望不要用我们那些感伤文字中被如此大量滥用的所谓高尚的(过誉了的)行动的榜样来打扰这种练习,而是把一切都仅仅转移到义务以及一个人在他自己眼里通过没有违犯义务的意识而能够和必须给予自己的那种价值之上。"[1]康德在《道德形而上学》中还提出学习者会对榜样产生仇恨。这就启迪我们,首先,虽然我们一直认为榜样的力量是无穷的,其实榜样的力量非常有限,且有其不可避免的负面影响。树立榜样对榜样者本人及其亲属都会造成一定的精神压力。他们有时为了榜样的虚名,违心地做一些本不愿做的事情时,就导致了伪善和不道德,甚至是一种恶。同时,树立榜样也对榜样学习者造成一定的精神压力。这就要求榜样教育的方法应该具体化,不能停留在抽象地树立榜样、学习榜样的表面功夫上。我们应该学习榜样的精神和德性,而不是学习(模仿)其具体的做法,后者只能是桥梁、工具,德性才是目的。其次,注意防止青少年不顾实际地模仿道德英雄的严重危害性,以及由榜样导致的让对青少年产生忌妒、仇恨心理的负面影响。道德教育不是要求他们模仿榜样的行为,而是应当引导他们认识到榜样行为所体现的德性实质;不是仅仅要求其言行的合法性,更要求其言行的合道德性乃至对道德自身的敬重。应该尊重青少年的人格,肯定其点滴进步,绝不可用英雄人物或其他榜样作为衡量他们的道德标准,否则,只能导致他们走向虚伪或叛逆,给其人生带来不必要的甚至严重的负面影响。最后,榜样对于成人,更要注意实事求是,力戒夸大其词。一般来讲,成人有自己的道德判断能力和价值观念,而且有着广泛的社会联系和巨大的信息量。如果榜样脱离实际,只能导致他们对榜样的蔑视而适得其反。德性的力量在于其纯粹性,只有真正纯粹的德性,才能净化心灵,提升道德水平。过分夸大的榜样必然失去纯粹性而成了虚伪的、夸张的、功利性的东西,也就产生不了道德所带来的震撼力。

三是注重感性实践的重要作用,扬弃道德教育中的主观形式主义和技术实用主义。康德承认,利害诱导或恐吓对于道德教育有时是必要的准备性工具措施,但绝不是根本方法。一旦产生了一些效果,就必须把纯

---

[1] 康德:《实践理性批判》,邓晓芒译,杨祖陶校,人民出版社2003年版,第210页。

粹的道德动因完全带进受教育者的心灵。这种动因教人感受到他自己的尊严,给其内心提供了挣脱其感性依赖性、获得理智本性的独立性的德性的力量①。康德突出了精神、德性的力量对于物质、利益的超越性,但他关注的道德教育具有浓厚的形式特色和较强的主观性,忽视了感性实践的重要性。与康德不同,目前流行的观念却是物质决定意识,利益是道德的基础,因此道德教育成了一种实用技术主义。我们应该扬弃这两种偏向,自觉地以马克思的感性实践原理为指导,注重感性实践对加强道德教育方法的重要作用。

在马克思看来,实践是具体生动的感性活动和自由自觉的活动,是人的本质力量的对象化和对象的人化。一切物质和整个自然界都潜在地具有思维的可能性,但只有人是自然界一切潜在属性的全面实现。所以,从外延上(抽象自然科学上)看,人是自然界的一部分。但由于人是最高本质的部分,所以从内涵上(哲学上)看,全部自然都成了人的一部分,成了人的实践的一部分。因此,共产主义"作为完成了的自然主义,等于人本主义,而作为完成了的人本主义,等于自然主义;它是人和自然界之间、人和人之间的矛盾的真正解决,是存在和本质、对象化和自我确立、自由和必然、个体和类之间的抗争的真正解决"②。人的本质是整个自然界的本质,是在人与人、人与社会、人与自然、人与自身的自由自觉的感性实践。可见,目前流行的物质决定意识、利益是道德的基础的观念只是从外延的角度上(抽象的自然科学上)说的。从内涵(哲学)的角度看,意识是物质的本质,道德是利益的本质;物质、利益只是意识、道德的一个低层次的基础部分,只有提升为意识、道德的利益和物质才能真正实现自己的本质。因此,我们在进行道德教育的时候,一定要认清物质利益和精神、道德的辩证关系,不可片面强调外延关系的一面而忽视了内涵的一面,否则,就会陷入经验实用主义的泥潭,现实道德教育中的技术实用主义、政治实用主义就是如此。另外,也不可片面强调内涵关系的一面而忽视了外延关系的一面,康德的道德教育方法的问题就在这里。道德教育是为了实现

---

① 康德:《实践理性批判》,邓晓芒译,杨祖陶校,人民出版社2003年版,第206—207页。
② 马克思:《马克思1844年经济学—哲学手稿》,刘丕坤译,人民出版社1979年版,第73页。

人的本质,它本身也是一种感性实践活动。认识善和德性只是道德教育的开始,真正的道德教育在感性实践中自我教育、自我磨砺。只有经受住各种诱惑和磨难,依然履行道德义务才能真正实现人的本质。如果只停留在道德认识和道德引导上,还只是道德教育的形式,而不是道德教育的实质。道德教育应该把形式程序和实质内容结合起来,在感性实践中实现人本主义和自然主义、自由和自然的贯通。

四是以自由和谐丰富集体主义道德原则的内涵,构建和谐伦理实体,培育自由的道德人。

"伦理实体"这一概念是康德在《单纯理性限度内的宗教》中提出的,他认为伦理实体"也就是按照彼此之间权利平等和共享道德上善的成果的原则的那种联合"[1]。可惜的是,康德关注的是道德上的上帝统治的伦理共同体对道德教育的作用[2]。他把伦理实体遮蔽在宗教的彼岸世界中,没有真正揭示出其现实的内涵和作用。黑格尔发挥这一思想,主张伦理实体即伦理主体,并把伦理实体提升为伦理有机体[3]。马克思恩格斯超越了黑格尔的伦理有机体思想,提出了自由人联合体的思想。今天,党中央提出了构建和谐社会的思想。这些思想之间有着内在的逻辑联系,都体现着伦理实体对伦理主体的道德教育的重要作用。伦理主体是独立之人格、自由之思想、自主之角色的有机统一。伦理实体是由伦理主体构成的和谐有序的合理的自由的道德秩序,伦理实体的力量就在于对伦理主体的熏陶和培育。构建和谐社会的本质是建立一个真正的伦理实体。这就要求我们认真反思集体主义的道德原则和自由和谐之间的关系。我个人认为,自由和谐可以作为集体主义道德原则的新内涵。其原因在于:首先,自由是伦理的本质,和谐是自由在伦理实体中的伦理主体间合理关系的具体体现;其次,和谐自由是人的存在和本质,也是道德的目的和本质:伦理主体的个体的自我和谐就是个体自由,伦理主体间的和谐以及伦理实体的和谐就是合理自由的伦理秩序;最后,和谐社会作为社会主义的本

---

[1] 康德:《单纯理性限度内的宗教》,李秋零译,商务印书馆2012年版,第201页。
[2] 康德:《单纯理性限度内的宗教》,李秋零译,商务印书馆2012年版,第51页。
[3] 任丑:《简析黑格尔的伦理有机体思想》,《武汉大学学报》(人文科学版)2005年第6期。

质,体现了共产主义的自由人联合体思想在现阶段的具体落实,也是集体主义当前追求的具体目标。可见,以自由和谐丰富集体主义道德原则、建构和谐伦理实体,是培育自由的道德人的重要方式之一。

第三章　义务论还是德性论？

德性是伦理学的根本,也是康德伦理学的核心所在。遗憾的是,长期以来,人们对这个问题重视不够,乃至把伦理学分为德性论、规范论(包括目的论、义务论两大形态)、元伦理学,并把康德伦理学判定为义务论,这是一个误区。走出这个误区,不但是深入研究康德伦理学的突破口,而且涉及对伦理学根本问题的重新认识。

第一节　康德的交代

准确地讲,康德伦理学是批判的德性论。由于康德著作中的Sitten、Rechtslehre、Tugendlehre 等德文用语的本义和相应的中文译文的内涵颇有不同,对我们理解康德的道德、法权和德性之间的关系造成了一定的阻碍。因此,在这里,有必要做一个简单的考察。一般来讲,康德用语中的Sitten 一词翻译为道德,Rechtslehre 翻译为法学或权利科学,Tugendlehre 翻译为德性论或伦理学。诚然,这并没有大的问题,关键是对它们内涵的理解。

实际上,我们很少深究康德的 Sitten 一词的含义,一般把 Sitten 等同于 Metaphysik der Sitten 或 Grundlegung zur Metaphysik der Sitten 或 Tugend。这是一种不经意的疏忽。其实,康德对 Sitten、Rechtslehre、Tugendlehre 等德文用语的含义有明确的交代。

首先,康德曾在《道德形而上学》的总导言中对道德(Sitten)的含义做了说明:"Obgleich das deuscheWort Sitten, ebenso wie das lateinische mores, nur Manieren und lebensart bedeutet."①其中,"Maniere nund lebensart"就是伦理生活,包括个体的德性和个体间的生活秩序或伦常,大致相当于后来黑格尔讲的客观精神。此句可翻译为:"Sitten 在德文中和拉丁文的 mores 意义一样,只指礼节习俗和生活方式。"康德说,虽然德语 Sitten 同拉丁语 mores 一样,仅指行为方式和生活方式,但真正的道德学说的法则是一种理性的命令,它命令人应该如何行事,根本不管每个人的偏好、利益等靠经验获得的东西以及是否有这样的先例,而只是由于他具有(而且只要他具有)实践理性并且是自由的。这是康德赋予德语 Sitten 一词的新含义。

其次,康德在《道德形而上学·德性论导言》中对 Ethik、Sittenlehre、Rechtslehre、Tugendlehre 之间的关系做了明确的解释。他说:"Ethik 一词在古代一般指道德哲学(Sittenlehre),一般地,亦称之为义务论。人们逐渐发现,更为可取的是,把 Ethik 这一名称限制为道德哲学的一个部分,即并非源自外在法则的那些义务的学说(在德文中,最恰当地称之为德性论Tugendlehre)。因此,现在义务论的体系一般分为两部分:法权论(Rechtslehre),主要涉及来自外在法则的义务;以及德性论(Tugendlehre),其义务并非来自外在法则。我们也沿用这种划分。"②

康德把研究 Sitten 之学称为 Sittenlehre(道德哲学),即 Metaphysik der Sitten(道德形而上学),把研究 Ethik 之学规定为 Tugendlehre(德性论)。因此,康德的 Metaphysik der Sitten 包括 Metaphysische Anfangsgrµnde der Rechtslehre(法权论的形而上学原理)和 Metaphysische Anfangsgrµnde der Tugendlehre(德性论的形而上学原理)两个部分。相应地,康德的 Sitten(道德)包括 Recht(法权)和 Tugend(德性)两个部分;Sittenlehre(道德哲学即义务论)包括 Rechtslehre(法权论)和 Tugendlehre(德性论)即 Ethik(伦理学)两个部分。这和我们通常讲的道德哲学(也称为

---

① Immanuel Kant, *Metaphysik der Sitten*, Hrsgvon Karl Vorlnder, (Hamburg: Verlag Von Felix Meiner, 1966), S.17.
② Immanuel Kant, *Metaphysik der Sitten*, (Hamburg: Verlag Von Felix Meiner, 1966), S.17.

伦理学)以及道德的含义(各种道德规范的总和)有很大差异。

可以这样说,康德的道德哲学(Sittenlehre)即义务论相当于(黑格尔意义上的)客观精神哲学,它主要研究与人的自由相关的法权问题和德性问题。在康德看来,自由是道德的形而上的基础,它包括外在自由和内在自由两个层面:外在自由强调伦理主体的权利,它是法的外在强制;内在自由强调道德主体的目的,它是德性的内在强制。康德根据外在自由和内在自由把Sittenlehre划分为以"合法性"为目标的法权学说(Rechtslehre)和以"合道德性"为目标的德性学说(Tugendlehre),并在其《道德形而上学》中专门探讨了这两种学说的形而上的根据。人在权利(Recht)关系中作为主体的主体性问题,亦即人的外在自由问题,是道德哲学(Sittenlehre)的第一个层面——法权论(Rechtslehre)。人的德性(Tugend)指与人的内在自由相关的领域和问题,着眼的是纯粹的"德性",是道德哲学(Sittenlehre)的第二个层面——德性论(Tugendlehre)即伦理学(Ethik),德性(Tugend)是康德伦理学的核心概念。与其他德性论不同的是,康德的德性论是具有批判精神的德性论。他首先批判了传统的德性论,从消极的意义上回答德性不是什么,然后从积极的意义上肯定德性是一种伟大的力量。

第二节 德性不是什么?

康德首先批判了三条旧的有关德性的伦理学格言,以便为自己的德性论扫除障碍,奠定基础。

一、德性并非仅仅是"一"或"多"

《荷马史诗》之后,哲学成为古希腊人的精神追求。这意味着一种审视自然和人生的新思维方式的产生,它使人们对道德进行反思成为可能。

哲学的从"多"求"一"的精神开辟了有关德性统一性论证的新视角。在苏格拉底的对话中,始终存在一种对德性的"一"的寻求。当回答者认为德性就是男子的德性、女子的德性、孩子的德性、老年人的德性、自由人的德性、奴隶的德性等时,苏格拉底责难道:"本来只寻一个德性,结果却从那里发现潜藏着的蝴蝶般的一群德性。"[1]后来的斯多葛学派也主张只有一种德性[2]。柏拉图、亚里士多德开始反对只有一种德性的看法,试图寻求德性的"多"。那么,德性到底是"一"还是"多"呢?

康德试图综合古希腊的观点,他认为,从形式讲,德性只能有一种形式——意志的形式即法则,因为德性就其作为理性意志的力量,像一切形式的东西一样,只能是唯一的。德性论的最高原则或绝对命令是,"要根据这样的准则行动:它的目的可以成为任何人都具有的普遍法则"[3]。但从质料即意志的目的讲,即考虑人应该当作目的的东西,则德性可以是多种。德性的多样性只能理解为理性意志在单一的德性原则的指引下达到的多种不同的道德目标。根据绝对命令这一原则,一个人不仅对他自己而言是目的,而且对他人而言也是目的,绝不允许他把他自己或别人只当作手段。不仅如此,每个人还应该把全人类作为他自己的目的。作为一个绝对命令,它总是纯粹实践理性的目的,因为纯粹实践理性是支配目的的一般能力[4]。这样,在纯粹实践理性的基础上,康德把德性的形式(绝对命令)和德性的资料(意志目的)结合起来,解决了德性的"一"和"多"的问题:德性的形式是"一",这种"一"和其质料的结合形成"一"的"多"。

德性"一"和"多"的实质体现的是纯粹实践理性对自由任意的斗争和净化。这样,德性必然和恶习水火不容,而不可能是两种恶的中道。

二、德性并非两种对立的恶之间的中道

德性是两种恶的中道是一种古希腊盛行的德性观。德性论体系的

---

[1] 苗力田主编:《古希腊哲学》,中国人民大学出版社1995年版,第238页。
[2] Alasdair MacIntrre, *After Virtue*, (Notre Dame : University of Notre Dame Press, 1981), p.157
[3] 郑保华主编:《康德文集》,改革出版社1997年版,第362页。
[4] 郑保华主编:《康德文集》,改革出版社1997年版,第362页。

创始者亚里士多德就认为,德性是一种选择中道的品质,"德性是两种恶即过度与不及的中间"①。但他也看到,"从其本质或概念来说德性是适度,从最高善的角度来说,它是一个极端"②。并非每项实践与感情都有适度,有些行为本身就是恶,如忌妒、谋杀、偷窃等;有些行为本身就是善,如公正、勇敢、节制等。"一般地说,既不存在适度的过度与适度的不及,也不存在过度的适度或不及的适度。"③这里出现了两个矛盾:其一,过度和不及有中道,但又没有中道;其二,适度是过度和不及的中道,但适度又是一种极端,没有过度和不及。亚里士多德敏锐地意识到了这个困境,但他只是从经验的角度指出了这种逻辑和实践的矛盾,却没有从形而上的角度解决它。

康德认为,德性是过或不及的中道的看法是同义反复,毫无意义。从逻辑上讲,这是把反对项混淆为矛盾项。矛盾项(比如真理和谬误)之间的关系是不能同真或同假,它们之间没有折中的中道;反对项(比如直率和矜持)之间的关系是两者可以同假,但只能有一个为真,它们之间可以有折中的中道。就德性而论,"德性的欠缺(道德贫乏)=0"是作为"德性=+a"的逻辑上的反对命题与之相对立的,而"邪恶=-a"才是"德性=+a"的矛盾命题。德性和邪恶之间没有中道可言,两者都只能是一种极端。

康德进一步指出,把德性看作是过或不及的中道的逻辑混淆的实质在于,亚里士多德等人仅停留在准则的量的区分,看不到德性和恶的区别在于各自的准则与法则关系的不同。康德说:"德性与恶习的区别绝不能在遵循某些准则的程度中去寻找,而是必须仅仅在这些准则特殊的质(与法则的关系)中去寻找。"④德性和恶各自都有自己的准则,这些准则必然是互相矛盾的。德性和恶都是极端,不可通过量的变化而相互过渡:恶的中道还是恶,而绝不是德性。换句话说,德性绝不是两种恶习的第一种的逐渐减少或相对的第二种的逐渐增加而达到的中道,因为这种中道实质上还是恶的某种程度。如贪婪和吝啬的中道依然是某种程度的贪婪或吝

---

① 亚里士多德:《尼各马科伦理学》,廖申白译注,商务印书馆2003年版,第48页。
② 亚里士多德:《尼各马科伦理学》,廖申白译注,商务印书馆2003年版,第48页。
③ 亚里士多德:《尼各马科伦理学》,廖申白译注,商务印书馆2003年版,第48页。
④ 李秋零主编:《康德著作全集》(第六卷),中国人民大学出版社2007年版,第416页。

啬,而绝不是慷慨。而慷慨也不是通过自身的程度的增减而成为贪婪或吝啬的。另外,"德性的欠缺(道德贫乏)=0"也不是"德性=+a"和"邪恶=-a"的中道,它是价值领域之外的事实领域的问题。

因此,康德主张,区别德性与邪恶之间的差别不能用精确的量的标准,只能用特殊的质的标准即它们与法则的关系。

三、德性并非来自经验的习性或习俗

中道德性的根源在于从经验的角度思考问题,它必然导致德性是一种习性或习俗的看法。阿奎那在《神学大全》中就认为,"人类的德性乃是习惯"[1],有些功利主义者也认为德性是一种达到目的的手段或者是生活中的行为习惯。比如,爱尔维修把德性看成是一种利己的行为习惯,伏尔泰则主张德性就是那些使人高兴的习惯,等等。

康德认为,德性不应被定义和解释为仅仅是一种习性,或一种长期实践的道德上的良好行动的习惯,"因为如果这种习惯不是那种深思熟虑的、牢固的、一再提纯的原理的一种结果,那么,它就像出自技术实践理性的任何其他机械作用一样,既不曾对任何情况都作好准备,在新的诱惑可能引起的变化面前也没有保障"[2]。习性是一种行动能力,是任意的主观方面的完善,但并非任何一种这样的能力都是自由的习性。因为,如果某种习性只是出于习惯,即只是由于不断重复而成为一种必不可少的行为一贯性的话,那么它就不是出于自觉自愿,因而就不是道德习性。因此德性也就不能定义为"自由守法的行为习性",除非我们再给它加上"依照法则的观念而决定其行为"的条件。这样的习性就不是感性任意意志所具有的,而是理性良善意志(它是确立一条规则并宣布其为普遍法则的一种能力)所具有的。这就进入了德性是什么的领域。

---

[1] 周辅成:《西方伦理学名著选辑》(上卷),商务印书馆1964年版,第370页。
[2] 李秋零主编:《康德著作全集》(第六卷),中国人民大学出版社2007年版,第396—397页。

第三节 德性是什么？

康德认为,伦理学中的德性不应依据人履行法则的能力来衡量,而必须根据作为绝对命令的法则来衡量。因此,德性的道德力量不是根据经验知识即不应根据我们认为的"人现在是怎样的"来衡量,而应按照理性知识即按照人性的理念——"人应当成为怎样的人"来衡量。因此,德性是人的意志基于自由法则在履行德性义务的过程中所体现的道德力量。它具有三个层面的含义。

一、德性是不为情所动地尊重德性法则的力量

康德说,德性必须以"无情"(它应被视为力量的代名词)为前提,因为情感不管是由什么激起的,终归是感性的,即便是出于好意,它也只不过是昙花一现。"无情"常常被当作一种缺点,因为它听起来好像就是缺乏感情并对任意对象都无动于衷。但这里所说的无情专门指"道德上的无情",以区别于一般所说的冷漠、无动于衷等。在这种情况下,不是说没有种种情感产生,而是说所有来自感性印象的情感汇集起来的力量也比不上尊重法则的力量对道德情感的影响大。换言之,不是无动于衷,而是不为情感所动。德性的真正力量就在于克服情感的阻碍,把道德法则果断而又审慎地贯彻到道德行为中去。当然,这绝不是说我们要在任何事情上都根除情感,不为所动。如果有人一言一行甚至连吃鱼还是食肉、喝酒还是饮茶都要盘算是否合乎道德法则,那么这种人我们只好称之为"德性迷"。这种现象真是"德性"肆虐——其实质是对德性过于钟情,乃至于丧失了德性而成为感情的工具,这恰好违背了德性的"道德上的无情"。后来,罗尔斯在《正义论》中设定无知之幕中的人们之间相互冷淡的动机就是由此发展而来的。

二、德性是理性积极地执行德性法则的力量

人要做到"无情",就不应该听任自己臣服于情感和偏好,因为理性若不把驾驭的缰绳操纵在自己手中,那么情感和偏好这群烈马就会反过来成为人的主宰。德性具有一种使人成为他自己心中"抵制普遍法则的那种倾向"的主宰的力量,这种力量是从道德的绝对命令中推断出来的。就德性是基于人的内在自由这一点而言,它含有积极地对自己加以控制的力量,即人应该把自己的全部力量和偏好都置于自己理性的支配之下。这种支配不仅是消极地制止做某事,而且是积极地督促做某事。一切力量都是在克服障碍时才显现出来,就德性而言,这些障碍是人自身具有的与其道德意图相冲突的种种自然倾向。正是因为人自己在施行准则的路上设置了这些障碍,所以德性不仅仅是一种自制(因为那有可能是一种倾向阻抑另一种倾向的结果),而更是依据内在自由的原则即完全由德性义务观念根据其形式法则而施加的一种强制。就德性本身具有执行法则的能力而言,它是由其自身的立法理性施加的一种道德强迫。

三、德性是不断进展和重新开始的力量

德性的"无情"和执行法则的能力具体体现为,它是不断进展和重新开始的力量。从客观方面看,德性是一个不可达到而又必须努力企及的目的,因此德性总是不断发展的。从主观方面看,德性同时又总是从头开始的,因为人的天性总是受到性情偏好的影响。在这种情况下,德性的准则虽然已彻底确立,但始终受其骚扰,不是一劳永逸的,相反倒是不进则退的。德性的准则不能像生活技巧方面的准则那样以习惯为基础(因为习惯只是意志的决断力中的形而下的因素),甚至可以说,如果履行德性义务的实践成了一种习惯,那么行动者就失去了选择行动准则的自由,这恰好是德性的缺失。

德性的最高的、无条件的目的在于,德性就是它自身的目的,弘扬人性就是它自身的回报。与各有其障碍待克服的人类诸目的相比,作为德性自身目的的它自身的尊贵,远远超出了所有的实际功利、所有的经验目

的及其所能带来的好处。就德性与人的关系而言,它时常被称作有功德的、可嘉的;就德性与法则的关系而言,它自身便是目的,因而它自身就是回报。鉴于德性的十全十美,我们应这样来看待它:不是人拥有德性,而是德性拥有人。因为若是人拥有德性的话,人似乎仍然做了选择,如果那样的话,他还得另外再有一种德性,来把德性从施于他的种种福惠中挑拣出来。就是说,德性概念(德性的一或形式)自身是德性的多或质料的理想,是人这个有限的理性存在者不断完善人性却又永远达不到的最高目的,它的力量就在于拥有使人类不断克服人性的自然阻碍而不断地完善人性目的的强大无比的绝对命令。这个力量的实现就在纯粹实践理性通过任意(一般的实践理性)不断地克服经验感性的过程中,就在人类不断地克服自身的自然性而完善人性的过程中。

康德在批判前人德性观的基础上,把德性的静态的分析和动态的过程结合起来,提出了批判的德性论伦理学体系。这是对德性研究的重大突破,它将引导我们走出把康德伦理学判定为义务论的误区。

第四节 是否义务论?

如上所述,康德深知伦理学(Ethik)的传统意义是义务论,他把这个伦理学传统进行了改造:以道德哲学(Sittenlehre)代替传统的义务论即伦理学(Ethik),把他的伦理学(Ethik)限定在德性领域,建构了批判的德性论伦理学体系。也就是说,康德的伦理学是批判的德性论。

现在的问题是,为什么会把康德伦理学误判为义务论? 主要原因有二:①人们往往想当然地把康德的道德哲学(Sittenlehre)等同于康德的伦理学(Ethik 或 Tugendlehre),而没有深究《道德形而上学》对 Sittenlehre、Tugendlehre 的区分以及对伦理学的德性论的内涵的限定,仅根据《道德形而上学原理》就判定康德伦理学是义务论,这是一种较为普遍的误解。②不过,最根本的原因还在于,一些伦理学研究者用伦理学表面的理论现象去附会伦理学的根本,而没有从伦理学的根本出发去研究伦理学。可见,要真正走出判断的误区,就要探究伦理学的根本是什么。

这里直觉的观念是,德性是伦理学的根本。这就要求我们回答:德性是什么?它何以成为伦理学的根本?德性的本义是指任何事物的内在的卓越或优秀。在古希腊,苏格拉底开始扭转古希腊自然哲学的方向,使哲学从追问自然的本体转向追寻德性本身。柏拉图及其学生尤其是亚里士多德把德性主要归结为人的内在的卓越或优秀,使德性主要限定在理智德性和道德德性上。古希腊以后,德性主要指道德德性。但是古希腊以来,理论理性始终高踞于实践理性之上,"知识就是力量"(培根语)的观念大行其道。康德颠倒了这个传统观念,认为实践理性高于理论理性,主张人为自然和自由立法,他基于此把"知识就是力量"提升为德性就是力量的高度。

康德认为,德性本身不是义务,拥有德性也不成其为义务,但它命令人有义务,伴随着其命令的是一种只可能由内在自由的法则所施加的道德强制。这种命令是不可抗拒的,因而执行这种命令的力量是必需的,其强弱只能由人克服其自身由于各种偏好而造成的障碍的大小来衡量。这种坚毅的道德力量包含了人最伟大的赫赫战功,也是人唯一的、真正的荣耀。它也叫作真正的智慧即实践的智慧,因为它把人在世界上的存在这一终极目的(等于最终动因)作为它自己的目的。有德性(的力量和智慧)的人不会失去其德性(的力量和智慧),因为人拥有的是其固有的德性,无论是宿命还是时运都不可能夺走它。德性就成为人这个有限的理性存在者的本体或存在本身。由于康德把人看作自然的目的,德性就成为其哲学的本体,实际上也就是自然和人的本体。马克思正是在扬弃康德这一思想及其他思想的基础上建立其实践本体论的。由于康德的德性论排除了感性、功利、情感、习俗、社会制度、法规等因素,一方面使德性更加纯洁,另一方面使德性缺失了感性实践的维度,没有把德性力量的实践过程揭示出来。这样,其德性也就减弱了自我回归的实践力量。马克思的实践本体论正是对康德这一问题的一大突破。在马克思看来,实践是具体生动的感性活动、"自由自觉的活动",是人的本质力量的对象化和对象的人化。一切物质和整个自然界都潜在地具有思维的可能性,但只有人是自然界一切潜在属性的全面实现。所以,从外延上(抽象自然科学上)看,人是自然界的一部分;但由于他是最高本质的部分,所以从内涵上(哲学上)看,全部自然都成了人的一部分,成了人的实践的一部分。有了人,整个自然史就可以视为替人的产生所预先准备好的材料(Materie)。马克思说:"全部历史、发展史都是为了使'人'成为感性意识的对象和使'作为人的人'的需要成为[自然的、感性的]需要所做的准备。历史本身是自然史的一个现实的部分,是自然界生成为人这一过程的一个现实的部分。"①只有在人身上才体现出完整的自然界,整个自然只有通过人才意识到自身,才能支配自身,才能成为自由的、独立的自然,人(包括他的"无机身体"的人)也具有了本质的自然丰富性和完整性。因此,人的本质是整个自然界的本质,是人与人、人与社会、人与自然、人与其自身的自由自觉的感性实践。换句话说,全面的自然就是人,全面的人就是自然本身。可见,感性实践的目的体现的恰好就是整个自然界的卓越或好即自然的德性。

从实践本体论的角度看,德性是自然界一切潜在属性实现的力量和过程,道德德性是人的一切潜在属性实现的力量和过程。感性自然界的德性(如刀之锋利、马之善跑等)是人的德性的预备,是自然德性的低级阶段,它体现的是感性自然的外在必然性,但它潜藏着趋向德性的高级阶段的可能性。由于人本身就是自然界的自在自为的德性的体现者,在人这里,理性意志与欲望和自然本身的斗争体现着自然的自为的德性——自由。人的身体的德性、理智德性、道德德性的发展过程把德性推向自在自为的自由。人既然是自然的目的和本质,人的德性就是自然的目的和本质。于是,自然就是一个追求道德德性的自由历程,道德德性体现着自然的德性,也就是自然的内在必然性——自由。这样,各种德性就在自然追求其内在的卓越或自由中相互贯通了。在这个意义上,伦理学的根本就只能是道德德性,即人追求自我目的实现的感性实践的自由力量和过程,而不能是感性自然的德性、人的身体德性或理智德性等,这些与道德德性相关,可以是伦理学的参照系统,却不是伦理学的根本。这就在实践

---

① 马克思:《马克思1844年经济学—哲学手稿》,刘丕坤译,人民出版社1979年版,第82页。

本体论的基础上确证了伦理学就是德性论或德性学。

　　既然伦理学就是德性论,流行的伦理类型学把伦理学(即德性论)分为德性论、规范论(包括目的论、义务论两大形态)、元伦理学的观点就不能成立,当然也就不能把康德伦理学归为规范论之一的义务论了。同时,这也从另一个角度反证了康德伦理学的批判德性论的本质。至此,我们彻底走出了"康德伦理学是义务论"的误区,同时也颠覆了传统的伦理类型学的观点。但这并不可怕,因为它恰好可以促使我们从伦理学自身而不是从伦理学外在的因素来重新反思、深入研究伦理学。

第四章　康德伦理学的几个问题

宁新昌、许平二位先生的《张载康德伦理思想的相异与相通》(载《道德与文明》2006年第6期,以下简称宁文)一文,从中西伦理比较的角度阐释了康德伦理思想,读来令人耳目一新。但宁文对康德的中国式解读存在着一些明显的问题:用中国的道德概念阐释康德的伦理概念,由此导致对康德的义务的某种程度的曲解,乃至把二律背反归结为康德的阶级软弱性和非此即彼的思维方式。本文仅就这几个问题做一简单分析,以求教于方家。

第一节　康德的道德与伦理的相关问题

宁文的立足点是:"在汉语中,就'道德'一词的本初意义而言,是由'道'和'德'两个单词结合而成的,'道'指的是规律,法则;'德'是得到的意思,'得到'是个及物动词,所以'得到'应该是有对象的。在道德中,所'得到'的乃是'道'。《管子·心术上》释德:'德者,道之舍……德者得也,得也者,谓其得所以然也。''所以然'指的就是'道'。因之,'道德'的基本含义就包括:一是指调整人们之间关系的社会规范;二是指依此而形成的价值倾向,即人们对社会生活的道德评价。一般来说,以往的伦理学说都是围绕以上的内容展开的,张载和康德的思想也不例外。"[①]我们认为,且不说其他人的思想是否例外,但康德的思想肯定是个例外。

---

① 宁新昌、许平:《张载康德伦理思想的相异与相通》,《道德与文明》2006年第6期。

一般来讲,康德著作中的 Sitten、Recht、Tugend 等词可分别翻译为道德、法权、德性,Sittenlehre、Recht slehre、Tugendlehre 可分别翻译为道德哲学、权利科学(或法学)、德性论(或伦理学)。这诚然没有大的问题,关键是对它们内涵的理解。实际上,康德对 Sitten 等德文用语的含义有明确的交代①。

与其他德性论不同的是,康德的德性论是具有批判精神的。他首先批判了传统的德性论,认为伦理学中的德性不应依据人履行法则的能力来衡量,而必须根据作为绝对命令的法则来衡量。德性的道德力不是根据经验知识,即不应根据我们认为"人现在是怎样的"来衡量,而应按照理性知识,即按照人性的理念——"人应当成为怎样的人"来衡量。据此,德性是人的意志基于自由原则,在履行德性义务的过程中所体现的道德力量。

可见,无论从康德的道德(Sitten)的内涵(理性的命令)还是其外延(法权和德性即伦理两个领域)来看,还是仅就康德伦理学或德性论(Tugendlehre)而言,都和宁文所理解的"道德"有天壤之别。宁文简单地把康德讲的道德(Sitten)等同于德性(Tugend),这就决定着它对康德伦理学的论述始终未能真正进入康德伦理学本身,只是在伦理学的外围或伦理学和法学的共同基础领域(即 Sitten)内转来转去。这就不可避免地曲解了康德伦理学的义务论。

第二节　康德伦理学的义务问题

宁文在谈到"康德伦理道德的义务"时认为:"这里说的义务,是道德意义上的,而非法律、宗教意义上的。我们认为,应把这种义务规定为伦理道德义务。"②这里再明白不过地表明作者对康德伦理学的曲解。

---

① 已在前面"康德的交代"一节中将 Sitten 等用语进行了阐述,这里不再阐述。
② 宁新昌、许平:《张载康德伦理思想的相异与相通》,《道德与文明》2006年第6期。

康德的道德包括法权和德性,其道德义务恰好包括法权的义务和德性的义务(相当于汉语语境的道德的义务),而不仅仅是汉语语境的道德意义上的义务。康德认为,作为善良意志的体现的义务"就是由于尊重规律而产生的行为必要性"[①]。这就是定言命令,且只有一条,它是"要只按照你同时认为也能成为普遍规律的准则去行动"[②]。康德在《道德形而上学原理》中,以自由规律为根据,从义务的性质提出了完全的义务、不完全的义务,从义务的对象提出了为他人的义务和为自己的义务。按照"道德形而上学"的层次,他将义务整理为:对自己的完全的义务、对他人的完全的义务、对自己的不完全的义务、对他人的不完全的义务。"完全的义务"就是绝对没有例外的义务,如不要自杀、不要骗人等;"不完全的义务"则允许有例外,如要发展自己的才能,要帮助别人等[③]。康德在后来的《道德形而上学》中,进一步深化了其义务理论,使之构成一个较为完整的义务体系。他把"完全的义务"具体规定为法权义务,把不完全的义务具体规定为德性义务。法权义务和德性义务之间的不同在于:法权义务是一种和权利紧密相连的外在强迫,一个人尽义务的同时就享有权利;德性义务是一种和权利并非紧密相连的内在强迫,一个人尽义务的同时并不能因此要求享有某些权利。

康德把德性义务即伦理义务又具体区分为直接义务和间接义务。直接义务是为了道德性,是绝对命令。间接义务是为了抵制并避免使人趋向邪恶的极大诱惑而追求幸福或财富这个外在目的,它之所以是义务,是为了道德这个内在目的,因此是间接义务。没有直接义务,间接义务就不具有道德价值;没有间接义务,就会产生趋向邪恶的极大诱惑而对道德产生危害。但康德更看重的是直接义务,他主张的德性义务严格说来就是直接义务。因此,他详尽地探讨了直接义务。

康德依据意志自律各原则,把德行义务(即伦理义务)列表如下:

(1)我自己的目的,兼为我的义务(我自己的完善);

[①] 康德:《道德形而上学原理》,苗力田译,上海人民出版社2002年版,第16页。
[②] 康德:《道德形而上学原理》,苗力田译,上海人民出版社2002年版,第38—39页。
[③] 康德:《道德形而上学原理》,苗力田译,上海人民出版社2002年版,第39—41页。

(2)他人的目的,促成它也是我的义务(他人的幸福);

(3)法则,兼为动力,由此而有合道德性;

(4)目的,兼为动力,由此而有合法性。

其中,从德性对象看,(1)和(3)是德性之内在义务,(2)和(4)是德性之外在义务;从德性的形式和质料的关系看,(1)和(2)是德性义务的实质要素,(3)和(4)是德性义务的形式要素[1]。康德认为,内在义务高于外在义务,形式要素高于质料要素。因此,合道德性高于合法性,自己的完善高于他人的幸福——因为他人的幸福是不确定的,我不是上帝,不能而不是不愿使别人达到幸福,每个人的幸福必须靠自己。自己的完善高于自己的幸福,即个人的自由完满高于一切,是真正的道德目的。

综上所述,康德从自由本体出发提出的义务有三个基本层次:①义务包括完全义务(法权义务)和不完全义务(德性义务);②德性义务包括间接义务和直接义务;③直接义务从德性对象看,包括内在义务、外在义务;从德性的形式和质料的关系看,包括义务的实质要素和义务的形式要素。其中,形式的内在义务是最高的,它来自意志自律或者善良意志,即纯粹实践理性。

如果说对康德伦理学和康德义务论的曲解尚情有可原的话,那么,把二律背反归结为康德的阶级软弱性和思维方式,就是不可原谅的常识性的"硬伤"了。

第三节　二律背反和康德的阶级软弱性以及思维方式问题

宁文认为:"康德二分本体和现象,使自由远离经验的现象界,且超越于自然的因果链条,从而把自由狭限在道德领域。这样看来,他虽然调和了'决定论'和自由意志的矛盾,但却陷入了麻烦的二律背反之中。导致

---

[1] Immanuel Kant, *Metaphysik der Sitten*, (Hamburg: Verlag Von Felix Meiner, 1966), S.240.

这一状况的,除了德国市民阶级的软弱保守之外,也有其'非此即彼'的思维方式的原因。"①康德哲学的这种保守性"体现了18—19世纪德国市民阶级知识分子对待革命的暧昧态度,也是德国市民阶级软弱性的表现"②。

实际上,二律背反并不是康德本人的问题,而是前康德哲学存在的问题,本质上是人类理性自身的矛盾问题。康德哲学的总问题是先天综合判断是如何可能的,其中一个重要方面就是要综合"非此即彼"的二律背反。对于二律背反问题(包括纯粹知性的二律背反和纯粹实践理性的二律背反),康德不是"非此即彼"地在二者中选择一个,而是试图综合并解决之。

首先,在《纯粹理性批判》中的第二编《先验辩证论》的纯粹理性的辩证推论中,康德用了九节的篇幅详尽地论证纯粹知性的二律背反问题(即经验派和理性派对整个世界宇宙知识的不同看法),并提出了完全解决四个二律背反的思想。康德认为,先验宇宙论的二律背反是经验派和理性派长期争论的问题。前两个二律背反(宇宙是有限的还是无限的,宇宙的构成是单一的还是复合的)的问题在于双方都混淆了现象和物自体;关于后两个二律背反(宇宙有无自由,宇宙是必然的还是偶然的),双方都可以从现象和物自体两个不同的立场来看,因而也可以都是对的。所以,消除二律背反的关键在于,必须严格区分现象和物自体。基于此,就可以为未来的形而上学(自然形而上学和道德形而上学)奠定基础③。

其次,在康德看来,理性既可以做理论的应用以求真(Wahrheit),也可以做实践的应用以求善(Gut)。由于理性自身总是要求一个无条件的绝对整体性,在其实践的应用中,必然要求一个最高的善(das hoechste Gut)作为其他有条件的善的最高条件,这种要求如果不从超验哲学的角度去理解,就会导致实践理性的二律背反。

康德在《实践理性批判》中的纯粹实践理性的辩证论中揭示了实践理性的二律背反及其解决思路,以期建立德福一致的综合的伦理学。他认

---

① 宁新昌、许平:《张载康德伦理思想的相异与相通》,《道德与文明》2006年第6期。
② 宁新昌、许平:《张载康德伦理思想的相异与相通》,《道德与文明》2006年第6期。
③ 康德:《纯粹理性批判》,邓晓芒译,杨祖陶校,人民出版社2004年版,第347—455页。

为，人是有限的理性存在者，作为有限的存在者，他要求幸福(Glueckseligkeit)；同时，作为有理性的存在者，他要求德性(Tugend)。德与福的综合或连接就是最高善。康德认为，德与福属于不同的种类，德福一致是一个先天综合判断，从任何一方都分析不出另一方。要先天综合地连接德福，就必须依照因果律：一方面，求福以生德是不可能的，因为把追求幸福作为意志决定的根据，就必然产生道德行为的他律，这就是伊壁鸠鲁学派的幸福即德性的观点；另一方面，求德以生福也是不可能的，因为德性必然排除幸福，所以追求德性不可能得到幸福，这就是斯多葛学派的德性即幸福的观点。求福以生德和求德以生福的对立就产生了实践理性的二律背反。如何消除这个二律背反呢？首先，求福以生德是绝对不可能的。其次，求德以生福则不是绝对不可能的，因为只有把德看作属于感性世界的原因，把人仅仅当作感性世界的存在时，才是不可能的。如果把德性看作理智世界的原因，把幸福看作感性世界的结果，则求德以生福便是可能的了。这样，二律背反就通过求德以生福的连接而解决了。但是，德性作为理智世界的原因而不是感性世界的原因，这种连接就不可能由感性世界的因果律来说明，而必须寻求其他可能性的根据。这种可能性的根据具有两大悬设：一是灵魂不朽，二是上帝存在，它们是德福一致这个先天综合命题之所以可能的前提，是通过实践理性或自由意志推出来的。人有自由意志是一种实践的设定，所以不必从自然科学上推论，人可以也应当根据有来世和有上帝那样去做，而不必确证经验中是否真的如此。因此，两大悬设之外还有最根本的第三大悬设——自由意志。人有了自由意志，就必须要有德性，有德性就要追求一种完满的善即最高的善——德福一致，要有这样完满的善，就必须设定灵魂不朽和上帝存在。可见，有了自由意志的人，就会有信仰，宗教是从道德中推出来的。道德立足于人的自由意志，道德本身是自足的，它可以没有宗教而独立，宗教却不能没有道德而独立[①]。

最后，关于康德哲学的阶级软弱性问题。第一，它不是哲学自身的问题，不能用来附会哲学的性质。第二，即使阶级性可以去衡量哲学问题或

[①] 康德：《实践理性批判》，邓晓芒译，杨祖陶校，人民出版社2003年版，第151—163页。

其他哲学家的思想,但对康德来说却不适合。康德探讨的是超越经验、阶级、民族甚至类别的"优先的理性存在着"的道德(法权和德性)形而上学问题,探讨的是超越一切经验的道德规范之上的道德规律问题。康德的伦理属于超验领域,而阶级性则是经验问题。把经验的东西附加给康德的超验伦理学,无论如何是说不过去的,因为这种做法本身就是康德批判的求福以生德的变形,它正是导致实践理性二律背反的一个重要途径。第三,二律背反作为人类理性自身的矛盾的体现,和所谓的康德的阶级软弱性毫不相干。康德有无阶级软弱性,二律背反都会出现。而且,即使没有康德,二律背反也必然(并且事实上已经)出现,康德只是把这个矛盾揭示出来而已。再退一步讲,即使康德没有揭示出来,也必然会有其他的哲学家把这个问题揭示出来。康德并不是陷入二律背反,而是在批判二律背反的基础上,力图综合解决二律背反。

可见,二律背反和康德的阶级软弱性、保守性无关,也不是由于康德的"非此即彼"的思维方式导致的。相反,正是因为他在某种程度上跳出了"非此即彼"的思维方式,摆脱了诸如阶级性、保守性等经验对象的纠缠,立足超验哲学的高度才发现了二律背反,并试图解决二律背反,以便为未来的形而上学打好基础。

第五章　黑格尔关于善的思想

求善是伦理学的根本使命,也是黑格尔善恶观的明确鹄的。由于恩格斯对黑格尔肯定恶的作用的肯定,还有我们囿于语言的表象对恩格斯评价的肤浅领会以及对黑格尔善恶观的严重忽视,导致我们所了解的黑格尔好像是以论恶而著称的。实际上,黑格尔对恶的肯定只是他的善恶观的一个次要部分,恶在其善恶观中也并非处在核心地位。恰好相反,善才是其善恶观的核心和重点,对善负责才是黑格尔的更伟大的思想。

第一节　辩证善恶观

黑格尔前的善恶观由于抽象理智的思维方式,基本上处于彼此对立的、互不相容的状态。黑格尔正是在这个关键节点上,构建了本体论、认识论、方法论相统一的哲学体系,用辩证逻辑的力量扬弃传统善恶观的同时又把它们包含于自身之内,把支离破碎的善恶观在新的基点上统一起来,构建了辩证的善恶观,并基于此阐发了他关于善的思想。

黑格尔把斯宾诺莎的实体和费希特的自我意识进行了辩证改造,把实体理解为主体和一个过程。这样,实体作为主体一开始就包含着自己与自身的差异,因此必然外化为自己的对象;同时它又能扬弃自己的对象,返回到自身,从而实现自我发展的过程。他认为,意志的实体是自由,自由即道德主体。道德主体自身的差异即高贵和低微的矛盾是善恶的自在状态,它必然外化为自由意志的选择,自由意志则必然在社会历史的发展过程中不断扬弃自身,善在这个过程中和恶斗争、扬弃恶,包含恶于自身内,善的目的在国家中得以实现。这是一个善恶由自在到自为向自在自为不断进展的充满生命力的斗争历程。

黑格尔认为,善恶的起源必须从道德主体中寻求。他说:"人既是高贵的东西同时又是完全低微的东西。他包含着无限的东西和完全有限的东西的统一、一定界限和完全无界限的统一。人的高贵处就在于能保持这种矛盾,而这种矛盾是任何自然东西在自身中所没有的也不是它所能忍受的。"[1]我作为这个人,在一切方面(在内部任性、冲动和情欲方面,以及在直接外部的定在方面)都完全是被规定了的和有限的,这是我的低微处;但我正是在有限性中在低微中知道自己是某种无限的、普遍的、自由的东西,这是我的高贵之处。正是这种无限和有限、自由和自然、普遍和特殊的内在矛盾构成了道德主体,意志的矛盾就来自这个集高贵和低微于一体的主体,一切善恶的根源就在于此。对于完全低微的东西而言,由于没有高贵的因素,低微也就不成其为低微,根本不存在高贵和低微的矛盾,也就没有善恶可言。对于完全高贵的东西而言,由于其本身内部不包含低微的因素,它只是一个纯粹的无矛盾的抽象的东西,高贵也同样失去了高贵的意义而不成其为高贵,善恶也就失去了存在的根据。纯粹的低微和纯粹的高贵的实质是相同的,它们都不能成为善恶的根据。道德主体正是能够保持低微的高贵和高贵的低微这一对矛盾的统一体,善恶正是道德主体对自身的这对原矛盾的自觉的自我评价的原判词。这既是善恶的最终根源,也是善恶不断发展变化的原根据。但这时善恶还仅仅处在自在的阶段,善恶不能停留于此,它必须从自在走向自为,这就是意志自由和人性的问题。在意志自由和人性善恶的问题上,黑格尔反对霍尔巴赫、路德、加尔文等人的绝对必然论,把亚里士多德、斯宾诺莎、康德等人意志自由的思想改造为辩证法的意志概念,由意志本身揭示出善恶的自为状态。在前黑格尔道德哲学中,长期以来存在着对人性善恶的形而上学的认识,认为存在着永恒不变的或善或恶的人性或意志,且善恶意志是根本对立的。黑格尔反对这种形而上学的人性论,认为人性或意志不

---

[1] 黑格尔:《法哲学原理》,范扬、张企泰译,商务印书馆1961年版,第46页。

是纯善或纯恶的,而是有其内在差别和矛盾为动力的动态变化着的。黑格尔批判说,人性本善的错误在于仅仅停留在肯定的纯善上,即在它根源上就是善的,这是抽象的和片面的理智的空虚规定。理智坚持人性本善,正好把它推入困境,它无法回应意志何以也可能是恶的这一致命问题的挑战。性恶论同样看不到这一点,认为人性本恶这个本源的恶是没有任何善的恶的意志,它也难以回应意志何以可能也是善的这一致命问题的挑战。这两种人性论的根本失足在于形而上学的机械的思维方式,它们从外在的概念或事物中去寻求内在的矛盾或对立面,却从来不认为意志自身就包含有差别和矛盾,其结果必然走向善和恶的外在对立。黑格尔的辩证法认为,思想要求某种理由和必然性并把否定的东西理解为其本身处于肯定的东西。理念概念,本质上具有区分自己并否定地设定自己的因素,它本身就包含着肯定和否定对立统一的内在矛盾,所以分析善恶和人性应该从意志的概念的观点出发,意志的概念使自己成为对象,而作为对象,它就直接具有源于人的高贵和低微的差别的这种规定,所以意志在它的概念中既是善的又是恶的。善的意志按它的真实概念而行动,恶的意志希求跟意志的普遍性相对立的东西,善与恶不可分割。黑格尔认为意志的本质规定是自由,自由本身具有差别的规定即自然,所以意志是自由意志和自然意志的统一体。自然的东西既不善也不恶,只是客观事实,一旦它与意志相关就是自然意志。自然意志自在地是一种矛盾,它要进行自我区分由潜在的而成为现实的,由事实领域进入价值领域,它就含有不自由的规定如私欲、激情、欲望等和意志的普遍性即善相对立,从而是恶的。正是这种作为恶对善的否定性,构成意志的内在矛盾,推动着意志通过自我否定而设定或扬弃自己,使自我扬弃特殊性、自然性,不断向普遍性、精神性提升。黑格尔进一步说,自然意志跟自由的内容是对立的,人从他是自然意志而与自由意志相对抗这一点来说,是恶的;人从他是扬弃自然意志的自由意志来说,是善的。没有自然意志可扬弃的自由意志和没有自由意志相对抗的自然意志同样都是无所谓善或恶的。只有自然意志的存在和只有自由意志的存在都只是一个事实存在,与善恶无关。黑格尔说,人的伟大之处不仅在于自然意志能够和自由意志相对抗所产生的恶,更在于在这种自然意志和自由的对抗和斗争中以自由意志战胜自然意志的善。黑格尔肯定恶的作用的目的,不是歌颂恶,而是主要肯定恶能够促进善、能够使人通过战胜恶获得更大的善,特别是在这个过程中走向至善——自由,恶只是促进善的手段,是为善这个目的而在的。黑格尔发展古希腊善目的论说:"意志的绝对目的,即善。"①自由是最大的善,是意志的实体,是人的本性。同时,自由只有作为意志、作为主体,才是现实的。

自为的善恶本身只是一种行为的事实,它是如何成为道德评价的?是怎么被道德主体认识的?这只有人的自觉和认识能力才能达到。善恶只有经过认识、自觉和教化,才能在国家中达到自在自为。黑格尔批判了康德把理论理性和实践理性对立从而把认识和善恶对立的道德哲学,发展了西方的理论理性和实践理性相统一的传统,在辩证逻辑的基础上对休谟的"是"与"应当"问题给出了自己的解答,力图实现真、善、信仰的和解。他主张善恶源于认识,反对割裂真和善的关系,他批判康德说:"一般说来,善就是意志在它的实体性和普遍性中的本质,也就是在它的真理中的意志;因之它绝对地只有在思维中并只有通过思维而存在。所以,主张人不能认识真理,而只能与现象打交道,又说思维有害于善良的意志,这些以及其他类似的成见,都从精神中取去了一切理智的伦理性的价值和尊严。"②善恶不是原始的天然的观念,是历史发展到精神阶段的产物。在人类社会和国家出现前,人们处在一种无法无天的、无善无恶的分的、乐园般的生活状态。宗教的天堂就是这种乐园的生活状态的人类信仰的产物,但那里只是禽兽的乐园,不是人类能逗留的园囿,因为只有人类才是精神,才是自在自为的。这种自为的存在和自觉,同时就是同那个自在的"普遍的和神圣的精神"的分离,自觉使任性任意、具有无限自由的自我,离开了意志的、善的纯粹内容,这样我便违背了善,而选择了恶。罪恶只是因为有了知识:知识取消了自然的统一,就是堕落的罪恶的东西。"罪恶生于自觉,这是一个深刻的真理:因为禽兽是无所谓善或恶的;单纯的自

---

① 黑格尔:《法哲学原理》,范扬、张企泰译,商务印书馆1961年版,第117页。
② 黑格尔:《法哲学原理》,范扬、张企泰译,商务印书馆1961年版,第133—134页。

然人也是无所谓善或者恶的。"①善恶正是自觉和认识从感官性里分别出来的,和感官性相对的,发展它自己的思想的活动而被发现的。但真正讲来,善恶要靠以社会和国家为基地对知识和意志进行无穷的训练,才可以找出和获得。这种训练和教化的过程就是善恶发展斗争的历史,就是人类争取至善自由的历史。社会和国家限制了人纯属兽性的情感和原始的本能或者限制了人放纵和热情考虑的意图,这种限制是解放的必要条件,是真正的合理的和依照概念的自由意识所实现的手段,社会和国家正是自由所实现的情况。在黑格尔这里,自由是最高的善,不自由是恶;相对自由是一般意义上的善,相对不自由则是一般意义上的恶。天然状态是无善恶的不自由,自由正是从不自由中走出来的,当人类脱离自然状态进入人类社会后,就进入了相对自由阶段,但它是不断朝着至善即自由发展的,即人类经过了一个人自由、一部分人自由和绝对自由的阶段返回到自身②。当然,自由的各个阶段中,都存在着善和恶的对立,只是对立的程度不同。国家是精神在地上的行进,是作为显示出来的、自知的实体性意志的伦理东西,这种精神思考自身和知道自身,完成且只完成一切它所知道的。

　　黑格尔的善恶辩证法认为善是意志的绝对目的,也是历史发展的绝对目的,恶则是善的应有之义,恶在善中,但恶的作用只是促进善、推动善的必要因素或手段,善才是肯定的绝对的历史的逻辑的最终目的。这个目的的实现是一个充满了斗争的过程。人的使命就是认识鉴别善恶并对自己的善恶负责,不懈地追求自由这个至善目的。黑格尔说:"人类绝对的和崇高的使命,就在于他知道什么是善和什么是恶。……总而言之,人类对于道德要负责的,不但对恶负责,对善也要负责;不仅仅对于一个特殊事物负责,对于一切事物负责,而且对于附属于他的个人自由的善和恶也要负责。"③一般讲对恶负责,黑格尔肯定了这一观点的同时,又明确强调要对善负责,把对恶负责和对善负责统一起来,实现了二者的和解,这

---

① 黑格尔:《历史哲学》,王造时译,上海书店出版社2001年版,第317—318页。
② 黑格尔:《历史哲学》,王造时译,上海书店出版社2001年版,第19页。
③ 黑格尔:《历史哲学》,王造时译,上海书店出版社2001年版,第34页。

是黑格尔真正的伟大之处。人们通常注重的是黑格尔对恶的肯定,却忽视了黑格尔真正的独特贡献在于对善的肯定,其实他肯定恶只是为了肯定善,对恶负责也只是为了强调对善负责。

黑格尔认为善是目的,是肯定的普遍性,恶因善而存在,是否定的特殊性,是达到善的必要因素,德性是要否定恶以求善而不是相反。所以,对恶负责本质上也是对善负责,不过是以一种抑恶改过的消极方式来保证善,我们可称为对善的消极责任。对善负责的积极责任在于辨别善,更重要的是通过言行保证并促进善的实现。人的使命不仅在于抑恶改过的消极责任,更在于向善扬善的积极责任。消极责任和积极责任是人类善恶责任的两个层面,其根本目的在于善的保证和发展,本质上都是善的责任,都是对善负责。与以前的伦理道德主要强调对恶负责的思想相比,黑格尔对善负责的思想阐明了人类的崇高尊严,揭示了伦理学的根本使命,是比肯定恶更伟大的思想。这与有关黑格尔主要肯定恶的看法相左,有必要予以辨析。

第二节 黑格尔善恶观的辨析

我们知道,对黑格尔的这种看法主要有两个来源。首先是黑格尔本人也说过:"人性本恶这一基督教的教义,比其他教义说人性本善要高明些。"[①]但他马上就接着说:"因此,应该依据这一教义的哲学上解释来把握它。人作为精神是一种自由的本质,他具有不受自然冲动所规定的地位。所以处于直接的无教养的状态的人,是处于其所不应处的状态中,而且必须从这种状态解放出来。"[②]在黑格尔那里,自由是最高的善,他真正要说的是人的本质是自由,人应该从自然冲动的恶中解放出来,实现自己的本质,达到善的目的。另一个来源是恩格斯在《费尔巴哈论》中对黑格尔历

[①] 黑格尔:《法哲学原理》,范扬、张企泰译,商务印书馆1961年版,第28—29页。
[②] 黑格尔:《法哲学原理》,范扬、张企泰译,商务印书馆1961年版,第29页。

史哲学的评价:"在黑格尔那里,恶是历史发展的动力借以表现的形式。"[1]根据恩格斯的解释,这里的"恶"有两个基本内涵:其一,恩格斯肯定的"恶"是指对传统旧观念、旧秩序的反叛,本质上是善。恩格斯说,每一种新的进步都必然表现为对某一神圣事物的亵渎,表现为对陈旧的、日渐衰亡的,但又为习惯所崇奉的秩序的叛逆。这种意义上的"恶",就是从旧事物中发展起来的新事物,是对现实肯定方面的否定,它只是旧秩序的维护者所认为的"恶"。从这种"恶"所代表的历史发展方向、推动社会进步的意义上看,它实际上是人类进步、历史发展所表现出来的善而不是恶。其二,恩格斯认为黑格尔所讲的恶的另一层含义是指人的恶劣的情欲,即贪欲、权势欲和卑劣的情欲等与善对立的真正意义上的恶。但这种"恶",只是善的一个对立面,是善不断扬弃它而进步的否定方面,它在达到善的目的的过程所起的作用是消极的,不过是社会正义力量通过长恶扬善推动社会进步的"杠杆"罢了。用黑格尔的话说就是:"假如'恶'不存在,人类便不能领略'善';假如他不知道恶,人类便不能真正行善。"[2]恶为善而在,没有善这个根本指向,恶就毫无价值可言。可见,如果不囿于语言的表象而深入思想深处,恩格斯的评论的实质仍然是对黑格尔的善的观点的肯定。

我们辨析了这种观点之后,还必须正面回答为什么说黑格尔关于善的思想更加伟大,才能真正揭示出黑格尔关于善的思想的深刻见解的不朽价值。首先,他的关于善的思想是西方善恶观以善为目的的思想的合乎逻辑的发展,也是伦理学生命力的辩证展现。他特别强调说,我们应该追求活的善,活的善是伦理,伦理就是主观的善和客观的、自在自为的存在的善的统一,"伦理就是成为现存世界和自我意识本性的那种自由的概念"[3]。它指向世界历史的绝对目的——至善。善是世界历史的绝对目的。善是作为意志概念和特殊意志的统一的理念,在这个统一中,认识的主观性和外部定在的偶然性,都作为独立自主的东西被扬弃了,但它们本

---

[1]《马克思恩格斯选集》(第四卷),人民出版社1972年版,第233页。
[2] 黑格尔:《历史哲学》,王造时译,上海书店出版社2001年版,第176页。
[3] 黑格尔:《法哲学原理》,范扬、张企泰译,商务印书馆1961年版,第164页。

质上仍然同时在其中被蕴含着和保持着,这样,"善就是被实现了的自由,世界的绝对最终目的"[①]。求善是黑格尔的伦理学,也是任何伦理学的价值和魅力所在。其次,他的关于善的思想在揭示善与恶的辩证关系的基础上,认为善是肯定的、主要的方面,恶是否定的、次要的方面,确立了善对恶的主导地位。人自身直接具有善恶差别和矛盾的规定,而且人能意识到自身具有的差别和矛盾的规定。善和恶是相对而言的,没有善无所谓恶,没有恶也无所谓善。人是善的,那只是因为他也可能是恶的,他是因恶而存在,反之亦然。但善和恶的地位与价值是不同的。从根本上来看,善是人类存在发展的主导方面和根本规定,恶则是不利于人类发展进步的否定因素。如果人类一直处在恶强于善的状态,人类就会灭亡。但这种状态几乎是不可能的,因为人类的伟大之处就在于人的精神、智慧、理性能够战胜恶、抑制恶,把恶控制在总体上不能危害人类的限度内。当然,人类不能消灭恶,因为恶和善一样是人自身的规定,消灭恶就等于消灭人自身。同时,恶的存在的意义仅仅在于它能刺激、促进、迫使人类不断向善,但恶绝不是目的,恶只能以善为依归才有其存在的合理性。而善自身就是目的,它和恶斗争并以不断地抑制恶、消灭恶获得前进的动力而不断回归自身。再次,他的关于善的思想指明了善是道德发展进步的根本动力和内在根据。正因为善是一种肯定性,所以它使人的意志不能停留在否定性、自然性、特殊性上,而是通过否定之否定追求社会性、普遍性,不断促进道德的进步发展。恶意志的本性就在于离开伦理的客观性,囿于单纯主观性的希求。人的意志要排除恶就必须进入客观的伦理关系,正确地认识社会伦理关系的要求,得到客观伦理的规定,使主观的追求与客观伦理达到统一。这就是说,没有善作为矛盾的主导方面及作为恶的否定的目的,也就没有善恶矛盾,恶就没有存在的价值和根据,道德也就失去了扬善去恶的根据而不能存在。善作为对有限性的恶的否定是一种"真正的无限",是人的高贵所在,恶正是人的低微所在。人之为人,就在于在保持高贵和地位的矛盾中高贵处于主导的、肯定的地位,如果自然性、恶劣的情欲等低微方面夺去了人的高贵方面的主导地位,人也就失

[①] 黑格尔:《法哲学原理》,范扬、张企泰译,商务印书馆1961年版,第132页。

去了人格和尊严,更谈不上社会的进步和发展。最后,他的关于善的思想说出了应该存在的东西是善,不应该存在的东西是恶,人的使命在于不断否定不应该存在的东西而追求并实现应该存在的东西。从根本上讲,应该存在的和不应该存在的都是必然存在的,但具体的应该存在的不一定能够存在,具体的不应该存在的可能实际存在。对善负责向人们提出了通过克服"不应当如何"和发展坚持"应当如何"以达到应该存在的要求和方向,其意义就在于要求人们自觉地抵制意志向恶的发展,自觉地向着应当的善的境界进取。正是在这种包含着否定性的应然中,预示着人的行为和人生的理想,同时也向人们表明:认识善和认识善与恶的区别,从而扬善去恶,乃是每个有理性的人的义务和伟大责任。

第六章　黑格尔的伦理有机体思想

在西方伦理思想史上,自苏格拉底创立道德学说到康德的道德形而上学,道德和伦理一直处于混沌不分的状态。对此,黑格尔第一次自觉地明确区分了道德和伦理的界限,并把二者有机地联系为一个伦理有机体。在阐述这个伦理有机体时,黑格尔常常把伦理和伦理学都称为伦理,有时又把道德学说也叫作伦理学。另外,黑格尔本人没有一本伦理学专著,其伦理思想散见于各哲学著作之中,他的伦理观是一个有着丰富内涵和内在逻辑的完整体系。本章中,我们拟撇开语言翻译方面的问题不谈,仅就其伦理内涵问题谈一点浅陋的见解,以求教于大方。

第一节　基本伦理思路

黑格尔深受古希腊道德学说和康德道德哲学的影响,他的伦理思想有一个逐渐成熟的发展过程。在早期的《伦理体系》中,黑格尔把伦理学分为自然伦理、主观自由和绝对伦理三部分。在此基础上,他在《哲学史讲演录》中提出了一个关于伦理学的明确规定:"伦理学研究的对象包括伦理与道德,有时单指伦理。"[1]这实际上就说明了其伦理学的三个层次为伦理、道德、伦理学。在《精神现象学》《法哲学原理》《精神哲学》《历史哲学》等相关著作中,黑格尔的伦理思想是前后一贯的。在他那里,伦理学是客观伦理、主观伦理和绝对伦理构成的"一个伦理有机体"。[2]实际上,

---

[1] 黑格尔:《哲学史讲演录》(第二卷),贺麟、王太庆等译,商务印书馆1960年版,第44页。
[2] 黑格尔:《哲学史讲演录》(第二卷),贺麟、王太庆等译,商务印书馆1960年版,第267页。

三者都可统称为伦理。把握了这个基本思想,黑格尔的"伦理有机体"就在我们面前展开了。

黑格尔认为,当意识经过意识、自我意识和理性三个阶段后,潜在的普遍的自我意识即理性,向着行动上、实际上的普遍自我意识的高级阶段即人类历史的阶段发展,这就是具有理性的意识,即"精神"。精神的实体是自由,自由是一步步由抽象到具体、由低级到高级地向前发展的。自由的初始阶段就是"真正的精神",即客观伦理,因为这个阶段的真理性就是获得伦理世界的客观性。黑格尔说,尚未外显的内在精神一旦呈现为已经发展成具体存在的实体,就在这种概念里展开了一个伦理世界。伦理是各个个体的本质在个体各自独立的现实里的绝对的精神统一,是一个自身普遍的自我意识。它在另一个对于它具有完全的独立性的意识里意识到自己与另一个意识的统一。在普遍的抽象里,这个伦理的实体只是思维出来的规律,但又同样直接的就是现实的自我意识,这就是客观伦理的基本含义——礼俗伦常。"在伦理里,我的行为所遵循的,乃是基于风俗习惯,而不是依照我的意志所应该做的。"①礼俗伦常是确定正当的、合乎伦理的标准。这时,实体与自我相互渗透,个人意识和集体意识、我与我们处于一种混沌未分、表面和谐无争的状态。但是,行为在其单纯的真理性中本是意识。行为将其自身分解为实体和对实体的意识,而实体将其自身分裂为不同方面的伦理本质:一种人的规律和一种神的规律。②支配共同体、国家的法则来源于共同的政治生活,它是人的规律。支配个体、家庭的法则来源于共同的祖先,它是神的法则。两种规律的任何一种,单独地都不是自在自为的,都不是自足的。伦理王国的运动是由它自己的一种势力向另一种势力平静地转化,每一种势力本身都包含和创造着另一种势力。共同体与家庭的联合统一,构成了整体的活动中项,并且构成了神的规律和人的规律这两个端项,同时却又是它们两者的直接统一的元素。这样,伦理同时是绝对本质和绝对势力,它就不会遭受任何对它内容的颠覆。伦理王国在其持续存在里就始终是一个无瑕疵、无分类而完

---

① 黑格尔:《哲学史讲演录》(第三卷),贺麟、王太庆等译,商务印书馆2017年版,第39页。
② 黑格尔:《精神现象学》(下卷),贺麟、王玖兴等译,商务印书馆2017年版,第7页。

美纯一的世界。由于此统一,个体性就是实体以及内容的纯粹统一形式,行动就是从思想到现实的过渡,但这只是一种无本质的对立面的过渡运动,因为对立的两个环节并没有各自的互不相同的内容和本质性。但是,伦理行为的实现,只是把伦理精神的优美和谐与稳定平衡因其优美和稳定而具有的矛盾和破坏萌芽暴露了出来:共同体对内一方面通过压制个别性精神并把个别性精神变成一种敌对原则来保持自己,另一方面,因为个别性精神是共同体的本质环节,所以共同体实际上也同时在制造个别性精神,但共同体对外又能独立自主地活动。这就是它的否定方面,它正是以个体性为武器实现这个否定方面的。战争时期,自然力量(体力)和幸运之类的偶然性、个体性决定着伦理本质的特定存在和精神必然性,这就注定了伦理本质的毁灭。在伦理处于风俗习惯的阶段,个体毁灭于民族精神之中。现在,活生生的诸民族精神,由于其个体性的缘故在一种普遍的共同体中消灭了。这种普遍的共同体就其单纯的普遍性来说,是无灵魂无生命的,当它作为个别事物、个别个体时,它是活生生的、有生命力的意志。这样,伦理的精神形态即礼俗伦常被扬弃为另一形态即法权形态。在抽象法或形式法的领域,打破了"我"与"我们"混沌未分、表面上和谐无争的状态,抽象的自我出现了,意志是直接的,其概念是抽象的人格,其定在就是直接的、外在的事物。意志从最初的抽象规定形成其自我相关的主观性的自我规定。这一规定性在所有权中是抽象的"我的东西",是处于一个外在事物中的。在契约中,"我的东西"是以双方意志为中介的,而且只是某种共同的东西。在不法中,意志通过本身是偶然的单个意志,其抽象的自在存在或直接性被设定为偶然性。总之,在抽象法中,意志的实在是外在的东西即对外物的占有权利和财产受保护的权利,它只具有客观性,没有主观性。在犯罪中被扬弃了的直接性通过刑罚,即通过否定的否定而导向肯定、导向道德。

  礼俗伦常和抽象法只有客观性,没有反思,缺乏主观性,仅是自在的自由。在这个阶段,自我还是抽象的,个体意识刚刚萌芽,尚未完全觉醒,还没有主体性。在这个意义上,我们把它们称为客观伦理。客观伦理既缺乏对合理秩序的主观认识,更没有可能把它渗透于整个民族意识中使之现实化，但却奠定了合理秩序通向主观伦理和绝对伦理的现实基础，埋藏着自由意志经由自在的自由、自为的自由发展为合理秩序即自在自为的自由的种子。在道德阶段，意志的实在是在意志本身即某种内在的东西中，意志对它自身来说必须是主观性，必须以本身为自己的对象。在道德的观点上，意志在客观伦理中的抽象规定性被克服了，以至这种偶然性本身作为在自身中反思的而且与自己同一的东西，就成为无限的在自身中存在的意志的偶然性，即意志的主观性，个体意识觉醒并具有了主体性，进入到自为的自由阶段，但尚缺乏与整体意识的和解，因而没有现实性和客观性。在这个意义上，我们称道德是主观伦理。

第二节　客观伦理

客观伦理是朴素的，在那里，我的行为所遵循的，是基于风俗礼教和抽象法权，而不是自觉地依照我的意志所应该做的，我还没有达到自己对自己进行反思、自己对自己做出规定的境地。"实在的伦常乃是一种存在着的伦常，因而这个普遍的精神自己也就是一个个别的精神，而伦常和法律的整体就是一个特定的伦理实体。"①客观伦理争取的目标就是这个风俗礼教和抽象法权等直接的未经反思的伦理实体。在此实体中，风俗礼教是活生生的法制，法制必然要与风俗礼教相联系，并且必然洋溢着一个民族的活生生的精神。每一个别的主体只有以这个精神、共相为目的、精神和习惯，并在其中欲求、行动、生活和享受，使得这个精神成为第二个精神的天性，才能以有实体性的风俗习惯和抽象法权作为天性的方式而存在。这就是一般的基本特性、实体。与这一实体即个人对风俗和法权的实体性的关系正相对的特性，是个人的主观任性即道德。一旦人们意识到自己应当创造出自己的特殊准则，个人应当关心自己和自己的伦理，客观伦理就与反思相结合为主观伦理。这就是说，抽象的自我变成了主观

---

① 黑格尔：《精神现象学》(上卷)，贺麟、王玖兴译，商务印书馆1979年版，第266页。

的自我,个人变成道德的人,道德出现了。

黑格尔说:"所谓道德,乃是一种比伦常更高的意识形态。"[1]因为主观伦理的目标是对于伦理实体的意识,它经过反思,意识到这一伦理实体是其本质。这实际上就是道德形成的两个方面:一是属于自为存在的一面,或意识在其中扬弃了其目的的那一面;二是道德在其中摆脱伦理实体而独立出现的那一面。在这里,主观的方面即我对于善的意见,是压倒一切的。个人的行为在道德中并不是基于对外在的国家制度的尊重和敬畏,而是基于自己内在的信心按照道德的考虑而做出决定,并依据这个决定来规定自身,这就是近代主观自由的原则。所以,道德学的意义,就是主体由自己自由地建立起善、伦理、公正等规定。当主体由自己建立这些规定时,也就把"由自己建立"这一规定扬弃了。这样一来,善、伦理等规定便是永恒的、自在自为的存在了。鉴于客观伦理和主观伦理的这种关系,黑格尔说:"苏格拉底以前的雅典人,是伦理的人,而不是道德的人;他们曾经做了对他们的情况说是合理的事,却未曾反思到、不认识他们是优秀的人。道德将反思与伦理结合,它要去认识这是善的,那是不善的。伦理是朴素的,与反思相结合的伦理才是道德。"[2]这里所说的伦理主要指客观伦理中的风俗礼教。黑格尔认为,在风俗礼教和严格意义的抽象法中,仅有了抽象的自我,还未发生什么是我的原则或我的意图的问题。这时关于意志的自我规定、动机和故意的问题,在道德领域中才被提出来。道德的意志是他人不能过问的,人的价值应据其内部行为予以评估,同时人人都愿意别人对他按他的自我规定来做出评价。不管各种外在的规定怎样,他在道德关系中是自由的,任何暴力都不能左右人在自身中的这种内心信念。在道德领域,与客观伦理的行为对他人的意志只具有否定规定不同,我的意志的规定在对他人的意志的关系上是肯定的,就是说,自在地存在的意志是作为内在的东西而存在于主观意志所实现的东西中。这里定在的产生或变化是与他人意志相关的。道德的观念是意志对它本身的内部关系。意志作为主观的或道德的意志表现于外时,就是行为。任

---

[1] 黑格尔:《精神现象学》(上卷),贺麟、王玖兴译,商务印书馆1979年版,第269页。
[2] 黑格尔:《哲学史讲演录》(第二卷),贺麟、王太庆译,商务印书馆1960年版,第44—45页。

何道德行为，必须首先跟我的故意相一致，因为道德意志的法，只有对于在意志定在内部作为故意而存在的东西才予以承认。故意仅仅涉及外在的意志应在我的内部也作为内在的东西即存在着同一形式的原则，这是道德的第一个环节。第二个环节，就是行为在自我相关中的相对价值即意图。第三个环节，是行为的相对价值和行为的普遍价值，即善。善是被提升为意志的概念的那种意图，是作为意志概念和特殊意志的统一的理念。在这个统一中，风俗礼教、抽象法、福利、认识的主观性和外部定在的偶然性，都作为独立自主的东西被扬弃了，但它们本质上仍然同时在善中被蕴含着和保持着。所以，善作为特殊意志的实体，是由法和福利所构成的内容充实的东西，具有跟所有权的抽象法和福利的特殊目的相对抗的绝对法。善对主观意志来说应该是实体性的东西，主观意志应以善为目的并使之全部实现。善也只有以主观意志为中介，才能进入现实。善的发展包括三个阶段：①善对我作为一个希求者来说，是特殊意志，这是我应该知道的；②我应该自己说出什么是善的，并发展善的特殊规定；③规定善本身并予以特殊化，这种内部的规定活动就是良心。良心是自己同自己相处的最深奥的内部孤独，在其中一切外在的东西和限制都消失了。人作为良心，已不再受特殊性目的的束缚，这是首次达到的在自身中深入的更高的观点。道德到达了善和良心，也就走到了自否定的关头，因为善是自由的实体性的普遍物，但仍然是抽象的，它要求各种规定以及决定这些规定的原则。同样，良心作为它的规定作用的纯粹抽象的原则，也要求它所做的各种规定具有普遍性和客观性。善和良心的具体统一以及两者的真理就是道德的自否定的成果——绝对伦理。

在道德中，自我规定应设想为未能达到任何实在事物的纯不安和纯活动，所以道德只能停留在对合理秩序的主观认识上，还不能渗透于整个民族意识中并使之现实化。为了摆脱这种空虚性和否定性的痛苦，就产生了对现实性的渴望，这种渴望把道德推进到了绝对伦理的领域。唯有在绝对伦理中，意志才与道德的概念同一，而且仅以意志的概念为内容。所以，原本在道德中的应然只有在绝对伦理的领域才能达到。如果道德是从主观性方面来看的一般意志的形式，那么绝对伦理不但是主观的形式和意志的自我规定,而且还是以意志的概念即自由为内容的。从伦理的内容即意志自由的角度看,客观伦理是自在的自由,主观伦理是自为的自由,绝对伦理是自在自为的自由。在绝对伦理中,形式和内容达到了统一。

第三节　绝对伦理

　　风俗、法权和道德都不能自为地实存,必须以绝对伦理的东西为其承担者和基础,因为客观伦理欠缺主观性的环节,道德仅具有主观性的环节,它们都缺乏现实性。只有无限的东西即理念,才是现实的。被思考的善的理念在那个在自身中反思着的意志和外部世界中获得了实现,以至作为实体的自由不仅作为主观意志而且也作为现实性和必然性而实存。这就是在善的绝对的普遍的实存中的理念,也就是绝对伦理。绝对伦理是客观精神的完成,作为客观伦理与主观道德的统一性,它不仅是两者的真理性,而且是主观精神和客观精神的真理性。

　　绝对伦理既有客观环节,又有主观环节,但两者都只是绝对伦理的形式,绝对伦理是既包含它们又统摄它们并超越它们的伦理有机体,它是自由的理念,是活的善。这活的善在自我意识中具有它的知识和意志,并通过自我意识的行动而达到现实性。绝对伦理就是成为现存世界和自我意识本性的那种自由的概念或自在自为地存在的意志,并且表现为客观的东西——必然性的圆圈。这个必然性圆圈的各个环节就是调整个人生活的那伦理力量。这些力量对个人的关系是实体对偶性的关系,正是在个人中,这些力量才被反思着而具有显现的形态和现实性。伦理性的实体,即法律和权力这些实体性的规定,一方面,对主体来说是一些义务,是独立地存在的绝对的权威和力量;另一方面,主体的精神证明伦理性的实体是它特有的本质。在这种本质中主体感觉到自己的价值,并且像在自己的、同自己没有区别的要素中一样地生活着。主体在义务中得到解放而达到了实体性的自由,一方面,它既摆脱了对自然冲动的依附状态,又在道德反思中摆脱了它作为主观特殊性陷入的困境;另一方面,它摆脱了没有规定性的缺乏现实性的主观性。所以,"义务就是达到本质、获得肯定的自由"①。康德的为义务而义务的纯粹形式的义务,在黑格尔这里实现了形式和质料的统一。这就是说,当个人成为伦理性的性格时,他就认识到他的起推动作用的目的就是普遍物即国家,这种普遍物是不受推动的,而是在其规定中表现为现实的合理性。他还认识到,其尊严和特殊目的的全部稳定性都建立在这种普遍物中,而且他确实在其中拥有了其尊严并达到了目的。对此,黑格尔解释说:"个人主观地规定为自由的权利,只有在个人属于伦理性的现实时,才能得到实现,因为只有在这种客观性中,个人对自己自由的确信才具有真理性,也只有在伦理中个人才实际上占有他本身的实质和他内在的普遍性。"②在这里,伦理实体就是伦理主体。就是说,伦理实体性达到了它的法,法也获得了它的实效。

具体来讲,伦理性的实体同时是家庭、市民社会和国家。伦理的最初定在是某种自然的东西,它以爱和感觉为伦理形式,这就是自然精神家庭。家庭伦理上的解体在于,子女教养成为自由的人格,被承认为成年人,即具有法律人格,并有能力拥有自己的财产和组成自己的家庭。在市民社会中,原来的家庭伦理及其实体性的统一消失了。每个人都以自身为目的,其他一切在他们看来都是虚无。但是,如果他们不同别人发生关系,就不能达到他们的全部目的,因此,其他人便成为特殊的人达到目的的手段。特殊目的通过同他人的关系就取得了普遍性的形式,并且在满足他人福利的同时满足自己。在这种合理利己主义的精神中,普遍性和特殊性两者相互依赖、相互转化。我在促进我的目的的同时,也促进了普遍物,而普遍物反过来又促进了我的目的——这普遍物就是国家。国家是表现为特殊意志的自由独立性的自由,即个体独立性和普遍实体性在其中完成巨大统一的伦理和精神。这就从直接家庭伦理通过市民社会的分解达到了国家,国家表现为它们的真实基础,这种发展是国家概念的哲

---

① 黑格尔:《法哲学原理》,范扬、张企泰译,商务印书馆1961年版,第168页。
② 黑格尔:《法哲学原理》,范扬、张企泰译,商务印书馆1961年版,第172页。

学证明。因此，国家这一普遍精神的法比其他各个阶段都高，是最高的法。由于国家是作为结果而在哲学概念的进程中显现出来的，同时它又经证明为真实基础，所以那种中介和假象都被扬弃了，它自己成为一种同一的直接性。与逻辑顺序相反，在现实中，国家本身是最初的东西，在国家内部家庭才发展成为市民社会，也正是国家的理念本身才划分自身为家庭和市民社会这两个环节。国家是伦理理念的现实，是作为显示出来的、自知的实体性意志的伦理精神，这种精神思考自身和知道自身，完成且只完成一切它所知道的。就是说，国家是绝对自在自为的理性东西，是实体性意志的现实，它在被提升到普遍性的特殊自我意识中具有这种现实性。所以，国家这个实体性的统一是绝对的不受推动的自身目的，在这个自身目的中自由达到它的最高权力。黑格尔由此指出，伦理关系本质上是现实合理性的秩序中的关系。作为自由而合乎理性的精神是自在的伦理性，而真实的理念是现实的合理性，正是这个合理性才是作为国家而存在的。具体说来，真正的理念是这样的，其中每一环节都是充分实现出来的、得到具体体现的、自身独立的，每一环节的独立性对于精神来说同时又是被扬弃了的。一方面，个性必须按照理念充分实现出来，个人必须以国家为他活动的范围和领域，但又必须消融其自身在国家之中。同时，理性国家的理念也必须把其概念的各个环节实现出来，以便每一环节成为一个等级，因为伦理是有机体，其实体区分成许多部分，其中的每一部分都过着自己独特的生活，但全体合在一起又只构成一个生活。在这个意义上，"国家、全体必须浸透一切"[①]。这样，个体意识和整体意识在国家这一现实的有机的精神和全体中达到了和解，客观伦理和主观伦理上升为绝对伦理，内容和形式得以统一，自由得以实现。绝对伦理这个充满了生命力的伦理有机体，将在这里突破客观精神的防线继续向绝对精神进发。不过，那已经是宗教、艺术和哲学的另一个新天地了。

[①] 黑格尔：《哲学史讲演录》（第二卷），贺麟、王太庆等译，商务印书馆1960年版，第278页。

第四节　伦理有机体

通过前几节的介绍,我们可以说,黑格尔的伦理观是由客观伦理、主观伦理和绝对伦理三个环节共同形成的一个伦理有机体。正是这个伦理有机体的思想决定了黑格尔在西方伦理史上的重要地位和他对伦理学的独特贡献。

其一,他自觉地明确区分了道德学说、道德哲学和伦理学。他认为,自苏格拉底到康德以前只有不系统的、没有哲学论证的道德学说。休谟虽然把道德哲学分为伦理学和实用道德学,但其伦理学只是对人性的抽象的思辨的关于人性的理论科学,即人性论,其实用道德学是关于实际行为准则和生活方式的学问,并没有完成道德哲学的建构。只有康德的哲学以道德为本体、以自然为现象,建立了道德形而上学,才是真正的道德哲学。但康德没有明确区分道德和伦理,在他那里,还没有真正意义上的伦理学。黑格尔说:"康德多半喜欢使用'道德'一词。其实在他的哲学中,各项实践原则完全限于道德这一概念,致使伦理的观点完全不能成立,并且甚至把它公然取消,加以凌辱。"[1]鉴于此,他在《法哲学原理》导论中特别指出:"道德和伦理在习惯上几乎是当作同义词来用,在本书中则具有本质上不同的意义。"[2]黑格尔的概括是否准确,还是一个值得商榷的问题。但他在这个基础上,自觉地对道德学说、道德哲学、伦理学按照自己的特有方式进行了辨析论证却是不争的事实。这在西方伦理史上还是第一次。其二,如果说苏格拉底开创了道德学说,康德建构了道德哲学或道德形而上学,那么黑格尔是第一个自觉地把道德和伦理区分开并联系起来进而建构了伦理有机体的哲学家或者说是第一个真正意义上的伦理学家。我们知道,黑格尔的伦理有广义和狭义之别,广义伦理包括风俗礼教、传统习惯、法律制度、道德、家庭伦理、公共伦理、民族精神等方面。狭义伦理有两个含义,一是指风俗礼教和传统习惯,二是指绝对伦理。在用

---

[1] 黑格尔:《法哲学原理》,范扬、张企泰译,商务印书馆1961年版,第42页。
[2] 黑格尔:《法哲学原理》,范扬、张企泰译,商务印书馆1961年版,第42页。

语上,黑格尔的狭义伦理主要指"绝对伦理"。道德和狭义伦理有着明显的区别,但它们又都是伦理有机体的重要组成部分。黑格尔的伦理是由抽象到具体的不断展开的发展过程,各伦理环节是形式,自由是内容,客观伦理、主观伦理和绝对伦理是一个肯定、否定、否定之否定的"三一体"的逻辑进程,绝对伦理扬弃了客观伦理和主观伦理并把二者包含于自身之内,达到了形式与内容的和解、历史与逻辑的统一。在这个意义上,绝对伦理就是伦理。这就是黑格尔构建的伦理有机体。其三,黑格尔的伦理有机体恢复了古希腊道德关注现实和城邦社会政治问题的优良传统,吸收了近代自由原则的思想,特别是康德的道德世界观的思想,同时批判了古希腊道德中蔑视个人权利和自由的方面以及近代自由原则蔑视国家整体利益的倾向,重点批判了康德的道德形式主义只停留在彼岸世界不关注此岸世界的缺陷,在辩证逻辑的基础上构建了充满着现实精神和政治意识的伦理学。黑格尔讲的伦理,是强烈的现实的合乎理性的,本质上是现实合理性的秩序,是一种渗透于整个民族意识中的普遍精神。他的伦理学试图通过广泛深入地研究整个民族的风俗礼教、法制道德、政治经济、生活意识、生活方式等伦理的现实,特别是那些实际存在着的、时时处处发挥作用、人们熟知且事实上遵循着的伦理,探寻出现实合理性的秩序并使之完全实现出来。黑格尔说:"凡合乎伦理的都一定是现实的。"[1]伦理之为伦理,更在于这个自在自为的善为人所认识,为人所实行。这种关注现实社会问题的伦理精神一方面为强烈关注社会实践的马克思的伦理思想奠定了基础,又一方面又为通向当代西方自由主义开辟了道路。罗尔斯就曾在《道德哲学史讲义》中明确承认自己接受了黑格尔的伦理自由的某些思想,把它运用于其《正义论》中,试图从政治哲学和伦理学的高度探求正义问题。[2]其四,黑格尔扬弃了传统形而上学的孤立机械的方法论,在辩证逻辑的基础上独创性地解决了动机和效果、目的和手段、权利和义务、自由和必然、善和恶等重要伦理范畴的辩证关系,尽管形式是唯

---

[1] 黑格尔:《精神现象学》(下卷),贺麟、王玖兴译,商务印书馆1997年版,第26页。
[2] John Rawls, *Lectures on the history of moral philosophy*,(New Haven: Harvard University Press, 2000),p.330.

心的,内容却是现实的。这就为继续探讨研究伦理范畴奠定了理论基础。

其五,在个人利益、特殊利益和集体利益、国家利益的关系上,黑格尔既反对古代社会只有"我们"没有"我"的思想,也反对近代社会只有"我"没有"我们"的思想,主张利益有机体的观点。一方面,黑格尔认为个人利益在于,他作为国家的公民,在完成义务以作为对国家的效劳和职务中,其人身和财产得到了保护,其特殊福利得到了照顾,其实体性的本质得到了满足,他找到了成为这一整体的成员的意识和自尊感。个人的尊严和特殊目的的全部稳定性都以国家为根本,个人的利益只有在国家才能达到。在这个意义上,国家利益高于一切,他甚至强调,"单个人是次要的,他必须献身于伦理整体。所以当国家要求个人献出生命的时候,他就得献出生命"①。黑格尔讲的个人利益不是浪漫主义的空想,也不是权力至上、个人至上的抽象自由,而是包含着奋斗、奉献甚至必要的牺牲,否则就会导致个人利益、国家利益的全面丧失。另一方面,黑格尔认为,国家是机体,机体的本性是:如果所有部分不趋于同一,如果其中一部分闹独立,那么全部必致崩溃。所以,国家的目的是普遍的利益本身,这种普遍利益又包含着特殊的利益,它是特殊利益的实体。国家的现实性在于,"整体的利益是在特殊目的中成为实在的。现实性始终是普遍性与特殊性的统一,其中普遍性支分为特殊性,虽然这些特殊性看来是独立的,其实它们都包含在整体中,并且只有在整体中才得到维持。如果这种统一不存在,那种东西就不是现实的,即使它达到实存也好"②。一个坏的国家仅仅实存着,但绝不是现实的。因此,"特殊利益不应该被搁置一边,或竟受到压制,而应同普遍物符合一致,使它本身和普遍物都被保存着"③。如果个人的特殊目的不与国家的普遍目的同一,那么国家就等于空中楼阁。"个人的自信构成国家的现实性,个人目的与普遍目的这双方面的同一则构成国家的稳定性。人们常说,国家的目的在于为公民谋幸福。这当然是真确的。如果一切对他们说来不妙,他们的主观目的得不到满足,又如果他们看不

---

① 黑格尔:《法哲学原理》,范扬、张企泰译,商务印书馆1961年版,第79页。
② 黑格尔:《法哲学原理》,范扬、张企泰译,商务印书馆1961年版,第280页。
③ 黑格尔:《法哲学原理》,范扬、张企泰译,商务印书馆1961年版,第263页。

到国家本身是这种满足的中介,那末国家就会站不住脚的。"①黑格尔的国家是哲学概念,是他的一个"理想国",尽管其他人看来并不"理想"。那种把黑格尔的国家等同于历史上某一个具体的普鲁士国家或别的什么国家,并据此批评黑格尔蔑视个人利益,极端保守地为某个具体国家辩护的观点,只不过是康德批判的经验的独断论,在某种意义上又倒退到批判哲学前面去了。当然,黑格尔的伦理学也存在着明显的局限。首先,其伦理观还残留着形式主义的痕迹。为了逻辑的需求他不惜用内容迁就僵硬的"三一体"形式,难免显得牵强。黑格尔试图运用逻辑学推出整个伦理实现的逻辑进程,这就造成了用一条前后相继的"三一体"的单调形式的线性结构论证一个由风俗习惯、法律制度、道德、家庭、市民社会、国家等相互交织、相互影响的立体结构的矛盾,致使生动广阔的伦理生活在这种形式中失去了生命力的光辉。其次,其伦理学的基础是具有神秘色彩的自由意志和逻辑学,而不是生产方式、社会实践、道德实践,马克思曾据此批判他是"逻辑的泛神论的神秘主义"②。后来,马克思也正是在这个批判的基础上,把黑格尔从自由意志和逻辑学出发建构伦理学的方式颠倒过来,从道德实践、社会实践出发论述伦理道德,实现了对黑格尔的超越。最后,浓厚的理性色彩淹没了人的感性存在。非理性主义者叔本华、尼采、弗洛伊德等对理性的攻击和对非理性的张扬,使黑格尔的理性伦理观受到很大程度的冲击。当然,人是理性存在和感性存在的有机体。伦理学应该同时关注这两个方面。从这个意义上讲,黑格尔的伦理观总体上确有缺乏激情的令人窒息的一面,尽管它有时也强调欲望、感情、需要等的作用。

但黑格尔毕竟第一次在如此广阔的社会领域和如此幽深的精神发展史中试图以辩证逻辑的力量探求一种现实的充满生命力的伦理,建构了具有丰富内涵的理性主义伦理体系。诚如所言,凡合乎理性的必是现实的,黑格尔伦理有机体的思想所蕴含的巨大的理论价值和强烈的现实意义,也正在日益呈现出来。

---

① 黑格尔:《法哲学原理》,范扬、张企泰译,商务印书馆1961年版,第366页。
②《马克思恩格斯全集》(第一卷),人民出版社1956年版,第250页。

第七章　黑格尔理性主义伦理学体系

黑格尔的伦理思想常常被看作一个封闭的理性主义伦理学体系。是否真的如此？这就成为一个需要认真研究的重要的西方伦理思想问题。

黑格尔（Georg Wilhelm Friedrich Hegel）是继康德之后的重要的德国古典伦理学家之一，其思想是马克思主义创始人的思想来源之一。黑格尔的诸多哲学著作如《精神现象学》《逻辑学》《自然哲学》《精神哲学》《法哲学原理》《历史哲学》《哲学史讲演录》《美学》《宗教哲学》等都包含着丰富的伦理思想。其中，《法哲学原理》是黑格尔伦理思想最为重要的著作。

黑格尔哲学是由逻辑学、自然哲学和精神哲学构成的一个思辨体系。在这个庞大的哲学体系中，黑格尔伦理思想属于精神哲学的重要部分。在黑格尔看来，精神哲学的三大部分是：①主观精神：展开为人类学的"灵魂"、精神现象学的"意识"、心理学的"精神"（理论精神、实践精神、自由精神）三个环节；②客观精神：展开为法、道德、伦理三个环节；③绝对精神：展开为艺术、宗教、哲学三个环节。据此，黑格尔伦理思想的主要内容是：①主观精神到客观精神的演进；②客观精神自我展开为法权、道德、伦理。我们拟从伦理精神的演进形态、法与道德、伦理实体三个层面把握黑格尔的伦理思想。

第一节 伦理精神的演进形态

在黑格尔那里,伦理精神的演进形态就是它从主观精神演进到客观精神的逻辑进程,也就是它从主观精神与主奴关系演进为客观精神与教化世界。

一、主观精神与主奴关系

主观精神是指个人主观自由的精神,是仅存在于自身之内、尚未和外界发生关系的精神。主观精神包括三个阶段:作为人类学研究对象的"灵魂"、作为精神现象学研究对象的"意识"以及作为心理学研究对象的精神。主观精神以个人意识为研究对象,反思个人精神从最初的无意识无本质区别的自然灵魂一直成长到具有理论的和实践的能力、企图使外部世界服从个人意识以便实现其自由意志的逻辑进程。

黑格尔认为,灵魂经过自然灵魂、感觉灵魂和现实灵魂三个阶段后,在自我中认识到自己是主体,认识到自己的主体性和能动性,这就意味着灵魂过渡到了意识。意识的进展包括三个阶段:意识本身、自我意识和理性[1]。意识本身的进展包括感性意识、知觉和知性三个环节[2]。感性意识的对象是完全直接存在的个别的东西,知觉的对象是普遍性和个别性相联系的东西,知性的对象是支配事物的规律或绝对的共相。规律、共相是思想即主体自身,意识在这里是以意识自身为对象,是自我以自我为对象。这就过渡到了自我意识和人与人之间的关系。

自我意识经过抽象的欲望的自我意识,认识到只有在另一个自我意识中才能确证自身,于是就过渡到承认的自我意识,这种承认体现为一种主奴关系[3]。自我意识是为另一个自我意识而存在的,或者说是由于被对

---

[1] 黑格尔:《精神哲学》,杨祖陶译,人民出版社2006年版,第210页。
[2] 黑格尔:《精神哲学》,杨祖陶译,人民出版社2006年版,第212页。
[3] 黑格尔:《精神现象学》(上卷),贺麟、王玖兴译,商务印书馆1997年版,第122—132页;黑格尔:《精神哲学》,杨祖陶译,人民出版社2006年版,第226—233页。

方所承认而存在的。承认的过程是:"我在作为自我的他者中直观到我自己,但也在其中直观到一个定在着的、作为自我而绝对地独立于我的别的客体。自我意识的单个性的扬弃是最初的扬弃;它因而就只被规定为特殊的自我意识。这个矛盾产生这样的冲动:表明自己是自由的自身,并且对他者作为这样的自身而定在着。"① 承认的过程是对立的自我意识之间的一场战斗,因为每一方只确信自己的存在,而不确信另一方的存在。两个自我意识自己和彼此之间都通过生死战斗的冒险来确证自己的存在和获得自己的自由。在二者的生死斗争中,它们就以两个正向反对的意识而存在着,"其一是独立的意识,它的本质是自为存在,另一为依赖的意识,它的本质是为对方而生活或为对方而存在。前者是主人,后者是奴隶"②。承认的自我意识所体现的主奴关系呈现为三个环节:统治、恐惧以及培养或陶冶。

第一个环节:统治。主人是自为存在着的意识,这个意识一方面与一个欲望的对象即物相关联,另一方面又与另一个意识(奴隶意识)相关联,这个(奴隶)意识的本质是物或物性。主人把奴隶放在物与他自己之间,并通过奴隶间接地与物发生关系,进而把对物的独立性的一面体现为奴隶对物的加工改造。主人把自己与物的非独立性相结合,尽情地享受物。在这两个环节里,主人通过奴隶意识被承认为主人,并因此具有主人意识。

第二个环节:恐惧。主人通过独立存在间接地使自身与奴隶相关联。在这种关系里,奴隶成为奴隶。这是奴隶在斗争中未能挣脱的锁链,并且因而证明了他自己不是独立的,只有在物的形式下他才有独立性。奴隶的意识是对于他的整个存在怀有恐惧,因为他曾经感受过死的恐惧以及对绝对主人的恐惧。死的恐惧曾经浸透进他的灵魂,震撼着他的整个躯体,同时一切固定的规章命令都使他发抖。对奴隶而言,主人就是其本质。这种奴隶意识是在服务过程中实现并完成转化的。奴隶对物进行加工改造,同时依赖一个特定的存在(主人)而存在。在这两个环节下,他都

---

① 黑格尔:《精神哲学》,杨祖陶译,人民出版社2006年版,第226页。
② 黑格尔:《精神现象学》(上卷),贺麟、王玖兴译,商务印书馆1979年版,第144页。

不能成为其命运的主人。然而，奴隶在一切个别的环节里扬弃对于自然的存在的依赖性，用劳动来取消自然的存在。这就是培养或陶冶。

第三个环节：培养或陶冶。虽然恐惧是智慧的开始，但是意识自身在恐惧中还没有意识到它的自为存在。然而，意识通过劳动返回到它自身。劳动是受到限制或节制的欲望，就是说，劳动陶冶事物。陶冶的行动同时就是意识的个别性或意识的纯粹自为存在。这种意识在劳动中外在化自己，进入到持久的状态。一方面，陶冶事物具有肯定意义：它使服役意识通过劳动过程成为事实上存在着的纯粹的自为存在。另一方面，陶冶事物对恐惧具有否定意义：在主人面前，奴隶感觉到自为存在只是外在的东西或者与自己不相干的东西。在恐惧中，奴隶感觉到自为存在只是潜在的。在陶冶事物的劳动中，自为存在成为奴隶自己固有的存在，因为他开始意识到其本身是自在自为地存在着的。对此，马克思评价说，这一思想的伟大之处在于："黑格尔把人的自我产生看做一个过程，把对象化看做非对象化，看做外化和这种外化的扬弃；可见，他抓住了劳动的本质，把对象性的人、现实的因而是真正的人理解为人自己的劳动的结果。"[1]奴隶劳动是一个意识自己重新发现自己的过程。在自己返回自己的过程中，恐惧的环节和一般服务以及陶冶事物的环节是必要的，并且两个环节必须以普遍的方式出现。承认的自我意识由此过渡到普遍的自我意识即相互承认对方为自由的意识。就是说："只有通过奴隶之成为自由的，主人也才成为完全自由的。在这种普遍自由的状态中，当我映现到我自己内时，我就直接映现到对方之内，而反过来，在我自己与对方联系时，我就与我自己联系。"[2]这种扬弃了特殊性的自我意识，是意识和自我意识的统一即理性。

理性是求知的真理即精神。精神经过理论精神、实践精神而发展到自由精神。现实的自由意志是主观精神的最高阶段，它必须进入外部世界和社会生活才能实现自己。自由意志要在现实社会中实现自身，就要通过一定的客观规定对意志加以限制，以克服个别性的任意。这种限制

---

[1]《马克思恩格斯文集》（第一卷），人民出版社2009年版，第205页。
[2] 黑格尔：《精神哲学》，杨祖陶译，人民出版社2006年版，第234页。

通过自由意志建构的客观的法、道德、伦理等得以实现。由此,主观精神进入到客观精神与教化世界。

二、客观精神与教化世界

客观精神体现为伦理秩序,它经过伦理世界、伦理行为以及法的状态①后,转入精神自身异化的教化世界。

(1)伦理世界。黑格尔认为,当意识经过意识、自我意识和理性三个阶段后,潜在的普遍的自我意识即理性,向着行动上、实际上的普遍自我意识的高级阶段即人类历史的阶段发展,这就是具有理性的意识即"精神"。精神的实体是自由,自由是一步步由抽象到具体、由低级到高级发展的。自由的初始阶段就是"真正的精神",这个阶段的真理性就是获得伦理世界的客观性。尚未外显的内在精神一旦呈现为已经发展成具体存在的实体,就在这种概念里展开一个伦理世界。精神在其单纯的真理性中本来只是意识,行为将精神分解为实体与对实体的意识。实体既作为普遍的本质和目的,又作为个别化了的现实。实体就这样自己与自己相对立。联结两个对立实体层面的中项是自我意识。这个自我意识自在地是它自己与实体的统一体,现在则自为地成为其统一体:它统一普遍本质及其个别化了的现实,使后者上升为前者,以成全伦理的行为,并使前者下降为后者,以求普遍的本质和目的付诸实践。在意识这样分裂的过程中,单纯的实体一方面获得了它与自我意识的对立性,另一方面也同样表现出意识在其自身中自行分裂的本性,使自己成为一个分化为各个范围的世界。实体的伦理本质体现为把自身分裂为人的规律和神的规律。

(2)伦理行为。与实体相对立的自我意识也将按其本质分配给两种势力之一,并作为知识将自己分裂为对其行动的无知和有知。自我意识在它的行为中认识到实体分裂而成的那两种势力的矛盾及相互摧毁,认识到其行为的伦理性质的知识与自在自为的伦理之间的矛盾,并因此感受到自己的毁灭。不过,事实上,实体已通过这种运动变成现实的自我意

---

① 黑格尔:《精神现象学》(下卷),贺麟、王玖兴译,商务印书馆1997年版,第1—37页。

识。换句话说,自我(个别的个体)已变成自在而又自为存在着的东西。在伦理处于风俗习惯的阶段,个体毁灭于民族精神之中。活生生的诸民族精神,由于其个体性的缘故在一种普遍的共同体中消灭。正因为这样,普遍的伦理就沉没了、消灭了。这种普遍的共同体就其单纯的普遍性来说,是无灵魂无生命的,当它作为个别事物、个别个体时,它是活生生的有生命力的意志。这种有生命力的意志把伦理的精神形态即礼俗伦常扬弃为法的状态。

(3)法的状态。实体所保有的对立,曾严密地保持在它的简单的意识之内。这简单的意识和自己的本质曾是一个直接的统一体。意识既不把自己看成排他性的自我,实体也不意味着是一种被排除于意识之外的特定存在。就是说,意识并不是只有通过它自身的异化才会跟这种存在合而为一,才会同时把那个实体产生出来。但是,意识自我发现其内容是一种与它相对立的现实世界。世界具有作为一种外在的东西、作为自我意识的否定物的规定或特性。同时,这个世界又是精神的东西。世界的这种特定存在既是自我意识的作品,又是一种直接的现成的、对自我意识来说是异己的陌生的现实。这种陌生的现实有其独特的存在,自我意识在其中认识不出自己。这个世界就是法的外在本质和自由内容。这个法的世界的主人所统辖的外在现实,不仅是偶然出现在自我面前的外在的原始的存在,而且又是自我的劳作,不过只是其否定的劳作,而非其肯定的劳作。这个外在现实是由于自我意识的外在化和放弃其本质而获得其存在的。这种外在化的过程,看起来好像是以由各种无约束的因素支配着法的世界的扰乱破坏的状态并以外在暴力强加给自我意识的。其实,自我正是这些漫无约束的因素的否定的本质。自我是它们的主体、行动和生成过程。实体赖以成为现实的行动和生成过程,就是个人(人格)的异化。直接的、没有异化的、自在自为的有效准的自我是没有实体性的,仅是外在因素的玩物。因此,自我的实体就是其本身的外在化,外在化就是实体。换句话说,自我的实体就是将自身形成一个有秩序的世界,从而使自身得以保存的精神力量。

在这种方式下,实体就是精神,就是自我和本质的自觉的统一体。

不过,自我和本质也具有彼此互为对方的异化的意义。精神是对一个独立的客观现实的意识,自我和本质的统一体与这种意识相对立,亦即纯粹的意识与现实的意识相对立。现实的自我意识通过其外在化而转变为现实的世界,现实世界反过来又转化为自我意识。无论这种现实是个人或是客观的东西,经过异化就被扬弃成为纯粹的普遍物、纯粹意识或本质。当前的现实直接以它的彼岸即以它的思维和思维的产物为对立面。思维则以此岸,即以它自己异化出来的现实为对立面。这个精神形成一个分离的、对立的、双重的世界。一个是自我意识的现实王国,另一个则是纯粹意识的信仰王国。后者是前者的彼岸,它在信仰中,却不在当前的现实中。至此,异化了的精神的两个王国返回自我。如果说前者是个别的个人,那么后者即从外化返归其本身的普遍的自我,是把握概念的意识。这两个精神世界将瓦解于纯粹洞见①之中。这种纯粹洞见,就是作为自己把握自己的自我的精神,在此过程中达到并完成教化(Die Bildung),这就进入了教化世界。

德文 Die Bildung(英文通常把 Die Bildung 翻译为 culture)指"教化、教育、形成、出现、塑造"等。教化世界经过三个环节:①异化了的精神世界;②启蒙;③绝对自由与恐怖。②

纯粹洞见是精神的一种自我意识,它把精神看作一种绝对的自我(主体),却不知道精神就是实体。因此,纯粹洞见仅把握自我,并将一切都当作自我来把握。就是说,它对一切都进行概念的理解,剔除一切客观性的东西,把一切自在存在都转化为自为存在。于是,"它就从事于扬弃一切不同于自我意识的独立自存的东西,不论是现实的东西或是自在存在的东西,一律予以扬弃,并使之成为概念"③。当纯粹洞见使用概念的力量对付信仰、反对信仰时,亦即反对异己的、外方的、彼岸的本质王国或异化了的精神世界时,它就是启蒙。启蒙在这个王国里完成异化,因为异化了的

---

① 德文 Reine Einsicht,英文通常译为 pure insight。贺麟、王玖兴在《精神现象学》(下卷)的汉译本中把 Reine Einsicht 翻译为"纯粹的识见",请参看黑格尔:《精神现象学》(下卷),商务印书馆1997年版,第40页。
② 黑格尔:《精神现象学》(下卷),贺麟、王玖兴译,商务印书馆1997年版,第38—123页。
③ 黑格尔:《精神现象学》(下卷),贺麟、王玖兴译,商务印书馆1997年版,第77—78页。

精神把这个王国当作和本身均衡的宁静意识而逃避进去以求托庇安全。启蒙把此岸世界的事务携带进信仰王国,以此扰乱精神在信仰王国里所做的事务安排。精神又无法否认此岸世界的事物是它自己的财产,因为精神的意识也同样属于这个世界。在这种否定的革命活动中,纯粹洞见实现了自己,并且产生出自己固有的对象(不可认知的绝对本质)和有用的东西。这样一来,现实就丧失了一切实体性,它本身再也没有自在的东西。信仰的王国以及现实世界的王国都崩溃了。这个革命带来了绝对自由,当初异化了的精神现在依靠这个自由就完全返回其本身:离开教化转入道德意识,并进一步扬弃为伦理实体。这就是黑格尔对伦理精神的演进形态的哲学反思。

第二节 法与道德

主观精神进入客观精神之后,客观精神自我展开为法、道德、伦理三个环节。具体说来,法进一步展开为意志自由与人格,道德进一步展开为道德意志与行为,伦理则进一步展开为伦理实体诸形态。

一、意志自由与人格

德文 Das Recht 通常被翻译为"法"或"法权",我们尊重这种翻译,依然用"法"来翻译 Das Recht。不过要特别注意,Das Recht 兼有"法律、权利、正当、正义、公理"之义。

在黑格尔看来,"法的理念是自由,为了得到真正的理解,必须在法的概念及其定在中来认识法"[①]。如何来认识法呢?黑格尔说:"法的基地一般说来是精神的东西,它的确定的地位和出发点是意志。意志是自由的,所以自由就构成法的实体和规定性。"[②]自由意志是抽象的,它必须不

[①] 黑格尔:《法哲学原理》,范扬、张企泰译,商务印书馆1961年版,第1—2页。
[②] 黑格尔:《法哲学原理》,范扬、张企泰译,商务印书馆1961年版,第10页。

断地离开并同时回归自己,才能达到具体。意志在抽象的统一中,具有直接性的、单纯存在的形式,尚未有任何进展和中介。从这里所欲达到的本质的观点来看,这一最初的无规定性本身是一个规定性,因为无规定性是指意志和它的内容之间还没有任何差别。但是当它本身与被规定了的东西对立时,它就获得了被规定了的东西这一规定。这里,抽象的同一性就构成了这种规定性。因此,意志就成为单一的意志——人(Die Person),这是扬弃了自然意义上的人(Der Mensch)的法学意义上的人(Die Person)。

当主体用任何一种方法具体地被规定了而对自身具有纯粹一般自我意识的时候,人格尚未开始。人格(Die PersÖnlichkeit)开始于对自身(作为完全抽象的自我)具有自我意识的时候。在这种完全抽象的自我中,一切具体的限制性和价值都被否定了。在人格中,认识是以它本身为对象的认识,这种对象通过思维被提升为简单无限性,因而是与自己纯粹同一的对象。作为这样一个人,我知道我自己在我自身中是自由的,而且能从一切中抽象出来,因为在我的面前除了纯人格以外什么都不存在。然而,作为一个人,我是完全被规定了的。是故,"人格的要义在于,我作为这个人,在一切方面(在内部任性、冲动和情欲方面,以及在直接外部的定在方面)都完全是被规定了的和有限的,毕竟我全然是纯自我相关系;因此我是在有限性中知道自己是某种无限的、普遍的、自由的东西"[①]。人格就是成为人的最普遍的抽象的形式的规定。

那么,为什么要有人格?人格是如何形成的?黑格尔认为,人格是完全抽象的自我对直接外部自然即自然物和内部感性自然即人的身体的否定和扬弃,又是对单纯自我的否定和扬弃。人格的形成就在于完成这三个超越和转变。

(1)完全抽象的自我超出自然物,把意志体现于自然物内成就人格。自然性即自然人本身也即个别人。和这种出于冲动和嗜欲、属于自然的个别性行为相对的,就是规律或普遍的原则。自由意志不把物的本来面貌看作是绝对的,因为唯有意志是无限的,它对其他一切东西来说是绝对

[①] 黑格尔:《法哲学原理》,范扬、张企泰译,商务印书馆1961年版,第45页。

的,其他东西就其自身来说只是相对的。因此,每个人都有权把他的意志变成物,或者把物变成他的意志。就是说,每个人都有权把物扬弃并改变为自己的东西。当我把我的灵魂赋予物的时候,它就为我所有。这是人对一切物据为己有的绝对权利,也是构成人的自由的外部领域的所有权。黑格尔说:"在所有权中,我的意志是人的意志;但人是一个单元,所以所有权就成为这个单元意志的人格的东西。"①所有权扬弃人格的纯粹主观性,它本质上是自由的、完整的所有权。

(2)人格的普遍的不可分割的外部定在是身体,换言之,人格必须占有身体。人作为直接概念,作为本质上单一的东西,具有自然的实存或身体。这种实存一方面在它本身中,另一方面则是像人对待外部世界那样来对待它的实存。作为人来说,"当身体还是直接定在的时候,它同精神是不相配合的,为了成为精神的驯服器官和有灵性的工具,身体必须首先为精神所占有。但从别人看来,我虽然直接占有我的身体,但是本质上是一个自由的东西"②。我本身是一个直接的个人。我在这个身体中活着,这个身体按其内容来说是我的普遍的、不可分割的、外部的定在,而且是一切在进一步被规定了的定在的实在可能性。只要我活着,我的灵魂(概念和较高级意义上的自由)就与身体密不可分。我有了身体才有感觉,身体是我的自由的定在。对他人说来,我是我的意志在我的身体中的我。我的人格是精神和灵魂对我的身体的占有和扬弃,是不能脱离身体而存在的。所以,我作为在身体中自由的东西活着,我这个有生的定在不得当作驮畜而被虐使。

(3)把他人尊为人而不能鄙视为物。人格需要把精神体现在物质和身体内的人的相互定格、相互尊重。人格的法的命令是:"成为一个人,并尊敬他人为人。"③如果互相把对方当物看,双方也同样都没有人格。人只有具有人格的人相互对应、相互承认,才具有人格,才把抽象的意志定格为人。不仅奴役他人的人是不法的,而且奴隶本身也是不法的。奴隶产

---

① 黑格尔:《法哲学原理》,范扬、张企泰译,商务印书馆1961年版,第55页。
② 黑格尔:《法哲学原理》,范扬、张企泰译,商务印书馆1961年版,第56页。
③ 黑格尔:《法哲学原理》,范扬、张企泰译,商务印书馆1961年版,第46页。

生于人的自然性向真正伦理状态过渡的阶段,即产生于尚以不法为法的世界。在那里,不法是有效的,不法就是法。黑格尔认为,奴隶制只是通向普遍人格的一个环节,只有在现代国家中,每个人才能"成为一个人,并尊敬他人为人",才可能具有普遍人格,"人格的原则就是普遍性"。[1]是故,人格的权利标志着人的抽象的形式性、外在性,是生而具有的自然权利或人权。

在抽象法或形式法、自然法阶段,意志的实在是外在的东西即对外物的占有权利和财产受到保护的权利。自由意志在抽象法(Das abstract Recht)或形式法的领域,打破了"我"与"我们"混沌未分、表面上和谐无争的同一状态,抽象的自我出现了。意志是直接的,其概念是抽象的人格,其定在就是直接的、外在的事物。意志从最初的抽象规定形成其自我相关的主观性的自我规定。这一规定性在所有权中是抽象的"我的东西",是处于一个外在事物中的东西。在"契约"阶段,"我的东西"是以双方意志为中介的,且只是某种共同的东西。在"不法"阶段,意志通过本身是偶然的单个意志,其抽象的自在存在或直接性被设定为偶然性。在犯罪阶段,被扬弃了的直接性通过刑罚,即通过否定的否定,导向肯定和道德。

二、道德意志与行为

在人格和抽象法中,意志的定在是外在的东西即物。意志以外物为对象,意志的人格仅作为人格而存在。由于人格中存在着道德、伦理、宗教等不能让与的权利,这些人格中的内在的精神规定就构成了人格中的否定因素。当意志由外在的物转向内在的意志即转向道德意志时,就由抽象法进入道德领域(Die Moralität)。

黑格尔认为,在严格意义的抽象法中,仅有了抽象的自我,还未发生什么是我的原则或我的意图的问题。这个关于意志的自我规定、动机和故意的问题,在道德领域中才被提出来。道德意志是他人不能过问的内在根据,因为人的价值应据其内部行为予以评估,同时人人都愿意别人对

---

[1] 黑格尔:《小逻辑》,贺麟译,商务印书馆1980年版,第333页。

他按他的自我规定来做出评价。在道德中,意志的定在是意志本身即某种内在的东西,即意志把人格作为它的对象。这种自为的无限的自由的主观性构成了道德观点的基础。在道德观点上,意志在法的领域中的抽象规定性被克服,以至这种偶然性本身,作为在自身中反思的与自己同一的东西,就成为无限的在自身中存在的意志的偶然性,即意志的主观性。意志对它自身来说必须是主观性,必须以本身为自己的对象。这就是说,抽象的自我变成了主观的自我,个人变成道德的人。在这里,主观的方面即我对于善的意见,是压倒一切的。个人的行为在道德中并不是基于对外在的国家制度的尊重和敬畏,而是基于自己内在的信心,按照道德的考虑而做出决定,并依据决定规定自身。所以,道德学的意义,就是主体由自己自由地建立起善、伦理、公正等的规定。

不论外在的规定怎样,人在道德关系中是自由的,任何暴力都不能左右人在自身中的内心信念。在道德领域,我的意志的规定在对他人的意志的关系上是肯定的,就是说,自在地存在的意志是作为内在的东西存在于主观意志所实现的东西中。这里定在的产生或变化是与他人意志相关的。道德的观念是意志对它本身的内部关系。意志作为主观的或道德的意志表现于外时,就是行为。任何道德行为,必须首先跟我的故意和责任(Der Vorsatz und die Schuld)相一致,因为道德意志的法,只有对在意志定在内部作为故意而存在的东西才予以承认。故意仅涉及外在的意志应在我的内部也作为内在的东西即存在着同一形式的原则,这是道德的第一个环节。第二个环节,就是行为在自我相关中的相对价值即意图和福利(Die Absicht und das Wohl)。第三个环节,是行为的相对价值和行为的普遍价值,即善和良心(Das Gute und das Gewissen)。

善是被提升为意志的概念的意图,是作为意志概念和特殊意志的统一的理念。在这个统一中,风俗礼教、抽象法、福利、认识的主观性和外部定在的偶然性,都作为独立自主的东西被扬弃,但它们本质上仍然同时在善中被蕴含着和保持着。善作为特殊意志的实体,是法和福利构成的内容充实的东西,具有与所有权的抽象法和福利的特殊目的相对抗的绝对法。善对主观意志来说应该是实体性的东西,主观意志应依善为目的并使之全部实现。善也只有以主观意志为中介,才进入到现实。善的发展包括三个阶段:①善对我作为一个希求者来说,是特殊意志,这是我应该知道的;②我应该自己说出什么是善的,并发展善的特殊规定;③规定善本身并予以特殊化,这种内部的规定活动就是良心。良心是自己同自己相处的最深奥的内部孤独,一切外在的东西和限制都消失了。人作为良心,已不再受特殊性目的的束缚,这是首次达到的在自身中深入的更高的观点。道德到达了善和良心,也就走到了自否定的关键点。因为善是自由的实体性的普遍物,但仍然是抽象的,它要求各种规定以及决定这些规定的原则。同样,良心作为它的规定作用的纯粹抽象的原则,也要求它所做的各种规定具有普遍性和客观性。善和良心的具体统一以及两者的真理就是道德的自我否定①。在道德中,自我规定应设想为未能达到任何实在事物的纯不安和纯活动,所以道德只能停留在对合理秩序的主观认识上,还不能把自身渗透于整个民族意识并使之现实化。为了摆脱这种空虚性和否定性的痛苦,就产生了对现实性的渴望,这种渴望把道德推进到了伦理实体的领域。

第三节 伦理实体

康德在《纯然理性界限内的宗教》中初步提出伦理共同体、伦理联合体的思想,他认为伦理共同体或伦理联合体"就是按照彼此之间权利平等和共享道德上善的成果的原则的那种联合"②。康德关注的主要是道德上的上帝所统治的伦理共同体对道德教育的作用。黑格尔发挥这一思想,明确提出了伦理实体(Die sittliche Substanz)的概念。他深入研究了伦理性的实体和个人之间的关系,主张伦理实体即伦理主体③。伦理实体不仅

---

① 黑格尔:《法哲学原理》,范扬、张企泰译,商务印书馆1961年版,第110—163页。
② 康德:《康德论上帝与宗教》,李秋零编译,中国人民大学出版社2004年版,第452页。
③ 黑格尔:《法哲学原理》,范扬、张企泰译,商务印书馆1961年版,第165页。

是由伦理主体构成的一个有机的伦理结构,而且还是具有主体性的伦理结构。从这个意义上讲,伦理实体是一个具有鲜明伦理主体性的实践性的自由实体。

一、伦理关系与伦理实体

人性作为神性对物性的扬弃过程,从主体方面体现为人格主体、道德主体和伦理主体;从实体方面体现为家庭、公民社会和国家。这是同一个过程的两个层面,只有逻辑的先后,没有时间的先后。比较而言,伦理主体强调的是个体的意志自由、人格权利和人性尊严,伦理实体强调的是人性追求的普遍理性规则和伦理秩序。自由和理性、超规范与规范只是同一人性的动态体现,伦理主体和伦理实体在本质上是一致的。

黑格尔由此指出,伦理关系本质上是现实合理性秩序中的人与自然的关系以及人与人的关系。①人与自然的伦理关系。人性的过程同时是在作为自然的人和其他自然的共在中进行的。人和自然的实践可从两个维度认识,从量的角度看,人作为自然的一部分,似乎从量上小于整个自然(人和其他自然构成的总的自然)。从质的角度看,人作为自然的本质,高于自然的其他部分,体现着自然的本质自由。自然通过人认识自己、独立自己,实现自己的自由本性。因此,"必然性的真理就是自由"①,自由是内在的必然。就是说,自由是必然的内在本质,具有理性的意志的一贯性,不自由是偶然的内在本质(不自由具有偶然性,不具有理性的意志的一贯性)。自然是人要扬弃的对象,人作为具有自由意志的存在者,是自然的本质。这就是人与自然的伦理关系的基本法则。②人与人的伦理关系,主要体现为作为个体的伦理主体之间的伦理关系,以及作为伦理主体与伦理实体之间的伦理关系。伦理既有客观环节,又有主观环节,但两者都只是伦理的形式,伦理是包含它们于自身内又统摄它们超越它们的自由的理念,是活的善。这种活的善在自我意识中具有其知识和意志,并通过自我意识的行动而达到现实性。伦理就是成为现存世界和自我意识本

---

① 黑格尔:《小逻辑》,贺麟译,商务印书馆1980年版,第322页。

性的自由的概念,或自在自为地存在的意志,并且表现为客观的、必然的圆圈。这个必然的圆圈的各个环节就是调整个人生活的伦理力量。这些力量对个人的关系是实体对偶性的关系,正是在个人中,这些力量才被反思而具有显现的形态和现实性。伦理性的实体,即法律和权力这些实体性的规定,一方面,对主体来说是一些义务,是独立地存在的绝对的权威和力量;另一方面,主体的精神证明伦理性的实体是它特有的本质。在这种本质中主体感觉到自己的价值,并且像在自己的、同自己没有区别的要素中一样地生活着。主体在义务中得到解放而达到实体性的自由,一方面,它既摆脱了对自然冲动的依附状态,又在道德反思中摆脱了它作为主观特殊性陷入的困境;另一方面,它摆脱了没有规定性的缺乏现实性的主观性。所以,"义务就是达到本质、获得肯定的自由"①。康德的为义务而义务的纯粹形式的义务,在黑格尔这里实现了形式和质料的统一。就是说,当个人成为伦理性的性格时,他就认识到他的起推动作用的目的就是普遍物即国家,这种普遍物是不受推动的,而是在其规定中表现为现实的合理性。他还认识到,其尊严和特殊目的的全部稳定性都建立在这种普遍物中,他在其中达到其尊严和目的。对此,黑格尔解释说:"个人主观地规定为自由的权利,只有在个人属于伦理性的现实时,才能得到实现,因为只有在这种客观性中,个人对自己自由的确信才具有真理性,也只有在伦理中个人才实际上占有他本身的实质和他内在的普遍性。"②在这里,伦理实体就是伦理主体。就是说,伦理实体达到了它的法,法也获得了它的实效。

那么,何谓伦理实体呢?在黑格尔哲学中,主体是实体性的主体,实体是主体性的实体,但主体和实体都只是绝对精神的发展环节,都以绝对精神为最高真理和最终依归。实体在黑格尔这里有三个基本层次:其一,主体性的实体——实体即主体,这是达到绝对精神的环节。《精神现象学》从经验的历史角度展示了主体性的实体如何发展为绝对精神的历程。其二,作为偶性的全体的实体,这是绝对精神自身展开进入本质论的一个逻

---

① 黑格尔:《法哲学原理》,范扬、张企泰译,商务印书馆1961年版,第168页。
② 黑格尔:《法哲学原理》,范扬、张企泰译,商务印书馆1961年版,第172页。

辑环节。逻辑学以《精神现象学》所达到的绝对精神(抽象的)为逻辑起点,经过存在论、本质论、概念论达到思辨的或具体的绝对精神。在逻辑学中,实体只是作为本质论的与偶性相对的一个逻辑环节。黑格尔论述实体关系时说,必然的事物本身是绝对的关系。这就是说,它是发展的过程,在这种过程中,关系也同样扬弃自身而过渡到绝对的同一性。必然的事物在其直接形式下,就是实体与偶性的关系。这种关系的绝对自身同一性,就是实体本身。实体作为必然性,是对这种内在形式的否定,并设定自身为现实性,但它又是对这种外在事物的否定。在这种否定的过程中,现实的事物作为直接性的事物,只是一种偶然性的东西。偶然性的东西通过这种单纯的可能性过渡到个别的现实性。这个过渡就是作为形式活动或矛盾进展的实体同一性。因此,实体就是各个偶性的全体。它启示,在各个偶性中,实体是它们的绝对否定性或绝对力量,并同时作为全部内容的丰富性。这内容不是别的,就是这种表现的本身,因为返回到自身成为内容的规定性本身,只是形式的一个环节。这个环节在实体的力量支配下,将过渡到另一环节。实体性是绝对的形式活动或矛盾进展和必然性的力量,一切内容仅是唯一隶属于这个过程的环节。实体经过一系列的逻辑环节,达到绝对精神的理念。其三,伦理实体和伦理主体。实体和主体在黑格尔哲学中只是其绝对精神需要扬弃的环节。绝对精神经过逻辑学自由地外化为自然,自然的最后阶段出现了人类精神,精神经过主观精神到达客观精神即伦理阶段而回归绝对精神。当绝对精神经过自然哲学进入精神哲学阶段,由主观精神进入客观精神(自由意志)领域时,就进入了伦理实体的领域。

  法和道德都不能自为地实存,必须以伦理的东西为其承担者和基础。唯有在伦理实体中,意志才与道德的概念同一,而且仅仅以意志的概念为内容。如果道德是从主观性方面来看的一般意志的形式,那么伦理实体不但是主观的形式和意志的自我规定,而且还是以意志的概念即自由为内容的。从伦理实体的内容即意志自由的角度看,抽象法是自在的自由,道德是自为的自由,伦理实体是自在自为的自由。伦理实体是由伦理主体组成的有一定经济基础的合乎理性的自由的伦理秩序。在伦理实体中,意志自由的形式和内容达到了统一。

二、伦理实体的基本形态

伦理实体包括三个基本要素:伦理主体、客观伦理基础(物质、制度、政权组织、结构等)和主观伦理法则(贯穿于伦理实体之中的道德法则,如家庭的爱、公民社会或市民社会互利互爱基础上的人权原则、国家的公平正义等)。由这三个基本要素构成的伦理实体主要有三个基本形态:自然伦理实体——家庭、经济伦理实体——市民社会、政治伦理实体——国家[①]。

(1)自然伦理实体——家庭。伦理的最初定在是某种自然的东西,它以爱和感觉为伦理形式,这就是自然精神的家庭伦理。家庭伦理上的解体在于,子女教养成为自由的人格,被承认为成年人,即具有法律人格,并有能力拥有自己的财产和组成自己的家庭。

(2)经济伦理实体——市民社会。在市民社会中,原来的家庭伦理及其实体性的统一消失了。每个人都以自身为目的,其他一切在他看来都是虚无。但是,如果他不同别人发生关系,他就不能达到他的全部目的。因此,其他人便成为特殊的人达到目的的手段。特殊目的通过同他人的关系取得普遍性的形式,并且在满足他人福利的同时满足自己。在这种合理利己主义的精神中,普遍性和特殊性相互依赖、相互转化。我在促进我的目的的同时,也促进了普遍物,普遍物反过来又促进了我的目的,这个普遍物就是国家。

(3)政治伦理实体——国家。伦理实体从直接家庭伦理通过市民社会的分解达到了国家。国家表现为它们的真实基础,这种发展是国家概念的哲学证明。国家是表现为特殊意志的自由独立性的自由,即个体独立性和普遍实体性完成巨大统一的伦理和精神。因此,国家这一普遍精神的法比其他各个阶段都高,是最高的法。

[①] 有关伦理实体的详细诠释,请参看任丑:《黑格尔的伦理有机体思想》,重庆出版社2007年版,第80—118页。

与逻辑顺序相反,在现实中,国家本身是最初的东西,在国家内部家庭发展成为市民社会,也正是国家的理念本身才划分自身为家庭和市民社会这两个环节。国家是伦理理念的现实,是作为显示出来的、自知的实体性意志的伦理精神。这种精神思考自身和知道自身,完成且只完成一切它所知道的。就是说,国家是绝对自在自为的理性实体,是实体性意志的现实,它在被提升到普遍性的特殊自我意识中具有这种现实性。所以,国家这个实体性的统一是绝对的不受推动的自身目的。在这个自身目的中,自由达到它的最高权力。这正是客观精神在伦理实体中的自我实现。黑格尔说:"凡合乎伦理的都一定是现实的。"[1]真正的理念是:理念的每一环节都是充分实现出来的、得到具体体现的、自身独立的。伦理实体是有机的全体,它把自身区分成许多部分。每一部分都过着自己独特的生活,每一部分合在一起又只构成一个完整的伦理生活。因此,伦理实体的这种精神集中体现为两个层面:伦理个体与伦理实体(主要是国家)的关系。

(1)伦理实体的实践精神体现为个体目的的实践。个性必须按照理念充分实现出来,个人必须以国家为其活动的范围和领域,又必须消融自身于国家之中。个体作为国家的公民,在完成义务以作为对国家的效劳和职务中,其人身和财产得到保护,其特殊福利得到照顾,其实体性的本质得到满足,并且找到了成为这一整体的成员的意识和自尊感。个人的尊严和特殊目的的全部稳定性以国家为根本,个人利益只有在国家层面才能达到。在这个意义上,国家利益高于个性。因此,黑格尔说:"单个人是次要的,他必须献身于伦理整体。所以国家要求个人献出生命的时候,他就得献出生命。"[2]黑格尔这里讲的个人利益不是浪漫主义的空想,也不是个人至上的抽象自由,而是包含着奋斗、奉献甚至必要的牺牲。若非如此,则必导致个性和国家普遍性的全面丧失。

2.伦理实体的实践精神体现为国家目的的实践。国家是有机体,有机体的本性是:如果所有部分不趋于同一,即其中一部分企求独立于整体,全体必致崩溃。所以,国家的目的是普遍的利益本身,这种普遍利益

---

[1] 黑格尔:《精神现象学》(下卷),贺麟、王玖兴译,商务印书馆1997年版,第26页。
[2] 黑格尔:《法哲学原理》,范扬、张企泰译,商务印书馆1961年版,第79页。

又包含着特殊的利益,它是特殊利益的实体。国家的现实性在于,"整体的利益是在特殊目的中成为实在的。现实性始终是普遍性与特殊性的统一,其中普遍性支分为特殊性,虽然这些特殊性看来是独立的,其实它们都包含在整体中,并且只有在整体中才得到维持。如果这种统一不存在,那种东西就不是现实的,即使它达到实存也好"[①]。一个坏的国家仅仅实存着,但绝不是伦理的存在,也绝不是现实的存在。因此,"特殊利益不应该被搁置一边,或竟受到压制,而应同普遍物符合一致,使它本身和普遍物都被保存着"[②]。如果个人的特殊目的不同国家的普遍目的同一,国家就等于空中楼阁。黑格尔说:"个人的自信构成国家的现实性,个人目的与普遍目的这双方面的同一则构成国家的稳定性。人们常说,国家的目的在谋公民的幸福。这当然是真确的。如果一切对他们说来不妙,他们的主观目的得不到满足,又如果他们看不到国家本身是这种满足的中介,那末国家就会站不住脚的。"[③]个体意识和整体意识在国家这一现实的有机的精神和全体中达到了和解,内容和形式得以统一,自由得以实现出来。在这个意义上,"国家的目的就是普遍的利益本身,而这种普遍利益又包含着特殊的利益,它是特殊利益的实体"[④]。理性国家的理念必须把其概念的各个环节实现出来,以便每一环节成为一个等级。可见,黑格尔所追求的国家不是某一个实存的定在,而是一个哲学理念。不过,自由意志实践出来的伦理实体依然具有个性和普遍性的矛盾,这种矛盾否定并扬弃了家庭、市民社会的国家这个伦理实体。伦理实体将在国家这里突破客观精神的防线向绝对精神进发。绝对精神将会扬弃伦理实体,经过宗教、艺术、哲学诸环节返回具体统一的绝对精神,最终完成理性主义哲学的宏大体系。

[①] 黑格尔:《法哲学原理》,范扬、张企泰译,商务印书馆1961年版,第280页。
[②] 黑格尔:《法哲学原理》,范扬、张企泰译,商务印书馆1961年版,第263页。
[③] 黑格尔:《法哲学原理》,范扬、张企泰译,商务印书馆1961年版,第266页。
[④] 黑格尔:《法哲学原理》,范扬、张企泰译,商务印书馆1961年版,第269页。

结　语

　　黑格尔的伦理思想是其精神哲学的一个环节即客观精神,它以主观精神为前提,以绝对精神为归依,在哲学中达到真正的自由。黑格尔在对伦理思想的探赜索隐中,广博深刻地研究整体民族的风俗礼教、法制道德、政治经济、生活意识、生活方式等伦理的现实,深刻反思实际存在的、时时处处发挥作用、人们熟知且事实上遵循着的伦理规则,试图追寻现实合理性的伦理秩序并使之完全实现出来。无论如何,黑格尔伦理思想关注历史和现实社会问题的伦理精神是值得肯定的。针对黑格尔这种具有巨大历史感的思维方式,恩格斯在《卡尔·马克思〈政治经济学批判〉》中写道:"黑格尔的思维方式不同于所有其他哲学家的地方,就是他的思维方式有巨大的历史感做基础,……他是第一个想证明历史中有一种发展、有一种内在联系的人。"[1]黑格尔的这种思维方式深刻地体现在其哲学体系和伦理思想中,也从根本上决定着黑格尔的伦理思想是一个动态的、开放的、充满自我否定精神的理性主义伦理学体系。

---

[1]《马克思恩格斯文集》(第二卷),人民出版社2009年版,第602页。

第八章　黑格尔的伦理有机体思想反思

第一节　伦理有机体的有机统一

黑格尔从目的论出发,认为在合乎理性的机体中,每一部分在保存自己的同时,也把其他部分按其特点保存下来。"在有机的关系中,不是部分而是肢体互相发生关系,而且每一肢体在完成其本身的职能时,也保存了其他肢体,对每一肢体说来,保存其他肢体同时是它自我保存的实体性目的和结果。"①肢体之间互为目的、肢体和有机体也是互为目的的。这是他的伦理有机体思想中的有机关系的根本观点,也是对康德目的论的扬弃。具体来讲,伦理有机体的各个环节即伦理本体、伦理主体和伦理实体各自都是有机统一的。同时,有机统一的各个环节相互包含、相互支撑,它们作为同一生命的肢体共同维系伦理有机体的生命活力,共同构成伦理有机体的思想体系。

一、伦理有机体各环节的有机统一

其一,伦理本体的有机统一。伦理本体是自由意志的三个环节的有机统一,这一点伦理本体论中已经讲得很明白了,兹不赘述。

其二,伦理主体的有机统一,是人格主体、道德主体、伦理主体的有机统一。

柏拉图式的伦理有机体中,只有抽象的我们和我,"我们"遵守的是他律的、外在的、不自觉的、有一定强制性的风俗习惯、规范制度等,这些伦理要求没有经过"我"的反思和选择。在抽象法或形式法领域,打破了

---

① 黑格尔:《法哲学原理》,范扬、张企泰译,商务印书馆1961年版,第307—308页。

"我"与"我们"混沌未分、表面上和谐无争的状态,超越自然物、身体和纯自我,"成为一个人,并尊敬他人为人"。[1]把人定格为人,但"我"和他人的意志是外在的、他律的、否定的关系。当"我"把自己的意志、精神、目的体现在物中而具有了物权时,也就否定了他人对该物的占有权。在物的转让中,契约的出现同样是通过否定一方意志肯定另一方意志来实现的,同时也会出现违背契约而否定他人意志的问题,这就是不法。刑罚否定不法,实现了否定的否定。人格主体经过刑罚的教化和历练,由外在的、他律的、否定的环节提升为内在的、自律的、肯定的主观自由的道德主体。

人格的原则是普遍性,道德主体的原则是特殊性,即主观自由。在人格中,"我"的意志的规定对他人的意志的关系是否定的。在道德中,"我"的意志的规定对他人的意志的关系是肯定的。道德主体是意志对它本身的内部关系,这里不止有一个意志,客观化同时包含着单个意志的扬弃,建立起两个意志和它们相互间的肯定关系。道德是内在的、自觉的、非强制的、自律的"应然"。道德主体是主观的"我","我"和他人的意志是主观的肯定关系。"我""行法之所是,并关怀他人的福利",以追求善的普遍价值,并通过内在的良心进入普遍的形式的肯定关系。良心的内部孤独和形式内在地需要现实的自由的伦理关系。

伦理主体是他律和自律、(外在的)必然和自由(内在的必然)、"我们"和"我"相统一的自由规定,是现实的自由意志。"我"的意志自由和他人的意志自由在伦理关系、伦理实体中得以实现,伦理主体体现的是主客观相结合、权利义务相统一的自由伦理关系。一般来讲,伦理主体成为某个家庭成员、市民社会成员、国家成员与生俱来的必然的规定。这种伦理主体资格的必然规定决定了伦理主体的基本社会角色和基本伦理关系,但这并不是本质的东西,其本质在于自由规定。伦理主体与人格主体和道德主体的不同就在于其现实的自由规定。要真正成为伦理主体,不是具备天生的必然的伦理资格就够了,关键在于后天的伦理主体性的发挥。伦理主体必须利用先天的伦理关系和伦理秩序,经过自己主体性的发挥而获得主体资格,如改变等级地位,加入某个社会团体,成为国家中的具体

---

[1] 黑格尔:《法哲学原理》,范扬、张企泰译,商务印书馆1961年版,第46页。

阶层如行政、立法等的工作人员。柏拉图就不允许个人选择其等级,但黑格尔认为这是自由必不可少的,"因为即使可以正当地说,有某种特殊才能和技巧的人应该属于某一等级,不过究竟一个人属于哪一等级仍然要看他个人的倾向,有了这种倾向——显然是一种自由的选择——才使得各个等级有其独立自为性。……每个人自己都可以作尝试。必须容许他作为一个主体,凭主观的方式,凭他自己的意志并考虑到外部的环境,作出决定说:'我愿意献身于学术研究。'"[①]人格主体、道德主体、伦理主体是有机统一的三个环节,缺一不可。它们都是自由意志的不同环节,人格主体是抽象的自由意志;道德主体是特殊的主观自由意志;伦理主体则是主观客观相统一的、权利和义务相统一的、他律和自律相统一的具体的自由意志。

　　伦理主体间的有机统一,无论从历史的类的角度还是从现在的整体或个体的角度看,都是合乎逻辑和符合历史相统一原则的。我们可以从黑格尔的伦理主体的有机统一论中得到一个重要的推论:在现实的伦理主体的培育中,我们不能片面否定一个环节而肯定另一个环节。我们既需要外在的他律的强制的人格主体,也需要把人格主体提升为道德主体,进而培育出伦理主体。理论界一般强调道德主体而否定人格主体的地位。在西方,罗尔斯、麦金太尔、哈贝马斯三位当代伦理学大师尽管观点互有分歧,但有一点是共同的:他们一致反对功利主义,而明确主张康德的义务论,尽管麦金太尔的这一主张不太明确,但其德性正义论的实质也是如此。功利主义理论尽管有各种问题,但它作为一种他律的、外在的、功利性的工具伦理,却能更好地培育出人格主体。在《追寻美德》一书中,麦金太尔肯定内在利益的同时,不得不指出外在利益(功利)是真正的利益,但他坚持认为通向费城和天堂的路是不同的,表现出明显的康德义务论的倾向。这实际上就否定了功利论和义务论之间的辩证关系和内在逻辑,看不到没有功利培育的人格主体或者说作为人如果他没有人格,就不可能扬弃人格而达到道德主体,更不用说伦理主体了。罗尔斯强调通过法律制度等伦理实体的合理性程序达到正义,培育出具有正义感的伦理

[①] 黑格尔:《哲学史讲演录》(第二卷),贺麟、王太庆等译,商务印书馆1960年版,第275页。

主体。实际上,如果否定了功利,就没有正义可言,也不能培育出伦理主体。哈贝马斯的失足也在于此。在我国,目前的"道德银行""次道德""见义勇为奖金"等,引起伦理学理论界的嘲笑和讥讽,认为这恰好是不道德的而加以否定。殊不知,尽管它们本身是功利性的、工具性的,甚至可以说其本身是并不具备道德价值的举措,但它们却是培育人格主体、通向道德目的、培育道德主体的工具或途径。人格主体尽管不是道德主体,但它却内在地包含了通向道德主体的可能性和潜在因素,不通过培养人格主体的途径而妄想达到道德主体、伦理主体的目的是绝对不可能的。2006年2月9日,在"感动中国"2005年度人物评选颁奖典礼上,获奖者之一湖南怀化学院学生洪战辉说:"怨恨是没有用的,只有不断地帮助别人,才能得到自己想得到的。"如果我们用康德的理论来衡量的话,洪战辉的言行显然是功利论的,不具有任何道德价值。但是我们能说洪战辉的言行是不道德的、没有道德价值的吗?如果这样的话,试问还有什么是道德的?难道道德仅仅停留在言论空谈中吗?试问这样空洞的道德还是道德吗?黑格尔正是看到了义务论的这个致命缺陷,同时看到了功利论和目的论的合理方面,才以伦理有机体的理论来实现对它们的超越。套用黑尔在《道德语言》中的话,手段善或工具善和目的善是辩证统一的而不是互不相容的。这就是伦理主体也包括伦理实体的有机统一的价值所在。

其三,伦理实体的有机统一。伦理实体首先是主观伦理实体和客观伦理实体的有机统一,这在前面已经论述过了。这里主要从伦理实体的三个环节有机统一的角度加以论证。黑格尔对伦理实体各环节的有机统一做了阐释和说明,他认为若把自然和精神的关系相对比,家庭可比于感受性,市民社会则是自身差别的环节的外向运动即感受刺激性。国家是自为的神经系统,它自身是有组织的,但它只有在家庭和市民社会这两个环节都在其内部获得发展时,才是有生气的。家庭是直接的伦理实体,市民社会是特殊的伦理实体,国家是具体的伦理实体或伦理有机体。伦理有机体的每一个环节都包含在另一个环节之中,各环节之间紧密结合为一个有生命的有机体,没有其中的一个环节,也就没有其他环节和伦理实体的有机整体。

从作为一个逻辑真实体的伦理实体的角度来说,家庭和同业公会是国家的两个伦理根源。家庭在其实体性统一中,含有主观特殊性和客观普遍性两个环节。在同业公会中,最初在市民社会中分解为需要和满足的特殊性以及抽象法的普遍性这两个环节以内在的方式被统一起来。在这个统一中,特殊福利作为法出现并获得了实现。尽管在市民社会中,特殊性获得了全面发展和伸张的权利,但是特殊性本身是没有节制和尺度的,如果任其发展,势必会导致道德的沦丧和社会混乱,使市民社会陷入瘫痪状态。它必须以国家和自由为目的为本质,才能具有强劲的生命力。国家是享有主权的各个不同意志,是单一性、特殊性和普遍性的统一。国家的目的是普遍的利益本身,这种普遍利益又包含特殊利益,它是特殊利益的实体。在国家中,家庭和市民社会形成伦理有机体的肢体,在伦理有机体的健康发展中,各肢体才具有价值和生命活力,否则就只是离开有机体的肢体。国家本身也不是机械式的构造,而是具有自我意识的自由的合理的生活和伦理世界的体系。这也是黑格尔反对契约论者的原子论的把国家不看作有机体而看作任性、偶然的分离的各个独立部分的国家观的主要原因。

具体来说,黑格尔讲的家庭是以夫妻关系为核心,以夫妻子女为伦理主体、以家庭财富为经济实体的伦理实体。黑格尔把他讲的家庭和传统的家族分开,认为家族把家庭成员封闭在以血缘为纽带的范围之内,剥夺了大部分家庭成员的经济法律乃至人格的独立,尤其是古罗马法甚至把子女规定为父亲的财产降格为物,可以买卖;把女子不归入本家族之内,剥夺女子的继承权。这样的家族,依靠皇权、族权、父权、夫权把子女和妻子降格为物。由于妻子和子女没有独立的人格和经济,以夫妻为核心的家庭就被家族所压制,家庭成员也被牢牢捆绑在家族的锁链上而不能真正走向社会独立地发展自己。这也是传统社会不能形成市民社会的一个重要原因。这种家族不符合家庭的理念。黑格尔的夫妻、子、女财富三位一体的家庭,保证了家庭及其成员的独立,否定了家族和血缘的权威地位。这就为家庭成员成为市民社会成员和国家成员提供了基本条件。当然,这种现代家庭的出现也是现代市民社会和国家的力量共同作用的结果。没有现代市民社会和国家,也就没有现代家庭,反之亦然。市民社会运用自己的力量把家庭成员从家中揪出,使之成为市民社会的某个等级成员,尤其是行业公会成为市民社会成员的第二个家庭。由于市民社会的司法、警察、行业公会等伦理秩序的作用,保证了整个市民社会的活力,使整个市民社会在追求满足需要的过程中,极大地创造了财富、开拓了市场,并在解决法律公正、言论自由、贫富悬殊、公共设施等过程中,激发市民社会成员追求自由的激情,培育出他们成为国家成员所必要的爱国之心。市民社会形成一个强大的经济力量,它是家庭和国家的中介。一方面,它使家族归于灭亡,使现代家庭成员独立自由,促成现代家庭的形成和稳固;另一方面,它依靠自己形成了和国家行政力量相抗衡的经济力量,使家国同构、政经不分的传统的古典国家归于不可能。同时,市民社会为国家培育了具有良好的独立人格、追求自由精神的成员,并使他们的爱国之心得以萌芽。国家则把家庭、市民社会扬弃并降格为自己的两个环节,它通过行使国内和国外主权,保证了家庭和市民社会的稳固发展,把家庭和市民社会作为自己的肢体包含在自己的生命之内。黑格尔认为,在现实中,国家是最初的东西,使家庭和市民社会在国家中得以发展。马克思则批判说,事实上,先有家庭和市民社会,家庭和市民社会是国家的基础。其实,国家、市民社会和家庭是有机统一的伦理实体,他们构成一个有机统一的伦理有机体,他们只有一个共同的生命。黑格尔讲的先后是逻辑在先而不是时间在先。作为伦理有机体国家的肢体的家庭、市民社会是活生生的"手",而不是被砍下来的"手",它们不存在时间上的先后。家庭、市民社会、国家构成的伦理有机体从情感、经济、政治方面,从权利和义务的统一方面有机协调,共同构成伦理有机体,以保证自由的不同因素、不同层面的实现。

另外,伦理主体如何成为伦理实体,这是需要借助中介的,即主观伦理实体。主观伦理实体是客观伦理实体的结果,它深深地根植于客观伦理实体之中,并通过伦理主体体现出来。伦理主体是体现主观伦理实体的主体,同时也是生活在客观伦理实体中的主体。客观伦理实体和主观伦理实体通过伦理主体而体现自己的主体性,家庭、市民社会、国家等伦理实体的主体性就在于对伦理实体成员的权利和义务的保护,促进其自由,同时促进他们自我认识、自我否定、自我发展为一个健康的有生命力的伦理有机体。这个有机体的各环节构成一个整体——家庭的合理秩序、市民社会的合理秩序、国家的合理秩序,自由则构成其生命和实体。

马克思曾说:"市民社会和国家彼此分离。因此,国家的公民和作为市民社会成员的市民也是彼此分离的。因此,人就不能不使自己在本质上二重化。作为一个真正的市民,它处在双重的组织中,即处在官僚组织(这种官僚组织是彼岸国家的,即不触及市民社会及其独立活动的行政权在外表上和形式上的规定)和社会组织即市民社会的组织中。"[1]可见,这里的马克思并不真正理解黑格尔的伦理有机体思想,而是用一种前黑格尔的机械对立的观点——这是黑格尔反对和扬弃的知性思维方式——来反对黑格尔的。但马克思还指出,"黑格尔抽象地、孤立地考察国家的各种职能和活动,而把特殊的个体性看作与它们对立的东西;但是,他忘记了特殊的个体性是人的个体性,国家的各种职能和活动是人的职能;他忘记了'特殊的人格'的本质不是它的胡子、它的血液、它的抽象的肉体,而是它的社会特质,而国家的职能等等只不过是人的社会特质的存在方式和活动方式"[2]。市民社会的生活本质是建立在需要和私人利益基点之上的,而不是抽象的法和伦理道德观念。真正的市民社会的成员也应当是"本来意义上的人""真正的人"。应当说,这个批判击中了要害,马克思也正是在这个基点上创建其实践伦理学的。

二、伦理本体、伦理主体、伦理实体的有机统一

伦理有机体的各个环节——伦理本体、伦理主体、伦理实体——之间也是有机统一的,正是它们的有机统一,才构成了充满生命力的伦理有机体。如前所述,自由意志是贯穿伦理本体、伦理主体和伦理实体始终的客观精神,伦理本体是自由意志的抽象环节和形式及普遍性;伦理主体是扬弃了伦理本体的抽象性的自由意志的特殊环节,强调的是自由意志的主

---

[1]《马克思恩格斯全集》(第一卷),人民出版社1956年版,第340页。
[2]《马克思恩格斯全集》(第三卷),人民出版社2002年版,第29页。

观性、特殊性、个体性和形式的主体性;伦理实体则是对伦理主体的扬弃,并把前两个环节包含在自身之内的普遍的具体,是自由意志的具体环节。在伦理实体的具体环节即国家中,伦理本体、伦理主体和伦理实体有机统一为伦理有机体。在伦理有机体中,自由就是意志,伦理主体就是伦理实体。这些思想前面已经讲得很清楚了,这里主要阐述伦理实体即伦理主体的观点,也就是伦理实体的主体性问题。

我们知道,伦理实体指具有自我意识的自由的合理的生活、伦理世界的体系,是伦理主体构成的合理性的有机秩序,而不是相互对立的机械秩序。伦理主体是自由的合理的生活,是伦理世界的体系所具有的自我意识,它体现为处在一定等级和各种社会关系中的有理性的人,而不是抽象的人。伦理实体强调客观精神自由意志的本质、目的、基础,是伦理主体性的实体,是伦理有机体中的变中之不变者。伦理主体重在客观精神自由意志的自我意识、能动性,是伦理实体性的主体,是伦理有机体中的不变中之变者。自由是意志的实体,意志是自由的主体,自由意志在伦理本体阶段是统一的,就是说抽象的伦理实体就是抽象的伦理主体。但二者一旦进入伦理主体直至在伦理有机体形成前则是分离的,即意志主体和自由实体的分离。意志主体潜在的是自由实体,但还不是自由,它自我否定、自我展开由自在到自为再到自在自为,即他律到自律到自由,这时伦理实体和伦理主体在伦理有机体中统一为伦理有机体,也就是国家的理念。国家作为伦理有机体,既是实体又是主体,其主体性突出体现在三个方面。

其一,实现普遍福利和特殊福利的统一。现实性始终是普遍性与特殊性的统一,其中普遍性支分为特殊性,虽然这些特殊性看起来是独立的,但它们都包含在整体中,并且只有在整体中才得到维持。现实性的国家使自己现实化,就在于给自己的规定以固定的定在和客观的保障,各种制度构成国家制度的有机交错、相互制约的各个环节,国家的各种不同机关在广大范围内各行其是。家庭、市民社会及国家其他环节形成的有机体系保证普遍利益即国家利益和特殊利益的统一。首先,伦理实体的健全统一是必要条件。在一个国家里,必须颁行许多制度,创立许多政治机构,以及适当的政治部署。这必然要经过长期的纷争,才能够发现什么是真正适当的,而且如果牵涉到私利和热情的冲突,还必须将这种私利和热情加以不厌其烦地训练,才可以得到必需的和谐。当一个国家取得这种和谐的时期,也就进入其繁荣、道德、强盛和幸福的时期。"假如人民的私利和国家的公益恰好是相互一致的时候,这个国家便是组织得法,内部健全。"①在这个时候,整体的利益在特殊目的中成为实在,人民的私利和国家的公益能够互相得到满足和实现。其次,家庭、市民社会、国家主体性的有机体现。现代国家的原则使主观性的原则完美起来,成为独立的个人特殊性的极端,同时又使它恢复到实体性的统一,在主观性的原则本身中保存着这个统一。在现代国家,普遍物是同特殊性的完全自由和私人福利相结合的。对私权和私人福利,即对家庭和市民社会这两个领域来说,国家一方面是其外在必然性和最高权力,其法规和利益都从属并依存于这种权力。家庭和市民社会的利益必须集中于国家,所以普遍物必须予以促进。但是另一方面主观性也必须得到充分而活泼的发展。国家是它们的内在目的,国家的力量在于它的普遍的最终目的和个人的特殊利益的统一,即理念,表明特殊性的环节同样是本质的,它的满足是无条件的必要的。目的的普遍性必须有特殊性的知识和意志,保持特殊性的权利,才能向前迈进。只有在这两个环节都保持着它们的力量时,国家才能被看作一个肢体健全的和真正有组织的国家。最后,作为伦理实体的国家是作为偶性的伦理主体即伦理的个人的具体自由的现实。伦理主体的具体自由在于,个人的单一性及其特殊利益不但获得完全发展,其权力还获得明白承认,而且一方面通过自身过渡到普遍物的利益,另一方面他们承认和希求普遍物,甚至承认普遍物作为他们实体性的精神,并把普遍物作为他们的最终目的而进行活动。不但普遍物必须有特殊利益、知识和意志发生效力并予以完成,人也不仅作为私人为了本身和目的而生活,而且同时希求普遍物且为普遍物所希求并自觉地为达成这一普遍物的目的而活动。黑格尔说:"国家是达到特殊目的和福利的唯一条件。"②伦理主

---

① 黑格尔:《历史哲学》,王造时译,上海书店出版社2001年版,第24页。
② 黑格尔:《法哲学原理》,范扬、张企泰译,商务印书馆1961年版,第263页。

体在国家中的现实性在于,整体的利益是在特殊目的中成为实在的。作为伦理主体的人们应该尊敬国家这一整体,因为他们是国家的肢体。

在国家中,一切系于普遍性和特殊性的统一。理性的规律和特殊自由的规律必须相互渗透,个人的特殊目的必须同普遍目的同一,从而实现普遍福利和特殊福利的统一。但这个统一必须以维护国家福利和主权为根本。

其二,维护国家主权和福利。国家是自在的、完全独立的整体自身,是享有主权的普遍意志和完全独立的主体。对外维护国家整体的福利和国家主权就必然成为国家主体性的一个重要方面。首先,一个国家对其他国家来说拥有主权和独立。它有权首先和绝对地变为其他国家的主权国家,即获得其他国家的承认,但这种权能只是形式的,它是否是一种自在自为地存在的东西,决定于内容及国家制度和一般状况。承认是形式与内容的同一,故它是以其他国家的观点和意志为依据的。不同他人发生关系的个人不是一个现实的人,不同他国发生关系的国家也不是一个现实的个体,一国内部发生之事与别国有一定关系。互主体性思想在这里由个人意志间的关系扩展到国家意志间的关系。一个国家的正统性即王权的正统性,一方面是完全内部的关系,故一国不应干涉别国内政,另一方面它必须通过别国承认才是完善的。这种权利的相应义务是,它也应同时承认别国,尊重别国的独立自主。黑格尔还说,国家彼此承认为国家这一事实,即使在战争中也是一种纽带。因此,战争本身被规定为一种应该消失的东西,和平的可能性应在战争中予以保存,如尊重使节等。此外,战争的矛头不得指向内部制度、和平的家庭生活与私人生活和私人。现代战争的进行方式应是人道的,在军队中,敌气是模糊的,在一方尊重他方时,敌气就应让出其地位。战争中的国家关系如战俘问题,以及和平时期一国对私人交易的他国人民特许的权力等,主要以国际惯例为依据。国际惯例就是在一切情况下被保存着的、行为的内在普遍性。其次,国家主权和独立决定着福利是国家在国际关系中的最高法律和最高原则。一方面,由于各国都是以作为特殊意志的独立主体相互对待,且整体的特殊意志完全以它自身的福利为内容;另一方面,由于国家的理念在于扬弃其自身中的法(作为抽象的自由)和福利(作为充实抽象自由的特殊内容)的对立,而对国家的最初承认也正与国家是一种具体的整体有关,所以福利是国家在对别国关系中的最高法律和最高原则。国家的实体性的福利,就是作为一个特殊国家在它特定利益和状态中以及同样特殊的对外情况中的福利。在对别国关系中,替战争和条约正义性辩解的原则,也不是一种普遍的、博爱的思想,而是其特定的和特殊的、实际受到侵害或威胁的福利。国际法是从独立国家间的关系产生出来的,其现实性是以享有主权的各个不同意志为依据的,故国际法中自在自为的东西保持着应然的形式。绝不应该以私法的和单纯的道德的观点看国际关系,因为私人处于法院管辖之下,法院使自在的法成为实在法。

国家是享有主权的各个不同意志,是自给自足的整体,它对外维护国家的福利主权。国家关系也应该自在地合乎法,但在现实社会中,自在存在的东西还应该拥有权利。国际法是国家间应该绝对有效的普遍的法,其基本原则是条约作为国家彼此间义务的根据,应予以遵守。因为他们之间的关系以主权为原则,其权利不是由被组成为超国家权力的普遍意志来实现,而是由它们的特殊意志来实现。如果特殊意志间不能达成协议,国际争端只有通过战争来解决。但国家间的关系是独立主体间的关系,它们彼此订约同时又凌驾于这些约定之上。由于现在还没有任何权力对国家做出裁判,决定什么是自在的法并执行这种裁判,也没有裁判官来调整这种关系,所以国家间的关系必须一直停留在应然上。

但国家在它们的相互关系中都是特殊物,内在特殊性和外在偶然性在这种关系中以最大规模和极度动荡的形势出现。伦理性的整体本身和国家的独立性在这种表演中都被委置于偶然性。由于各民族作为实存着的个体只有在它们的特殊性中才具有客观现实性和自我意识,所以民族精神的原则因为这种特殊性而完全受到了限制。各民族在其相互关系中的命运和事迹是这些民族的精神有限性的辩证发展现象。从这种辩证法产生出普遍的绝对精神,即世界精神,它既不受限制,同时又创造着自己,它是国与国之间的关系的唯一最高裁判官。正是这种精神,在作为世界法庭的世界历史中,对这些有限精神行使着它高于一切的权利。

其三,世界精神和具体自由。黑格尔认为,挑剔找碴儿比理解肯定的东西容易得多,根据某些原则,每个国家都可以找到其不足和缺陷,所以,人们就易于只注意国家的个别方面,而忘掉把握国家本身的内在机体。我们必须知道,"国家不是艺术品;它立足于地上,从而立足在任性、偶然事件和错误等的领域中,恶劣的行为可以在许多方面破损国家的形相(象)。但是最丑恶的人,如罪犯、病人、残废者,毕竟是个活人。尽管有缺陷,肯定的东西,即生命,依然绵延着"①。国家,特别是现代国家,在自身中总含有其存在的本质的环节。黑格尔国家观要探究的就是这个肯定的东西,即国家的理念而不是国家的个别方面。国家的理念具有三个环节:一是直接现实性,它是作为内部关系中的机体来说的个别国家,即国家制度或国家法。二是它推移到个别国家对其他国家的关系,即国际法。三是它是普遍理念,是作为类和作为对抗个别国家的绝对权力,这是精神,它在世界历史的过程中给自己以现实性。

在现实中的国家本质上是个别国家,个别性只是国家理念本身的一个环节,至于特殊性则是属于历史的。国家本身各自独立,它们之间的关系只能是一种外部关系,所以必须有第三者即精神在它们之上,并把它们联系起来。绝对精神在世界历史中给自己以现实性,并且是凌驾于国家之上的永远肯定自己以对抗特殊物的唯一绝对裁判官,它在世界历史中表现为普遍物和起着作用的类。

世界历史是一个法院,在其绝对普遍性中,特殊性的东西如现实中形形色色的家族精神、市民社会和民族精神,只是作为理想性的东西而存在。在这个要素中,精神的运动就在于把这一事实展示出来。但世界历史不是单纯权力的判断,就是说,它不是盲目命运的抽象性和无理性的必然性。相反,由于精神是自在自为的理性,而在精神中理性的自为存在是知识,所以世界历史是理性各环节从精神的自由的概念中引出的必然发展,从而也是精神的自我意识和自由的必然发展。这种发展就是普遍精神的解释和实现。精神仅做它所做的事,精神的历史就是它自己的行为,它的行为就在于把自己变成自己意识的对象,并在解释自己中把握自己。

---

① 黑格尔:《法哲学原理》,范扬、张企泰译,商务印书馆1961年版,第259页。

这种把握是其存在和原则，完成这一把握同时也就是它的外化和过渡。从形式上表达，重新把握这种把握的精神，即由外化返回到自身的精神，比它自己处在前一阶段的把握时是更高阶段的精神。这里发生了人类的完善性和教育的问题。主张这种完善性的人（实际指黑格尔本人）猜测到精神本性的某些东西，因为它的本性就是以"知道你自己"（苏格拉底伦理学说的追求）为它存在的规律，并且由于它把握到自己是什么，它与曾经构成它存在的那种形态相比是一种更高的形态。

世界历史的每一个阶段，都保持着世界精神的理念的必然环节，这个环节就在他的那个阶段获得他的绝对权利，生活在这个环节中的民族则获得幸运与光荣，其事业则获得成功。一个世界历史性民族的特殊历史，一方面包含着它的原则的发展，即从它幼年潜伏状态起发展到它的全盛时期，此时它达到了自由的伦理性的自我意识而进窥普遍历史；另一方面，它包含着衰颓灭亡的时期，其实，衰退灭亡标志着在这个民族中出现了一个作为纯粹否定它自己的更高原则，而另一个民族获得了世界历史的意义。从这一时期开始，先前那个民族就丧失了它的绝对利益。诚然，那时它也会积极地接受更高原则，并按这个原则把自己组织起来。但是它对待这个原则，缺乏内在的生气和活力。在世界精神所进行的这种事业中，国家、民族和个人都各按其特殊的和特定的原则兴起，这种原则在它们的国家制度和生活状况的全部范围中获得它的解释和现实性。当它们意识到这些东西并潜心致力于自己的利益的同时，它们不知不觉地成为在它们内部进行的那种世界精神的事业的工具和机关。在此事业进行中，它们的特殊形态都将消逝，绝对精神也就准备转入它下一个更高阶段。正义和德性、不法、暴力和罪恶、才能及其成就、强烈的和微弱的情欲、过错和无辜、个人生活和民族生活的华美、独立、国家和个人的不幸，都在已知现实性的领域中有其一定的意义和价值，以及它们的判决和正当性，虽然只是部分的正当性。世界历史则超出于这些观点之上，因为它是精神的解放过程。

精神是它自己的积极运动，以求绝对知道自己，从而使它的自我意识从自然直接性的形式中解放出来，在它的解放过程即世界历史中而达到它本身。普遍精神的定在的要素在世界历史中是内在性和外在性全部范围的精神现实性,"在艺术中是直观和形象,在宗教中是感情和表象,在哲学中是纯自由思想"①。哲学中的纯自由思想就是精神本身,精神在这里回归到其自身,达到了对自己的全部认识和绝对解放。

由此我们可以做出一个基本的判断:黑格尔的作为伦理有机体的国家,是国家的理念而不是某个现存的国家如普鲁士等,它不过是世界精神的一个环节和世界精神实现自己的工具罢了。黑格尔是从绝对精神即人类自由精神的总体的高度,在世界历史进程中来把握国家理念的,绝对精神或者作为类的自由的人的精神把国家作为自我解放的环节和工具,而不是相反。由此,可以推出国家是人类精神或者人类自我解放的工具,尽管它是作为个别的人的目的。就是说,在客观精神领域,国家是目的;在绝对精神领域,国家又是工具。国家同时既是特殊的个别的人的目的又是作为类的人的绝对精神的工具。国家神圣的根据在于绝对精神和自由的人类本身。当然,具体的个别的人也是绝对精神自我实现的工具,但黑格尔并没有完全否定个别的人、民族和国家的作用,而是肯定了它们在世界历史中有自己的地位;同时,它们也是人类精神的环节,因此它们本身也是目的,不过是绝对精神这个最高目的的环节罢了。但没有这些环节,也就没有最高目的。康德的"人是目的"的思想在黑格尔这里得到了绝对唯心的伦理阐释。那些批判黑格尔的伦理有机体是僵死的不变的观点,其本身是把伦理有机体思想从黑格尔的整个思想体系中割裂之后的一种断章取义的机械的原子论的知性观点,这种观点是黑格尔一再批判的。退一步讲,即使黑格尔的国家不是国家理念,也绝对不是1820年的普鲁士。这一点,罗尔斯教授在《道德哲学史讲义》中有个说明:在哈登堡总理改良政府执政期间,普鲁士国王弗里德里希·威廉三世在1815年许诺给他的国民颁布一部成文宪法,但是1819年保守派胜利,使改良派的宪法付之东流。改良派的宪政计划和黑格尔《法哲学原理》中的计划相似。比如,按照当时现行的保守派的法律,只有世袭贵族等级才有资格进入普鲁士政府并谋得文职公务员的较高职位。但在黑格尔的理性国家内,所有

---

① 黑格尔:《法哲学原理》,范扬、张企泰译,商务印书馆1961年版,第351页。

市民都有从事武职或文职公务员的资格。黑格尔的国家和1820年的普鲁士国家并不相似,而相似于改良派如果战胜保守派的那个本来应该是的国家。①罗尔斯说:"黑格尔无意于维护这些制度的所有现存方面,并且他的确考虑到了糟糕而腐朽的国家,考虑到了人类的灾难和苦难,……我认为他阐明了一个理想形态的制度体系,他认为它的确构成了现代自由。它是一个真正自由的政治社会,但不是一个快乐而幸福的政治社会。要实现后者,尚有待于后人的努力。"②黑格尔的国家和改良派的国家相似,却并不完全一样,因此,它既不是改良派的国家,更不是1820年的普鲁士国家,只能是黑格尔自己的国家理念。这恰好证明了我们的观点,但却和波普尔等人的观点不同,这正是下面我们要探讨的问题。

三、摩尔、波普尔等对黑格尔伦理有机体思想的批判

摩尔、波普尔、罗素和罗尔斯等人都明确地对黑格尔的伦理有机体思想进行了批判,其中摩尔、波普尔的批判最为深入和典型,但都没有击中要害。

(一)摩尔在1903年出版的《伦理学原理》中用了将近一章的篇幅对有机体思想做了批判,并作为自己创建元伦理学的理论起点之一。为了区分手段善(外在善,是一种外在的因果联系,不具有独立性、自明性,依赖于对经验事实的推理)和目的善(内在善,是事物的内在本性,其本身是独立自明的,具有绝对的明晰性和普遍性),摩尔提出了"绝对孤立法"和"有机统一性原理",③并借此反对黑格尔的伦理有机体思想。绝对孤立法就是指在绝对孤立的状态下,某些具有内在价值的事物的价值依然可以独立存在。有机统一性原理,是指一个整体的价值绝不能被认为跟它各部分的价值之和相同。就是说,"这一原理是:一整体的内在价值跟其各部分价值之和既不同一,也不成比例"④。这是建立在对黑格尔的批判的

---

① 罗尔斯:《道德哲学史讲义》,张国清译,上海三联书店2003年版,第475页。
② 罗尔斯:《道德哲学史讲义》,张国清译,上海三联书店2003年版,第469页。
③ 摩尔:《伦理学原理》,长河译,上海人民出版社2005年版,第169—182页。
④ 摩尔:《伦理学原理》,长河译,上海人民出版社2005年版,第170页。

基础上的。摩尔认为,黑格尔意义上的"有机体整体"是指整体的各部分彼此相关,同时各部分对整体来说,是手段对目的的关系;整体的各部分离开整体就没有价值,整体的各部分具有非整体的各部分不可能具有的价值。摩尔接着批判说,首先,整体的各部分构成一个有机体或者它们彼此互为目的和手段,通常指两个部分在某一时间内并存,并具有一种互为因果的互相依赖关系即一种互惠关系。但两个互为因果的依赖关系的部分既可能其中任何一个都不具有内在价值,又可能一个具有而另一个不具有,它们因此并不必定互为任何意义上的目的。即使两者都具有内在价值,也是各自独立而不依赖对方的。各部分之间并不具有必然的目的和依赖关系。另外,我们常把部分与整体的其余部分的关系混淆为部分与整体的关系,严格地说整体必须包括它所有的部分,而且任何一部分都不可能是整体的一个原因,因为它不能是它本身的原因。在此意义上,整体也不能是它任何一部分的目的。整体的内在价值不因手段而改变,不在于它和部分的关系,而在于它自身;部分的内在价值不在于对整体的关系,而在于它自身独立存在。因此,部分与部分之间不存在任何因果关系,部分与整体的关系也不是手段和目的的关系。其次,把部分和整体间的关系看作手段和目的的关系,通常指整体的价值大于其各部分价值之和,这是自相矛盾的。部分具有的内在价值不依赖于整体而独立存在,整体具有的内在价值也不依赖于部分而独立存在。因此,整体的内在价值跟其各部分价值之和既不同一,也不成比例。最后,把整体的各部分的价值和离开整体的各部分的价值看作同一事物,是一种自相矛盾的信念,原因在于,同一事物可以是两个不同的事物;而且只在它的一种形式下它才真正是它自己。死手从来不曾是身体的一部分,它的那些跟活手的某些同一的部分,和它是否属于身体无关。当人们认为一只活手离开它的身体就没有任何价值时,事实上说的是死手而不是活手是否有价值。[①]针对摩尔以"绝对孤立法"和"有机统一性原理"来否定黑格尔的"有机整体""有机关系"的学说,万俊人教授认为,摩尔的"这一理论对于黑格尔,以及20世纪之交的英国新黑格尔主义伦理学过于强调社会整体、忽视社会之

---

① 摩尔:《伦理学原理》,长河译,上海人民出版社2005年版,第32—38页。

部分的个人利益的片面做法,无疑是一种合理的诘难。从理论上看,部分与整体、个人与社会之间的关系的确不能片面地视为单方面的手段与目的关系,否则,就会导致专制主义和反人道主义。这是黑格尔历史哲学中最为保守的地方,因而招致了几乎所有现代西方伦理学家的抨击"[①]。摩尔对黑格尔伦理有机体思想的诘难是否合理?万俊人教授在此基础上对黑格尔思想的评价是否公正?稍后我们还是看看黑格尔自己的辩解吧。

(二)如果摩尔仅仅从学理的角度分析批判有机体思想的话,那么波普尔1945年出版的《开放社会及其敌人》则对黑格尔的有机体思想从社会、政治、哲学、伦理、历史等各个方面进行了全面批判。

波普尔继承叔本华的衣钵,认为黑格尔哲学是官方的乐观主义的赌徒的哲学——匪徒的哲学,是专制主义的武器库。黑格尔的伦理有机体是封闭的,因而是开放社会的敌人。波普尔说,如果我们仍然希望成为人,那就只有一条路可走,就是通向开放社会的道路。什么是开放社会?什么是封闭社会?要言之,"神秘的或部落的或集体主义的社会也可以称为封闭社会,而每个人都面临个人决定的社会则称为开放社会"[②]。封闭社会或国家有机体学说具有生物性质,"一个封闭社会在其最好的情况下也只能恰当地比作一个有机体"[③]。一个封闭社会类似于一群羊或一个部落,因为它是一个半有机的单位,其中各个成员由于有着半生物学的联系而结合在一起,它又是各个具体的个人的一个具体的集团,不仅由于分工和商品交换等抽象的社会关系,而且由于触觉、味觉和视觉等具体的生理关系而彼此联结起来。波普尔认为,首先,在有机体中不存在相当于开放社会的一个最重要的特征——成员间对地位的竞争。其次,国家有机体学说所根据的是一种错误的类比。一个有机体的细胞或组织(有时被说成与国家的成员相当)也许会争夺养分,但并不存在大腿变成大脑或者身体的另一些部分变成腹腔的内在倾向。最后,封闭社会的各种建构,包括它的等级制度都是神圣不可侵犯的禁忌。把有机体学说应用于我们的社

---

① 万俊人:《现代西方伦理学史》(上卷),北京大学出版社1990年版,第299—300页。
② 波普尔:《开放社会及其敌人》(第一卷),陆衡等译,中国社会科学出版社1999年版,第325页。
③ 波普尔:《开放社会及其敌人》(第一卷),陆衡等译,中国社会科学出版社1999年版,第325页。

会的种种做法，多半是为了回到部落社会所做的伪装宣传。

现代开放社会基本上是通过抽象关系，例如交换或合作来运行的。开放社会的直接方面，即个人方面以个人最为重要这个信念，以及互相尊重和尊重自己的主张。在开放社会里，许多成员都力图在社会上出人头地和取代别的成员的位置。开放社会由于丧失了有机体的性质，所以在不同程度上可以变成"抽象社会"的样子。在这个社会里，人们实际上从不直接接触——那里的一切事情都是各个孤独的个人，通过打字的信件或电报互通消息，出门都坐封闭的汽车（人工授精甚至会出现没有个人因素的生殖）。在现代社会中生活的许多人都没有或极少有亲密的个人接触，他们生活在默默无闻和孤独的不愉快的状态中。许多社会集团在社会生活中基本不起作用。开放社会有利的方面在于，会出现新型的个人关系，人们可以自由地加入这些个人关系，而不被出身的偶然性所决定，此外还产生新的个人主义。精神的联系扮演主要的角色，而生物的或生理的联系则会减弱，如此等等。

基于上述，波普尔进而抨击黑格尔哲学的成功是各种错误导致的一个历史错误的集合，这是他成为开放社会敌人的根源。其一，时代的错误。黑格尔的成功是"不诚实的时代"和"不负责任的时代"的开始。如果没有普鲁士的权威在背后支持，黑格尔似乎不可能成为德国哲学史上最有影响的人物。黑格尔缺乏创造性，他抄袭来的思想只用于一个目的：反对开放社会，为他的雇主普鲁士的弗里德里希·威廉服务。虽然中世纪的极权主义伴随着文艺复兴开始瓦解，但是在欧洲大陆，它的政治副本中世纪封建主义在法国大革命以前并没有受到严重的威胁（宗教改革只是强化了它）。此外，追求开放社会的斗争也只是伴随1789年的观念才重新产生，封建的君主很快就体验到这种危险的严重性。1815年，反动派在普鲁士开始重新掌权，它发现自己迫切需要一种意识形态，黑格尔受命来满足这种需要。他通过复活开放社会的最初几位大敌赫拉克利特、柏拉图和亚里士多德的观念来满足这一要求。黑格尔主义是部落主义的复兴。柏拉图、威廉的普鲁士主义和黑格尔的启示是国家即一切，个人什么也不是，因为他把一切都归于国家，包括他的肉体和精神存在。笔者认为,波普尔仅仅从时代的外在的角度看待黑格尔及其思辨的思想,得出的结论也只能是外在的假象而不是真的黑格尔思想的本质。因此,这一点不值得一驳。其二,黑格尔对矛盾的错误理解必然中断一切进步。波普尔说:"黑格尔从他的辩证法三段式中却推衍出一个非常不同的教条。既然矛盾是科学进步的手段,他得出结论说,矛盾不仅是允许的和不可避免的,而且是非常有必要的。这就是黑格尔的学说,它必然要毁灭所有的论证和进步。因为,如果矛盾是不可避免的和必要的,那么,就不需要消除它们,这样,所有的进步就必然会完结。"①实际上,黑格尔在《小逻辑》中区分了差异、对立、矛盾三个环节。矛盾是指同一句话的自相冲突和反对,即一个东西的自相矛盾的自我否定。波普尔取消了黑格尔《小逻辑》关于差别、对立、矛盾的层次区分。他所理解的矛盾在黑格尔那里仅仅是低级层次的对立,(两个东西外在的对立、差别)而不是事物内在的矛盾。根据黑格尔的矛盾思想,矛盾是事物内在自我否定的根据,如果消除了矛盾,所有的进步才会必然完结。波普尔用形式逻辑的矛盾来否定黑格尔的辩证逻辑的矛盾,在学理上是站不住脚的。其三,合理的就是实在的,实在的善就是现实存在着的普鲁士国家。波普尔说,"黑格尔认为,一切合理的都是实在的,一切实在的必然是合理的,而实在的发展与理性的发展是同一回事。既然存在中不存在能有比理性和理念的最终发展更高的标准,那么,一切现在是实在的或现实的事物就必然存在,必然是合理的和善的。尤其是善,我们将会看到,是现实存在着的普鲁士国家"②。这是针对黑格尔的"凡是合乎理性的东西都是现实的;凡是现实的东西都是合乎理性的"③这一命题的批判。但在黑格尔看来,真实的现实性就是必然性,凡是现实,在其自身中必是必然的。必然性就在于整体被分为概念的各种差别,在于这个被划分的整体具有持久和巩固的规定性,然而这种规定性又不是僵死的,它在自己的分解过程中不断地产生自己。国家是享有主权的各个不同意志。国家使自己现实化,并给自己的规定以固定的定

---

① 波普尔:《开放社会及其敌人》(第二卷),陆衡等译,中国社会科学出版社1999年版,第82页。
② 波普尔:《开放社会及其敌人》(第二卷),陆衡等译,中国社会科学出版社1999年版,第82页。
③ 黑格尔:《法哲学原理》,范扬、张企泰译,商务印书馆1961年版,序言第11页。

在，国家的各种不同机关可以在广大范围内各行其素。"国家是机体,这就是说,它是理念向它的各种差别的发展。这些不同方面就是各种不同的权力及其职能和活动领域,通过它们,普遍物不断地、合乎必然性地创造着自己,又因为这一普遍物正是自己的创造活动的前提,所以也就保存着自己。……如果双方脱节分离,而机体的各个不同方面也都成为自由散漫,那末政治制度所创造的统一不再是稳固的了。"①因为机体的本性是：如果所有部分不趋于同一,其中一部分闹独立,那么全体必致崩溃。这和波普尔所理解的根本不是一回事。另外,我们知道,恩格斯早就在《路德维希·费尔巴哈和德国古典哲学的终结》中专门对黑格尔的"凡是合乎理性的东西都是现实的；凡是现实的东西都是合乎理性的"这一命题做了分析批判。恩格斯认为,根据黑格尔的意见,现实性仅仅属于同时是必然性的东西,而绝不是某种社会状态或政治状态在一切环境和一切时代所具有的属性。这个命题用于当时的普鲁士国家,只是意味着这个国家只在它是必然的时候才是合乎理性的,并从中引出了"凡是现存的,都一定要灭亡"的革命结论。②与恩格斯、黑格尔相反,波普尔却非常独断且经验地把黑格尔的合理的存在理解为现实存在着的普鲁士国家,进而认为黑格尔的专制独裁哲学是用来为现存的秩序辩护的,"它的主要结果是伦理的和法律的实证主义,即一种认为存在的就是善的理论,因为除了现存的标准以外,没有其他标准。这是一种强权即公理的理论"③。于是,波普尔义愤填膺、理直气壮地反问道："我要问,当我说黑格尔向我们展示的是在为神、同时也是为普鲁士政府作辩护时,难道我不对吗？黑格尔强令我们当作地上的神圣理念来崇拜的国家,只不过是从1800年到1830年弗里德里希·威廉的普鲁士,难道不是很清楚吗？"④我们可以明确回答说,波普尔的理智的思维所考虑的结论完全不能和黑格尔的辩证法思想相提并论。黑格尔早就对这种肤浅的思维做了批判,这种肤浅的思维得出的肤浅结论从根本上说是一种独断的妄言。

---

① 黑格尔：《法哲学原理》,范扬、张企泰译,商务印书馆1961年版,第268页。
② 《马克思恩格斯选集》(第四卷),人民出版社1995年版,第215—216页。
③ 波普尔：《开放社会及其敌人》(第二卷),陆衡等译,中国社会科学出版社1999年版,第81页。
④ 波普尔：《开放社会及其敌人》(第二卷),陆衡等译,中国社会科学出版社1999年版,第94页。

（三）黑格尔的辩解。限于篇幅和本节主题，我们主要从伦理有机体的角度来回答摩尔、波普尔的诘难和批判，附带看一下万俊人教授的断语。要回答此问题，必须明白黑格尔阐明的关系范畴的三个层次：一是自然无机事物的全体和部分的关系；二是有生命力的全体即自然有机体和其肢体的关系；三是自由的伦理有机体和其伦理肢体的关系。这是一个不断自我否定、自我扬弃、自我上升的逻辑真实体。我们知道，康德在其《判断力批判》中对机械论和自然有机体已经做了论述，但把它们都归入了道德目的之中，并没有达到伦理有机体的高度。黑格尔则扬弃并超越了康德的自然有机体思想，达到了伦理有机体或自由有机体的高度。

首先，自然无机事物的全体和部分的关系。黑格尔认为，就事物的关系来说，直接的关系就是全体与部分的关系。全体是由诸部分及它的对立面所构成。这些部分彼此不同，而且各自独立。但只有当它们相互间有同一联系或它们结合起来构成全体时，它们才是部分。但是结合起来就是部分的对立面和否定。本质的关系是事物表现其自身所采取的特定的完全普遍的方式。凡一切实存的事物都存在于关系中，而这种关系乃是每一实存的真实性质。因此实际存在着的东西不是抽象的孤立的，而只是在一个他物之内的。唯因其在一个他物之内与他物相联系，它才是自身联系。而关系就是自身联系与他物联系的统一。"只要全体与部分这种关系的概念〔名〕和它的实在性〔实〕彼此不相符合，这种关系便是不真的。全体的概念必定包含部分。"①但如果按照全体的概念所包含的部分来理解全体，将全体分裂为许多部分，则全体就会停止其为全体。如果认为部分持存于全体内，并以全体为部分所构成，则我们一时会认为全体为持存的，另一时又会认为部分为持存的，同时每一方都认为它的对方不重要。机械关系的肤浅性，一般即在于各部分既彼此独立，而部分又离开全体而独立。

其次，有机体和其肢体的关系。一个活的有机体不仅仅是一个整体，而且是一个有生命力的整体或者是对机械的没有生命力的整体的否定，它是最高的整体或者是整体的理念。只有在解剖学者手里，有机体的官

---

① 黑格尔：《小逻辑》，贺麟译，商务印书馆1980年版，第282页。

能和肢体才是单纯的机械的部分。这并非否定解剖学工作,而只是说,如果我们要真正认识有机体的生命,仅凭全体与部分之间的外在的机械的关系是很不够的。必须认识到,"一个活的有机体的官能和肢体并不能仅视作那个有机体的各部分,因为这些肢体器官只有在它们的统一体里,它们才是肢体和器官,它们对于那有机的统一体是有联系的,决非毫不相干的"[①]。在有机的关系中,不是部分而是肢体互相发生关系,而且每一肢体在完成其本身的职能时,也保存了其他肢体,保存其他肢体同时是它自我保存的实体性目的和结果。在合乎理性的机体中,每一部分在保存自己的同时,也把其他部分按其特点保存下来。有机体的"生命存在于每个细胞中。在一切细胞中只有一个生命,没有任何东西抵抗它。如果离开了生命,每个细胞都变成死的了。一切个别等级、权力和同业公会的理想性也是这样,不论它们有多大的本能巩固地和独立地存在"[②]。这就从有机体进入到伦理有机体的具体本质问题了。

最后,自由的伦理有机体和其伦理肢体的关系。如果说,整体和部分的关系是机械的自然,有机体是扬弃了机械自然的有生命的自然,伦理有机体则是扬弃了自然的自由的客观精神。黑格尔认为,自由是意志的实体,它自我认识自我否定,通过抽象法、道德、伦理诸环节自我进展为有机的整体。实际上,黑格尔说的客观精神或自由意志就是作为类的人,经过自我否定由不自由到自由,由主观自由到具体自由,通过各种组织结为有机的伦理秩序来促进并保证自由,通过伦理主体来促进合理秩序的一种自由的精神。伦理实体和伦理主体都是作为类的人,伦理实体是人构建的实体,是作为实体的人的生活秩序和精神产品,作为整体的伦理主体就是伦理实体,反之亦然。当然,伦理主体和伦理实体并不是毫无区别的,作为单个的或部分的伦理主体是特殊环节,它以伦理实体为本质和目的,是伦理实体的肢体,但这些肢体的全体就是伦理实体。黑格尔推崇亚里士多德所说的,即一只被砍下的手就不再是手。脱离了伦理实体的伦理主体就不是伦理主体,我们只能从理论或思想上把作为整体的伦理实

[①] 黑格尔:《小逻辑》,贺麟译,商务印书馆1980年版,第282页。
[②] 黑格尔:《法哲学原理》,范扬、张企泰译,商务印书馆1961年版,第293页。

体分为各个肢体及其各自有机部分,包括家庭、市民社会、国家及其成员,我们不能在实践上真的使肢体脱离整个有机体。这样,有机体和肢体就同时死掉了或不符合其概念了。从这里,可以看出黑格尔的真正思想在于从有生命的整体全体的高度,解决伦理有机体和肢体的关系,而不仅是整体和部分的关系,也不是从孤立的原子式的个体的知性的角度把肢体和伦理全体分开,当然也不同于柏拉图的"只见全体不见肢体"的抽象的解决问题的角度。就是说,合理的精神必须是伦理有机体,各肢体把自己的整体看作自己的目的,整体也把自己的各个肢体看作自己生命的重要环节倍加爱护,因为各个肢体的全体就是生命本身。当然,当全体和肢体在面临冲突,如果不牺牲必须牺牲的肢体就会危及整个全体时,就应该牺牲肢体保全肢体的全体,否则,全体包括肢体都要灭亡。自然界的动物、植物有时为了保命还会牺牲肢体,如猛虎断脚等。伦理有机体当且仅当面临这种状况时,才能不得已而为之,而肢体也应该或有义务慷慨赴难,为保全自己的全体而牺牲,否则全体灭亡了,肢体也必然随之灭亡,因为全体和肢体的生命只有一个。黑格尔说,作为伦理有机体的国家的现实性在于,整体的利益是在特殊目的中成为实在的。现实性始终是普遍性与特殊性的统一,其中普遍性支分为特殊性,虽然这些特殊性看来是独立的,其实它们都包含在整体中,并且只有在整体中才得到维持。如果这种统一不存在,那么这种东西就不是现实的,即它达到实存也好。一个坏的国家是一个仅仅实存着的国家,一个病躯也是实存着的东西,但它没有真实的实在性。一只被砍下来的手看来依旧像一只手,而且实存着,但毕竟不是现实的。真实的现实性就是必然性,凡是现实的在其自身中必是必然的。必然性就在于整体被分为概念的各种差别,在于这个被划分的整体具有持久的和巩固的规定性,然而这种规定性又不是僵死的,它在自己的分解过程中不断地产生自己。这和独裁专制不把自己的肢体看作自己生命的肢体有本质的不同,独裁者并不把个人、团体、各环节看作自己本身的要素,对它们不予珍惜,任意而为,同时个人、团体、各环节也不把专制国家看作自己的生命和伦理实体而与之对立。人们应该尊敬国家这一伦理有机体,因为人们是其中的肢体,人们的特殊利益包含在国家中并只有在国家中才能得以实现,因此以国家为目的实际上也是以自己为目的。黑格尔强烈反对独裁主义,但也不主张个人主义,这就很难说是反人道主义的,而是伦理有机体论者或追求具体自由的具体自由主义者。黑格尔的伦理有机体思想告诫波普尔式的个人主义的人们,不要脱离整体而成为被砍下来的"手";也告诫专制独裁的人们,不要把自己的手砍下来而自取灭亡。此外,它还告诫康德式的人们,伦理道德精神必须在全体和其肢体中体现出来,否则,精神无全体和实体则空,全体和实体无精神则盲。

需要说明的是,摩尔的分析是有价值的,但他的看法基本上只是整体和部分的关系,即黑格尔的关系范畴的第一个层次,波普尔则停留在黑格尔的自然有机体的层次上。他们都没有达到黑格尔的伦理有机体思想的高度,也没有把握到其自由精神的实质,仅停留在黑格尔思想的三个环节的某一个环节上来对黑格尔进行攻击,其思维停留在黑格尔一再批判过的智性思维水平上,在某种程度上甚至还落后于康德对有机体的认识,当然也就不可能击中要害,更不可能做出公正的评价。不过,并不能因此而否认摩尔和波普尔的理论自身的应有价值,当然也不是说黑格尔的伦理有机体思想是完美的,其不足亦有很多人特别是马克思批判过,兹不赘述。

至此,"开放社会之父"波普尔攻击黑格尔为"极权主义之父"和"开放社会的敌人"的论断以及摩尔的批评、万俊人教授的关于黑格尔理论属于专制主义和反人道主义的说法,也就轰然倒塌了。

最后,我们不妨听一听罗尔斯教授的意见。波普尔攻击黑格尔的思想是匪徒哲学的同时还说,"还存在另一个德国,即普通人民的德国""德国也有'另一种'思想家(其中最著名的是康德)"。可见,他把黑格尔和康德思想完全对立起来。罗尔斯教授则认为,黑格尔和康德、密尔乃至罗尔斯本人一样都同属于自由的自由主义(liberalism of freedom)阵营,就是说黑格尔是把自由原理作为第一原理的自由主义者[①]。笔者认为罗尔斯的说法是较为公正的,原因如前所述。罗尔斯看到了黑格尔思想的核心在于自由。从自由优先的角度看,黑格尔的确可以属于"自由的自由主义

---

① 罗尔斯:《道德哲学史讲义》,张国清译,上海三联书店2003年版,第445页。

者",不过黑格尔的自由不仅是个人优先的自由,更是客观精神的自由或自由意志的自由,这一点和一般的自由主义是有区别的。黑格尔不同于专制独裁,也不同于英法个人主义的自由主义,而是试图在整体和个人之间、权威和一般人之间、国家和个人之间寻求中介,把特殊和普遍、个人和整体、权威和一般人在绝对精神的伦理有机体环节中统一起来而达到自由。鉴于此,笔者把黑格尔的这种思想称为绝对唯心的伦理有机体主义。

由前所述,我们可以得出结论:黑格尔把伦理有机体作为绝对精神的一个应该扬弃的特殊环节。就是说,伦理有机体本身也是不完善的,它充满了不断运动发展的生命活力。伦理有机体思想在黑格尔体系中是开放的不是封闭的。那些认为黑格尔的国家是专制国家或普鲁士国家的肤浅看法正是黑格尔所反对的知性思维;那些把专制主义、匪徒哲学、骗子哲学、整体主义或资产阶级集体主义或个人主义的自由主义的标签贴在黑格尔伦理有机体思想之上的观点恰好是黑格尔伦理有机体要扬弃超越的抽象环节。正因为如此,它才具有强劲的生命力和现代价值。但也因其高妙玄奥、卓然不群,让人难以把握并领悟,再加上黑格尔本人一贯的狂妄自大、蔑视一切的傲慢姿态,导致了后黑格尔伦理的和者甚寡、责者甚众的局面。

第二节　伦理学百科全书

黑格尔的伦理有机体思想作为本体、主体、实体相统一的伦理思想体系,被麦金太尔称为"伦理学史的终极点"[①]。薛华也曾评价黑格尔说:"相对于古代他发挥了主体性,相对于近代,他发挥了实体原则。"[②]在笔者看来,黑格尔的伦理有机体思想作为本体、主体、实体相统一的伦理思想体系,一方面,它几乎囊括了前黑格尔西方伦理思想的所有问题;另一方面,

---

① 麦金太尔:《伦理学简史》,龚群译,商务印书馆2003年版,第264页。
② 薛华:《哈贝马斯的商谈伦理学》,辽宁教育出版社1988年版,第71页。

它几乎引发了后黑格尔西方伦理思想的所有方向。在这个意义上,借用黑格尔的哲学百科全书的提法,笔者把黑格尔的伦理有机体思想称为"伦理学百科全书"。这里主要谈前一方面。

一、他律和自律相统一的自由伦理学

随着道德哲学的发展和逐步成熟,现代道德类型学也随之诞生。从现代道德类型学的角度反观西方伦理思想史,一般认为康德的伦理学是义务论的,把它和以亚里士多德为典型的德性论、以密尔为典型的目的论并称三大道德类型。但这只是从道德的外在形式对道德进行的分类,而不是从道德自身发展的逻辑和历史的统一中做出的分类,难免违背道德发展的内在逻辑,把各种道德类型之间的内在联系和逻辑关系割裂甚至对立起来。这也是导致黑格尔伦理学在现代道德类型学中无一席之地的重要原因。其实,康德把道德发展分为他律和自律的观点更为合理,因为他是从道德自身的发展逻辑来分类的。但康德把他律和自律绝对对立起来,肯定自律而否定他律,仅停留在了智性思维阶段。黑格尔则在康德的基础上进一步把他律和自律辩证统一起来,用伦理有机体的思想——其核心是自由——实现了他律、自律和自由的辩证统一,尽管是绝对唯心的辩证统一。

(一)他律道德哲学

如果我们接受康德的教导,从道德探求其自身目的的角度来审查道德发展史就会看到,自古希腊苏格拉底开创道德哲学以来到黑格尔的伦理有机体思想,有三次道德哲学的革命和转型:苏格拉底肇始到康德前的他律道德观(外在目的论)、康德开创的自律道德观(内在目的论)、黑格尔开创的他律和自律辩证结合的自由伦理观——伦理有机体思想(自由目的论)。现当代道德哲学无一不是这三种道德哲学的叛逆、发挥或融合发展。可以说,前康德的他律是不自由,但他律(不自由)是自由的必要环节或抽象环节,是自由对自由自身的否定,它潜在地包含着自由。康德的自律是主观自由,黑格尔的伦理有机体则追求他律和自律相统一的具体自由,尽管它也是相对的具体自由。

我们知道,自泰勒斯以来,哲学家沉思的对象主要是自然和宇宙。苏格拉底首次自觉地把哲学从认识论转向伦理学,从对自然的思考转向对人的思考。他认为"德性即知识",他不断地追问什么是虔敬、什么是勇敢、什么是正义之类的问题,但其论证的基本意向并不是对这些问题做出明确的回答,而是迫使他的对话者确信不能回答这些问题。他对当时的道德保守主义和智者的道德革新主义没有阐明比通常道德用语更清晰的含义而感到极为失望,他的追问正是对道德教师们的怀疑的态度的表现。他迫使他们承认其道德演说的模糊性、其思想的浅薄和混乱,这就是著名的命题"自知其无知"的真正要义。所以,麦金太尔说,"发现自己的无知就是所剩下的一个有充足理由的道德目标了"①。在苏格拉底那里,德性不是成就而是目的。苏格拉底的道德学说的真正价值在于开创了德性论。黑格尔说:"苏格拉底是有名的'道德的教师',但是我们应当称他为道德的发明者,希腊人有的是道德;但是苏格拉底想教他们知道什么叫做道德的行为、道德的义务等等。有道德的人并不是那种仅思想、行为正直的人——并不是天真的人——而是那种意识到自己所作所为的人。"②黑格尔称苏格拉底是"道德的发明者",就在于苏格拉底强调的不是外在的规范而是主观思想的自我意识,这是道德的真正萌芽,因为没有自我意识的道德,本质上只是外在的风俗习惯或规范要求,即黑格尔讲的抽象的伦理。

但德性目的来自哪里?其形而上的根据何在?这些问题在苏格拉底那里是模糊不清的。后来的道德哲学正是沿着这条主线发展的。柏拉图试图依据宇宙秩序证明社会秩序即伦理实体是道德的根据,犬儒学派和昔勒尼学派则排开社会秩序转向内心探究,认为道德只源于个人的选择和决定即道德主体,个人的道德生活可以自给自足以至不动心。后来的西方道德哲学沿着这两个方向不断进展,幸福论、神学目的论、功利论、情感论、良心论等道德学说形成了百家争鸣的繁荣局面。但在康德看来,这

---

① 麦金太尔:《伦理学简史》,龚群译,商务印书馆2003年版,第49页。
② 黑格尔:《历史哲学》,王造时译,上海书店出版社2001年版,第267—268页。

些道德学说都是他律的、非法的。

(二)自律道德哲学

我们知道,休谟的怀疑论使康德从唯理论的独断论中惊醒,并中断了经验论的独断论的思辨哲学之路,走上了批判哲学的新思路。康德认为,以往哲学失足的原因在于,遵循一种无批判的思维方式,在知识与对象的关系上假定知识必须依照对象,对象却不依照知识。哲学要成为科学,就要像当时的数学和物理学那样进行思维方式的革命,把以往哲学知识依照对象的主张颠倒为"对象必须依照知识"。这个康德称为"哥白尼式的革命"的假设,是康德进行理性批判所遵循的根本原理。"对象必须依照知识"的原理,首次提出了人类认识活动的主体能动性和创造性的思想,具体表达了两个重要思想,一是人为自然立法,即人的理性给作为认识对象的自然颁布规律。二是人为自由立法,即自己为自己立法(而不是他律的外在对象为意志立法)。这就是意志自律。在康德这里,意志是一种按照对一定规律的表象自身规定行为的能力,简言之,意志就是自由。

据此,康德批判以前的伦理学派的一切原则或者是经验的,或者是理性的。前者以幸福原则为出发点,以自然的或道德的情感为依据;后者以完善原则为出发点,它或使完善的理性概念发生可能的效用,或者使独立的完善性、神的意志为决定原因。因此,以前的伦理学派要么是实践理性的经验主义,要么是实践理性的神秘主义,它们都是他律的非法的伦理学。实践理性的经验主义把善和恶的实践概念仅仅建立在经验的后果(所谓幸福)中,实践理性的神秘主义把只是用作象征的东西当作图形,也就是把现实的但却是非感性的直观(对某种不可见的上帝之国的直观)作为应用道德观念的基础。康德说:"他们曾经想把这个愉快的对象,即据说是适合于充当善的至上概念的对象,在幸福中、在完善中、在道德情感中,或是在上帝的意志中建立起来,于是他们的原理每次都是他律,他们不可避免地必然碰到了一个道德律的种种经验性条件:因为他们只有按照意志对每次都是经验性的情感的直接态度,才能把他们的作为意志之直接规定根据的对象称之为善的或恶的。"[1]他律的哲学家寻找意志的某种对象,以便使它成为一个法则的质料和根据,这个法则就不是直接地,而是间接地借助那个被带到愉快和不愉快的情感上来的对象而成为意志的规定根据。如果意志走出自身,在其准则与自身普遍立法的适应性之外,到某一对象的属性中去寻找规定它的规律,就总要产生他律性。就是说,对象通过和意志的关系,给意志以规律,只可能发出假言命令。以前的伦理学派的问题都出在这里,原因在于,他们混淆了理论理性和实践理性的领域,把本应限制在经验领域、现象领域的理论理性滥用于实践领域、自由领域,或者把上帝、完善性理念凌驾于实践理性、自由意志之上。他们都没有到实践理性或意志本身中去寻求道德律。康德颠覆了传统的他律伦理学,自觉到实践理性或意志本身中去寻求道德律。他认为道德的真正原则源泉并不是意志他律,并不是作为一个对象的善东西的概念规定了道德律并使之成为可能,而是道德律首先把善的概念就其完全配得上这一名称而言规定下来并使之成为可能的。

康德认为,规律只有自然规律或自由规律两种。自然规律是万物循以产生的规律,是物理学研究的对象;自由规律或道德规律是万物应该循以产生的规律,是道德哲学研究的对象。在实践哲学中我们并不寻求某事某物发生的根据,而是寻求某事某物应该发生的根据,尽管这件事也许一件也不会发生。道德哲学需给在自然影响下的人类意志规定自己的规律。但道德哲学的自身目的不能从任何外在于意志的东西中寻求,必须转向意志自身。因为我们探求的是实践的客观规律,也就是意志与自身的联系,它自身单纯为理性所规定,把一切与经验有关的东西都排斥在自身之外。因此,实践理性或意志自身既不能靠理论理性来规定,也不能到现象界寻求自由律,只能在本体界或者在意志自身中寻求自由律。意志并不去简单服从规律或法律,它之所以服从,由于它自身也是个立法者,正是由于这个规律,法律是它自己制定的,所以它才必须服从。康德把这样的基本命题称为意志的自律原则(Autonomie),把与此相反的命题,称为他律性(Heteronomie)。康德说:"自律原则就是:在同一意愿中,除非

---

[1] 康德:《实践理性批判》,邓晓芒译,杨祖陶校,人民出版社2003年版,第87—88页。

所选择的准则同时也被理解为普遍规律，就不要作出选择。这一实践规则是个命令式，也就是说，任何有理性的东西的意志，都必然地受到它的约束。"①作为道德最高原则的意志自律性，是意志之成为自身规律的属性，而不管意志对象的属性是什么。自律性是道德的唯一原则，因为，经过解剖就会发现，道德原则必定是个定言命令，而这命令所颁布的，不多不少恰好是自律性，也就是人为自由所立的法，康德又称之为绝对命令。

康德的绝对命令特别强调人是目的和意志自律相一致的，他说："在这个目的秩序中，人（与他一起每一个有理性的存在者）就是自在的目的本身，亦即他永远不能被某个人（甚至不能被上帝）单纯用作手段而不是在此同时自身又是目的，所以在我们人格中的人性对我们来说本身必定是神圣的：这就是从现在起自然得出的结论，因为人是道德律的主体，因而是那种自在地就是神圣的东西的主体，甚至一般说来，只是为着道德律并与此相一致，某物才能被称之为神圣的。因为这个道德律是建立在他的意志的自律之上的，而他的意志乃是一个自由意志，它根据自己的普遍法则，必然能够同时与它应当服从的东西相一致。"②康德提出意志自律的同时，也看到了德福不一致的实践理性的二律背反。他试图用至善（das höchste Gut）来实现德福的一致，于是他悬设自由、不朽和上帝来保证至善的实现。

这样，康德运用自己创立的批判哲学原理，从道德目的和道德研究方法的角度批判了古希腊以来的目的论道德哲学的非法性，从本体论的高度探究实践理性法则，确立了自律的无条件的善的善良意志的最高道德规律。康德的道德哲学肯定了道德主体性，高扬了人的价值和尊严，把道德推向了崇高的宝座，开辟了自律道德哲学，完成了道德哲学的哥白尼式革命。但也正因康德追求一种纯粹的无条件的形式的绝对命令或善良意志，追求一种至善的目的王国，致使他在完成了伦理学的哥白尼式革命的同时，看不到他律和自律的辩证关系，完全否定他律的道德，只肯定唯一的无条件的自律的道德，抽空了自律道德的所有内容，只余下一个绝对命

---

① 康德：《道德形而上学原理》，苗力田译，上海人民出版社1986年版，第94页。
② 康德：《实践理性批判》，邓晓芒译，杨祖陶校，人民出版社2003年版，第180页。

令的形式,在他律道德和自律道德之间划下一道不可逾越的鸿沟,也把道德推向了形式主义彼岸的不归路。

黑格尔正是洞察到了康德道德哲学的这个致命弱点,在以辩证逻辑否定康德的先验逻辑的方法论、认识论的基础上,凭借伦理实体的力量和解自律和他律,实现从目的王国到现实王国即合目的王国的过渡,实现从康德的应然道德向实然伦理的提升,完成了又一次伦理学的根本转折。伦理有机体思想的系统阐释是黑格尔伦理学的独特贡献,也是超越康德道德哲学的根本标志。

(三)自由伦理学

黑格尔是如何超越康德的呢？我们知道,康德在批判亚里士多德以来的形式逻辑的基础上,建立了研究有关对象的纯思维规律的先验逻辑。这种逻辑不像形式逻辑那样抽去知识的一切内容只留下思维的纯形式,它只抽去一切经验性的内容,留下先天可确定的内容,由此出发考察纯思维与对象先天意志是如何可能的。这就把先验逻辑和认识论结合了起来。但是先验逻辑本质上并没有真正摆脱形式逻辑的影响,注重形式仍然是康德哲学的重要特点,这就导致在康德那里现象和本体、此岸和彼岸、自律和他律、形式和内容是分离的。就是说,康德区分了可知的现象和不可知的物自体,把理论理性即认识能力限制在现象界,把本体界交付实践理性,使人的自由能够彻底摆脱现象界,达到超验的本体界,获得对上帝存在、自由意志、不朽灵魂的纯粹性信仰,追求一种在目的王国的彼岸的高尚的有尊严的生活。这种纯粹形式的目的王国与现实内容的分隔,是康德道德哲学的一个重要特点。黑格尔在否定康德的先验逻辑的基础上,建立了本体论、认识论、逻辑学相统一的辩证逻辑,把现象和本体、此岸和彼岸、自律和他律、形式和内容在绝对精神中统一起来,扬弃他律和自律道德的对立,完成了他律和自律相结合的伦理有机体的建构。

黑格尔重点批判了康德道德哲学的形式主义和缺乏层次的不足。在道德哲学领域,康德先验逻辑的精神体现在对道德形而上学的探求上,追求纯粹的绝对的无条件的绝对命令的形式规律。绝对命令是无条件的自在自为的善良意志,抽空了现实的道德伦理的丰富内容,余下的只是为义务而义务、为道德而道德的纯粹形式。这种单一的、抽象的形式道德缺乏内在的对立和差异,这就是黑格尔的批评缺乏层次,"康德的哲学观点,提出义务和理性应符合一致,这一点是可贵的,这里还必须指出它的缺点,它完全缺乏层次"[①]。黑格尔认为,道德哲学是原则和内容的统一,是他律和自律的扬弃,道德、伦理之间有着层次差异,不但有量的不同,也有质的不同。"在道德方面,只要在'有'范围内来加以考察,也同样有从量到质的过渡;不同的质的出现,是以量的不同为基础的。只要量多些或少些,轻率的行为会越过尺度,于是就会出现完全不同的东西,即犯罪,并且,正义会过渡为不义,德行会过渡为恶行。"[②]没有无斗争的德性,德性是最高的、完成了的斗争,所以它不仅是肯定物,也是绝对的否定性;它不仅在与邪行比较中是德性,而且在它自身中也是对立和斗争。邪行并不只是德性的欠缺,不只是对于外在反思来说与德性相区别,而且自在地与德性对立,它是恶。恶在于依靠自身与善对立,它是肯定的否定性。天真无邪也是德性的欠缺,它既是善的欠缺,又是恶的欠缺,既不是肯定的,也不是否定的,与善、恶这两种规定都毫不相关。但这种欠缺也必须认为是规定性,一方面必须把它看作是某物的肯定的本性,另一方面它又与一个对立物相关,而且一切天然本性都要走出它们的天真无邪,走出它们的漠然的自身同一性,通过自身与它们的他物相关,从而毁灭自身,或者从肯定的意义上说,转回到它们的根据里去,成为邪行德性或者善恶。绝对的善良意志没有矛盾,缺少过渡,实际上是高级的自觉的"天真无邪",它必须扬弃他律的抽象法环节,打破自身的同一性,走向善恶,也就是道德和伦理的现实[③]。在黑格尔这里,自律的道德形式必然包含着其对立面他律的丰富内容,自律是他律的自律,形式是内容的形式,彼岸是此岸的彼岸,物自体是对象的物自体,逻辑学、本体论、认识论是辩证统一的,理论理性和实践理性之间没有不可逾越的鸿沟,它们都是向着绝对精神发展的必要的

---

① 黑格尔:《法哲学原理》,范扬、张企泰译,商务印书馆1961年版,第138页。
② 黑格尔:《逻辑学》(上卷),杨一之译,商务印书馆1966年版,第405页。
③ 关于黑格尔的善恶观,请参见拙文《论黑格尔关于善的思想》,《学术论坛》2005年第4期。

相关的环节。

黑格尔伦理有机体有三个层次:他律的风俗习惯和法权、自律的道德、自由的伦理①。黑格尔认为,意志只有作为能思维的理智才是真实的、自由的意志。"通过思维把自己作为本质来把握从而使自己摆脱偶然而不真的东西这种自我意识,就构成法、道德和一切伦理的原则。"②自由意志为了不是抽象的,必须首先给自己以定在,这种定在最初的感性材料就是事物,即外界的物。自由的这一最初方式,就是所有权,这是形式法和抽象法的领域。同属于这种领域的,还有具有中介形式的所有权即契约,以及被侵犯的法即犯罪和刑罚。在这种领域我们所具有的自由就是我们所说的人,也就是人格主体,对自己来说,他是自由的,并在事物中给自己以定在。但是定在的这种单纯直接性还不相当于自由,而否定这一规定的就是道德的领域。黑格尔认为,道德的观点是关系的观点、应然的观点或要求的观点。在道德领域,作为道德主体的我不再是仅在直接物中是自由的,而且在被扬弃了的直接性中也是自由的。这就是说,我在我本身中、在主观中是自由的。在此领域中至关紧要的是我的判断和意图以及我的目的,因为外界已被设定为无足轻重的了。不过在这里构成普遍目的的善不宜仅停留在我的内心,而应使之实现。这就是说,主观的一致要求它的内部的东西即它的目的获得外部的定在,从而使善在外部的实存中得以完成。康德的不足就在于,仅停留在这个道德的普遍目的的善上,不把它在伦理中具体实现出来。因此,黑格尔在《法哲学原理》中批判康德重视道德轻视伦理时说:"道德和伦理在习惯上几乎是当作同义词来用,在本书中则具有本质上不同的意义。普通看法有时似乎也把它们区别开来的。康德多半喜欢使用道德一词。其实在他的哲学中,各项实践原则完全限于道德这一概念,致使伦理的观点完全不能成立,并且甚至把它公然取消,加以凌辱。但是,尽管从语源学上看来道德和伦理是同义词,仍然不妨把既经成为不同的用语对不同的概念来加以使用。"③黑格尔

---

① 笔者曾把它们分别称为客观伦理、主观伦理、绝对伦理,请参见拙文《简析黑格尔的伦理有机体思想》,《武汉大学学报》(人文社会科学版)2005年第6期。
② 黑格尔:《法哲学原理》,范扬、张企泰译,商务印书馆1961年版,第31页。
③ 黑格尔:《法哲学原理》,范扬、张企泰译,商务印书馆1961年版,第42页。

在康德止步的地方继续前进,他明确区分道德和伦理,并把道德作为伦理的一个环节,伦理作为道德发展的目的和必然结果,把在康德那里道德至高无上、伦理无地立足的局面颠倒过来,为道德伦理重新正名定位。他认为,在道德中,自我规定应设想为未能达到任何实在事物的纯不安和纯活动,所以原在道德中的应然在伦理的领域中才能达到。法权欠缺主观性的环节,而道德则仅具有主观性的环节,法权和道德本身都缺乏现实性,都是抽象的东西,都不能自为地实存,而必须以伦理的东西为其承担者和基础,因为只有伦理才是它们的真理。"主观的善和客观的、自在自为地存在的善的统一就是伦理,在伦理中产生了根据概念的调和。"[1]如果道德是从主观性方面来看的一般意志的形式,那么伦理不仅是主观的形式和意志的自我规定,而且还是以意志的概念即自由为内容的。伦理是强烈的现实的活的善,它是成为现存世界和自我意识本性的那种自由的概念。伦理的定在就是家庭、市民社会、国家,即个体独立性和普遍实体性在其中完成巨大统一的那种伦理和精神,它是在最具体的形态中的自由。抽象法权上升到道德,道德上升到伦理,主观意志和客观意志、自律和他律就在伦理有机体中统一起来而达到具体的自由。

康德看到了他律和自律的对立,没有真正把握二者的辩证关系,停留在自律和他律的二律背反的水平上,不能把两者有机结合起来。在黑格尔这里,他律是否定的、抽象的自律,包含着自律的种子在内,自律正是他律的否定因素。因此他律向自律的转变是道德哲学自否定的过程。抽象法权(人格主体)、道德(道德主体)、伦理(伦理有机体)是客观精神的逻辑进展过程中逐步展开的有生命力的过程。和康德的道德高于哲学不同,黑格尔主张哲学高于伦理学。康德过高估计了道德的理想作用,倾慕具有明显的道德理想主义的目的王国。黑格尔把抽象法权、道德、伦理置于绝对精神发展的宏大的逻辑进程中,在心理、法律、历史、宗教、哲学等发展过程中给予道德以较为适当的地位,真正赋予了道德以适当的地位,因为限制了道德的范围,把其他范围留给伦理,避免了道德的越权滥用而造成以道德之名败坏道德之实的伪善,把自律和他律在伦理中即在现实王

---

[1] 黑格尔:《法哲学原理》,范扬、张企泰译,商务印书馆1961年版,第162页。

国里统一起来,把道德从彼岸的目的王国拉回到现实王国,以理性的绝对唯心的方式完成了道德理想主义向伦理理想主义的转变。

今天,在看待他律和自律关系的问题上,有两种倾向值得注意。其一,仍有一部分人停留在康德的自律和他律的二律背反的水平上,在肯定康德的自律道德的同时,否定他律的道德价值——尽管是一种抽象的价值。马克思早就指出即使是个人行为的功利性质,在分工和交换广泛存在的前提下,也不应当被当作是毫无意义的。相反,"功利论一开始就带有公益论的性质""功利论至少有一个优点,即表明了社会的一切现存关系和经济基础之间的联系"。①因此,对于外在的功利、幸福、名誉等不应完全否定。时下人们讨论次道德或亚道德问题以及道德银行、有偿捐献、学习道德标兵等问题时,就完全反对这些他律的道德价值。实则不然,这些做法本身虽然是外在的他律的,但却是通向自律的必经之道,其价值不可完全否定。由他律提升为自律后,由于自律是一种主观的自由意志,具有偶然性、主观性,它内在地要求具有现实性和必然性的保证,这就必须要求在伦理秩序的伦理有机体中通过伦理主体、实体的力量使他律和自律结合起来,在国家中通向具体的自由。这里就把道德哲学和政治哲学结合起来了,有人不重视黑格尔的伦理思想,一个重要原因就在于不懂得政治哲学是道德哲学的有机组成部分这个基本原理。黑格尔不主张像费希特那样用道德改造社会,主张用政治手段和伦理实体的力量改造社会,他在1831年写的《论英国改革法案》中说:"改良的尝试不再会单纯依靠个别个人的观念、谏谕和联合一类道德上的手段,相反地要依靠改变各种制度设施,这也将被人承认为正确的道路。"②这正是黑格尔的独特之处。我们在研究伦理学时,必须关注道德哲学和政治哲学的辩证关系,而不应该在二者之间划一道鸿沟,就像麦金太尔讲的只研究道德碎片一样。其二,与此相反,误把他律当作自律的道德或者说误把自律的道德当作他律的要求。王海明先生在其著作《人性论》中对道德的看法就完全局限于他律的前道德的无反思的风俗习惯阶段。王海明认为:"如果一种具有社

---

① 《马克思恩格斯全集》(第三卷),人民出版社1960年版,第484页。
② 《黑格尔政治著作选》,薛华译,商务印书馆1981年版,第231页。

效用的行为规范是社会制定或认可的,那么,不论这种规范是如何荒谬错误,它都是道德;如果并不是社会制定或认可的,而只是一个人自己独自制定或认可的,那么,不论这种规范是如何正确优良,它也不是道德,而只是他自己的行为规范。"①如果一个社会制定或认可了"女人应该裹小脚""男人应该不洗头"的行为规范,不论多么荒谬,它们都是道德。如果违背之,则不道德。在笔者看来,王海明的这个观点所说的道德恰好是不道德或前道德,它没有反思和自由理性,只是盲目服从外在的权威和要求而已,尚属于他律的抽象法阶段,和道德还有天壤之别。尽管中国伦理学的真正发展才刚刚起步,但也绝不应该把不道德当作道德。更有甚者,有些人对康德、黑格尔伦理学认识浅薄甚至无知,却高喊抛弃黑格尔或者二者择一,这就不独是机械论、独断论,更是情绪论、直觉论了。

在黑格尔这里,他律、自律到自由这个过程又要在世界历史进程中不断得到扬弃,在绝对精神中不断得到净化和提升。因此,他律和自律相结合的自由即伦理有机体是一个动态的历史过程。这个历史过程有其自身的逻辑,黑格尔伦理有机体是西方伦理思想自身逻辑的重要一环——辩证推论伦理学。同时,从历史和逻辑相统一的角度揭示这个过程,而不只是从抽象的人性角度揭示伦理,是黑格尔伦理有机体的又一大贡献和一个突出特色。

二、辩证推论伦理学

黑格尔认为,人类认识发展的逻辑进程是由概念、判断到推论的过程。西方伦理学史的发展也符合这个过程。可以说德性伦理代表概念伦理,因为每一种德性就是一个伦理概念;规范伦理代表的是判断伦理,因为规范从语言上是以命令的形式出现的,每一个道德命令都是一个判断;康德对伦理原则的一元化、形式化,开始了形式推理的伦理进程,黑格尔的伦理有机体则完成了辩证推论的伦理学体系。

伦理学与知识论的关系是哲学史上的一个古老问题。早在古希腊时

---

① 王海明:《人性论》,商务印书馆2005年版,第146页。

期,苏格拉底就以"知识即美德"的著名命题对二者之间的关系提出了自己的看法。随着对该问题研究的深入,人们越来越认识到知识论与伦理学虽然联系密切,但实际上分属于两个不同的领域。这种认识从休谟对事实判断与价值判断的区分开始,到康德的理论理性与实践理性的区分,在哲学界已经形成一种共识。

虽然伦理学的认知与认知理论分属不同领域,却不是完全无关。一方面,因为伦理学自身也有一个认知的问题,即对伦理思想、道德法则或戒律的认知。另一方面,伦理学的认知活动与认识论的认知活动虽然有区别,但也有共同之处,它们具有相同的认知逻辑,在思维的逻辑进程上具有共通性。如果说休谟、康德看到了二者的区别,黑格尔则扬弃他们的这种思想,打通了自然和自由、认识论和实践论、现象和本体的壁垒,辩证地论述了伦理认知和认识论认知具有相同的逻辑。黑格尔在《小逻辑》的"概念论"中说到了绝对精神由客观逻辑到主观逻辑的进展,阐释了主体、思维是如何在认知的过程中自由地建立起自己的客体和存在的。他把人的认知活动划分为三个阶段,即由概念到判断再到推论的逻辑过程,在每一阶段又有更为详尽的划分。黑格尔对人类认知活动的这种由概念到判断再到推论的逻辑进程的揭示,既是人类的认知发展的逻辑过程,也是人类个体的认知发展的逻辑过程,因为个体认知的发展是整个人类认知发展的缩影。

人类伦理认知的过程也完全符合黑格尔对人类一般认知活动的阐释。如果从认知角度加以考察,西方伦理学的发展也同样是经历了从概念到判断再到推论的逻辑发展过程。纵览西方伦理学的发展,它经由对话伦理学(苏格拉底)、德性伦理学(亚里士多德)、规范伦理学(托马斯·阿奎那的判断伦理、康德的形式推论伦理、黑格尔的辩证推论伦理)、元伦理学(摩尔),再到商谈伦理学(哈贝马斯)的发展,正好体现了伦理学从谈论(逻辑的抽象起点——自在的伦理)到逻辑(德性伦理、规范伦理、元伦理学——自为的伦理)重新回到商谈(逻辑的具体终点——自在自为的伦理)的过程,同时也是伦理学的认知活动或伦理学的逻辑由概念、判断到推论,然后再重新回到概念的逻辑进程。在这个逻辑进程中,黑格尔的伦理有机体思想在康德的形式推论伦理的基础上完成的辩证推论伦理学是伦理学完成自为阶段后过渡到自在自为伦理的重要一环。

苏格拉底或柏拉图在他们那个时代就希望对伦理德性做出逻辑界定。苏格拉底对什么是美德和正义等问题的对话讨论，就是想给它们做出某种逻辑的界定。这种界定，就必然需要概念、判断和推论乃至利用这些环节进行辩论才能达到目的。显然，苏格拉底的对话伦理已经潜在地包含着整个西方伦理学发展的逻辑进程，或者说是伦理逻辑的自在阶段。德性伦理学的认知活动把伦理逻辑推进到自为阶段，它相当于一般认知活动的概念阶段。德性伦理学探讨的是属于伦理学的基本概念问题，它研究的一个个"德目"，也就是一个个的概念。德性伦理学的代表亚里士多德的伦理学关心的是由习惯和禀性凝聚成一个个具体的德性或品性，也就是一个个伦理范畴，诸如"勇敢""智慧""仁慈""正义"等。亚里士多德在解释"勇敢""智慧"等德性时，只是把它说成是人的品性或习惯，却无法对之做出更多的解释和分析，并始终停留在经验例证的层面上。德性伦理作为自为的起点，还未能真正展示出其自身的丰富内容，因而表现出朦胧性和含糊性。但是，正如黑格尔所指出的"概念是自由的原则，是独立存在着的实体性的力量。概念又是一个全体，这全体中的每一环节都是构成概念的一个整体，而且被设定和概念有不可分离的统一性。所以概念在它的自身同一里是自在自为地规定了的东西"①。虽然概念在其最初形态上表现出简单性，但是，它却内在地包含了其本身的一切内容，并在运动中展示出其自身。德性伦理学讨论的那些概念，或者说德目却是全体，是自为的伦理学发展的起点，也是其发展的终点。全体性也正体现出德性伦理优于规范伦理的一面，因为伦理学研究的目的不仅在于规范人们如何行动和社会伦理体系如何运作，更重要的是研究如何使人成为一个有道德的人、一个有德性的人，使社会体系或伦理实体符合伦理、伸张正义，使伦理主体和伦理实体形成一个互为目的的良性体系。

黑格尔说，在一般认知过程中，"对概念加以内在的区别和规定，就是

---

① 黑格尔：《小逻辑》，贺麟译，商务印书馆1980年版，第327页。

判断"①。同样,伦理认知中的概念阶段向判断阶段的转化是从对概念做出界定开始的。当我们要对"勇敢""正义"等德性做出不是一般性描述的逻辑界定时,我们就进入到伦理认知的判断阶段。而且伦理学本身的实践性特征使它更多地关注如何才能培养良好的德性的问题。作为一种共识,大家都意识到德性的培养是离不开行为的。品质与行为或者说道德实体与道德主体何者在先的问题所构成的内在张力使得伦理学由概念伦理向判断伦理转化,从对德性(道德实体)的研究向对行为(道德主体)的研究转化。对德性的形成和对德性与行为之间关系的困境的解决,是德性伦理学向规范伦理学转化的内在否定性因素。对行为的规范,指出应当做什么或不应当做什么,是以判断的形式表现出来的。严格地说,它主要是以祈使句的形式表现出来的。后来,著名的元伦理学家黑尔在《道德语言》中专门探讨了这个问题。

在伦理学史上,由德性伦理向规范伦理的转化是在中世纪基督教伦理学中完成的。在基督教伦理学中,奥古斯丁把古希腊的四美德说(智慧、勇敢、节制、公正)和宗教伦理范畴的爱、信、望融为一体,改造成七美德说,同时突出了由旧约所提出的"十诫"以及新约中的诫命,这些诫命就是一种以规范形式出现的道德规范。托马斯的伦理思想强调了对人的行为的伦理研究,并且把德性伦理学与规范伦理学看作是对人的道德行为的内在原则和外在原则的研究。在其伦理思想中还对戒律做了详细的探讨,提出伦理戒律、礼仪戒律和司法戒律三种戒律形式。他强调了德性与戒律之间的一致性,并认为戒律是达到伦理德性的方法与手段。自中世纪之后,规范伦理学也就是道德主体学说(当然还是初级的他律的)成为伦理学说的主流。

在康德之前,对规范伦理的逻辑形式和语言表达方式的研究贡献最大的是休谟。休谟不仅意识到伦理规范的语言表达形式是判断,而且还第一次明确地提出道德(价值)判断的表达形式与事实判断的表达形式之间的区别,即一个是以"应当"为特征的祈使句,另一个是以"是"为特征的陈述句。就是说,休谟明确揭示了规范伦理学的语言表达形式,即规范伦

---

① 黑格尔:《小逻辑》,贺麟译,商务印书馆1980年版,第337页。

理学的认知逻辑形式。康德正是在休谟的基础上对规范伦理学中规范的逻辑的和语言学的问题进行了详细阐述。他明确地指出规范伦理学在认知的逻辑形式上表现为判断,并且指出判断有直言判断与假言判断之分。他认为,伦理判断不是假言判断,而是直言判断,是一种绝对的或无条件的命令。这是因为康德从义务论伦理学的立场出发,认为假言判断是有条件的命令,它在道德活动之外设定了一个非道德的目的,而伦理学的命令应当是一种无条件的命令,是以道德义务本身作为目的的,因而只有直言判断才符合这一条件。"不许偷盗""不准杀人",这都是一些定言判断,是一些绝对的或无条件的命令。从这个意义上讲,规范伦理学首先表现为判断阶段的伦理学,它的诸多戒律或规定就是诸多的判断。规范伦理学作为判断阶段的伦理学,克服了德性伦理学中"德性"的朦胧性、相对性,也克服了德性伦理中关于品性与行为的困境。它对人们的行为的直接指导使它具有更强的可操作性。因为对一个人的行为的规范,对一个人的行为的道德价值的判断,比起对一个人的品德的培养和评判要直接和明晰得多。这种进步本身也说明人类对道德问题的认知进入一个新的阶段,即对道德主体的认知研究阶段。但是,规范伦理学在其发展过程中并没有使自己停留在道德认知的判断阶段。因为一般而言,以各种肯定的或否定的形式主义出现的道德规范是以一种命令形式出现的,它无须对为什么这样做或为什么不这样做做出解释,它也没有一个关于怎样的行为是一个道德的行为的普遍性原则。因此对于人们来说,他们只需要知道有哪些道德规范,然后遵循其行事就可以了。从道德认知的逻辑发展角度而言,他们也就停留在了判断的阶段,也就是道德主体的他律阶段。对此,最先认识到而且力图去解决这个问题的是康德。康德以其一元规范伦理原则把伦理学的理论推进到了推论的阶段,这突出地表现在康德的伦理学说没有规定诸多具体道德规范而是提出一种形式化的绝对命令的形式主义这一点。康德只是提出了一条道德法则:"要这样行动,使得你的意志的准则任何时候都能同时被看作一个普遍立法的原则。"[1]自律原则就是:在同一意愿中,除非所选择的准则同时也被理解为普遍规

---

[1] 康德:《实践理性批判》,邓晓芒译,杨祖陶校,人民出版社2003年版,第39页。

律,否则就不要做出选择。这一事件规则是个命令式,也就是说,任何有理性的东西的意志,都必然地受到它的约束。康德据此认为,一个人也许不知道各种肯定的或否定的道德规范,但是,只要能按照这条普遍的法则即绝对命令去行动,人的行为就一定会是道德的、是善的。这种抽象的道德法则,实际上把人们对道德认知的活动推向了逻辑推论的阶段。一个人如何行为或者如何评价他人的行为,唯一的办法就是依据上述原则进行一番推理。在这里,推理的大前提是绝对命令,其"中词"是你的行为或他人的行为是否符合绝对命令,结论则是你的行为是否道德。这样,在人的道德活动中,逻辑推论就起了重要的作用。康德绝对命令的这种推论形式,以及他对道德法则的形式化,使得伦理学的认知活动进入推论层面及一种新的形式或阶段。而且,这种进展不是任意的,正如黑格尔所说:"推论常被称为证明判断的过程。无疑地,判断诚然会向着推论进展。但由判断进展到推论的步骤,并不单纯通过我们的主观活动而出现,而是由于那判断自身要确立其自身为推论,并且要在推论里返回到概念的统一。"①康德的推论伦理学强调了道德主体性,它是道德主体和善良意志的自觉自律的推论,道德主体不是仅根据外在的规范和要求去行为,而是无论任何行为必须在道德法庭上接受审判,即根据绝对命令进行的推论,才能判定它是否是道德的行为②。不过,康德的推理还是形式逻辑或者说先验逻辑的,没有达到辩证逻辑的层面,其伦理学同样只是形式逻辑的推论而不是辩证逻辑的推论,这种形式主义伦理学的结果是仅停留在道德主体层面。黑格尔的辩证逻辑扬弃了自亚里士多德到康德以来的形式逻辑,赋予形式以内容和生命,也同样赋予其伦理有机体思想以辩证推论的品格,把康德的道德主体提升到伦理主体与伦理实体的有机体相统一的层面。

黑格尔说,推论是这样的一个规定,即特殊是普遍与个别这两个极端结合起来的中项。这种推论的形式,就是一切事物的普遍形式。因为一

---

① 黑格尔:《小逻辑》,贺麟译,商务印书馆1980年版,第356页。
② 关于西方伦理学的认知逻辑问题的精当论述,请参看:张传有:《从认知逻辑视角看西方伦理学的发展》,《伦理学研究》2005年第2期。

切事物都是将普遍与个别结合起来的特殊。推论是黑格尔经过辩证法改造的三段式,就是对立统一体,他由逻辑上的三段式联系到认识论或存在论上的三段式,认为"这种推论的形式,就是一切事物的普遍形式"。就是说,"一切事物都具有对立统一的逻辑规定"[①]。按照推论的概念来看,真理在于通过中项来联系两个不同的事物,这个中项就是两者的统一。推论即三段式或三一式或三合体,指三个环节的有机的联系和矛盾发展的关系或过程:个体—特殊—普遍,普遍—个体—特殊,或特殊—普遍—个体(个体是非独立的外在的普遍性)。推论的三式的客观意义一般在于表明一切理性的东西都是三重的推论,而且,推论中的每一个环节都既可取得一极端的地位,也可取得一个起中介作用的中项的地位。由此观之,黑格尔的伦理有机体是经由抽象到具体的推理过程建构起来的伦理思想体系,自由意志是其逻辑起点亦是终点。他在伦理本体中打通了自由和自然、理论理性和实践理性的对立,把认识论和实践论在自由意志的基础上辩证统一起来,为伦理的认知奠定了本体论的基础。从自由意志出发,抽象的伦理实体具有主体性,它自我认识、自我发展、自我扬弃,进入特殊的伦理主体,伦理主体通过扬弃进入伦理实体,在伦理实体中达到本体、主体、实体统一的伦理有机体。黑格尔特别提到,在实践范围内的国家也具有三个推论体系:①个别的人(个人)通过他的特殊性(如物质的和精神的需要等)的进一步发展,就产生公民社会与普遍体(社会、法律、权利、政府)相结合。②意志或个人的行动起中介作用,它使得在社会、法律等方面的种种需要得到满足,并使得社会和法律等得到满足。③普遍体(国家、政府、法律)是一个实体性的中项,在这个中项内,个人和他的需要的满足享有并获得充分的实现、中介和维持。三一式中的每一规定,由于中介作用而和别的两极端结合在一起,同时也就自己和自己结合起来,并产生自己,而这种自我产生即自我保存[②]。只有明了这种结合的本性,明了同样的三项的"三一式"推论,一个全体在它的有机结构中才可得到真正的理解。伦理本体通过它的特殊性伦理主体的进一步发展,就产生了家

[①] 黑格尔:《小逻辑》,贺麟译,商务印书馆1980年版,第84页。
[②] 黑格尔:《小逻辑》,贺麟译,商务印书馆1980年版,第383—384页。

庭、市民社会、国家等伦理实体并与伦理主体相结合；伦理主体通过中介作用，使得伦理本体和伦理实体结合为伦理有机体；伦理实体作为实体性的中项，使得伦理主体的需要得以满足，特殊性得以实现，伦理本体的抽象得以克服而达到具体。同时，黑格尔的道德评价是以自由为依据经过推理得到的，他对善恶的论述以及对历史的评价等都是如此。伦理有机体推理的大前提是伦理本体即自由意志，中词是伦理主体即伦理主体的行为是否符合自由，结论则是伦理实体即伦理主体的行为是否符合伦理有机体统一的自由生命。在这个意义上，可以说黑格尔的伦理有机体思想是古典推理伦理的典范之一，是继康德的形式推论伦理学之后的辩证推论的伦理学体系。正如康德的先验逻辑并没有提升到辩证逻辑推论的高度而仍然属于形式逻辑一样，他的伦理学的推论也只是形式逻辑的推论，没有达到伦理学的辩证推论阶段。只有黑格尔的伦理有机体才实现了这个超越。从辩证推论伦理的意义上讲，黑格尔的伦理有机体是第一个这样的伦理体系。而这一点，是前黑格尔的伦理学家没有也不可能达到的，但也是历代研究者所不曾提及的。

哈贝马斯的商谈伦理继承于康德，并吸取了黑格尔的互主体性思想和伦理实体思想，主张把实践理性的普遍化原则贯彻到社会生活和道德规范中去，特别重视语言交谈的伦理主体性，成为当代扬弃推论伦理达到论辩伦理的主要代表。这和人类的认知过程是一致的：对话（苏格拉底、柏拉图）、形式逻辑的概念（以亚里士多德为代表的德性论）、判断（以托马斯·阿奎那为代表的规范伦理学）、推论（康德的形式推论伦理学）、辩证逻辑的辩证推论（黑格尔的伦理有机体思想）、论辩（哈贝马斯的商谈伦理学）。黑格尔伦理有机体思想作为其中由形式逻辑思维伦理转向辩证逻辑思维伦理的重要一环，其开创性的历史地位是其他伦理思想不可取代的。从这个意义上讲，黑格尔伦理有机体思想无疑是康德的"道德哥白尼革命"后的又一次伦理学的质的提升。

从这里我们看到了西方伦理学的逻辑，实质上也就是西方伦理学的历史，它是逻辑和历史的有机统一。黑格尔的伦理有机体思想正是第一个自觉遵循历史和逻辑相统一原则的伦理思想体系。

三、绝对唯心的历史主义伦理学

黑格尔自觉地把他律、自律到自由的伦理学看作一个精神自身发展的历史过程，形成了西方伦理学史上第一个历史和逻辑相统一及本体、主体和实体相统一的具有完整体系的伦理有机体思想体系。甚至可以说，黑格尔的伦理有机体思想就是一部古典人类道德发展的历史和逻辑的绝对唯心的百科全书式的理论展现。历史主义的伦理学是黑格尔独特的原创性思想，在西方乃至整个人类伦理思想史上都有不可取代的里程碑式的意义。

如前所述，康德前的伦理学基本上是他律的伦理思想，停留在经验的说明上，缺乏思辨的理论基础，只能说是伦理学说。康德的道德形而上学完成了道德哲学的建构，但是整个前黑格尔的伦理学说和道德哲学由于其知性的思维方式及其理论自身发展的局限性，都是从抽象的人性或神性出发建构的思想体系，看不到道德运动变化的内在逻辑进程，不懂得道德就是道德史，因此不可能自觉地从历史和逻辑相统一的角度建构历史主义的伦理学——这个任务是黑格尔完成的。

（一）从伦理学史的角度看，伦理有机体思想是伦理学自身发展的理论归宿。

在黑格尔看来，伦理学就是关于人本性是自由的这个概念或知识，是人对于他自身的知识。每一派伦理学都曾经是必然的，而且依旧是必然的。没有任何伦理学曾泯灭，所有各派伦理学作为全体的诸环节都肯定地保存在伦理学里，但必须将这些伦理学的特殊原则作为特殊原则，和全体伦理学的普遍原则区别开。各派伦理学的原则是被保持着的，最新的伦理学就是所有各先行原则的结果，所以没有任何伦理学是完全被推翻了的，因为被推翻了的并不是这个伦理学的原则，而只不过是这个原则的绝对性、究竟至上性。全部伦理学史是一个合理性的、为理念所规定的、有必然性的、有次序的历史进程。

在历史上，伦理学只发生在当自由的政治制度已经形成的时候。这是由政治自由与思想自由出现的一般联系决定的。现实的政治自由仅开始于当个人自知其作为一个独立的人,是一个有普遍性、本质性的无限价值的理性存在者的时候,或者当主体达到了人格意识,因而要求本身得到单纯的尊重的时候。精神自我认识的第一步必须与它的自然意欲、它沉陷于外在质料的情况分离开。世界精神开始时所采取的形式是在这种分离之先,是在精神与自然合一的阶段,这种合一是直接的,还不是真正的统一。这种直接合一的境界就是东方人一般的存在方式,因此东方不可能出现伦理学,而只能有一些简单的道德格言之类的条款,孔子就是东方道德格言的综合者。黑格尔认为孔子只是一个实际的世间智者,他只有一些善良、老练的道德教训,而没有道德哲学。孔子的《论语》讲的是一种常识道德,它随处可见,毫无过人之处,只是对古代就已经说出来的义务加以综合。道德在中国人看来,是一种很高的修养,道德义务的本身就是法律、规律、命令的规定。中国人既没有西方的法律,也没有西方的道德,只有一个法律和道德混为一体的国家伦理。这个国家的伦理包含有臣君、子父、妻夫之间的各种义务,但这种义务的实践只是形式的,不是自由的内心的情感,也不是主观的自由。在古代中国,凡是要想做国家官吏的人,必须研究孔子的哲学而且需要经过各种考试。这样,孔子的哲学就是国家哲学,构成中国人教育、文化和实际活动的基础,所以学者们也受皇帝命令的支配。但当官发财求名、立功立德立言等都不是人的本质,只是通向自由的手段,而问题在于古代中国人却把手段当作了目的。这实际上只是一种没有自由意识的外在的抽象的他律,只有当体现自由意识的法律从这种德法不分的状态(实际是一种无德也无法的状态)中独立出来,才会有真正的他律。将法律和道德加以区分,并把法律独立出来,是古希腊罗马王国完成的,故伦理学肇始于古希腊。

　　从这个角度反思整个西方伦理学史,可以说它是一部伦理实体论和伦理主体论交替发展、互为经纬的历史。苏格拉底的认识你自己、自知其无知、知识即美德等命题,开始了对人自身的伦理学的思考和对自由的追求。苏格拉底主张主观自由,重视伦理主体和主体性,柏拉图则背叛了苏格拉底,主张构建抽象的伦理有机体——其实质是伦理实体,以便压制伦理主体和主观自由。亚里士多德综合古希腊伦理思想,主张伦理有机性,构建了古代朴素的伦理有机体。但在古希腊时期,知识限度、主客体对立、自我本身的独立性或自为性,对于柏拉图而言则是生疏的。人尚没有回复到他自己,尚没有建立他自己为一个独立自主的人。虽然主体被认作一个自由的个体,但他意识到自己的自由只在于与他的本质即自己的伦理身份和等级地位的合一之中。至于一个人本身就是自由的,依照他的本质,作为一个人生来就是自由的,包括奴隶也是自由的——这点柏拉图不知道,亚里士多德、西塞罗、罗马的立法者都不知道,所以说唯有自由这一概念才是法律的真正源泉。只有在基督教的教义里,个人的人格和精神才第一次被认作有无限的绝对的价值。一切的人都能得救是上帝的意旨。基督教里有这样的教义:在上帝面前所有人都是自由的、平等的,耶稣基督解救了世人,使他们得到基督教的自由。这些原则使人的自由不依赖于出身、地位和文化程度。基督教是真正的自由宗教,基督教伦理吸取了希腊伦理思想,一方面,它包含着伦理主体的主观自由原则,但总体上伦理主体必须服从于彼岸的伦理实体,把此岸的伦理主体和彼岸的伦理实体分割开来。另一方面,它把伦理实体分割为天国的上帝之城和地上的世俗王国,并以前者压制后者,其实质是通过天国的伦理实体否定世俗王国的伦理实体的地位,由此导致二者的尖锐对立。这虽然已经跨进了一大步,但仍然没有达到认为自由构成人之所以为人的概念的看法。多少世纪以来,这种自由之感作为一个巨大的推动力量,产生了最伟大的革命运动和伦理学理论。

  两个王国的对立通过宗教改革和启蒙运动一步步走向和解。近代以来,霍布斯、霍尔巴赫等以世俗王国的伦理实体否定宗教实体,自然法学派则重伦理主体的主体地位,卢梭无疑是其中的优秀代表。康德把卢梭的伦理主体观推到极致,成为伦理主体论的古典顶峰,但他不重视伦理实体,甚至否定现实的伦理实体的道德价值,把道德的实现归于应然的目的王国。康德等人的道德主体是抽象的不是具体的社会人,也不是真的伦理主体。不过,霍布斯的伦理实体和康德的伦理主体已经为二者的和解的理论即伦理有机体奠定了两个重要的环节,黑格尔的伦理有机体正是对伦理实体和伦理主体的自由意志的理念扬弃的理论成果。在黑格尔的作为伦理有机体的国家中,伦理实体、伦理主体合为一体。但这与封建社会的朕即国家不同,因为伦理实体有市民社会的中介、伦理主体有主观自由的张扬,因此是现代的具体的自由。自由是伦理主体和伦理实体的张力的作品,没有这个张力,只会有任性地为所欲为或者专制地扼杀自由。有人认为黑格尔的国家消解了自由,实质上国家作为伦理有机体并不是消解了自由,而是消解了抽象自由,进而达到他所谓的具体自由。

黑格尔的伦理有机体思想就是所有各先行原则综合提升的结果,前黑格尔的所有各派伦理学作为其伦理学的特殊环节,都肯定地保存在他的伦理学里。我们由此看到,实际上,伦理学就是对世界历史的哲学思考和伦理提升。从这个意义上讲,伦理学就是伦理学史,伦理学就是世界历史的逻辑,世界历史也是伦理的历史。伦理的历史和逻辑是统一的。

(二)从世界历史发展过程的角度看,伦理有机体是一个合理性的不断自我扬弃的历史过程。黑格尔的伦理有机体理念的展开就是世界历史进程,实际上这是一种颠倒。但恰如马克思所讲,"人体解剖对于猴体解剖是一把钥匙"。有了伦理有机体的理念这个"人体"做标本,世界历史中的各个国家作为"猴体"的位置和价值才能真正体现出来。黑格尔认为,精神(geist)就是它自己的积极运动,以求绝对知道自己,使它的自我意识从自然直接性的形式中解放出来,在它的解放过程即世界历史中,达到它自己本身。其中,精神由自在而取得自为的形式是一个重大的区别——世界历史的整个区别都建筑在这个区别上面。由于所有的人都是有理性的,所以就形式方面而言,人是自由的,自由是人的本性。然而,在许多民族里,曾经有过奴隶制度,而且有些民族还自安于这种制度。非洲人、亚洲人与希腊人、罗马人及近代人之间,唯一的区别只在于后者意识到他们是自由的,而前者虽说潜在地也一样是自由的,但他们却没有意识到,因而他们就不是自由地生存着。这一点便构成他们生活情况的重大区别。自由意识的各种不同的程度在于,"东方各国只知道一个人是自由的,希腊和罗马世界只知道一部分人是自由的,至于我们知道一切人们(人类之为人类)绝对是自由的"[①]。这种自我意识形成的不同程度,决定着世界历

[①] 黑格尔:《历史哲学》,王造时译,上海书店出版社2001年版,第19页。

史的三个环节：东方各国、希腊罗马王国和日耳曼王国。东方各国除了一个人自由之外其他人都是不自由的。实际上，由于其他人都是不自由的，那个唯一的自由的人也不可能是自由的，因为一个孤独的人不可能意识到自己是自由的，他只有在其他自由的主体中才能意识到自己的自由。但不自由本身就是自由对自由的自我否定，通过这种否定达到外在的自由，这就进入到希腊罗马世界里。这里除了一部分人自由外还有一部分人是不自由的，由于并非所有人都自由和都具有人格，所以精神还处在自然直接性阶段。希腊罗马只知道外在的自由和除了奴隶外的人的自由，不知道奴隶也是自由的，更不知道人本身就是生而自由的。只有知道了一切人都是自由的，思想中承认所有的人的人格时，才有了自律的道德主体、道德思想。这就是日耳曼世界的主观自由原则阶段，它从罗马帝国内各日耳曼民族的出现开始一直到康德费希特时代，并主要通过康德哲学得以实现。但思想必须在现实的磨砺中实现，自由意识必须在伦理中得到实现，以达到自律和他律相结合的伦理有机体，这是在黑格尔设想的日耳曼未来的理想王国中实现的。

  罗马人的一个重要贡献是成文法律，它完成了东方各国和希腊各国都没做到的伦常道德和法律的区分，尽管是外在的形式的即不依赖心灵和意见的。罗马的普遍原则是自由的普遍性或主观的内在性。这种抽象的自由，一方面，成立了抽象的国家，政治和权力凌驾于具体的个体之上；另一方面，创造了和这种普遍性相对的人格，就是抽象的自我本身的自由。人格构成权利的基本条件，它主要在财产内出现，但它蔑视和个体相关的精神的各种具体特征。这个内在性元素后来进一步实现为个人的人格。"个人根据他的人格原则，仅仅得到所有权，同时那个'人上人'却得到了占有一切个人的权利，每个个人所享的权利都被剥夺无余。"[①]但这种矛盾下的不幸却是世界的训练（zucht），靠这种训练使个人的特殊人格完全消灭而走向主观自由原则。

  所有对于训练的反省，必须在接受这种训练的臣民的头上发展为一种意识，知道他自己的不幸和空虚。这在真正的罗马世界里还找不到。

---

① 黑格尔：《历史哲学》，王造时译，上海书店出版社2001年版，第316页。

精神在犹太民族达到了绝对的自我意识这种更高的境界,这是主观内在道德的萌芽和对人格的不断扬弃,他们因此取得世界历史的意义和重要性。现在绝对的自由的原则在上帝中间出现了,"人类现在意识到他是参预于'神圣的'生存者,他不再处于'依赖'的关系上,而是处于'爱情'的关系上。在各种特殊目的方面,人类现在自己决定,并且知道他自己是一切有限生存的普遍的力。一切特殊的东西都退出了内在性的精神的基地,这个内在性只向着'神圣的精神'提高自己。神谕和预兆迷信因此一笔勾销;凡是有任何事机必须决定时,人类便是绝对的权力"①。这样一来,内心生活和有限生存的分裂便抛弃了。然而这种调和的现实,还须等待日耳曼民族,因为在古罗马里,以自由为原则的基督教找不到一个真正的基地来形成一个帝国。

日耳曼精神就是新世界的精神。从自由精神原则里产生了理性的各种普遍的规律。宗教和合法权利的调和已经在新教教会内出现。在新教世界里,自由意识已经出现,没有什么是神圣的。从这个纪元以后,思想开始获得正当的属于它自己的一种文化。从这种文化发生的各种原则变成了国家组织的典范。政治生活有意识地为理性所规定,道德规范和传统惯例丧失了它们的合法性。凡是经过坚持提出的各种权利,必须根据合理的原则来证明它们是否合法。精神的自由一直要到这个时候方才得以实现。具体说来,就是通过文艺复兴、宗教改革、启蒙运动和英法资产阶级革命,以霍布斯为代表的自然法和契约论,以作为人的共同意志的体现的法律,重新肯定了人格原则的私有财产、生命权、宗教信仰权,至少从理论和法律上承认了所有个人的自然法权和个人自由。这样,普遍的人格在国家和法律的保障下才真正形成了。

普遍的人格本质上是对自由意志的肯定,当人们由外在的物权深入到体现在其中的精神时,或者说,当意志由欲望外物转向欲望自己,深入自我时,人格主体也就一步步提升到道德主体。当意志并不欲望任何外在的东西,只欲望它自己的时候,意志才是自由的。自己欲望自己的意志,是一切权利和义务的基础,因此,也是一切制定的权利、命令和连带的

---

① 黑格尔:《历史哲学》,王造时译,上海书店出版社2001年版,第331页。

义务的基础。意志欲求自己,是从基督教的自由原则开始的,但在封建专制的抽象实体中不可能达到完全的自觉,只有在人格主体不是部分而是完全得到承认时,意志才能真正深入自我,人格主体才能真正提升达到道德主体,其典型理论是康德道德哲学的意志自律原则或者道德的绝对命令。此时,还停留在一切人都应当是自由的这个阶段。问题在于,应当的自由应该实现出来。黑格尔认为,他的时代的日耳曼政局的一个主要因素就是权力的法律,其中各种封建的义务都被废除,财产和生命自由的原则被认为是基本原则,国家各种公职开放给了一切人民,但是要以才能适合与否为必要条件。无论什么人只要有了充分的知识、熟练和一种合于道德的意志,他就可以参与政权。这些人都是知道治国的方法的,并不是无知无识或者自以为优秀的人。全部官吏代表着政府,而以君主的亲自决定为至高无上的命令,因为一种最后的决定是绝对必要的。这已经是黑格尔本人的伦理有机体思想的表达,而不是当时普鲁士国家的现状的记录——比如,它只允许贵族进入国家政府等级。在世界历史中,人格、道德和伦理尽管有着层次上的不同,却是相互包含、重叠交叉的,因为它们本质上就是一个东西,即只不过是自由意志的各个环节的世界历史的展现而已。实际上,黑格尔时代的现状和他的伦理有机体理想还相差甚远。因此,世界历史不可能终结于他的时代,伦理有机体的思想也不可能终结所有的伦理思想,它必然以各种形式呈现于世界历史的滚滚进程之中,融汇于人类精神的滔滔洪流之内。

(三)从绝对精神史的角度看,在黑格尔哲学的逻辑、自然、精神三大环节中,伦理有机体思想属于理念发展到精神领域的第二个环节即客观精神领域,它既是之前此自由精神发展的较高级阶段,又是向更高级的绝对精神发展的相对低级的阶段。

我们知道,黑格尔的哲学对象是理念。其哲学是理念自我否定、自我展开的历史进程,从逻辑的理念、自然的理念到精神的理念,它们构成一个有机的全体,即绝对精神史。其中的每一部分都构成一个相对有机的全体,伦理有机体就是客观精神的有机全体,同时也是理念全体的一个有机部分,它来自较低级的有机部分的自我扬弃,同时又以绝对精神为目的,向有机的全体生成。

我们这里主要看理念在客观精神领域的发展。在精神哲学中,当主观精神发展到自由意志时,就进入了客观精神领域。推动客观精神自我发展的三个环节是:自然(包括自然界和人类的热情)、意志、精神即自由的概念。在整个哲学体系中,客观精神是以意志为中项、以自然和精神为两端的一个推论。首先,自由是对外在自然的扬弃或者说自然是自由的自在。直接的、未反省性质的自然界是人类在它自身内能够取得自由的一个起点。人类意识的觉醒和每一度发展都是精神扬弃自然界回到自身的反省。自由不是原始的天然的观念,自由要靠知识和意志的无穷训练来实现。自由的根据在人类自身,因为人类自身具有神圣的东西即理性,理性的活动和自决的力量就是自由。理性和自由是内在的必然,是人类自身具有的目的。它对外在自然的扬弃使精神由自然状态进入到社会状态而一步步达到人格。其次,自由是普遍和特殊的统一,是理性通过意志对热情即私人的特殊福利的扬弃获得的自决的力量。精神的本性和概念,都只是普遍的、抽象的,存在于人的思想和主观计划中的目的、公理、法律等,仅是为自己而存在的一种潜伏性,为达到现实性,必须加上第二个因素意志——最广义的人类活动——来实行、实现。有了人类活动,理想以及一般抽象的特质才得以实现。使理想行动,让一般抽象的特质决定存在的原动力的,是人类的需要、本能、兴趣和热情。黑格尔说:"假如没有热情,世界上一切伟大的事业都不会成功。因此有两个因素就成为我们考察的对象:第一是那个'观念',第二是人类的热情,这两者交织成为世界历史的经纬线。"[1]黑格尔讲的热情,是指从私人的利益、特殊的目的或者利己的企图而产生的人类活动。热情和意志息息相通,不可分离。理性意志对热情的扬弃,使人类利己的同时不得不利他,在这个过程中通过内在的反省追求合意图的善,进而达到内在的良心,由人格达到道德主体,也就是自为的自由。最后,精神通过所有的现象和手段达到自由的最高目的。自由这个内在的观念用外在的和现象的手段达到自己的目的。仁心、高尚的爱国心等普遍的目的和德性对世界影响不大,个人的理性的

---

[1] 黑格尔:《历史哲学》,王造时译,上海书店出版社2001年版,第23页。

影响也极为有限。相反,个别兴趣和自私欲望满足的目的却是一切行动的最具实力的源泉,也是世界精神为完成它的目的所使用的工具和手段。这个目的只是要发现它自己,完成它自己,并且把它自己看作具体的现实。热情的特殊利益和一个普通原则的发展是不可分离的,因为普遍的东西是从特殊的、决定的东西和对它的否定中产生的结果。特殊的东西同特殊的东西相互斗争,最终都有所损失。而那个普遍的观念并不卷入斗争当中,它始终留在背景里,不受骚扰侵犯。它驱使热情为它自己工作,热情从这种推动力发展了它的存在,因而热情受了损失,遭到祸殃——这就是理性的狡计。在客观精神领域,理性的狡计便体现为社会和国家或伦理对个体的限制,不过社会和国家只是限制了纯属兽性的情感和原始的本能,在一种比较进步的阶段,只是限制了放纵和热情考虑的意图。这种限制,是真正的合理的和依照概念的自由的意识所实现的手段,所以是解放的必要条件。因此,社会和国家正是自由得以实现的情况,这就是客观精神领域的自在自为的自由,即伦理有机体的自由。自然、意志、自由这三个环节的自我否定的历史进程,恰好是人格主体、道德主体和伦理主体或抽象法权、道德、伦理的三个环节构成的伦理有机体的历史角度的最好诠释。

当然,伦理的自由或意志自由还不是绝对的自由。因为在意志里,人有一定的目的、兴趣,一方面我诚然是自由的,因为这是属于我的,但这种目的或兴趣总是包含有另一个东西,或者对我来说,是我的对方,如欲望、嗜好等任性之类。这就决定了伦理有机体的局限,即局限于客观的各种限制和异化,如热情、冲动、法律、政府、等级、贫困等,还不能达到绝对的自由。它必须在艺术、宗教、哲学中提升为绝对精神的自由。黑格尔认为,自由就是不依赖他物,不受外力压迫,不牵连在他物中。当精神回复到它自己时,它就达到了更自由的地步,只有此时它才有真正的自性。只有在思想里、在绝对精神里,一切的外在性都透明了、消失了,精神才是绝对自由的。

最后,我们再强调三点。

其一,黑格尔的哲学体系和伦理有机体思想都不是封闭的,而是开放的充满生命力的永恒运动进程。这和流行的关于黑格尔哲学的看法完全相反[1]。黑格尔在《哲学全书》的结尾说,绝对精神(der absolute Geist)的理念把精神和自然两方面的现象规定为它的种种显示,在它里面结合着两个方面,即事情的本性在于,"概念自己在向前运动着和发展着,而这个运动同样是认识的活动,即永恒的自在自为地存在着的理念永恒地作为绝对精神实现着自己、产生着自己和享受着自己"[2]。关于一个时代的哲学,在《哲学史讲演录》的结尾,他也只是说一个时代的最后一种哲学是精神的自我意识可以提供的最高形态的真理[3],那么他本人的哲学也不过是他的时代的精神的自我意识提供的最高形态的真理罢了。黑格尔并没有关闭他的哲学体系,也没有自认为自己的哲学是全部哲学的顶峰,至多认为其哲学是他的时代的哲学顶端——这也是当之无愧的。而且,他告诫说,作为个人不要有虚骄之气,"好像我们作为个人曾经想出了什么了不起的东西似的。因为把握住内在的实体性的精神,这乃是个人的观点;作为全体中的部分,个人就像瞎子一样,他乃是各全体的内在精神驱使着前进的"[4]。既然整个哲学体系都是永恒的、开放的、发展的,那么伦理有机体的思想就必然是开放的、发展的,就更没有理由是实存的普鲁士国家了。

其二,黑格尔的伦理有机体思想的历史和逻辑与他关于世界历史进程的历史和逻辑是同一个历史和逻辑,同时也是绝对精神的历史和逻辑的一个关键环节。伦理学史、世界历史、绝对精神史是对同一个历史的不同层面的展示和理解。套用麦金太尔的话说,伦理史和伦理学说史是同一个历史。在黑格尔这里,他认为伦理有机体的理念具体展开为世界历史。这并不能理解为先有一个伦理的历史,后有另一个世界历史,而是同一个历史。伦理的理念先于世界历史只是逻辑在先,而不是时间在先。

---

[1] 如全增嘏主编的《西方哲学史》就认为黑格尔把自己的哲学体系作为绝对真理,并把普鲁士君主立宪制看成是人类历史发展的顶峰等。请参见该书下册,上海人民出版社1983年版,第316—317页。

[2] 黑格尔:《精神哲学》,杨祖陶译,人民出版社2006年版,第399页。

[3] 黑格尔:《哲学史讲演录》(第四卷),贺麟、王太庆译,商务印书馆2009年版,第421页。

[4] 黑格尔:《哲学史讲演录》(第四卷),贺麟、王太庆译,商务印书馆2009年版,第421页。

可以说,伦理有机体是世界历史的逻辑起点,或者说是世界历史的逻辑,是抽象的世界历史,世界历史则是伦理有机体的扬弃和具体展开。同时,世界历史或伦理有机体是绝对精神史自我扬弃、自我发展的关键环节。不理解前者,就不能深刻地理解后者,反之亦然。这也是有些研究黑格尔伦理思想的人断章取义从而导致误解曲解黑格尔伦理的重要原因,如马克思的《法哲学原理批判》、罗尔斯的《道德哲学史讲义》、波普尔的《开放社会及其敌人》、摩尔的《伦理学原理》等。查尔斯·泰勒的巨著《黑格尔》看到了这个问题,但并没有自觉地加以论述。如果不全面地历史地分析理解黑格尔的伦理有机体思想,我们的理解只能是其伦理思想的碎片而已。这也是黑格尔的伦理有机体思想长期被埋藏乃至被封杀的重要原因之一。

其三,黑格尔的历史主义伦理学开创了伦理学的新类型、新途径。汤姆·洛克摩尔(Tom Rockmore)认为黑格尔的历史主义思想是其思想遗产中首要的、永恒的部分,他说:"在转向历史学视野——这意味着洞察到把理论的任务理解为对时代的把握,洞察到要把理论与它所由产生的以及致力于去把握的历史连成一个整体——这一方面,我们欠负黑格尔的要比欠负任何人的都要多,比欠他之前的康德和费希特要多,也比欠他之后的马克思要多。"[1]麦金太尔也说:"黑格尔通常似乎把希腊的政体写得比实际上更和谐;……但尽管黑格尔的希腊和谐论是夸大了的,可是这种和谐却为他提供了诊断个人主义的思路,一种历史性的思路,因为黑格尔是第一个理解到不存在一个永恒不变的道德问题的著述家。他的全部哲学就在于力图表明,哲学的历史是哲学之中心所在。"[2]黑格尔的伦理有机体思想体系实际也在于表明伦理的历史是伦理学的中心,它开创了历史主义伦理学的新路径,这是对前黑格尔伦理学的一个重大突破。甚至可以说,前黑格尔伦理学是静态的平面的抽象的,黑格尔伦理有机体思想则是动态的立体的历史的。迄今为止,后黑格尔的伦理学中,仍然没有任何一

---

[1] 汤姆·罗克摩尔:《黑格尔:之前和之后——黑格尔思想历史导论》,柯小刚译,北京大学出版社2005年版,第256页。
[2] 麦金太尔:《伦理学简史》,龚群译,商务印书馆2003年版,第264—265页。

个伦理学家的伦理思想在历史与逻辑相统一的角度上能够从整体上超越黑格尔。

正是在黑格尔伦理学的特殊历史地位的意义上,麦金太尔说:"把黑格尔看作是伦理学史的终极点,在某些方面总是不会引起异议的:这部分是因为黑格尔把自己看成是哲学史的终结(这个说法和黑格尔的哲学思想不符,原因参看上文论述——引者注);更重要地是,到黑格尔所处的时代,所有基本论点都已确立。黑格尔以后,这些基本论点以新的装束和新的变化形式再现,但它们的再现不过是证明了根本性的革新是不可能的。"[1]这既是对黑格尔伦理思想的历史地位的较为公正的评价,同时又涉及伦理有机体之后的伦理发展问题或者伦理有机体思想的解释学意义问题。

---

[1] 麦金太尔:《伦理学简史》,龚群译,商务印书馆2003年版,第264页。

第九章 黑格尔伦理有机体思想之后

薛华在《哈贝马斯的商谈伦理学》一书中认为:"对于今天,黑格尔伦理学的意义不可能是直接现成的,而是解释学的。这样他的伦理学思想就是被归于对意义的探讨和理解,这种探讨和理解又具有时代的内蕴和特点。……从今天来看,黑格尔的许多论点已归入历史暂时性方面,但他的许多论点及其精神却具有现实意义,而且,涉及整个人类历史这一幅度。这样一种内在方面诚然包含着他的特有的理解与论证,然而也表现出解释学的意义整体,亦即人类在历史中的自我理解。"[1]在笔者看来,黑格尔的堪称伦理学百科全书的伦理有机体思想之后,其伦理学的解释学的意义或这个西方伦理思想史的百科全书内涵的第二个方面,在于它不仅是现代伦理学的活水源头之一,而且还是当代伦理学的理论根基之一。

第一节 现代伦理的活水源头

正如思辨哲学之后哲学怎么办一样,作为"伦理学百科全书"的伦理有机体思想之后,伦理学走向哪里?反思现代西方伦理的走向,和黑格尔的伦理有机体思想有内在逻辑联系的伦理思想大致有三条理路:一是反对者走向非理性伦理学如叔本华、尼采、克尔凯戈尔、弗洛伊德、萨特等;二是继承者沿着黑格尔开辟的道路继续前进如新黑格尔主义者布拉德雷、格林等;三是由理论伦理学走向实践伦理学,特别是马克思开创的实践伦理学。

---

[1] 薛华:《哈贝马斯的商谈伦理学》,辽宁教育出版社1988年版,第49页。

一、非理性伦理学的发动契机

康德对理性的批判始终是以人为中心并围绕人的问题的解决而展开的。康德通过对理性使用范围的限定，使得理性从神学宗教的阴影中解放出来，成为说明人、解决人的问题的武器，理性因此摆脱神的理性而成为人的理性。康德对于理性本身的限制，也就是对人的非理性的消极肯定。从逻辑上讲，理性认识不到和作用不到的范围之外，就是非理性的领域，康德把非理性归入心理学领域，他真正推崇的是理性至上。黑格尔已经看到了康德伦理思想中摒弃非理性和经验、功利导致的形式主义的弊端，在其伦理有机体思想中把热情、欲望、需要等包括在内，对非理性因素的作用给予了一定的地位和肯定。但他并没有走向极端，而是把非理性作为理性的一个环节，为理性所扬弃、所控制，理性至上仍然是黑格尔思想的命脉。尽管如此，非理性的地位在黑格尔这里已经萌芽，但真正把非理性作为伦理学的核心而颠覆了理性伦理学的是叔本华。叔本华正是通过对康德、黑格尔的叛逆开创了非理性伦理学的新路径。

叔本华对黑格尔及其思辨哲学极为反感，他猛烈抨击黑格尔的"绝对理念"不过是他运用其逻辑头脑杜撰出来的"独断"产物，甚至攻击黑格尔是地道的大骗子。作为同时代的哲学家，叔本华和黑格尔都试图打破康德遗留下来的现象和本体的界限。和黑格尔不同，叔本华把康德的"现象世界"和"自在之物"改造成"表象"和"意志"。他认为，一切客体都是现象，唯有意志是自在之物。意志的直接客体化是理念和欲望，它通过理念才间接地客体化为各种表象。意志是世界的本质，表象是世界的存在方式，理念则是意志和表象的中介。叔本华用非理性的意志取代理性、理念的本体地位，强调自我意志的绝对性，在否定了黑格尔的绝对理念的本体地位的同时，又借助非理性主义的方法，全面否定了康德伦理学的基本理论，对康德的形式主义和先验主义进行了批判。实际上，黑格尔对康德的批判已经从理性的角度揭示了康德伦理学的不足，叔本华不过是从非理性的角度对康德伦理学的全面否定罢了。叔本华之所以没有直接批判黑格尔的伦理学，或者是他根本不了解黑格尔伦理思想的深刻含义，或者是他太了解黑格尔的伦理学(非理性在这里已经有一定地位),故意回避之而从康德(否定了非理性的地位)出发,以便更有利于论述自己的非理性伦理学。

叔本华批判康德的道德学,是建立在不能接受的假定的最抽象概念基础上的"伪装的神学道德学"。在对理性哲学伦理学否定的基础上,叔本华认为,伦理学的基础探求方法是经验的而非先验的,伦理学的研究应该从个体的人和行为开始,以此探求出伦理行为的基础或原则,并且只有这种伦理学才能够说明人类行为的伦理意义。因此,伦理学是关于人类行为的科学。它有两个基本问题:一是意志自由。意志本身是无根据的、绝对的,意志的客体化活动即意志活动或行为是被意志本身引起的、有根据的。他在强调意志本性的绝对自由的同时,把人的现实行为归之于宿命和神秘的生命意志的冲动。二是道德基础。叔本华认为,道德基础不在人的幸福和快乐,而在人性本身。人是意志的高级显现物,意志永不满足的冲动的规律决定了人的本性是绝对自私利己的,"一切为我,毫不利人"是其准则。但人的本性不是道德基础,道德只能是人为的结果。他运用霍布斯的逻辑推理,认为道德基础在于人类共同本性的要求。这种要求使单纯的利己主义动机变成了一种多因素的复合动机。人类动机有三种,利己主义动机是人性正常的表现,属于普通人的境界;恶意的动机违背正常人性,属于动物式的境界;只有同情是道德基础。同情他人的意志本质上是一种自身生存的欲望,"同情心"源于人对自身、他人和世界的意志同一性的认知(即直观认识)。这种同一性认知使得个体抛弃表象,认识到自身的本质就是他人的本质这个世界的本质。因此,我就是这个世界的、他人的,他人的、这个世界的也就是我的。此时,我对他人的仁德行为的现象,实质就是我对自身仁爱的表现,这种道德行为源于我和他人的生命本质的同一性。因此,意欲他人福利的同情心,是真正德性的唯一源头。

叔本华更为重视的是意志的本体作用,并由此走向意志的自否定。这个本体性质的意志究竟是什么呢? 叔本华说:"意志自身在本质上是没有一切目的,一切止境的,它是一个无尽的追求。"①这就是说,意志是一种盲目的、永无止境的求生存的欲念,它是非理性的。叔本华从主体的内心体验出发认为,作为"意志"本体的承载者,每一个人都有生活的欲望,这种欲望是盲目的、无止境的,而作为具有"表象"的存在形式,每个人又都是生活在有限、具体的时空里。这种有限条件与无限欲望之间的矛盾,注定了人生所不可避免的痛苦和悲剧性。人生就像一个上紧发条的钟摆,不断地在欲望和满足之间痛苦摆动。任何人的生活,如果从整个一般地看,总是一个悲剧。要摆脱这种痛苦,其根本办法就是摆脱意志、否定意志。叔本华由此得出结论:世界是反映意志欲求的镜子,世界万事万物所具有的痛苦、烦恼都源于生命意志。那么,如何脱离人生这无穷尽的痛苦之海呢?叔本华认为根本的途径就是彻底否定生命意志。要做到这一点,就必然要走向禁欲之路。朝这条路上迈出的第一步就是自愿放弃性欲,他认为自愿的、完全不基于动机而放弃性冲动的满足已经就是生命意志的否定了。禁欲之路的第二步表现为自愿的、故意造成的贫苦。至于禁欲之路的尽头则是通过斋戒绝食而达到死亡,因为此时,随着死亡而告终的不仅只有现象,本体自身(生命意志)也取消了。叔本华通过禁欲主义彻底否定了生命意志。一旦没有了产生欲望的自我或个体、没有了意志,也就没有了表象,作为意志和表象的世界都不再存在,痛苦也就不可能存在了。

叔本华对伦理学的贡献主要在于,他从感性的、个体的人的角度出发,在普通人的欲望冲突中反思人生的价值与存在的意义,承认世界的偶然性与荒谬性,开创了现代西方非理性主义伦理学的途径。不过,我们也看到,叔本华的哲学伦理学用非理性否定理性,进而背离康德、黑格尔为代表的理性主义哲学伦理学而走向极端的时候,又自觉或不自觉地运用理性的力量来否定非理性:他在肯定生命的本质为非理性的"意志"的同时,却出于理性的思考将意志否定掉,使自己陷入困境。这种理论困境本身说明,非理性需要不断地得到修正和完善,同时理性又是不可能完全被否定的,康德、黑格尔的理性精神不会也不可能在人类的精神领域完全绝

---

① 叔本华:《作为意志和表象的世界》,石冲白译,商务印书馆1982年版,第235页。

灭。我们看到,一方面,非理性伦理学在克尔凯克尔、尼采、海德格尔、萨特乃至整个存在主义伦理学的理论洪流中一步步走向鼎盛;同时,理性伦理学则通过新康德主义、新黑格尔主义继续探讨,而以格林、布拉德雷较为典型,他们自觉地融合康德、黑格尔理性主义伦理学,在新的历史地理和理论背景下,继续推进理性伦理学。理性伦理学绵延不绝,乃至在麦金太尔、罗尔斯、哈贝马斯三足鼎立的当代伦理学理论中重新迸发出强劲的生命力。

二、理性伦理学的薪火传承

17世纪以来的英国近代伦理学,肇始于霍布斯的利己与利他之争的经验主义、个人主义的伦理思想。这种争论经过不断的自我否定,由以霍布斯为标志的粗陋的功利主义而达到以密尔为典型的精致的功利主义:霍布斯的功利主义与剑桥柏拉图派的朴素的情感论导致国家至上和个人情感的对立;18世纪休谟、亚当·斯密的心理情感主义在17世纪情感主义基础上,把个人地位进一步提升,尤其是休谟的联想心理主义方法和亚当·斯密对经济人与道德人的分析,使情感主义和功利主义相结合,在广阔的经济社会领域肯定了功利的道德价值,这时也出现了著名的休谟问题("是"与"应当"的问题)和斯密问题("经济人"与"道德人"的问题)。这一方面对康德开创的德国哲学伦理学造成了影响,中经费希特、谢林达到黑格尔的伦理有机体思想;另一方面,在英国本土19世纪前后形成的以葛德文、边沁尤其是密尔为代表的英国功利主义伦理学,在形式上扬弃了心理情感主义的功利主义,达到了具有形式上的普遍性的高度——最大多数人的最大幸福原则等,成为近代英国的伦理精神支柱。这种以个人至上、自由民主为本位的功利主义,对英国自由发展阶段的资本主义起到了积极的促进作用,同时脱离整体国家的个人至上造成的理论上的矛盾,内在地要求二者之间的协调统一。另外,19世纪下半叶,英国从自由发展的资本主义转到以国家垄断资本主义结构为基础的阶段,这种客观的形势也要求伦理价值转向个人与整体国家的有机协调。英国新黑格尔主义者格林和布拉德雷的道德有机体思想正是在这种理论和现实或逻辑与历史的双重要求中出现的运用发挥黑格尔伦理有机体思想扬弃传统功利主义思想的理论成果。

由于格林和布拉德雷的伦理思想比较相近,且布拉德雷对格林伦理思想有所吸收,为简明集中起见,我们主要以布拉德雷的道德有机体为考察对象:它是以自由意志为道德本体,以自我实现为伦理主体,以社会国家为伦理实体的道德有机体。布拉德雷和格林一样,以自由意志为伦理本体。布拉德雷反对绝对论否定行为的自觉主体意志力,也反对抽象非决定论排除行为者的性格及其与环境的关系的观点。他认为人的意志自由是存在的一种"应当",它有着内在的人格基础,是可以说明的理性的主体意志行为——这个基础就是人的性格。人的性格来源于人的气质和环境,它是和客观环境有着必然联系的主体的自我创造。性格反映着人的整体,它在人的气质和环境的相互作用中逐渐系统化、相对固定化。道德主体的这种自我创造、自我否定就是道德主体性的体现,也就是自我实现,完全的自我实现就是实现自己为一无限的整体,这也是道德的基本目的。

道德主体如何自我实现呢？它必须在道德有机体中、在整体和个体的和谐关系中实现自我为一整体。问题在于:我是性格绝对的自由意志,受气质和环境的限制,既然我已被限制,就非一整体,我怎样去扩展自己而成为一整体呢？我必须成为整体中的一分子。这里,"你的私我,你的有限性,已不照样存在,而已成为一个有机体中的机能。你必须成为整体中的一份(分)子,而不是纯然一小块,这样,你又必知道自己,和用意志决定自己(know and will yourself)。你所属的整体,自行分化于其详细的机能中,可是这整体依然是纯一的。这整体的生活,只是一个生命,而非多数生命;然它又非在多数分子中,否则全体又不能生存"①。每一分子是有生命的,但又不是离开生活于每一分子中的整体,而有其生命。在道德的有机体中,其分子是自觉意识到自己的,而且觉得自己是分子。他人对我的关系,不单纯是外在的关系。我知道我自己为一分子,这既让我觉得是

---

① 周辅成:《西方伦理学名著选辑》(下卷),商务印书馆1964年版,第648页。

我自己的职能,也让我觉得这整体自行分化于我之内。整体的意志,有意地借我和各分子而施展其意志。实际上,这整体的意志就是各分子的意志,所以在我以意志来尽我自己的职能时,我知道他人也借我以实现其意志。我还知道,我在他人之内行我的意志,但我在他人之内一再发现我的意志不是我的,而又是我的。这整体的纯一性不仅在我之内,而且也是为我而有的,因为若不是我的生命在这纯一性中,若不是我有它的知识并对它效忠,那么我就不会是我自己。当这纯一性离开时,我的心便与之共离;当它胜利时,我喜欢,当它被害时,我受苦;把我对它之爱和我分离,则我消灭。虽然各个自我间的区别无疑是存在的,但是在道德中,我的纯粹私我的存在,其本身是不应存在的,但从我是道德的来说,我的私我早已消失。因为要在我个人的自我完全失其为独有的自我而不再是他人意志之外的意志,但同时又在他人的世界中只发现自我时,我才是道德上的实现。可见,实现你自己为一无限的整体,即由实现这整体在你自己中,而实现你自己为一无限整体中的自觉分子。当这整体是真正的无限时,当你个人的意志是完全和这整体合一时,则你也就达到了纯一和分化间合一的极度,即达到了完全的自我实现。这要实现的自我,不是一个特殊的自我,不是一切某种情感状态的普遍,也不是一种抽象的普遍。"这要待实现的自我,在它和具体的普遍,真实的总体,成为一体,立志求它,并实现它,然后这自我乃首次找到自己,成为满足的、自决的、自由的,乃是'自由意志之自行其意志而为自由意志的'。"[1]布拉德雷进而认为,这种自我实现是道德的善,其实质是意志的善。因此,道德的目的就在于实现人的善良意志,善良意志是普遍的、形式的、自律的、自由的意志。至此,布拉德雷由黑格尔又倒退到康德去了。

穿过布拉德雷晦涩的语言之幕,我们看到他特别重视黑格尔的具体的普遍原则,认为人类的道德生活、道德世界是整体与个体、外在与内在(肉体与精神)、他律与自律的统一,家庭、民族、国家制度是道德的外在的机体(客观实体),而整体自我的意志即公共精神是其内在的灵魂(主观实体)。一方面,把整体自我的意志和精神即道德实体和个体的道德主体相

---

[1] 周辅成:《西方伦理学名著选辑》(下卷),商务印书馆1964年版,第650页。

结合的途径在于,发挥伦理实体的主体性,把社会的整体意志通过各个途径进入各个道德主体,实现道德体系的特殊化,使每个社会国家成员或道德主体把这种外在的要求内化为自觉的道德义务;另一方面,个体的道德主体经过自觉地内化,发挥道德主体性,把社会道德要求或整体自我的意志具体化、特殊化、个体化、内在化、主观化。道德实体和道德主体的和谐原本是同一个道德有机体的基本构成,它力图扬弃专制主义和个人主义,追求一种和谐的道德有机体。

格林、布拉德雷的道德有机体思想从总体上并没有超越黑格尔,也没有超越康德,它基本上是对二者的综合,或者说是康德、黑格尔伦理思想的英国版。但是,格林、布拉德雷的道德有机体思想对英国功利主义、个人主义思想是一个巨大的冲击和反动,其价值和意义不可否认。后来,尤其是1929年资本主义经济危机之后,英美国家的凯恩斯主义、罗斯福新政等主张国家政府由"守夜人"身份(亚当·斯密的观点)开始干预经济和其他领域,试图通过整体、个人的统一理论来挽救资本主义危机,事实证明这是较为成功的。可以说,格林、布拉德雷的道德有机体思想,作为黑格尔伦理有机体思想的英国版,是英美国家1929年之后大幅度提升国家整体力量的理论先声。这也说明,只有扬弃了个人主义、自由主义的道德有机体才是真正的有机体,才是有价值的,否则,所谓的道德有机体只能是柏拉图主义或专制主义的代名词罢了。我们前面看到的波普尔所误解的黑格尔的伦理有机体就是这样的有机体。

三、实践伦理学的理论起点

马克思肯定了黑格尔的伦理有机体思想的合理之处在于:把抽象法权、道德、伦理等人的存在和存在方式看作互相消融、互相产生的运动的环节。[1]同时,马克思批判黑格尔从抽象的人和精神的历史出发建构伦理学,他把黑格尔颠倒的思想颠倒过来,坚持从现实的人出发,从生产方式和生产实践出发,从现实的社会历史条件出发来揭示人的价值存在和价

---

[1]《马克思恩格斯全集》(第四十二卷),人民出版社1979年版,第172页。

值关系,基于此阐述其伦理思想。

马克思认为从深层次上探究和揭示伦理本体,是伦理学真正成为一门具有坚实理论基础和严密逻辑体系的科学理论的前提。他把现实的感性的人的价值实现和自身完善作为属于超越世俗世界之上的伦理本体即价值世界或"意义世界"。马克思认为,当人类从自然界分离出来以后,"人们为了能够'创造历史',必须能够生活。但是为了生活,首先就需要吃喝住穿以及其他一些东西。因此第一个历史活动就是生产满足这些需要的资料,即生产物质生活本身"①。劳动和物质生活资料的生产,是人类生活的前提,也是人与其他动物相区别的本质特征,由此形成了人与自然的关系和人与人的关系,即物质资料的生产、分配、消费等利益关系和利益冲突,这就形成一个世俗化的世界。为了人类整体长远的生存发展和价值存在,人类就必须超越于世俗的利益世界之上,把自己提升到一个价值的或意义的世界,这就是伦理的本体领域。它既根植于人类整体利益与长远利益发展的需要,又体现了人的精神追求;既具有利益的现实性,又具有精神的理想性和超越性,是现实性与理想性的统一。价值世界是世俗世界自我否定、自我提升而达到的本体界,它又必须在实践中下降到世俗世界。因此,两个世界本质上是一个世界。这和康德的目的王国和世俗王国显然有一定联系,但马克思用历史唯物主义或实践唯物主义观点否定了康德世俗王国和目的王国的对立,也颠倒了黑格尔用绝对精神统一起来的两个世界的地位——不是绝对精神异化为世俗世界,而是世俗世界发展到价值世界或提升为伦理本体,并把二者在实践中(而不是像黑格尔那样在绝对精神的基础上)统一起来。

马克思说,对"意义世界"的研究和建构,是通过"应然"的、"实践精神"的把握方式来实现的。②在这个意义上,我们把马克思的伦理学称为实践的伦理学。"意义世界"的意义在于主体人的价值实现和完善或者伦理主体的主体性的完美体现。这包括人与人的关系和人与自然的关系两个方面。第一,从人自身的角度说,人对自身关系的展开需要通过他对他

---

① 《马克思恩格斯选集》(第一卷),人民出版社1995年版,第79页。
② 《马克思恩格斯全集》(第四十六卷上),人民出版社1979年版,第39页。

人的关系,这是对象性的、现实的关系。由于在商品经济发展的过程中,任何人不自由的活动都是由于外在的强制造成的,且这种强制的根源是私有财产。因此,改变人与人交往的现实状况,不能仅仅停留在理论的批判之上,对实践唯物主义来说,全部问题都在于使现存世界革命化,实际地反对和改变事物的现状。实践是改变现存世界中人的交往关系的唯一途径。在现代社会,实现对异化的扬弃,建立真正的属于人的关系,必须在改革事物现状的过程中得到落实。这种运动就是共产主义运动,是"思想上的共产主义"和"现实的共产主义行动"的结合。在共产主义社会,即在个人的独创和自由的发展不再是一句空话的唯一社会中,这种发展取决于个人间的联系,而这种个人间的联系则表现在下列三个方面:一是经济前提;二是一切人的自由发展的必要的团结一致;三是体现在现有生产力基础上的个人的共同的活动方式。第二,人与自然的关系,这是以往论者包括黑格尔所忽视的。在马克思之前的思想家将历史活动仅仅归结为人的活动或神的启示的过程,没有从历史唯物主义的角度将自然的发展史与人类历史结合起来考虑。人同自然的关系不是人的现实关系的表现,而被异化为宗教的关系或人与人的精神的关系,这在黑格尔那里尤为突出——他把自然看作人类精神的异在体现,因此是人类精神扬弃的对象或者环节[①]。马克思认为,现代社会人的关系不仅以私人利益为纽带,而且也依靠无意识的自然的必要性这一纽带。自由的人性不仅要摆脱现实社会利益关系的束缚,也要在人与自然的对象性关系中获得自由。真正的人的自然界不仅是人类自身发展形成的,也是科学与工业活动造成的。自然科学是通过工业日益在实践上进入人的生活、改造人的生活,并为人的解放做准备,尽管它不得不直接地使非人化充分发展。作为现代性内在要求的科学理性,对于改进人自身生存状况,为人的本质的实现提供了巨大的支持。但如果用科学的工具理性取代交往价值理性,就会导致人类理性的异化,因为科学理性的根本在于价值理性,离开了价值理性的科学理性只能是非理性的。科学作为现代社会发展的巨大推动力,其作用的发挥必须基于人类生活的需要本质,必须是一种真正人的活动,是

[①] 黑格尔:《自然哲学》,梁志学等译,商务印书馆1980年版,第59、337—376页。

改善人的生存状态的活动,否则科学的发展就会给人类的伦理生活带来不利甚至灾难。因此,必须发挥伦理主体的主体性,把科学精神和实践精神、工具理性和价值理性在实践的基础上辩证统一起来。

伦理主体性的发挥,不能脱离伦理实体,必须在伦理实体中体现出来。马克思通过对国家与市民社会的关系的分析,提出合理的伦理秩序和伦理规范体系的建立不仅依赖人类自身理性的发展成熟,更要从现实的人的实践活动中寻求根基。前者是对黑格尔伦理观念的批判继承,后者是马克思伦理精神的逻辑起点。在此层面上的实践活动主要是人类的立法实践,包括人为自然立法和人为社会立法。马克思认为立法活动是实践和理论的统一,这是市民社会和国家相统一的必要前提。在市民社会,个人绝不是单子式的存在,个人要不断地转变为相互联系的统一体,从而建立起合理的伦理规范体系。任何一个"他"作为代表,都兼有"他"的活动和意志,这是市民社会的内在本质决定政治国家的性能之所在。每个人都是另一个人的代表,他之所以是代表,不是由于他所代表的其他某种东西,而是由于他就是他和由于他所做的事情。在普遍的社会交往中,伦理主体与他者的关系是伦理主体自我之间关系的内在性和外在性统一的表现。伦理主体的权利作为伦理规范的基本依据,不是抽象的自由平等,而是有其独立性的方面。但任何一种权利都没有超出利己的人,没有超出作为市民社会成员的人,因为人们相互连接的纽带是自然的必然性,是需要和私人利益,是对他们的财产和利己的人的自身的保护。在这种利益和市民生活支配的权利和规范体系之下,摆脱旧的传统伦理规范束缚的解放之路,在于恢复人的现实力量,把抽象的公民复归于自身,在个人的经验生活、个体劳动、个体关系中寻求自身力量的表达,因为任何解放都是使人的世界和人的关系回归于自身。承担人类解放的主体是无产阶级,无产阶级既不拿资产阶级的利己主义来反对封建道德的自我牺牲,也不拿自我牺牲来反对利己主义,而是坚持个体与社会的统一,坚持个人价值的实现和完善与社会、国家、民族整体价值的和谐一致。马克思在其实践观的基础上,对人的伦理生活的实现提出了自由人联合起来的伦理共同体思想,在描述未来共产主义社会的特征时,马克思指出:"代替那存在着阶级和阶级对立的资产阶级旧社会的,将是这样一个联合体,在那里,每个人的自由发展是一切人的自由发展的条件。"①这就把伦理本体、伦理主体和伦理实体在实践的基础上结合了起来。

马克思的实践伦理学是其整个思想的核心部分和价值趋向,它提出了马克思主义伦理学的基本原理,奠定了马克思主义伦理学的理论基础,但并没有完成马克思主义伦理学的建构。可以说,马克思主义伦理学至今仍然没有完成,仍然在不断地自我扬弃、自我发展。如何不断地推进马克思主义伦理学的发展,是我国伦理学的核心任务。但是,如果不首先学习康德、黑格尔的伦理学,就不可能真正理解马克思实践伦理学,就不可能真正理解马克思实践伦理学和马克思主义伦理学的辩证关系,更不可能建立真正的马克思主义伦理学。所以,那些标榜自己的伦理学是马克思主义伦理学的人应该自觉地深刻地反思反省,想一想自己的伦理学有没有资格被称为马克思主义伦理学。完全可以断言,迄今为止,还没有一部伦理学著作完全符合马克思主义伦理学这个概念,而只能称为马克思主义伦理学研究或探讨。但我国乃至国外曾有过很多的"马克思主义伦理学"教材著作,这些著作至多只能是马克思主义伦理学发展的一个环节。把一个环节和一个开放的未完成的整体混为一谈,这是黑格尔的伦理有机体思想所反对的,更直接违背了马克思的历史唯物主义的实践伦理学的批判精神和革命精神。这种现象的出现,不能说和没有认真研究黑格尔的伦理有机体思想无关,恰好相反,这和某些人片面地把黑格尔连同其哲学伦理学思想当作"死狗"一样抛弃有极大关系。

第二节　伦理有机体的批判与复兴

黑格尔的伦理有机体思想带来了四个重要问题,一是伦理有机体和其各部分的关系;二是道德伦理史;三是伦理主体和伦理实体的关系;四

---

① 《马克思恩格斯选集》(第一卷),人民出版社1995年版,第294页。

是伦理思想中的互主体性(埋藏着独白单向式伦理发展为对话协商式伦理的种子)。如果说,这几个伦理问题在现代西方伦理学中尚来不及深入系统地探讨而处于自在的潜伏状态的话,那么可以说它们在当代西方伦理学中日益凸显出来,由自在走向自在自为,成为当代西方伦理学发展的重要契机。黑格尔的这几个伦理问题影响当代西方伦理学发展的最为典型的体现无疑是:其一,摩尔的《伦理学原理》对黑格尔的有机体和其各部分的关系问题的分析探讨成为其元伦理学的逻辑起点。《伦理学原理》作为元伦理学的第一部扛鼎之作,是整个现代西方元伦理学的理论起点。从这个意义上讲,黑格尔的伦理有机体思想乃是整个现代西方元伦理学的逻辑起点。后三个问题实际是对前一个问题的逻辑展开,在批判元伦理学的基础上对后三个问题的研究则体现为当代西方规范伦理学的勃兴,这就是其二,麦金太尔的德性论、罗尔斯的正义论、哈贝马斯的商谈伦理学构成的三足鼎立的伦理格局,分别代表了新历史主义、新自由主义、西方马克思主义的当代伦理理论。由于篇幅所限和前面曾对摩尔的元伦理学的简要评析,这里主要探讨黑格尔的后三个问题对当代的影响和价值。

一、历史主义的伦理学还是逻辑分析的伦理学

麦金太尔自觉继承黑格尔的历史主义的伦理观,反对摩尔开创的元伦理学的纯粹逻辑分析的非历史主义的伦理思想和叔本华开创的非理性伦理学的非历史主义的伦理思想——主要是存在主义伦理学,他认为道德就是道德史,并在批判以罗尔斯为代表的新自由主义的正义论中,把黑格尔的历史主义伦理推进到德性正义论的新视域。

令麦金太尔深感不满的是,当代哲学家在著述和讲授两方面都以非历史的态度对待道德哲学。他们都过多地把以往的道德哲学家看作是对某一相对不变的主题的一次讨论的撰稿人,即把柏拉图、休谟、密尔和我们视为同时代的人,也把他们彼此视为同时代的人。这就导致将这些著述家从他们所生活和思想的文化与社会环境中剥离出来,有关其思想的

历史就获得了一种对于文化其他部分的虚假独立性。结果,就把经验的历史和道德哲学割裂了。如何摆脱非历史主义伦理学的这种困境呢?麦金太尔主张回到黑格尔提出的哲学和历史的类型中,反思当代的非历史主义伦理学问题。在这个基础上,麦金太尔认为,道德哲学是对历史上的各种具体道德合理信奉主张的明确陈述,道德和道德哲学的历史是对某些以往存在的道德秩序持续地挑战的历史。这就道出了道德的历史和道德哲学的历史是一个单一的历史的根据。据此,麦金太尔明确提出了道德文化的形成史就是我们自己的历史的著名观点。[①]

麦金太尔批判说,非历史主义伦理学家只关心道德概念的逻辑分析和抽象理解,殊不知道德概念的抽象变化总是体现在实在的、具体的事件中。在某种意义上,德性这个概念本身就体现着历史,它是历史本身的产物。要理解德性这个核心概念,在这个概念的逻辑发展中至少必须依次辨别三个阶段,并且每一个阶段都有它自己的概念背景。第一个阶段需要有一个实践作为背景论述;第二个阶段需要一个一种个人生活的叙述秩序的背景论述;第三个阶段需要对是什么东西构成了一个道德传统,给予更充分详尽的论述。并且"每一排后的阶段以前一个阶段为前提条件,而不是相反。每一前一阶段,既为每一后阶段所变更,又依据每一后阶段来重新解释,但也为每一后阶段提供了一种实质性的要素。在这个概念的发展中,进步是与这个传统的历史密切相关的,虽然这个进步不能以任何简单的方式来扼要概括,但它是这个传统的核心"[②]。道德文化不能抽离于人的历史而存在,德性发展依赖的基础是实践。

麦金太尔赋予实践的意思是:通过任何一种连贯的、复杂的、有着社会稳定的人类协作活动方式,在力图达到那些卓越的标准的过程中,获得这种活动方式的内在利益。每一种实践都有它自己的历史,进入一种实践,就是进入一种不仅与当代的实践者而且与古代的实践者的关系中,特别是进入那些把他们的成就(使实践的范围)扩大到现在成就的人的关系中。传统体现了正义、勇敢和真诚的德性,德性也恰恰是以同样的方式和

[①] 麦金太尔:《德性之后》,龚群等译,中国社会科学出版社1995年版,第164页。
[②] 麦金太尔:《德性之后》,龚群等译,中国社会科学出版社1995年版,第236页。

理由维持着实践中的现存关系。

既然德性、实践本身就是历史，这就要求把每个人的生活看作一个整体和统一体。这个观点在当今社会有两种不同的障碍。一种是社会的障碍。现代社会把每个人的生活分割成多种片段，每个片段都有它自己的准则和行为模式。个人所经历的，是这些相区别的片段，而不是生活的统一体。另一种是哲学的障碍。首先是分析哲学中成为主流的趋向：依据简单的句子成分，以原子论的方式思考人的行为，分析复杂的行为和处理问题。其次是分析在社会学理论和存在主义中的趋向；当个人和他扮演的角色明显地分离时，或者个人生活所扮演的不同角色及准角色分离，使得个人生活就仅仅表现为一系列的不连贯的事件时，个人生活的整体性就消失了。这里，我们可以看到，前者原子论的思考方式是黑格尔明确反对的，后者尤其是存在主义则是通过叔本华、克尔凯戈尔对黑格尔的批判的中介而建立起来的哲学理论。麦金太尔显然运用了黑格尔的观点来反对这两种倾向，对否定黑格尔思想的思想进行了再否定或否定之否定。麦金太尔说，摆脱特殊性进入完全普遍性准则的领域，并认为这种普遍准则是人本身所有的观念，不论在18世纪的康德哲学的形式中或在某些现代分析哲学的描述中，都是一种有着痛苦后果的错觉。伦理学没有道德特殊性作为开端，就绝不可能从任何地方开始，对善和普遍性的寻求就出于这种特殊性的向前的运动。因此，必须坚持历史的整体性和角色的整体性的原则。①历史的整体性。要成功地识别和理解某人正在做什么，人们总是要把一个特殊事件置于一些叙述的历史背景条件中，这些历史既有个人所涉及的历史，也有个人在其中活动和所经历的环境的历史。我们通过这种方式，使得其他人的行为可以理解，因为行为本身有一种基本的历史特征。我发现一个历史的我自己的部分，并且一般而言，不论我是否喜欢，是否认识到它，我都是传统的承载者之一。实践永远有历史，在任何既定时刻，一种实践是什么取决于理解它的一种模式，这种理解模式常常为许多代人所传承。因此，"就德性维持实践所需的关系而言，德性必须维持的不仅有对现在的关系，还有对过去的关系，甚至对将来的关系"①。借用海德格尔的话说,这就是德性"先行到将来"。②角色的整体性。个人的身份是以角色的整体为前提,同时叙述的完整性也要求角色的整体性。没有这种整体,就没有能讲故事的主体。自我必须在社会共同体中和通过它的成员资格发现它的道德身份,但自我并非必须接受这些形式的共同体的特殊性的道德限度。在生活中,正如亚里士多德和黑格尔所注意到的,我们总是处于一定的约束之下。我们每个人的戏都对其他人的戏施加制约,使整体不同于部分,但仍然是戏。②在某人的生活中的一个德性整体,唯有作为一个整体生活,即一个能被看作也可被评价为一个整体生活的特征才是可理解的。

在历史整体性上,罗尔斯和麦金太尔观点相近,他也认为,"说人是历史的存在物,就是说生活在任何一个时间的个人的能力的实现要利用一长段时间中许多代人(乃至许多社会)的合作。这也意味着这种合作在任何时候都受历史知识的指导,而历史则又由社会传统来解释"③。而且罗尔斯和麦金太尔都认为德性、实践和社会结构密切相关,这必然涉及道德主体与伦理实体或政治共同体的关系。这种关系是怎样的呢?或者说是伦理主体的正义还是伦理实体的正义呢?他们的根本分歧就从对这个问题的不同看法开始,实质上就是由于对角色的整体性(伦理主体性)的不同理解造成的分歧。

二、伦理主体的正义还是伦理实体的正义

我们先来看罗尔斯的正义论,然后和麦金太尔的正义论相比较。

罗尔斯自称康德主义,他试图从个人主义的立场解决个人价值和共同体的价值关系。从表面上看,这显然是反对黑格尔式的伦理有机体思想的。但进入其思想深处,就不难发现黑格尔的影响。罗尔斯为了避免康德的应然和实然的问题,暗中运用了黑格尔的伦理有机体思想,把正义两原则的实践落实到伦理实体、伦理主体之中。实际上,"无知之幕"的设

---

① 麦金太尔:《德性之后》,龚群等译,中国社会科学出版社1995年版,第279页。
② 麦金太尔:《德性之后》,龚群等译,中国社会科学出版社1995年版,第269页。
③ 罗尔斯:《正义论》,何怀宏等译,中国社会科学出版社1988年版,第527页。

定(伦理本体)是以现代有理性的伦理主体为前提的。在《正义论》中,正义是主观伦理实体,制度秩序是客观伦理实体,现代有理性的自由的公民是伦理主体。可以说,罗尔斯从社会正义问题的角度推进了伦理有机体思想的发展。实际上,《正义论》之后的罗尔斯也明确地意识到自己深受黑格尔的影响。在谈到黑格尔的伦理学时,罗尔斯说:"我把黑格尔解释成一位温和、进步、具有改良头脑的自由主义者,他的自由主义在自由的自由主义的道德哲学和政治哲学史上是一个重要典范,其他这样的典范是康德和穆勒(《正义论》也是一种自由的自由主义,它从他们那里吸取了很多东西)。"[1]罗尔斯用"自由的自由主义(liberalism of freedom)",指的是其第一原理是政治自由和公民自由原理优先于也有可能被诉诸的其他原理的自由主义。罗尔斯把黑格尔、康德、穆勒和他本人都同归属于自由的自由主义阵营。这也就不难理解罗尔斯正义论中的黑格尔因素了。

首先,"原初状态"和"社会契约"的伦理本体论。"原初状态"和"社会契约"是一个纯粹的假设状态。在作为公平的正义中,平等的原初状态相应于传统的社会契约理论中的自然状态,是一种用来达到某种确定的正义观的纯粹假设的状态。原初契约的目标是适用于社会基本结构的正义原则。这些原则是那些想促进他们自己利益的自由和有理性的人们将在一种平等的最初状态中接受的,并以此来确定他们联合的基本条件。

原初状态是对康德的自律和绝对命令观念的一个程序性解释,它"是一种各方在其中都是作为道德人的平等代表、选择的结果不受偶然因素或社会力量的相对平衡所决定的状态。这样,作为公平的正义从一开始就能使用纯粹程序正义的观念"[2]。原初状态中,合理和能够普遍接受的条件是,选择原则时任何人都不应当因天赋或社会背景的关系而得益或受损。这就要求假定处在"无知之幕"背后的各方,不知道各种选择对象将如何影响他们自己的特殊情况,他们必须仅在一般考虑的基础上对原则进行评价。然而,一些情况被看作是自明的前提:他们知道有关人类社会的一般事实,他们理解政治事务和经济理论原则,知道社会组织的基础

---

[1] 罗尔斯:《道德哲学史讲义》,张国清译,上海三联书店2003年版,第445页。
[2] 罗尔斯:《正义论》,何怀宏等译,中国社会科学出版社1988年版,第120页。

和人的心理学法则。这些条件和"无知之幕"结合起来,就决定了正义的原则将是那些关心自己利益的有理性的人们,在作为谁也不知道自己在社会和自然的偶然因素方面的利害情形的平等者的情况下都会同意的原则。罗尔斯说:"从原初状态的观点来看,我们在社会中的地位,也就是从永恒的观点来看待殊相:即不仅从全社会而且也从全时态的观点来审视人的境况。"①永恒的观点是在世界之内的有理性的人们能够接受的某种思想和情感形式。一旦人们接受了它,无论他们属于哪一代人,他们就能够把所有个人的观点融为一体,就能够达到那些调节性的原则。实际上,作为永恒的观点的原初状态就是伦理本体,作为殊相的每一代人和作为具体的某个社会、某个时代的人们,即"在世界之内的想促进他们自己的利益的自由和有理性的人们"是伦理主体。罗尔斯正义论的薄弱环节就在于,他对伦理主体的主体性尤其是伦理主体的德性正义的主体性论述不够,这就成为麦金太尔批判其社会的实体的正义论并以伦理主体的德性正义论试图加以取代罗尔斯正义论的突破口。

其次,罗尔斯认为作为主观伦理实体的正义"是社会制度的首要价值"②。罗尔斯对正义的原则的论证,是一步步由抽象到具体达到关于制度的两个正义原则的最后陈述的③。这种论证显然是黑格尔式的。正义原则的第一个原则是自由平等原则,第二个原则是差别原则。而且,这两个原则处于一种"词典式次序排列"的先后关系中:第一原则优先于第二原则即自由的优先权。自由的优先性,指每一个人的自由平等的基本权利必须优先考虑受到正义保护,而不能受制于第二正义原则,自由只能因为自由自身的缘故才能被限制。某些法律和制度,不管它们如何有效率和有条理,只要它们不正义,就必须加以改造或废除。每个人都拥有一种基于正义的不可侵犯性,这种不可侵犯性即使以社会整体利益之名也不能逾越。因此,正义否认为了一些人分享更大利益而剥夺另一些人的自由是正当的,不承认许多人享受的较大利益能补偿强加于少数人的牺牲。

---

① 罗尔斯:《正义论》,何怀宏等译,中国社会科学出版社1988年版,第591页。
② 罗尔斯:《正义论》,何怀宏等译,中国社会科学出版社1988年版,第3页。
③ 罗尔斯:《正义论》,何怀宏等译,中国社会科学出版社1988年版,第302—303页。

在一个正义的社会里,平等的公民自由是确定不移的,由正义所保障的权利绝不受制于政治的交易或社会利益的权衡。因此,让我们忍受一种不正义只能是在需要用它来避免另一种更大的不正义的情况下才有可能。作为人类活动的首要价值,真理和正义绝不妥协。这是罗尔斯从个人自由主义的立场发挥康德思想对功利论的驳斥,黑格尔显然并没有深刻地探讨这个问题,他只是从国家有机体自由的角度探讨个体自由和国家自由的和谐问题。这是罗尔斯超越黑格尔的地方。

但罗尔斯没有停留在主观伦理实体的论证上,而是自觉地把两个正义原则贯穿于社会的基本结构即客观伦理实体之中,以保证社会基本结构功能的发挥。

最后,罗尔斯的客观伦理实体是社会基本结构。

罗尔斯借鉴黑格尔的伦理实体理论补充了康德观念的不足,他不是像康德那样仅提出一条绝对命令,而是把被选择的正义原则运用于社会的基本结构。这就把主观伦理实体即正义原则和客观伦理实体即社会基本结构结合起来。"对我们来说,正义的主要问题是社会的基本结构,或更准确地说,是社会主要制度分配基本权利和义务,决定由社会合作产生的利益之划分的方式。"[1]社会基本结构影响人们对机遇的把握和能力的发挥,影响到他们的追求目标和生活前途,这是一种影响特别深远并自始至终的不平等。

罗尔斯基于对社会中存在的不平等现象的反思,提出了一种秩序良好的社会的设想,它是一个由公共的正义观念加以有效调节的社会。一个满足正义原则的社会基本结构的主要制度是立宪民主制度,"在这样的社会里,不仅存在着一种公共的观点,所有公民从这种公共的观点出发能够调整他们的要求,而且由于这种观点得到了所有处于充分反思平衡中的公民的确认,所以它也是得到相互承认的"[2]。虽然没有任何社会能够是一种人们真正自愿加入的合作体系,但一个满足了作为公平正义的原则的社会,还是接近于一个能够成为一种自愿体系的原则的社会,因为它

---

[1] 罗尔斯:《正义论》,何怀宏等译,中国社会科学出版社1988年版,第7页。
[2] 罗尔斯:《作为公平的正义——正义新论》,姚大志译,上海三联书店2002年版,第52—53页。

满足了自由和平等的人们在公平的条件下将会同意的原则。在此意义上,它的成员是自律的,他们所接受的责任是自我给予的。两个正义原则给了康德"人是目的的观念"以一种更强有力的和更有特色的解释——主要就是伦理实体的理论的阐释,它们甚至排除了把人们看作促进相互利益手段的倾向。在社会体系的设计中,人们必须把人仅作为目的而绝不作为手段。这样,在社会基本结构的两大功能中,第一正义原则规定和确保了公民之平等的基本自由,建立了一种正义的立宪政体;第二正义原则提供了对自由和平等的公民而言最合适的社会正义和经济正义的背景制度。罗尔斯的正义论体现了自由主义至上的原则,其正义论实质主要是对社会的制度体制进行正义化的规范,从而实现主观伦理实体和客观伦理实体的统一。这里主要是罗尔斯运用黑格尔的理论超越康德的地方。

黑格尔伦理有机体的思想对罗尔斯正义论的影响还突出地体现在他的伦理实体的整体性思想中。其一,注重整体的社会体系的正义。要把单独一个或一组规范、一种制度或它的一个主要部分,与作为一个整体的社会体系的基本结构区别开来。理由是,一个制度的一个或几个规范可能是不正义的,但制度本身却不是这样。同样,也可能某一种制度是不正义的,而整个社会体系却非如此。其二,某些集体安排是必需的。首先,即使在一个组织良好的社会中,为了社会合作的稳定性,政府的强制权力在某种程度上也是必需的。其次,某些主要利益的不可分性、公共性以及所生产的外差因素和吸引力,使得有必要由国家来组织和推行集体协议。其三,正义论是一个整体。理想部分提出了一个如果可能我们就要去实现的一个正义社会的观念。我们根据这个观念来判断现存的各种制度是否正义。正义原则的词典式次序指定了这一理想的哪些因素相对说来是更紧迫的,这一次序暗示着优先性规则也要同样地被运用到非理想情形中去。社会基本结构的概念、最不利地位以及纯粹程序的正义的概念仅靠自身并不起作用,但恰当地组合到一起就能卓有成效地为我们服务。其四,自由是制度确定的多种权利和义务的复杂集合。罗尔斯在大多数地方联系宪法和法律的限制来讨论自由。在这些情形中,自由是制度的某种结构,是规定种种权利和义务的某种公开的规范体系。总之,罗尔斯认为其正义论的主要观念就是,"一个(和作为公平的善相应的)组织良好的社会自身就是一个社会联合形式。事实上,它是诸种社会联合的社会联合。这个社会联合具有两个特征:成功地实行公正制度是所有成员共有的最终目的;同时,这些制度形式自身被人们看作善"①。

不过,罗尔斯也明确批判黑格尔限制机会平等的思想其实是拒绝公平机会原则。"排除这些不平等的打算大大干扰了社会制度和经济运行,以致从长远的观点来看不利者的机会无论如何会受到更大的限制。正如自由优先的类似情况一样,公平机会的优先意味着我们必须给那些具有较少机遇的人以机会。"②这种批评也是较为公允的。黑格尔确实对不利者具有一种蔑视乃至敌视的态度,他常常称这些人为"贱民",而对于恺撒大帝、查理大帝、拿破仑一样的英雄却推崇备至,他虽然同情苦难和贫困,却没有寻找到现实的解决途径。罗尔斯却始终站在弱者、最少获利者的立场上阐释其正义论,为解决贫困和最少获利者问题而试图寻求一种公平正义的社会制度和伦理秩序。在这一点上,他更接近于马克思而和黑格尔背道而驰。

但麦金太尔并不赞同罗尔斯的正义观,他们的分歧主要存在于以下三个方面:①自由选择的正义还是历史传统的正义?罗尔斯的正义是由预设处在原初状态中的"无知之幕"之后的有理性的人自由选择并确定的。麦金太尔认为,罗尔斯的预设是错误的,因为理解人类行为的最好的方式是把个人放到社会文化的传统背景中去考察,也就是说正义的哲学离不开正义的社会学,只有把正义放置于特定的社会环境中去,正义才有意义。有理性的人不能靠理性的分析来证明正义的合理性,正义常常必须靠特定传统来约定,在传统的时间延续中得到很好的论证。但一切传统都是现代的,一切现代的也都是传统的。传统是一种通过时间而延伸的论证,正义也是在传统所揭示的社会背景中得到阐述和论证的,而不应该是个人自由地选择的预设——其实质是对康德的自由意志悬设的形而上学的剥离的结果。②规则的正义还是德性的正义?罗尔斯的规则正义

---

① 罗尔斯:《正义论》,何怀宏等译,中国社会科学出版社1988年版,第530页。
② 罗尔斯:《正义论》,何怀宏等译,中国社会科学出版社1988年版,第301页。

论忽视了正义属于德性的范畴,导致其理论的德性解释力的缺乏或者是伦理主体的主体性的缺乏。在麦金太尔看来,正义观念尽管在传统的延伸中内涵有所变化,但德性一直是其核心,"无论'正义'还指别的什么,它都是指一种德性"①。麦金太尔认为,只有对于某个拥有正义美德的人,对如何应用法则的知识本身才是可能的,才会更多地偏重理性在执行正义过程中的指导作用,也就是说没有社会化的伦理主体,没有人的正义美德,伦理实体(正义的秩序和规则)只能是一架没有灵魂的机器。麦金太尔的德性正义偏重理性在人们具体的道德情境中的引导作用,强调个人从内心自觉尊重和执行正义等道德原则,更加重视伦理主体性的发挥。麦金太尔的德性正义观确实是罗尔斯规则正义论中的一个弱项。③伦理实体的正义还是伦理主体的正义?麦金太尔针对罗尔斯的正义论,追问的"谁之正义"的问题,其实质是伦理实体的正义还是伦理主体的正义的问题?麦金太尔批判说,罗尔斯认为"个人第一,社会第二,而且对个人利益的认定优先于、并独立于人们之间的任何道德的或社会的连结结构"②。对罗尔斯来说,社会共同体只不过是自由主义的个人主义者的一个活动场所。在这里,每个个人寻求着他自己的自我选择的好生活的观念,政治结构提供了使这种自我确定的活动能够进行的制度性尺度。政府和法律是或应该是在相互匹敌的好生活的观念面前保持中立。鉴于此,麦金太尔自觉继承了黑格尔的伦理有机体思想,重视团体社群等伦理实体对作为个体的伦理主体的自由权利的作用,希图以伦理实体的正义批评和代替罗尔斯的伦理主体的正义。他认为,在传统中,正义在城邦这一共同体内得以界定和践行,作为个体的人与作为共同体的城邦紧密联系,某人从事实践所表现的正义必须和实践结合。正义原则应从特殊共同体和传统中人们信奉的那些价值中汲取其道德力量,正义应由共同体的价值来规定而不是原初状态中的个人的自由选择。

现在,我们可以对这两种正义论做一简单比较。①罗尔斯的规范伦

---

① 麦金太尔:《谁之正义?何种合理性?》,万俊人等译,当代中国出版社1996年版,第35页。说明:原译文把virtue译为"美德",为了用语一致,我们把virtue译为"德性"。
② 麦金太尔:《德性之后》,龚群等译,中国社会科学出版社1995年版,第315页。

理学侧重于理性制定规则,包括社会秩序、社会规则的完善以及社会秩序对人们行为的约束等。其重心在于如何把良好的正义原则在良好的社会秩序中得到贯彻,保证社会秩序的和谐发展和人们的自由平等权利。从罗尔斯重视通过社会制度、社会秩序的合理设计达到正义即重视共同体价值而言,他是黑格尔式的;从他重视个人权利、追求可普遍化的正义而言,他又是康德式的。②从麦金太尔重视内在利益和德性实践来讲,他是康德式的;从麦金太尔重视实践的历史性、生活的整体性、社会结构和德性的关系而言,他又是黑格尔式的。当麦金太尔用德性正义观反对罗尔斯的社会正义观时,他更多地站在伦理主体的角度反对罗尔斯的伦理实体,或者说,他主要以康德式的主体性反对罗尔斯的黑格尔式的实体性,当然又是以历史主义的黑格尔传统为基础的。但罗尔斯和麦金太尔都反对功利主义,他们的思想中都有着康德、黑格尔的基因,不过重点不同而已。③从总体讲,应当说,麦金太尔对历史传统、伦理共同体以及伦理主体的德性的偏重是伦理学的应有背景,而罗尔斯则是超越扬弃了这个环节并提出了如何关注弱者的正义问题。实际上,所谓正义,其本质主要是弱者的正义,也就是对强者危害弱者的可能性的一种外在限制或强者自身的自觉限制——这当然不仅仅是为了弱者,同时也是为了强者,因为正义和所有人密切相关。与古希腊传统甚至和黑格尔时代相比,在当今社会日益健全强大的"利维坦"面前,社会的弱势个体乃至弱势群体日益显得微不足道。因此,维护弱势群体和个人自由乃是正义的要义所在,而不是相反。就此而言,罗尔斯的正义论才是真的正义论,麦金太尔的正义论则可以看作是对罗尔斯正义论的有益补充。

三、内在独白伦理学还是相互商谈伦理学

麦金太尔已经从历史主义的角度,强调了对话蕴含着重要的伦理意蕴。他认为,对话,"就宽泛的理解,它是人类事务的一般形式"①。对话使在某人的生活中的一个德性整体的言语活动和目的都可理解。罗尔斯则

---

① 麦金太尔:《德性之后》,龚群等译,中国社会科学出版社1995年版,第266页。

把黑格尔伦理思想中的互主体性观点(康德那里已有思想萌芽)在其"无知之幕"中明确发展为对话协商,并把它作为其正义论的一个重要理论基础。但黑格尔、麦金太尔和罗尔斯都没有真正完成把独白单向式伦理学发展为对话协商式伦理学的建构,这个理论转折是由哈贝马斯的商谈伦理学完成的。

商谈伦理学的最大特色,就在于它本着康德的精神把在黑格尔的伦理有机体思想中已经出现的互主体性思想提高到中心位置。哈贝马斯说,商谈伦理学"利用了黑格尔理论中对绝对命令的一种主体间性的解释的认可,同时又无须付出将道德历史性地'消解于'德性之中这样一种代价。像黑格尔一样,商谈伦理力主正义与团结之间的内在关联,却又是本着康德的精神"①。哈贝马斯认为,以前的社会研究总是跳不出单向理解模式,但人类的存在是以双向理解的沟通作为起点的。每个个体的理性资质及其社会化都是在实践中生成并在语言对话、主体之间构成的世界里发展的。作为实践理性的交往理性,不再具有先验哲学中作为支配孤独个体道德践行的先验的形而上的性质,而是生成、体现在主体间的对话活动中,并与交往行为的普遍有效性要求相关联。主体性本质上在于互主体性,商谈伦理的基本原则的运用是对话式的而不是独白式的,道德在于主体之间的平等理解、交往和商谈。

哈贝马斯的商谈伦理学有两条交互影响的主线:从第一人称阶段向第三人称阶段的转化,这是同一空间内的历史的时间的经线(可以看作对黑格尔的伦理主体的三个环节的扬弃或个体化);从第一人称单数到第一人称复数的转移,这是同一时间内的现实的空间的纬线(可以看作对黑格尔伦理有机体的扬弃)。经线和纬线相互交织,构成我和我们、我(们)和他(们)商谈协商的时空网络,同时互主体性原则又贯穿始终。

第一,商谈伦理学既是道德意识发展的结果,也是道德发展观的一种模式。哈贝马斯从塞尔曼的发展模式出发,解释描绘出一个行为体系,其要点在于行为主体以第三人称的视野和角色来理解和处理主体间的相互关系。以此为中心,哈贝马斯分析了从第一人称阶段向第三人称阶段的

---

① 万俊人主编:《20世纪西方伦理学经典》(第四卷),中国人民大学出版社2005年版,第543页。

转化,即从前约规阶段向后约规阶段的转化。①前约规阶段,正在成长的人同社会与上代人权威的关系是较直接的。这时权威是外在地同一些个人连在一起的权威,它意味着积极的和消极的强制的威慑力量。对待权威,人们是从可能受赏或受罚的动机出发来考虑行动的。②在约规阶段,权威不再是外在的、直接的作为被服从的个人或一些个人的权威,而是内在的非个人的普遍化规范化了的集体或共同体的集体性意志。成长的人不再是出于自己的利害关系而是出于义务(康德式的)考虑行动。服从权威是以主体同意对权威表示服从为前提,这一肯定态度不再单纯说"是",而且可以说"不"。现在的权威虽具有压制性质,它主要表现为社会设施的控制,但主体的同意是重要的,这和单纯的外在权威不同。这里发生了相互性的均衡形式,关系的相互性在概念上进入了主体和权威之间的相互肯定的新阶段。③后约规阶段,权威的概念、主体间的相互关系发生了结构性变化。过去的权威是现存的各种社会性集体性规范,现在成了可以讨论、批判和审验的东西,其有效性需要道德化、理论化和反思化,它们不再事实上有效,而是经论证后才有效或失效。现在的权威是理想性的效准,是普遍性的伦理学原则,即尊重别人是目的而非手段。权威的强制性职能只能是更好的论证、更好的理由所具有的内在的自我的强制性,而不再是外在的、设施的强制性。主体对权威的关系是自律而不是他律。其更高形式是主体依据商谈伦理原则,通过论证程序来估价和审验现行规范和法则,在这里唯有正义是定性的标准。如果说黑格尔的伦理主体论主要是从类的角度来阐释的,那么哈贝马斯则主要是从个体的角度来阐释的,但二者的精神实质即他律自律、相结合的自由精神则明显是一致的。

第二,从第一人称单数到第一人称复数的转移,也就是商谈伦理的实践理性的功用对伦理学问题的具体化回答。哈贝马斯认为,古典伦理学和现代伦理学都是以这样一个问题为出发点的,"我应当怎样做?我应当做什么?"①从合目的性、善和正义的角度来看,对这个问题的回答,与道德发展观的上述模式相应,实践理性分别提供不同的功用即实践理性的三

---

① 万俊人主编:《20世纪西方伦理学经典》(第四卷),中国人民大学出版社2005年版,第544页。

个层次的商谈:实用性的商谈、伦理—实存的商谈和道德—实践的商谈。首先,实用性商谈涉及可能的应用关联,其目的在于推荐合适的方法和可实施的规划。这种商谈只是通过行为者主观的目标设定和优先考量与他的实际意志之形成相联系的。在这里,理性与意志之间并无内在的关联。其次,伦理—实存的商谈的目的在于,为有关生活的正确方向和个人生活方式形成建议。这里,理性与意志是互为规定的。这样一来,意志便被编织到已被谈论道德生活历史的关联之中。参与者在自我理解的过程中,是不能脱离他们实际存在于其中的生活历史或生活形式里的。最后,道德—实践的商谈的目的在于,为由规范所调节的行为领域中发生的人与人之间因利益不同而导致的共同生活的混乱冲突的公正的解决方案达成协议。道德—实践的商谈要求与所有已成习俗的具体德性的自我理解性实行决裂,要求与自己的同一性密不可分地交织于其中的那些生活保持距离。这里涉及的是对使相互义务与权利得以规定的规范进行论证和应用。实际上这就是黑格尔讲的否定他律的自律,也就是道德主体的自我否定、自我异化的自我回归。

需要强调的是,哈贝马斯讲的伦理和道德与黑格尔有着重大区别。哈贝马斯认为,伦理的问题一般要求:你必须从事一种可以使你能够拥有助人之感受的职业。这意味着,如果你这样去做,从一个长远的角度来看、从整体上来看都"是好的"。伦理问题的目标是以自给自足的、自身具有价值的生活方式的最高的善为取向的。因此,在我看来是好的一种生活,也与我们共同的生活形式相关。与伦理的目标不同,道德的目标是对人与人之间源于利益分歧而产生的行为冲突进行调节。准则构成伦理与道德的交接面,因为它们同时可以从伦理或道德的角度进行评价。伦理的思考是运用实践理性的方式检验一种准则是否对我有好处并与场合相适应;道德的思考在于,从我的角度来看,一种普遍被遵循的准则是否适合于对我们的共同生活进行调节。一种准则只有在下述情况下才是正当的:所有的人都能愿意它在类似的情形下为每个人所遵守,或者每个人都必须能够同意这一准则成为我们行动的一个普遍法则。道德要求是绝对的或无条件的命令。人们"应当"做什么或者"必须"做什么,其意义即这样做是正当的因而是一种义务。哈贝马斯的伦理显然是古希腊意义上的伦理,相当于康德、黑格尔讲的他律,哈贝马斯的道德相当于康德的道德、黑格尔的良心,尽管有着独白和商谈的区别。

以上解决的都是"我应当怎样做？我应当做什么"这个第一人称单数的问题。在道德触及道德性边界的地方,问题就不在于从独白式思维的内在性向商谈的公开性的视角的转换,而在于整个问题本身的一种变化:其他主体扮演的角色的变化导致的第一人称单数的问题向第一人称复数的问题的转化。从行为者的多样性之状况,从一种意志的现实性与其他意志的现实性同时发生这样的双重不确定性的条件中,产生了对集体目标的共同追求的问题或者"我们应当怎样做？我们应当做什么"这个第一人称复数的问题,这是在伦理—政治的商谈中进行的。这里,道德命令的应有地位的问题,促使道德转向法律。伴随着目标与纲领的贯彻,最后又会产生政治权力的授予及中立的运用的问题。但道德理论必须搁置这一问题并交给法哲学来解决,"因为实践理性的统一性,只有在公民的交往形式及实践的网络里才会清晰明确地发挥效力,在这种交往形式及实践中合理性的集体意志之形成的条件已通过制度而赢得了稳固的保障"[①]。哈贝马斯把公共集体意志的问题交付法哲学并想通过制度即伦理实体的保障,这在黑格尔这里恰好是伦理的领域或伦理有机体的功能。哈贝马斯的伦理和黑格尔的伦理在地位(哈贝马斯的道德高于伦理,黑格尔的伦理高于道德)、内涵和功能上都有着本质的区别,但哈贝马斯只不过换了一个名词"法哲学"或制度代替黑格尔的伦理或伦理实体罢了。

薛华曾说:"哈贝马斯破除了本体论或形而上学,但本体论或形而上学还是他的哲学的背景,同时在这一方面帮助他最多的与其说是康德,还不如说是黑格尔。他的理论模式更接近于黑格尔,而不是更接近于康德。"[②]从哈贝马斯的伦理学看,更是如此。罗尔斯在《答哈贝马斯》一文中也认为,"哈贝马斯自己的学说乃是一种宽泛的黑格尔意义上的逻辑学

[①] 万俊人主编:《20世纪西方伦理学经典》(第四卷),中国人民大学出版社2005年版,第556页。
[②] 薛华:《哈贝马斯的商谈伦理学》,辽宁教育出版社1988年版,第80页。

说。"而且是哈贝马斯把黑格尔的伦理理念升华为交往行动理论的。[①]的确,哈贝马斯和罗尔斯一样,明确宣称以康德为出发点,但也不得不承认黑格尔伦理思想中的互主体性的观点实际上是伦理主体观点的价值,其也赞同黑格尔的应然向实然的过渡。他放弃康德的"两个王国"的学说,把互主体性提到其商谈伦理学的中心位置,特别重视语言交谈的伦理主体性,主张把实践理性的普遍化原则贯彻到社会生活和道德规范中去,在当代更加文明自由民主的历史条件下和更为广阔的视域内,给伦理思想注入新的内涵。康德的道德世界观的幽灵和黑格尔伦理有机体思想的幽灵在哈贝马斯的商谈伦理中重新获得了生机。

要言之,麦金太尔除了扬弃黑格尔的历史主义的伦理思想外,更注重伦理主体的实践正义德性,强调伦理主体的实践德性和主体性,这方面更偏重康德;罗尔斯更注重伦理实体的制度规范正义保证,强调伦理实体的主体性和对伦理主体的理性规定矫正,这方面更偏重黑格尔;哈贝马斯则开创了商谈伦理学,试图通过伦理主体间的民主协商,构建当代伦理实体。这是自苏格拉底的对话道德以来,中经几千年的独白伦理而达到的一种理论回归。当然,这是一种扬弃了前此伦理思想的回归。黑格尔的伦理有机体思想在这几位大师的理论中重新迸发出新的生命活力,继续推动着人类思想的历史进程。诚如黑格尔所言,真的思想必然是永恒的。

结　语

汤姆·罗克摩尔说:"消化吸收一种重要哲学思想所要求的时间是非常漫长的,甚至是永无止境的。我们从来没有完成过对一种重要哲学理论的接受过程。对于这样一种理论来说,典型的情况总是这样的:它对于所有的时代都可以说出某种新的东西。我们仍然处在消化吸收柏拉图和亚里士多德、笛卡尔和康德思想的过程中。对于黑格尔来说,情况也是这

[①] 罗尔斯:《政治自由主义》,万俊人译,译林出版社2000年版,第401页。

样。可以毫不夸张地说,后黑格尔的哲学时期在很大程度上就是接受黑格尔思想的时期。"[1]这同样适用于对黑格尔伦理有机体思想的评价。

目前,国内普遍出现的要康德不要黑格尔的情绪,显然是一种非理性的逆反情感在起作用。我们绝不是非要在康德和黑格尔中间选择一个而抛弃另一个。伦理思想是一条奔腾不息的洪流,不可能取其一段而放弃另一段。不理解黑格尔,就不能真正理解康德,反之亦然。这就告诫我们,一方面要真正读懂康德和黑格尔特别是马克思的原著,不要人云亦云,一切凭个人的主观情绪妄言抛弃,还没有进入一座宝山就要离开它,这既违背逻辑也违背历史。另一方面,反思一下当代西方伦理学大师如摩尔、麦金太尔、罗尔斯、哈贝马斯等是如何对待历史上诸如柏拉图、康德、黑格尔等伟大的思想家的。源远之水才能涓涓流长,本固之木才能枝叶繁茂,这也是"伦理学就是伦理思想史"的道理。没有伦理的历史是不存在的,没有历史的伦理学也是不存在的,即使存在,也只能是伪伦理学。

一个世纪前,陈独秀先生曾说:"伦理的觉悟,为吾人最后觉悟之觉悟。"[2]直面西方伦理的当代发展现状,反思中国伦理发展历史,自孔子的《论语》的对话伦理以来,中国伦理学距离达到协商伦理的高度尚遥遥无期。这就向中国伦理学界乃至整个中华民族提出了一个迫切的当代伦理学问题。的确,我们应该真的"觉悟"了。黑格尔的伦理有机体思想或许能够给我们的"最后觉悟之觉悟"即"伦理的觉悟"提供点什么。

---

[1] 汤姆·罗克摩尔:《黑格尔:之前和之后——黑格尔思想历史导论》,柯小刚译,北京大学出版社2005年版,第199页。
[2] 吴晓明编选:《德赛二先生与社会主义:陈独秀文选》,上海远东出版社1994年版,第34页。

第五编

人类伦理
思想蠡测

就当下伦理学而论,以追续人类伦理为目的的应用伦理学成为主要研究领域,它彰显出人类伦理思想既是追寻德性的进程,又是追寻正义的进程。

第一章　应用伦理反思

目前,以追续人类伦理为目的的应用伦理学已经成为伦理学界聚讼纷纭的主战场。争论的焦点集中在"什么是应用伦理学"这个根本问题上。自20世纪60年代以来,伦理学家们经过多年的论争,在这一问题上形成了相互颉颃的两类观点:一是否定论,认为应用伦理学不过是伦理理论的应用,不具有独立性和开创性;二是肯定论,认为应用伦理学是一种新的伦理形态,而对其内涵又有着不同的甚至对立的看法。但人们大都忽视了这个根本问题的根本,即应用伦理学的逻辑和历史。

第一节　应用伦理学的两类基本观点

要把握应用伦理学的逻辑和历史,首先来看学者们回答"什么是应用伦理学?"这一问题的两类基本看法。

一、否定论

否定应用伦理学存在的必要性,它具有强的否定论和弱的否定论两种基本形态。

(1)强的否定论是少数学者的一种激进观点,认为应用伦理学纯粹是一个多余的甚至虚假的概念,将应用伦理与理论伦理区分开来没有任何意义(Johannes Rohbeck语),提出"应用伦理学"这一概念是多此一举(麦金泰尔语)。威廉·韩思(William Haines)甚至认为,应用伦理学"常常是图书馆员使用的分类方式而不是一种概念"[1]。我国学者孙慕义也认为，应用伦理学只是一个松散、缺乏严密逻辑结构的"应用问题群"，它没有一个完整的理论与体系，不是一门真正的学科。[2]

强的否定论看到了经验应用伦理学的局限性，却忽视了经验应用伦理学在应用伦理学中的基础地位，因为如果没有通俗的应用伦理学作为应用伦理学的资料的奠基和对传统伦理学的突破，就不可能有应用伦理学的真正发展。

(2)弱的否定论并不断然否定应用伦理学，而是把它作为传统伦理学的一部分，实际上把它窒息在传统的理论伦理学之中。

在许多学者看来，应用伦理学，顾名思义就是将普遍的伦理原则应用到具体的事例中去。"应用伦理学是伦理学的一个分支，是将伦理学的基本原理、原则和规范应用于现实或未来重大社会问题而形成的伦理学理论形式。"[3]他们认为，应用伦理学这一概念的提出基于理论和实践截然两分的传统哲学的二元论立场。实际上，应用伦理学古已有之，与传统的伦理学特别是规范伦理学没有本质差别：一方面，应用是理论的应用；另一方面，理论不可能不是应用的，没有应用关联的道德是空洞和荒谬的。在道德哲学的经典文献中，找不到任何与事例不发生应用关系的道德理论。应用伦理学只是在重复道德哲学本应拥有的性质，即规范离不开应用之关联。比彻姆(Tom L.Beauchamp)就认为，应用伦理学只是一般规范伦理学所提出的原则在具体伦理问题中的应用，属于规范伦理学的范畴。[4]彼得·辛格(Peter Singer)、梯利、本森(George C.S.Benson)等人亦如是看。埃德尔(Abraham Edel)等人认为，应用伦理学不过是对哲学关注实际道德问题的传统的重新发现，坚决反对把应用伦理学看作全新的理论形态。[5]

弱的否定论看到了应用伦理学和理论伦理学的外在联系，这与强的

---

[1] 威廉·韩思：《伦理学：美国治学法》，孟悦译，社会科学文献出版社1994年版，第44页。
[2] 孙慕义：《质疑应用伦理学》，《湖南师范大学学报》(社会科学版)2006年第4期。
[3] 王伟等主编：《中国伦理学百科全书·应用伦理学卷》，吉林人民出版社1993年版，第1页。
[4] 汤姆·比彻姆：《哲学的伦理学》，雷克勤等译，中国社会科学出版社1990年版，第42-45页。
[5] Abraham Edel, Elizeveth Flower and Finbarr W.O.Conor, *Critique of Applied Ethics: Reflections and Recommendations*, (Philadelphia: Temple University Press, 1994), pp.4-5, p.22.

否定论相比是一种进步,但它否定应用伦理学和理论伦理学的根本区别,把应用伦理学遮蔽于理论伦理学之内,忽视了应用伦理学自身的独创性和超越性,实际上取消了应用伦理学的独立地位。

二、肯定论

是对否定论的否定,它肯定了应用伦理学相对于理论伦理学的独立性,具有如下三种基本形态。

(1)经验论或片面肯定论,认为应用伦理学不是弱的否定论讲的理论的应用,它只涉及具体事例的研究,仅仅是经验研究(Otfried Hoeffe语)。比彻姆反对规范伦理与理论思辨,将应用伦理学比拟为经验的自然科学,主张以自然科学的方式研究应用伦理学。他认为道德并非通过某种可以从中导出一切其他规则与判断的规范的体系构造起来的,道德理论应是按照自然科学的标准建构而成的。因此,仅有规范伦理是不够的,还必须给应用伦理学以应有的地位。[①]

这是一种科学主义的思路,与否定论相比,它肯定了应用伦理学不同于传统理论伦理学的新的资料和研究领域,是对否定论的一种否定,但却以否定伦理学的自由本质和割断应用伦理学和传统伦理学的内在联系为惨重代价。

(2)历史主义的肯定论,是对经验的片面肯定论的否定,它主张从历史的视域来理解应用伦理学:应用伦理学根植于实践哲学的传统,是20世纪60年代以来元伦理学式微之后传统规范伦理学的复兴,而且在很多方面特别是在结合理论和实践解决实际道德问题上具有创新性。阿尔蒙德(Brenda Almond)认为,应用伦理学与传统道德哲学区别很大,"首先,应用伦理学对道德问题所产生的背景以及各种情境的详细结构给予了较大的注意;其次,应用伦理学的方法在一般意义上更具整体主义色彩,也就是说,它在考虑问题时更乐意包容心理学、社会学的洞见以及其他的相关知识领域;应用伦理学的实践者愿意和其他人——特别是和专业人士

[①] 甘绍平:《论应用伦理学》,《哲学研究》2001年第12期。

以及其他领域中的有经验者———一起工作以达到对完全是由相关事实所表现的道德问题的解决"①。在追求对道德问题的理解和解决的过程中，应用伦理学既涵盖并深化了传统意义上的规范伦理学、元伦理学和描述伦理学，又吸收了其他自然科学和社会科学的知识和方法，具有极强的应用性和学科交叉性。

这一观点已经从历史和现实相统一的角度及从历时性和共时性相统一的视域，对应用伦理学有了更为深刻的认识和把握，但它停留在外在的伦理理论范式的历史和现实的联系，未能深入伦理学自身的逻辑，从逻辑和历史相统一的角度把握应用伦理学的要义，它只看到了元伦理学和应用伦理学之间的抽象的断裂，未能看到伦理学的话语学转向中的元伦理学和应用伦理学之间的内在关系，更没有看到伦理学的话语学转向中的另一方面的解释伦理学和应用伦理学之间的内在关系。于是，它只看到了元伦理学式微之后规范伦理学的复兴，看不到这种复兴的实质是一种对理论伦理学的超越并达到了应用伦理学的水平。

（3）新伦理论认为，应用伦理学是一个正在形成的全新的研究领域，它与传统的理论伦理学存在着较大的差异。卡拉汉（Joan C.Callahan）认为，从事应用伦理学并不是简单地应用哲学技术把理论加于实践，"毋宁说，它要试图发现目前具有现实紧迫性的道德问题的可接受的解决办法"②。在此过程中，应用伦理学对传统伦理学的理论框架和方法论都提出了严峻的挑战。应用伦理学对道德问题的细致把握和其所涵盖的广泛知识领域是传统的道德哲学所无法比拟的。尤其值得关注的是，我国学者形成的几种典型观点：甘绍平的程序共识论、卢风的双向反思论、陈泽环的终极关怀论等。虽然他们的观点不同，但都认为当代应用伦理学是伦理学本身的一种崭新的发展形态。

这是针对否定论的否定，也是对肯定论中的前两种的扬弃，较为客观地看到了应用伦理学和传统伦理学的内在联系及其独特的地位和价值，

---

① Brenda Almoond (ed.), *Introducing Applied Ethics*, (Malden: Blackwell Publishers Ltd., 1995), p.3.
② Patricia H. Werhane and R. Edward Freeman (ed.), *Blackwell Encyclopedic Dictionary of Business Ethics*, (Malden: Blackwell Publishers Ltd., 1998), p.3.

代表了迄今为止的最新认识水平,但其也没有深入、全面地把握应用伦理学自身的内在逻辑和历史。

或许有人会认为这几种看法都是对应用伦理学的误解,这从应用伦理学的概念或应用伦理学本身来看,诚然有一定的道理,但从应用伦理学的逻辑和历史来看,似乎是不全面的。在我们看来,这是几种对应用伦理学的见解,因为每种观点都包含着一定的合理成分,只不过有深浅之别。正是它们一步步把对应用伦理学的认识推向深入,为我们进一步探讨应用伦理学的逻辑和历史奠定了坚实的基础。

第二节　应用伦理学的逻辑和历史进程

如前所述,否定论和肯定论这两类见解比较倾向于对应用伦理学的某些层面的探究,没有深入地从理论自身的内在矛盾把握应用伦理学自身的逻辑和历史,也没有认真对待应用伦理学的经典之作和理论形态。实际上,如果我们用伦理学自身的实践(应用)精神激活它们,那么每一种观点就会动态地贯通起来,展现出应用伦理学自身的逻辑和历史进程。

(1)从伦理学的学科性质看,即从伦理学作为实践哲学自身的实践或应用的本质来看,它是一个实践或应用过程,这就是广义的应用即伦理学从对自身的目的至善的追求开始的否定自我、展现自我、实现自我的过程。它是由经验伦理学、理论伦理学到应用伦理学(可称为狭义的应用)的过程,也是由经验、独自到商谈的过程。经验伦理学、理论伦理学的应用关心的主要是个体或个体—整体的关系,如亚里士多德关心的个体德性和城邦整体的关系,即个体和整体追求自身的目的至善的实践。但是,基督教伦理学提出了每个人都是自由的思想,康德伦理学提出了伦理共同体的思想,它们已经开始考虑类的关系了,只不过并没有成为其伦理学的主题罢了。可见,理论伦理学的实践中已经包含应用伦理学的萌芽。狭义的应用即应用伦理学的应用是一个交互主体的商谈协调、解决现实重大伦理问题的过程,它是广义的应用否定自身的独白阶段而达到的高级阶段——它不仅把独白阶段的理论包含于自身之内,作为自身发展的要素,而且在超越个体层面的基础上面对关乎人类全体的新问题,提出新的伦理理论以解决理论伦理学没有遇到、不能解决的新的伦理困境。就是说,应用伦理学关心的主要是类和类—类(如人类和物类)之间的关系,它把伦理学对至善目的的追求由个体—独白推进到类—商谈的新的高度,它主要是类的目的至善的否定自我、展现自我、实现自我的过程。

应用伦理学是理论伦理学的自我反思、自我否定的产物,不是理论伦理学自身之外的其他东西。对"应用伦理学"而言,"应用的"(applied, angewandte)首要含义就是"实践的",这种强烈的"实践"指向正是话语伦理学的自我否定。从根本上讲,这是理论伦理学的自我否定;或者从道德思维的角度讲,"实践"指向是批判性道德思维的根本功能,也是元伦理学思维的自我否定。这直接体现为应用是一个不断自我否定的实践过程,即伦理学自身的逻辑和历史进程。

(2)从伦理学自身的逻辑和历史进程来看,应用伦理学是伦理学的高级阶段。黑格尔认为,人类认识发展的逻辑进程是由概念、判断到推论的过程。在我们看来,伦理学史的发展也符合这个过程。德性伦理(亚里士多德)代表概念伦理,因为每一种德性就是一个伦理概念;规范伦理代表的是判断伦理,因为规范从语言上是以命令的形式出现的,每一个道德命令都是一个判断。康德对伦理原则的一元化、形式化,使得伦理学的认知活动进入到推论的层面。而且,这种进展是符合逻辑的。正如黑格尔所说:"推论常被称为证明判断的过程。无疑地,判断诚然会向着推论进展。但由判断进展到推论的步骤,并不单纯通过我们的主观活动而出现,而是由于那判断自身要确立其自身为推论,并且要在推论里返回到概念的统一。"[①]伦理学在话语伦理学(包括摩尔开创的元伦理学和加达默尔开创的解释伦理学)中,回到了对概念如善、恶(元伦理学)、"应用"(解释伦理学)等的逻辑分析或"视域融合"的解释,但这并非简单的回归,而是包含了之前该伦理学理论的语言分析或解释应用。理论伦理学至此基本完成了它

---

① 黑格尔:《小逻辑》,贺麟译,商务印书馆1980年版,第356页。

的历史使命,因为它面对前所未遇的关乎类的新的经验领域时已经无能为力了。它的出路在于通过自我否定而自我提升为应用伦理学。

一方面,元伦理学对道德语言和道德判断的语义分析,已经把伦理学从个体性、德性、规范等转向了人的普遍性。语言逻辑分析的普遍性和它所反映的实践的特殊性之间的矛盾,构成了元伦理学自身的否定因素。当这种普遍性自身具体化时必然要求其自身在生活实践中能够实现或"兑现",进而转向人类自身的共同存在的生活领域——这已经不是肇始于苏格拉底的理论伦理学所面对的狭小的、个体或城邦的伦理领域,而是广阔的类的伦理领域。元伦理学无力解决这个新的领域的问题,这就要求元伦理学自我否定并提升为应用伦理学,在应用伦理学的领域解决相对性和普遍性的矛盾。实际上,正是元伦理学家们自身在不断地修正其学说的过程中,从内部实现了元伦理学的突破,为伦理学的应用伦理学转向开辟了道路。其中,黑尔是元伦理学过渡到应用伦理学的桥梁,黑尔试图综合义务论和目的论的探求正是元伦理学自我否定的出路,这个出路必须在广阔的社会领域才能找到,这就是应用伦理学的领域,但他并没有完成向应用伦理学的转变,真正完成这个转变的是罗尔斯,其所著的《正义论》是应用伦理学的经典之作。这或许是很多人不能赞同的一个观点,因为人们往往把《正义论》看作规范伦理的回归,殊不知这是一种超越了理论伦理学而达到了应用伦理学高度的创造性理论,或者说,是一种属于应用伦理学的规范伦理学。

另一方面,和元伦理学把伦理学看作道德语言的逻辑分析不同,解释伦理学把语言看作本体和存在,认为语言不仅是存在的家,也是人类理性的普遍特质。正是这种普遍特质和其解释应用的具体境况之间的矛盾迫使其进入实践哲学的领域,这主要是通过加达默尔在《真理与方法》中对"应用"概念进行的实践的解释来完成的。他认为理解、解释和应用都是解释学的要素。理解是在具体境况中的理解,解释是对理解的再理解,理解就是解释,解释是深层次的理解,而"理解在这里已经是一种应用"。[①]"应用"绝不是对某一意义理解之后的移植性运用,即把先有的一个基本

---

① 加达默尔:《真理与方法》(上卷),洪汉鼎译,上海译文出版社2004年版,第400页。

原理应用于实践——这实际上就是前面所说的弱的否定论的观点。加达默尔认为,对于伦理学这样的"实践的学问"而言,"实践"就是"应用","应用"就是特定目的和意图在特定范围和时机中的实践性"行为"。实践性。"行为"是基于某个特定事物的"内在目的",而"内在目的"又必然包含其现实化的根据,这样的实践性行为就是"事物"成其自身的自我实现活动。因此,"应用"就是事物朝向自身目的(内在的"好"——善)的生成活动,或者说是一种自在到自在自为的活动。就是说,"应用"是善本身的实践—实现—生成活动(自在—自为—自在自为的过程)。由此,我们可以推论说,伦理学的应用就是伦理学本身的实践—实现—生成活动。当这种活动由个体进入到类的领域时,应用的普遍性形式和类的特殊性资料才应该真正结合,因为应用的普遍性和个体的特殊性结合只不过是低级的有限的结合——这是理论伦理学的领域;而应用的目的的真正实现必须和广阔的类的领域相结合才能自我完成,这就是应用伦理学的领域。可见,加达默尔对"应用"的实践性解释,为应用伦理学作为一门新的学科的诞生奠定了理论基础,解释伦理学的自我否定已经孕育了应用伦理学的萌芽,但并没有完成应用伦理学的突破。哈贝马斯的商谈伦理学正是在和加达默尔的论辩中形成的应用伦理学的另一条出路和理论形态。

  如果说解释伦理学从思辨的角度推出了应用的根本含义,元伦理学则主要从逻辑分析的角度推动理论向应用转向。两者都对应用伦理学起到了语言学的不同层面(形式逻辑、辩证逻辑)的奠基作用,而各自理论自身的自我否定殊途同归地走向应用伦理学。虽然英美应用伦理学偏重经验科学分析,欧洲大陆应用伦理学偏重思辨,两者的经典理论却在相互辩论商谈中极为接近。这是以罗尔斯和哈贝马斯两位大师的理论和辩论为标志的。罗尔斯的正义论和哈贝马斯的商谈伦理学,探求关乎人类的普遍价值原则,确立民主的对话商谈的伦理程序,建构公共道德权衡机制,解决公共道德悖论,区分理论伦理学和应用伦理学,为应用伦理学提供了经典著作和理论形态,对应用伦理学的发展起到了巨大的推动作用。应用伦理学正是以《正义论》为典范著作,以商谈伦理为典范形态,超越传统的理论伦理学成为当今伦理学的主导形态的。

伦理学的发展经由通俗的经验伦理学、理论伦理学即德性伦理学、规范伦理学、语言伦理学(包括摩尔开创的元伦理学和加达默尔开创的解释伦理学),再到应用伦理学(包括罗尔斯的正义论、哈贝马斯的商谈伦理学)的发展,正好体现了伦理学由通俗的经验伦理学到理论伦理学到民主的商谈的过程,同时也是伦理学的认知活动或逻辑由经验到概念、判断,到推论,然后再重新回到概念,由此进入新的理论和经验相结合的应用伦理学的逻辑进程。从伦理学的整个实践过程来看,应用伦理学和经验伦理学类似,但其却是包含了经验伦理学和理论伦理学于自身并容纳新的经验和理论的新的伦理学形态。应用伦理学是伦理学自身的逻辑和历史的高级阶段,而不是外加的另类伦理学。

这就是伦理学的逻辑和历史,应用伦理学不但属于这个大的体系,而且有其独特的逻辑和历史。

(3)应用伦理学自身的逻辑和历史来看,它是由通俗的应用伦理学、理论的应用伦理学、实践的应用伦理学构成的一个逻辑过程,而不是各个部分的简单分割和对立。

伦理学只有一个,但却有层次之别。康德曾经对理论伦理学做了这样的层次区分:通俗的道德哲学、形而上学的道德哲学和实践理性批判。[1]黑格尔不但明确地把理论伦理学区分为抽象法、道德和伦理三个环节,而且还把理论伦理学判定为由这三个环节构成的伦理有机体。[2]元伦理学家黑尔在《道德思维》一书中认为,人类道德思维(无论是类还是个体)的发展已经显示出三个层次:直觉思维的层次、元伦理学思维的层次和批判思维的层次。直觉思维是直觉主义的思维方式,主要认识一般道德原则,思考一般的伦理行为。但直觉思维是有限的,其主要问题在于它不能帮助我们解决道德冲突:当面临两个"应该"而只能按一个去做时,直觉思维就无能为力了。这就要求非直觉思维解决这种冲突。这种非直觉思维就是元伦理学的思维和批判思维,它使人们通过对道德概念、语词的分析(元伦理学的思维)而达到一种自由的"选择"和"原则决定"(批判的

---

[1] 康德:《道德形而上学原理》,苗力田译,上海人民出版社1986年版,第1—9页。
[2] 任丑:《黑格尔的伦理有机体思想》,重庆出版社2007年版,第1—5页。

思维)。这是在道德冲突境况中经过批判性审视之后做出的决定,因而它具有特殊性,能解决道德活动中的特殊的实际道德问题。在我们看来,正是批判的思维把伦理学推进到应用伦理学的高度。

透过大师们的深刻洞见和伦理的发展,可以看出理论伦理学是由经验部分、理论部分和实践部分构成的一个充满生命力的发展过程。应用伦理学作为理论伦理学的自我否定,和理论伦理学一样,也有其经验的部分、基础理论部分以及实践部分。正是这三个环节的相互纠正、相互否定,才构成应用伦理学的生命力的勃发和涌动。通俗的应用伦理学就是孙慕义等人说的零乱的各种部门伦理学,如医学伦理学、工程伦理学、传媒伦理学等和经验论者说的研究领域。理论的应用伦理学就是在传统伦理学理论的基础上反思通俗的应用伦理学而提出的应用伦理学的基础理论和最一般的基本原理。实践的应用伦理学就是理论的应用伦理学和通俗的应用伦理学的综合,在通俗的应用伦理学领域运用、修正、发展基本的应用伦理学原理,在应用伦理学基本原理的运用中提升通俗的应用伦理学的理论品位。应用伦理学就是由这三个部分构成的一个实践过程。

问题在于,为什么应用伦理学自身也有其经验、理论和应用部分呢?首先,经验、理论、应用是历时性和共时性的统一,这是由人类的思维层次和伦理学内在的逻辑决定的:类的思维层次主要决定着历时性,个体的思维层次主要决定着共时性,两者的视域融合决定着历时性和共时性的统一,也就是伦理学的逻辑,同时也是应用伦理学的逻辑。这和黑尔说的直觉的道德思维、元伦理学的道德思维、批判的道德思维也是基本一致的。其次,如果没有经验的部分,理论部分就是空的;没有理论部分,经验部分就是盲的;没有经验部分和理论部分,实践部分也就不可能存在。没有实践部分,经验部分就不能得到纠正,理论部分就不能得到提升,应用伦理学就丧失了自我批判、自我否定的动力和功能。应用伦理学缺少了三个环节中的任何一个,都不成其为其自身。所以说,它是一个不断自我否定的过程,而不是某个静止单一的点或平面。

不过,应用伦理学的三个层面和理论伦理学的三个层面有着重要区别:①经验部分:和理论的经验部分不同的是,它涉及的主要不是个体的经验,而是类的经验。②理论部分:和理论的理论部分不同的是,它的道德思维主要不是个体的,而是类的;它关心的主要是类的德性、规范和语言,侧重于寻求普适的伦理和人权的原则。③应用部分:和理论的应用部分不同的是,它的程序主要不是个体独白的,而是民主商谈的;它的价值主要不是个体独善其身的,而是类的共同关切和发展;它的精神主要不是个体自律的,而是通过近乎法制的强制的他律,力图达到类的自律;它的运行机制主要不是个体的意志和良心,而是类的意志和良心(通常体现为伦理委员会的意志和良心);它的目的不仅关心个体的自由,更关心类的自由和人权,追求个体自由和类的自由的统一。

应用伦理学既然是一个不断追求自身目的至善的实践或应用过程,因此它应该是一个民主的开放的自由领域。在此领域,传统德性论陷入困境。那么传统德性论如何摆脱困境并闯出新的出路也就成为必须回应的重要问题之一。

第二章　追寻正义的进程

亚里士多德在《尼各马可伦理学》开篇就说,每一种艺术和研究,每一种行为和选择都以某种善为目的。因此,善乃万物之目的。[1]那么,人类所追寻的善的目的是什么呢?凭直觉言,这个目的就是正义。或者说,正义是人类追寻的善的目的之一。

第一节　正义之神的渴望

在进入这个正题之前,我们首先回想一下中国的一部小说——《西游记》,里面有一个为大众所熟知的事情,那就是吃了唐僧肉可以长生不老。但唐僧无论被哪个妖怪捉住,都不能被吃掉,这是为什么呢?

《西游记》中常常出现这样的情况:唐僧被妖怪抓住以后,往往不被马上吃掉。妖怪还要想想是蒸着吃还是煮着吃,甚至还考虑邀请"妖亲怪戚"一同享用。为什么妖怪不单独直接吃掉唐僧呢?因为妖怪考虑到卫生、共享以及妖怪关系问题。考虑这些问题需要什么呢?需要理性。就是说在《西游记》里这些妖怪都是有理性的动物,只有人才具有理性,也就是说这些妖怪都是人。既然都是人,那就有共同点,追求人类共同性的规则价值。唐僧没有被妖怪吃掉就是因为这些妖怪无论蜘蛛精也好,狐狸精也罢,都是有理性的动物。他们是人,不是纯粹的动物。人类也是有差异性的,有的人像狮子一样勇猛,有的人像猴子一样聪明,有的人像狐狸

---

[1] Aristotle, *The Nicomachean Ethics*, Translated by David Ross, Revised by Lesley Browwn, (Oxford: Oxford University Press, 2009), p.3.

一样狡猾,有的人像老鼠一样畏缩。不过,人有共同点,即都是有理性的动物。他们要用理性去思考问题,做一件事情要考虑这件事情的目的和共同追求是什么。那么这种共同的追求到底是什么呢?这些妖怪也不明白,在《西游记》里面也没有清楚地表达。但是有一点很清楚,那就是人不能吃人。唐僧是人,要吃唐僧的那些妖怪也是人,所以唐僧不能吃,也吃不了,这是一个共识。再往上推,人不能吃人又包含了什么样的目的?这一点我们可以在古希腊神话里了解得更清楚。

大家都知道涉及古希腊神话的几个简单事情,开端是混沌神卡俄斯。卡俄斯生出地神该亚,该亚生出天神乌刺诺斯,天地结合就是自然。自然有一个特征就是生生不息,于是有了万事万物。在万事万物中有一种神,其实也就是原始人。他是提坦神族,其中有一个叫克洛诺斯,也就是时间。时间标志着人类历史的开端。人类一旦有了历史,这个历史就会发生变化。这时候该亚怂恿小儿子克洛诺斯(时间)杀死并取代其父乌刺诺斯(天),这意味着人类对自然的一种超越。用时间来杀死天,杀死自然,也就是说人类由纯粹的动物状态进入了有历史的原始时期。在杀死天以后,在提坦神族的下一代神族里面有一个正义之神宙斯,是克洛诺斯的儿子。后来,正义之神宙斯又把他的父亲时间之神克洛诺斯推翻,自己主宰人类历史和整个宇宙。从此,宙斯就没有再被推翻了。众神为什么没有再推翻宙斯呢?因为宙斯是正义之神或者说是正义的符号。

唐僧没有被吃,因为他是人,妖怪也是人,"人不能吃人"是人类的价值底线。宙斯作为正义之神体现了人类追寻的一种目的——正义。人类追寻正义,所以不会推翻宙斯(正义),因为这是人类本性对正义之神的渴望。

第二节 朴素正义的追寻

神话追寻正义的精神,也体现在我们日常的行为中。人们在日常生活中会有一种朴素的也就是自发的、未经理论论证的正义观念,我们可以把它称为朴素的正义观。

朴素的正义观有很多种,却大致可以分为两类:如果把人类大致分为强弱,朴素的正义观大致分为强者希望的几何比率正义观和弱者希望的算术比例正义观。不论强者还是弱者都追求对自己有利的目的。强者一般追求一种几何比率的正义观,这种正义观期望拉大差距,主张能力强的人能够得到更多的金钱、财富和权力。几何比率的正义观通常有两大类:一类是功利正义观,就是谁的功德多谁就得的多;另一类是等级主义正义观,即谁的地位高,谁就获利多。

相对于强者来说,处于弱势地位的弱者同样也期望自己的利益得到正当保护。弱者的正义观一般有三种:第一种是平均正义观,弱者希望在分配利益时忽视等级地位,平均分配社会财富和资源;第二种是报复正义观,弱者的利益在遭受侵害后,希望有一种对等的报复,希望以其人之道还治其人之身,所谓的"以牙还牙,以眼还眼"的争议诉求;第三种是人道正义观,处于弱势地位的弱者期望一种人道关怀的正义观。

不过,无论强者还是弱者的正义观在当时都还没有系统的理论论证。朴素正义的追寻需要理论论证对合理性反思的深刻把握。

第三节　亚里士多德的正义反思

人类作为有限的理性存在者,随着社会水平发展到一定的阶段,都会不自觉地反思朴素的正义观并形成一定的理论成果及对正义观系统的思考,其中标志性的象征就是古希腊的亚里士多德,他是最早对正义观进行系统化思考的百科全书式的哲学家。

一、两种正义

亚里士多德对正义的思考最早出现在《尼各马可伦理学》当中,他对正义的论证十分复杂[1],现在我们来把它简单化后予以介绍。亚里士多德认为正义大致上有两类:一类是一般的正义,也指政治正义,也包括自然的正义,也就是对现有法律的尊重,亚里士多德认为在这个领域内正义是相对容易实现的,他的侧重点是另一类特殊的正义。

亚里士多德认为特殊的正义有三种:分配的正义、矫正的正义和互惠的正义。矫正的正义就是在事后发现不公正现象再给予矫正;互惠的正义主要是指商品交易,是一种对等交易,比如两只羊换一只猪。这两种正义在亚里士多德看来大致上不会出现太大的问题。

二、亚里士多德的困惑:分配的正义

分配的正义在亚里士多德看来是最难解决的问题。亚里士多德的分配的正义主要体现在经济领域,它分为两种:一种是算术意义上的平等,即只要是一个人都应该平均分配的经济利益。另一种是根据差异所做的分配,即几何比率的平等。在亚里士多德看来,人与人之间存在的差异也是应该重点考虑的。

亚里士多德认为人与人之间的差异性才是真价值。差异性是指一个人的能力、天赋、出身,乃至一个人的地位高低。比如,一个擅长运动的人就更有可能在体育竞赛中获奖,据说柏拉图曾经是奥林匹克运动会的冠军;而一个擅长唱歌的人也更容易成为歌手。亚里士多德认为在经济利益的分配中应该注重这种差异性。在亚里士多德提出两种分配的正义并经过反复的思考后,他发现了两个令自己困惑且终生也没能得到解决的问题。

第一个问题是两种分配形式应该如何选择?是以算术意义的平等为根据,还是以几何比率的平等来作为分配的正义?平均分配的存在打击

---

[1] Aristotle, *The Nicomachean Ethics*, Translated by David Ross, Revised by Lesley Browwn, (Oxford: Oxford University Press, 2009), pp.80–101.

了强者对社会做贡献的积极性,从而影响了社会进步的速度,最终影响弱者的利益。如果以几何比率的平等作为分配的正义,强者的利益就会得到尊重。然而,强者永远只是少部分,弱者才是大多数。如果弱者的利益遭到损害时,强者的利益也会受到影响。在当今我们依然能够遇到这种现象。比如,在个别穷人的仇富心理驱使下,他们往往会做出砸商店、抢银行、劫富济贫等毁坏性行为,强者的利益在这样的情况下就会受到损害。所以,亚里士多德采取了一种折中的办法,这就是体现在《尼各马可伦理学》中的中道思想。亚里士多德的倾向是两种分配的正义观都予以考虑,并且是以几何比率的分配正义为重点。但怎样平衡两者之间的关系,亚里士多德却没能做出解答。

在这个问题没有得到解决的情况下,亚里士多德又发现了第二个问题。假如我们现在都同意按几何比率的平等来进行分配,那么我们应该按照哪一种真价值来进行分配?根据一个人的天赋、出生、财富、地位等其中的哪一个来分配呢?假如我们都按天赋、能力来进行分配,那么谁的能力强、天赋高,谁就能获得更多的经济利益。但是人的天赋、能力也有很多,是按一个人的歌唱天赋来分配,还是根据一个人的运动天赋来分配?抑或是根据其他能力来分配?假如按照唱歌的天赋来分配,那么有运动天赋的人不能同意这种分配,因为他们也是有天赋的。如此,即使我们再退一步,大家都同意以某种天赋来进行分配,这也同样存在问题。亚里士多德举了个例子,一个乐队奏乐需要乐器,乐器之间也有差异,现在有一支最好的笛子,这支笛子应该分配给技术好的人还是技术差一点的人?技术好的人说应该给他,因为他技术好。技术差的人也说应该给他,这样他才可以拉近和技术好的人的差距。这依然存在着诸多问题。那么这个标准到底该怎么定呢?这个问题在现实和理论中都很难达到一致。亚里士多德抛出这两个问题虽然有自己的理解,但也不能寻求到真正予以解决的较为满意的答案。

第四节 罗尔斯对正义的系统研究

亚里士多德之后,人们对正义的追寻和讨论依然绵延不断,但始终没能真正有力度地解决亚里士多德提出的这两个问题。直到20世纪70年代,美国著名哲学家罗尔斯教授的《正义论》系统地研究了正义问题[1]。可以说,《正义论》对亚里士多德发现但未能解决的两个问题给予了一个比较满意的回应。罗尔斯对正义的论证十分复杂,我们围绕亚里士多德提出的两个主要问题来理解罗尔斯的正义观。

一、回应第一困境:两种分配形式如何选择?

对于第一个困境,亚里士多德和罗尔斯都认为算术平均的分配正义观和几何比率的分配正义观都要兼顾。亚里士多德的选择偏重几何比率的分配正义观,罗尔斯在这个问题上与亚里士多德不同,他更看重的是算术平均的分配正义观。所以,罗尔斯把算术平均原则作为第一原则,我们简单地把它称为平等原则,它追求人的自由权利,实际上是要尊重每一个人作为人的自由和权利。

二、回应第二困境:应当按何种真价值进行分配?

相对而言,亚里士多德偏重选择几何比率的分配正义,注重人与人之间的差异。这种选择的困境是我们究竟应该依据哪一种真价值来分配?是依据天赋、出生还是能力或其他真价值?

为了回应这个困境(即第二困境),罗尔斯提出了著名的"无知之幕"的设想[2]。罗尔斯首先借鉴了康德的"人为自身立法"的自律思想。罗尔斯认为,我们在处理按何种真价值来进行分配时,首先要确定正义的原则不是从外部强加于人的,它是我们人类自己的自由选择。也就是说,正义

---

[1] John Rawls, *A Theory of Justice*, (Cambridge, Massachusetts: Harvard University Press, 1971).
[2] John Rawls, *A Theory of Justice*, (Cambridge, Massachusetts: Harvard University Press, 1971), pp.136-141.

原则是在人类相互协商的基础上的自由选择。

我们可以从古希腊神话中看到,人类的共同性的追求是超越天地或自然、否定或扬弃时间,最后止于宙斯,也就是正义之神。这类似于曾子的《大学》中说的"止于至善"。只不过,古希腊神话所止的这个至善是正义之神——宙斯。宙斯主宰人类的历史后,就不再被推翻了。这样一种人类自我追求的正义目的,转换为罗尔斯的话就是:正义不是外在强加于人类自身的目标,而是人类自身的本性不断追寻的至善目的,是人类自由本性的自由选择,是人与人之间在协商后建立的契约或制度。

既然正义原则是人类本性的自由选择,那么怎样来追求真价值的分配正义原则呢？为此,罗尔斯提出了著名的"无知之幕"。

"无知之幕"的设想源于古希腊罗马神话的正义女神朱斯蒂提亚(Justitia)的形象。古希腊神话中正义女神的名字叫泰米斯(Themis),是天与地的女儿,她的名字原意为"大地",转义为"创造""稳定""坚定",从而和法律发生了关系,是法律、正常秩序女神。泰米斯手中常持一架天平。后来这位正义女神与万神之神宙斯(正义主神或正义男神)结合,生下了正义女神——狄凯(Dike),协助她共掌法律、秩序和正义。狄凯掌管着白昼和黑夜大门的钥匙,监视人间的生活,在灵魂转世时主持正义。她的造型是一位手执宝剑的美少女。古罗马兴起后,罗马人接受了希腊的诸神。他们将泰米斯与狄凯母女二人的形象合而为一,取名为朱斯蒂提亚。朱斯蒂提亚双眼蒙布,一手持天平,一手执宝剑,主持人间正义。从某种意义上讲,"正义"(在拉丁语中写作 Justice)源于朱斯蒂提亚这位正义的守护神。可以说,罗尔斯的"无知之幕"就是双眼蒙布的朱斯蒂提亚的正义精神的哲学语词的学术表达。

罗尔斯提出,对于特殊价值我们先不予考虑。就是说,在分配时,一个人的天赋、出生、地位、财富等先不考虑,或假定我们并不知道这些特殊价值的情况下考虑分配的正义原则,使这些特殊性处于无知状态。在抽象掉人的特殊性,及人的天赋、出生、地位、财富之后,剩下的就是人类的共同性和普遍性。从这一点来建立分配的正义,解决人与人之间的真价值的差异。罗尔斯这个办法的要害在于寻求人类的共性和共同价值。这就是"无知之幕"。

在这个基础上,他得出了第二原则,也就是差异原则。差异原则包括两点:一是社会上所有的职位对所有人开放,把所有人看作有平等的权利来求职,而不论其出生、天赋、家庭等。只要是一个人,社会的所有职位对他就应该是开放的。比如在教育资源问题上,假设哈佛大学有一定的招生指标或者职位,这个指标或者职位就该是对所有人开放的,而不应该考虑一个人来自何处,任何人在求得这个职位的权利上是平等的。如果强调某些人的特殊真价值的优越性,这就是不公正的。所以,罗尔斯的"无知之幕"就是在强调公共资源应对每一个人开放,大家公平竞争,竞争要公平,不能人为地加以限制。人与人的差异性应该体现在平等机会基础上的竞争当中。比如,北京大学面对全国招生,不管一个考生距离北京有多远。假设北大的录取分数线是680分,一个人只要考到680分,他就可以进北大,考不到680分的则不能被录取。其中就体现了差异,但却是公正的,因为考北大的机会对每一个考生来说是平等的,北大的教育资源是公平开放的。

此外,罗尔斯还特别强调考虑差异的时候一定要注意不能损害或者说要有利于社会最不利成员的最大利益。在这种差异原则下,公平原则才是正义的。比如,我们要建立一个科研基地,需要征收附近居民的住房。我们就不能直接拆掉他们的房子,侵害他们的利益。一个社会的分配正义原则是有底线的,它不能无休止地牺牲弱者的利益。相反,分配要有利于弱者的最大利益,这是一个社会公正不能触碰的底线。只有在不伤害弱者的利益并保证最弱者的最大利益的情况下,才能在分配的正义原则中考虑人与人之间的差异性。

实际上,在通常的制度设计者看来,弱者的利益往往被忽视或者不予考虑。因为制度是由强者来设计的,强者往往总是站在自己的利益角度来设计有利于自身利益的制度。不过,这样的制度不按正义原则来进行分配,其损害的就不仅是弱者的利益,强者的利益也会受到损害。古今中外的历史一再告诫人们:当强者损害弱者的利益,尤其是最弱者的利益达到其不能生存的限度时,弱者就会奋起反抗,乃至爆发暴力革命。如果暴力革命胜利,强者往往被推上断头台。例如,崇祯皇帝在李自成围城之后,手刃自己的子女和皇后,最后在景山自缢身亡。法国大革命时,国王和皇后都被推上断头台。强者伤害弱者到一定程度的时候,弱者就会奋起反抗。所以照顾弱者的利益不仅仅是为了弱者,也是为了强者。

正义不是为强者或弱者谋利,而是为所有人谋利。罗尔斯的正义论在国际上产生了巨大影响,其对正义的论证也相当复杂,但核心也就是上述所讲的他的两个原则。罗尔斯的理论后来遭到他的同事诺齐克(Robert Nozick)的反对,也受到了哈贝马斯等人的批判。限于主题和篇幅,我们这里只反思诺齐克的反驳。

三、诺齐克对差异原则的反驳

罗尔斯和诺齐克都是哈佛大学的著名教授。某种程度而言,诺齐克正是针对《正义论》出版了其著作《无政府、国家与乌托邦》。诺齐克试图回到亚里士多德比率公平优先的立场,他主要反对罗尔斯的平等原则,尤其反对对弱者的补偿[①]。

诺齐克认为,政府不能对个人的自由和权利进行干涉。一个人的能力强,他就应该多赚钱,政府就不应该收强者的税去弥补弱者。如果弱者什么都不干,强者就没有义务来养活他们。所以,诺齐克特别强调应该按比率的平等来进行分配,能力强、天赋好、出生条件优越者就应该多得,相反,就应该少得。诺齐克的这种观点有他一定的道理,他注重强者和效率。

罗尔斯的两个正义原则的基点始终是关注弱者,他始终关心的是人类的共同利益,追求共同价值,注重算术平等优先于比率公平,而诺齐克更强调几何比率的差异原则。

正义论到罗尔斯以及围绕罗尔斯产生的争论已经达到了某种程度的巅峰状态。但是,人的平等和差异的原则,或者说算术公正和效率公正之间的矛盾是不是解决了呢?答案是依然没有。如果我们只强调算术平

[①] Robert Nozick, *Anarchy, State, and Utopia*, (New York: Basic Books Inc.1974), pp.32-35.

等,就有可能走向平均主义,干和不干一个样,大锅饭。在中国的20世纪六七十年代,整个社会追求的价值是共同贫穷,以贫穷为荣,以富有为耻。那时的小孩和今天的小孩不一样,小孩之间比谁家更穷。如果以贫穷、赤贫作为目的的话,这个社会还是公正的吗?当然不公正。在这样一种条件下会出现什么情况呢?大量的罪恶,因为共同贫穷并不能掩盖人与人之间的差距,强者依然是强者。在共同贫穷的情况下,能力强的人更容易欺诈,更容易剥夺那些能力弱的人,甚至残害他们的生命。它会产生更多的不公正和罪恶,极端情况会怎样呢?可能出现成千上万的人共同死亡的恶果。这样的社会是不公正的。

但是仅强调像诺齐克讲的效率的公正,它又会导致贫富差距加大。当贫富差距拉大到一定程度,弱者中就会滋生一种仇富心理。并且贫富差距拉大之后,人与人的差距虽然体现出来了,但人与人之间的共同性也会被抹杀。如果说一个社会(或制度)仅仅考虑效率功用的话,它就强制性地抹杀了人之为人的共同性,这样会带来怎样的后果呢?那就是弱者与强者的共同死亡,这样就会爆发恐怖袭击。也可能导致小范围的抢劫害命、大范围的暴力革命、王朝的更替,甚至爆发人类历史上最惨烈的世界大战。人类历史曾经历过两次世界大战。追根溯源,从正义的角度看,这是贫富差距的强烈对比及效率公正占绝对优势所导致的人类恶果。最直接的支撑它的理论是社会达尔文主义公正价值观念。社会达尔文主义强调的是弱肉强食,实际上强调的就是绝对的极端的效率公正。当效率公正走向极端,引发革命、战争的时候,弱者就会受到非人的残酷伤害。我们看到,两次世界大战给人类带来的巨大生命灾难,是永远无法弥补的。

在正义原则中算术平均与几何比率之间的矛盾是永远存在的。在21世纪的欧洲,就爆发了以"所有的人都不同,所有的人都平等"为口号的运动,这是一种怎样的运动呢?"所有的人都不同",它强调的是人的差异,每一个人都是独立的,他的理性、天赋、财产、家庭、出生都不一样;"所有的人都平等"强调的是每一个人都是人,每一个人都是平等的。所有的正义都是围绕人与人之间的平等与差异展开的,这是一个社会制度追求公正的永恒话题。所以,罗尔斯在《正义论》的开篇就特别强调:"正义是社会制度的第一德性。"[1]换言之,制度有没有德性,制度是不是善的,就看制度是否正义。

第五节 权利正义的尝试

　　罗尔斯虽然深刻地看到了这一点,但是真正的现实生活当中,能不能做到绝对公正,能不能做到大家都感到是公平的呢?其实做不到,绝对的公平是最大的不公平。因为人的平等和差异全部抹掉之后,才能做到绝对公平。也就是说,人类灭亡才能达到绝对公平,而人类灭亡则是最大的不公平。人类只要存在一天,或者说有理性的动物存在一天,他都要去追求正义。我们都是人,都是平等的,但是每个人都有差异。人与人之间什么是公正?它永远有争论。这种争论的过程,恰好是人类追求自身所具有的一种理性的共同的目的即正义的过程。对个人而言,这是一种自由,我们这种自由追寻的目的在制度上体现出来就是正义。

　　正义原则下的人与人之间的平等(同一)与差异的内在张力推动着一代又一代人对正义的追求。这一过程并不会停止,正义的追寻一直在路上。随着时间的流逝,同一个制度的正义,这一代人认可,下一代人不一定认可。即使一个普遍都认可的正义,在执行的过程当中,也会有人认可有人不认可。当正义具体实施的时候,又会出现巨大的差异。所以,对正义的追寻永远是一个过程。人类存在的过程,就是我们自由地追求正义制度下保障我们人性尊严的过程。有人类在,正义就不会停止。

　　我们在这里可以尝试把正义明确一点,比如说,我们可以把正义具体化为一种权利。鉴于两次世界大战对人类带来的巨大伤害,为避免重蹈覆辙,1948年12月10日,联合国大会通过第217A(Ⅲ)号决议并颁布《世界人权宣言》迄今为止,人人都应当享有权利依然是人类所达成的具有国

---

[1] John Rawls, *A Theory of Justice*, (Cambridge, Massachusetts: Harvard University Press, 1971), p.3.

际性原则的一个最大共识。

一、共同权利优先原则（算术平等）

既然如此，我们似乎可以说，我们具有共同的权利，因为我们都是人。这个权利应当优先，这个就算是算术平等？我们能不能把算术平等优先转变为共同权利优先，一个社会制度的公正能否首先考虑人类共同权利的公正？比如，一个经济制度要在五年之内赚500亿。在赚这500亿的时候，可能会伤害某些人的生命。比如，建立一座化工厂、一座核电站厂，可能会危害一些人的生命。此时，我们每个人的生命应当不受到危害，健康不受到伤害，这样的共同权利是否应当优先？这是很明确的，一个正义的制度优先考虑的是人类的共同权利不受伤害，即在赚取财富、追求GDP的同时，如果危害到了人们的共同权利，那么这些行为就应该立刻停止。就是说，在人类共同权利优先的情况下，也就是算术平等原则优先的情况下，我们再来考虑比率的公正原则（比率公正）。

二、特殊权利合道德

人类除了共同权利之外，还有特殊性权利，比如医生具有治病救人的特殊权利，教师有上课的特殊权利，学生有读书的特殊权利，公务员有做公务员相应的特殊权利。这些权利，都是某一部分人或者某一些人，甚至某一个人所拥有的权利，这不是共同的。而这种权利，就可以称为特殊权利。特殊权利是在不危害共同权利的情况下享有或行使的权利，这样的权利才是合道德的。

一个掌握公共权力（特殊权利的一种）的人，在行使公共权力的时候有一个原则：不能危害公民的共同权利，不能危害公民的生命权、受教育权、健康权。特殊权力危害了共同权利，那么它就是不正当的并且应当受到制度的制裁。

罗尔斯说："正义所保障的权利不屈从于政治交易或社会利益的算

计。"① 特殊权利中,最违背公正的特殊权利,就是极权。极权是权力的一种极端滥用,必须绝对地、无条件地加以剔除。

三、民主商谈原则

虽然我们可以用共同权利和特殊权利的制裁及道德原则来作为设计制度的一个支撑,可是现实是非常复杂的,每个人都有不同的想法,每个人都有不同的家庭出身、背景和能力。在一个同样的共同社会制度之下,有的人会觉得公正,有的人会觉得不公正。在发生这样的公正冲突时该怎么办?必须要靠民主商谈原则来予以解决。

民主商谈原则不能保证让所有人满意,但是它可以最大限度地降低不平等。在这样的过程中,逐渐抵近正义原则。比如同学们在期末评奖学金的时候,有一个一般原则:以大家上课的课时、以考试的成绩、以你发表论文的多少或发表什么档次的论文作为一个标准。假如没有这个原则,那么评比之后,每一个人不会觉得每一次都是公正的,肯定会有一部分人觉得不公正。当出现这种情况的时候怎么办?那只有通过民主商谈原则,而且这个在评大家奖学金的时候,不能说班主任或某一个人说了算,还应该有评奖学金的工作小组,有学生,有领导,有老师,大家共同来商量。这样虽然不能保证奖学金的绝对公正,但是它可以最大限度地降低评奖学金过程中的不公正,这也是切实可行的。如果让一个人来决定大家奖学金的话,不公正的风险就会提高。

我们最后再讲一个大家熟悉的例子:在《东京审判》中对第二次世界大战战犯的审判。在我们看来,像冈村宁次这些一级战犯,按我们中国人的想法,判一个绞刑也很正常。但在投票表决时,反对绞刑和支持绞刑的差距有多大呢?仅有一票之差。印度的那个法官就认为,佛祖可以拯救甲级战犯的灵魂,可以不判死刑。在这样一个我们人类最高级别的审判,在对这个甲级战犯罪恶分明的这个认识当中,尚且存在如此大的分歧,在我们的现实生活当中存在分歧很正常,最关键的是不能一个人说了算。

---

① John Rawls, *A Theory of Justice*, (Cambridge, Massachusetts: Harvard University Press, 1971), p.4.

很多事情并不像二级、甲级战犯这样善恶分明。现实生活中,有些人善恶不明,有些事模糊不明,绝对的善恶分明很难厘清,善恶常常重叠交织。在公正的制度之下,我们应当建构一个最大限度地降低不公正的商谈程序或缓冲路径。

我们人类既有共同性,又有差异性。正义既要考虑每个人的共同权利,也要考虑每个人的特殊性的天赋和对社会特殊的贡献,同时还应当采取民主商谈原则。可以说,人类的一部浩浩青史,某种程度上就是人类永无停息地寻求正义之路的不朽进程。

第三章 锤炼德性精神

自应用伦理学崛起后,理论德性论多年来一直被边缘化而几近沉寂。随着应用伦理学的强势推进,理论德性论虽然在欧洲尤其在德国依然如故——几乎不被严肃的哲学家问津,但德性论的哲学争论在英美已逐渐活跃起来,目前已波及中国伦理学界,似有德性复兴之望。在此道德境遇中,理论德性论能否冲破其固有樊篱,自觉纳入应用伦理学和后伦理学的轨道,闯出一条具有强劲生命力的后伦理学视域的德性论即后德性论之路,就成为伦理学研究的一个全新课题,同时也是后伦理学的一个重要课题。

后德性论是在理论德性论基础上、在反思应用伦理学和后伦理学的过程中建构起来的德性论。后德性论即后伦理学视域的德性论并不排斥或否定传统德性论,而是在扬弃传统德性论的基础上,涵纳理论德性论、应用德性论和后伦理学德性问题的德性论,是研究后伦理学视域的自然人、人造人和非人自然共同构成的伦理对象的德性论。

第一节 理论德性论

需要说明的是,在汉语中,德性是德性之原因,德性是德性之体现(结果)。实际上,一个行为既有其原因,也有其体现。virtue同时具有这两方面的含义。鉴于对目前流行术语的尊重,用德性翻译virtue较为稳妥。与virtue(德性、德习、德行)相对的是vice(恶性、恶习、恶行),与good(善的、有益的)相对的是 evil(恶的、有害的),它们是评价人及其行为的价值判断语词,virtue(德性、德习、德行)和 vice(恶性、恶习、恶行)就是用 good 或 evil 来判断和表达的对象和结果。

近年来对理论德性论的关注至少可以追溯到弗兰纳甘(O.Flanagan) 1991 年出版的《道德人格的多样性》一书,但真正激起理论德性论的哲学争论的是德瑞斯(J. Doris)和哈曼(G.Harman)于 20 世纪 90 年代末所激发的德性统一论和德性境遇论的大辩论。德瑞斯等人试图追求亚里士多德式的德性统一论[1],却受到密尔格瑞姆(S. Milgram)、韦伯尔(J. Webber)等德性境遇论者的尖锐抨击[2]。其中,颇有力度的批评者是美国杜克大学哲学系的斯瑞内瓦舍(Gopal Sreenivasan)教授。他在 2009 年发表的《德性的不统一论》一文中把德性统一论的前提规定为三个密切相关的命题:没有真正的德性困境;德性的经验一致性;德性的道德自足性。在境遇德性论看来,如果否定了任何一个前提,就足以推翻德性统一论,更何况其每一个前提都是难以成立的。因此,德性统一论雄心勃勃地追求的最高目的——德性的完善(Perfection)的企图是根本不可能实现的。相反,道德德性应当满足最低限度的道德目的而不是去追求遥不可及的完善[3]。德性境遇论和德性统一论的哲学论证至此已经触及了德性问题的实质:古典道德哲学所追问的德性的一和多的关系问题——其关键在于德性是否有一个价值基准? 如果有,它应当是什么?

回答这个问题,应当首先从理论德性论研究的两个基本路径入手。一般而言,研究理论德性论的两个基本路径是德性现象论(the symptomology of a virtue)和德性本原论(the aetiology of a virtue)[4]。正如马凯特大学弗斯特(Susanne Foster)博士所说:"每种德性都既有其现象论,又有其本

---

[1] J. Doris, Lack of character, *Personality and moral behaviour*, (Cambridge: Cambridge University Press, 2002), pp.20–22.
[2] See S.Milgram, *Obedience to authority: An experimental view*, (New York: Harper and Row, 1974).
[3] Gopal Sreenivasan, "Disunity of Virtue", *Journal of Ethics*, 13(2009): 195–212.
[4] 这个术语首先是 David O'Connor 使用的。See, David O'Connor., *The Aetiology of Justice*, in Essays on the Foundations of Aristotelian Political Science, eds., C. Lord and D.O'Connor, (Berkeley: University of California Press, 1991), pp.150–151.

原论。"①德性现象论回答德性现象是什么,德性本原论回答德性现象的原因和根据是什么。

一、德性现象论

德性现象论侧重从经验的角度思考德性现象,主要回答德性是什么或德性的具体表现是什么。它认为德性是由人类的特性引起的一系列行为,每一种德性都有其特定的行为领域。如勇敢是控制危险的德性或者受威胁状况下的德性,勇敢者就是以正确的方式面对危险的人,他们在战场上的典型表现是英勇应战,而不是临阵脱逃。从德性现象论的视角来看,德性的现象可以归结为如下三类。

(一)向善的习性

把德性看作生活中的向善的行为习惯或习性是古典德性论的一个重要观点。阿奎那在《神学大全》中明确主张,"人类的德性乃是习惯"②。再如,爱尔维修把德性看成是一种利己的行为习惯,伏尔泰则主张德性就是那些使人高兴的习惯等。他们的共同点是,都主张德性是一种向善的习性,而不是趋恶的习性。

对此,有些哲学家有不同看法。比如,康德就认为,德性不应被定义和解释为仅仅是一种习性,或一种长期实践的道德上的良好行动的习惯,"因为如果这种习惯不是那种深思熟虑的、牢固的、一再提纯的原理的一种结果,那么,它就像出自技术实践理性的任何其他机械作用一样,既不曾对任何情况都做好准备,在新的诱惑可能引起的变化面前也没有保障"③。如果某种习性只是出于习惯,即只是由于不断重复而成为一种必不可少的行为一贯性的话,那么它就不是出于自觉自愿,因而就不是德性。这实际上就引出了德性的第二类看法:德性是一种出于自觉自愿的道德性技能或实践力量。

---

① Susanne Foster, "Justice is a Virtue", *Philosophia*, 3(2004):501—512.
② 周辅成:《西方伦理学名著选辑》(上卷),商务印书馆1964年版,第370页。
③ 李秋零主编:《康德著作全集》(第六卷),中国人民大学出版社2007年版,第396—397页。

（二）道德性技能

柏拉图、亚里士多德的伦理学常常把德性看作一种道德性技能或实践力量。作为道德性技能的德性和完成体力任务所需的技能不同，它可能意味着我们已经学会了控制欲望、倾向和情感的心理技巧或方法，因此可以避免不道德的行为。康德进一步认为伦理学中的德性不仅仅是一种技能，更重要的是，它是人的意志基于自由法则，在履行德性义务的过程中所体现的道德实践力量。一些当代德性伦理者秉承了这一理论。冯·瑞特（Georg Henrik von Wright）就经常用技能（a skill）这个术语理解德性这个概念。他主张德性是一种品格技能，因为它"能够阻碍、消除并且驱逐情感可能给我们的实践判断带来的模糊晦涩的影响"[1]。合而言之，德性是人们以能够胜任的方式发展自我和履行任务的道德技能或实践力量。

对此，多伦多大学哲学系的埃利奥特（David Elliott）教授提出了质疑。他认为，在不同的境遇中，德性和恶性（vice）甚至可以相互转变。以诚实的德性和说谎的恶性为例，面对一个身患绝症、清白无辜的人，自愿说谎（不告知其绝症真相），无损于诚实正直。相反，如实相告，虽然比自愿说谎更加诚实，但却丧失了德性，因为人还应当具有其他德性，如同情等[2]。既然德性能够在特定境遇中转变为恶性，那么它作为一种道德技能或实践力量就非常可疑了。由此可以推出：德性不仅仅是一种固定的道德习性、技能或力量，更应当是一种在特定境遇中以特定方式行动的倾向。

（三）行动的倾向

西季维克早在其《伦理学方法论》中就分析了德性倾向（tendency）。他说："德性，尽管被看作精神的相对持久的属性，但它如同其他习性和意向一样，依然是某些属性。"[3]瑞尔（Gilbert Ryle）、华莱士（James D. Wallace）和西季维克一样，不赞同德性是技能或能力。为此，华莱士认真地

---

[1] Georg Henrik von Wright, *The Varieties of Goodness*, (London: Routledge, 1963), p.147.
[2] David Elliott, "The nature of virtue and the question of its primacy", *The Journal of Value Inquiry*, 27(1993): 317-330.
[3] Henry Sidgwick, *The Methods of Ethics*, (Indianapolis: Hackett, 1981), p.222.

区分了能力和倾向(capacities and tendencies),他认为力气(strength)是运用体力的能力,视力是看到某种对象的能力。然而,"喜好航行却不是航行的能力;毋宁说,它是一种航行的倾向,一种考虑航行的倾向。诸如垂头丧气、得意洋洋之类的情绪和诸如仁善、慷慨之类的德性都清楚明白地是倾向而不是能力"[1]。因此,德性就像视力、力量和健康一样,并非技能或是能力,而是一种倾向[2]。另外,弗兰克纳(William Frankena)、格沃斯(Allan Gewirth)等也都赞同此说。格沃斯(Allan Gewirth)说:"拥有道德德性就是具有依照道德规则而行动的倾向。"[3]把德性看作特定境遇中以特定方式行动的倾向,其实就以德性的特殊性或多否定了德性的普遍性或一,它是一种典型的德性境遇论。这也从某种程度上说明,如果仅仅从德性现象论的视角考察德性论的话,那么最终必会走向德性境遇论。

问题的关键是,是否存在作为德性现象的习性、能力、技能或倾向的价值根据或普遍性的一?如果存在,它是什么?如果答案是否定的,各种德性现象就失去了善恶的价值判断根据而自我消亡。因此,各种德性现象(技能、习性、能力、倾向等)应当也必须有一个共同的价值基准。寻求这个价值基准的至关重要的一环是由德性现象论深入到德性本原论。

二、德性本原论

德性本原论认为,任何德性现象都是有原因、有条件、有根据的。德性的判断、培育、养成和实践必须以德性主体的动机、社会条件和具体德性境遇等为综合运行机制。

(一)德性的道德心理

重视德性的道德心理即道德动机对德性养成作用的古典理性德性论的著名哲学家主要有斯多葛学派的芝诺、康德等。一些当代动机论者摒

---

[1] James D. Wallace, *Virtues and Vices*. (Ithaca, N.Y.: Cornell University Press, 1978), p.40.
[2] James D. Wallace, *Virtues and Vices*. (Ithaca, N. Y.: Cornell University Press, 1978), p.47. Wallace develops this point from Gilbert Ryle's *On Forgetting the Difference Between Right and Wrong*, in A. I. Melden ed., *Essays in Moral Philosophy*. (Seattle: University of Washington Press, 1958), pp.147-159.
[3] Allan Gewirth, "Rights and Virtues", *Review of Metaphysics*, 38(1985): 751.

弃了古典理性德性论对德性孕育的严格要求,他们从经验的视角主张德性似乎就像骑自行车一样,只要有动机的自律就足够了,"伦理学的作用发挥时,不是因为某些人争先恐后地复印康德或密尔著作作为行为决定的指南,而是因为某些人在某些伦理问题境遇中发展出了一种善感以及如何应对善感的善感"[①]。弗斯特(Susanne Foster)认为动机是德性行为的重要原因,"德性动机就是引起行动者有德性地行动的那种行动者的典型状态"[②]。每一类型的行动结构中都会有其潜在的动机原因,比如,勇敢者在战斗中恐惧死亡是因为活着是过好的生活的前提,他们不因怕死而临阵脱逃的原因在于,从他们的善的观念来看,有些东西比死亡更可恶,如蒙辱含垢地苟活或居家被卖为奴等。

不过,多数学者认为德性不仅需要德性主体的动机,还需要从德性主体自身到其周围社会的更多的教诲和条件。其实,以重视动机著称的康德也极为重视法律制度和伦理共同体对德性养成的作用。当代著名学者埃利奥特认为,虽然可以从心理(动机)和道德规范两个角度探究德性之本性,但是,由于没有这样的心理(动机)实体独立存在,因此这是极其困难的事情。从道德规范的角度看,德性的鉴定要容易得多,可以较为简便地把德性规定为具有道德价值的人们的状态或品性。就是说,德性是一个人自由选择的品性的特质,有德性的品质必定在正当行为中育成,并因此确证他应当为此承担相应的责任[③]。弗兰克纳(William Frankena)也认为,德性"必定全部至少是部分地通过教育和实践,或许是感恩祷告而获得的",它们不仅仅是以某种方式思考或感受[④]。质言之,德性需要德性主体周围的社会秩序持之以恒地努力并鼓励人们把他们的不同作用或角色聚合起来,以便支持和反思批判他们自身和塑造他们的社会秩序,后者反过来又把德性渗透入个体德性的育成之中。这就是德性的社会机制。

---

① Joel J. Kupperman,"Virtue in Virtue Ethics",*Journal of Ethics*,13(2009):243-255.
② Susanne Foster,"Justice is a Virtue",*Philosophia*,3(2004):501-502.
③ David Elliott,"The nature of virtue and the question of its primacy",*The Journal of Value Inquiry*,27(1993):317-330.
④ William Frankena,*Ethics*,(N.J.:Prentice-Hall,1973),p.63.

(二)德性的社会机制

对于德性而言,不仅其道德心理(动机)难以确定,一般而言,它所依据的通常的道德规范或各种道德要求也常常因歧义繁多、模糊不清和主体理解的差异性而相互冲突。相对而言,较为明晰可行的是社会性力量,主要包括合道德性的法律和社会制度即伦理秩序。

如果说亚里士多德、霍布斯、黑格尔等是研究伦理秩序方面的古典著名哲学家,那么麦金太尔、罗尔斯和德沃金等则是研究伦理秩序方面的当代著名学者。麦金太尔从人的脆弱性、社会依赖性的角度,赋予了德性以完整性社会要求的内容:一个人如果不把做一个好父母的要求和做一个好公民的要求联系起来,他就不可能拥有此种德性。德性主体所拥有的自我责任因此被确立,这就清楚地命令了保持德性条件的有德性的社会需求①。如果说麦金太尔是从个体德性出发寻求社会德性的话,做罗尔斯则是反其道而行之。罗尔斯在《正义论》中明确主张社会制度的首要德性是正义,一旦确定了权利和正义的法则,它们就应当被用来限定道德德性②。德沃金(Ronald Dworkin)在讨论罗尔斯的契约论思想时力主"权利是政治王牌"(Rights as trumps)的思想,把权力作为其政治伦理学的价值基准——实质是把权利看作其政治伦理的基础德性,力图把权利贯通于个体德性和社会德性之中③。此外,哈贝马斯、海因里希·罗门、波普尔、富勒、哈特、勒维纳斯、麦凯等一大批著名学者各自从商谈伦理、法律的合道德性、宗教的责任伦理、政治伦理的权利正当性等不同视角、不同领域阐释了类似的伦理秩序问题。这种明确地通过法律民主程序和社会制度设计等领域的德性来保障个体德性的思维高度和理论视野,早已在不知不觉中超出理论德性论的视野,进入了应用伦理学的全新领域——应用德性论呼之欲出了。

不过,主体的动机、社会性力量尤其是社会制度和法律的明晰性、可

---

① A.MacIntyre, "Social Structures and their Threats to Moral Agency", *Philosophy*, 289(1999):311-329.
② John Rawls, *A Theory of Justice*, (Cambridge, Mass.: Harvard University Press, 1971), p.192.
③ Ronald Dworkin, *Taking Rights Seriosly*, (Cambridge, Massachusetts: Harvard University Press, 1978), pp.169-171.

行性必须建立在具有普遍性的价值基准的基础上。就是说,德性的育成和保障最终必须依据一个普遍性价值基准。

(三)德性的普遍法则

德性的判断、培育、养成和实践必须以某种价值基准即德性的普遍法则如功利、幸福、自由或责任、权利等为前提。如何确定德性的标准历来是争论的焦点,针锋相对的论辩莫过于亚里士多德的中道标准和康德的法则标准之间的颉颃。

古希腊盛行的德性观认为,中道是德性的标准,德性就是两种恶的中道。亚里士多德是此论的经典作家,他认为德性是一种选择中道的品质,"德性是两种恶即过度与不及的中间"[①]。他把中道看作德性的判断标准,但他也看到,"从其本质或概念来说德性是适度,从最高善的角度来说,它是一个极端"[②]。并非每项实践与感情都有适度,有些行为本身就是恶,如嫉妒、谋杀、偷窃等,有些行为本身就是善,如公正、勇敢、节制等。"一般地说,既不存在适度的过度与适度的不及,也不存在过度的适度或不及的适度"[③]。这里出现了两个矛盾:其一,过度和不及有中道,但又没有中道;其二,适度是过度和不及的中道,但适度又是一种极端,没有过度和不及。亚里士多德敏锐地意识到了这个困境,但他只是从经验的角度指出了它,却没有从形而上的角度解决中道德性论的这种逻辑和实践的矛盾。

康德对中道德性论做了细致的分析和批判。康德认为,德性是过或不及的中道的看法是同义反复,毫无意义。德性和恶性各自都有自己的准则,这些准则必然是互相矛盾的。因此,德性和恶性都只能是一种极端,不可能通过量的变化而相互过渡:恶性的中道还是恶性,而绝不是德性。换句话说,德性绝不是两种恶性的第一种恶性的逐渐减少或相对应的第二种恶性的逐渐增加而达到的中道。是故,中道不是德性的根据和标准,只有道德法则才是德性的根本原因。据此,康德进一步指出:"德性与恶性的区别绝不能在遵循某些准则的程度中去寻找,而是必须仅仅在

---

① 亚里士多德:《尼各马可伦理学》,廖申白译注,商务印书馆2003年版,第48页。
② 亚里士多德:《尼各马可伦理学》,廖申白译注,商务印书馆2003年版,第48页。
③ 亚里士多德:《尼各马可伦理学》,廖申白译注,商务印书馆2003年版,第48页。

这些准则的质(与法则的关系)中去寻找。"①康德的批判很有道理,德性和恶性的性质的确截然不同,必须严格区分。不过,康德所提供的道德法则的模糊不明使它难以成为道德共识和判断德性的价值基准。康德之后的黑格尔、叔本华、海德格尔、马克斯·舍勒、阿多诺、萨特等著名哲学家对此问题都有不同的深刻反思和批判,兹不赘述。

虽然我们并不完全赞同亚里士多德和康德的观点,但我们可以从他们的思想中引出如下结论:如果德性是道德建构的话,它们无论如何应当是有道德价值的习性、特性、倾向、技能或能力。就是说,德性只能源自一些具有普遍性的道德信念,只有在我们详尽说明价值是什么以及它为何如此之后,才能具体判断何者为德性。西季维克说,我们应当把德性仅仅看作"最为重要的仁善的分类或正当行为方面的首脑"②。罗尔斯认为,德性应当理解为"由一个更高秩序期望所控制的意图和倾向的相关类属,在此情况下,行动的期望来自相应的道德法则"③。格沃斯(Allan Gewirth)也主张,"道德德性源自道德规则设定的命令内容"④。就是说,绝不存在脱离道德体系之外的德性或凌驾于一切道德体系之上的德性。

实际上,德性现象自身并没有一个明确的要求和强力的保障,它必须求助于价值基准和伦理范式——即使是公认的亚里士多德的德性论也是建立在幸福目的基础上的。德性论不能排除感性、功利、情感、习俗、社会制度、法规等因素,并不存在脱离价值基准和伦理范式的孤零零的德性。要确定什么是德性,只能根据目的论的善、义务论的正当、责任论的责任或权利论的权利等来判断。可以说,判断德性的价值标准是德性的内在的根本的价值诉求。

这样一来,"如何寻求这个价值基准"就成了德性现象论和德性本原论的共同任务。如前所论,在理论伦理学视域中,不能也没有解决德性的价值基准问题。如果德性论滞留在理论德性论中故步自封、自我陶醉,那么就会面临全面失效而丧失其功能的危险,应用伦理学发轫以来的伦理

---

① 李秋零主编:《康德著作全集》(第六卷),中国人民大学出版社2007年版,第416页。
② Henry Sidgwick, *The Methods of Ethics*, (Indianapolis: Hackett, 1981), p.219.
③ John Rawls, *A Theory of Justice*, Cambridge, (Mass.: Harvard University Press, 1971), p.192.
④ Allan Gewirth, "Rights and Virtues", *Review of Metaphysics*, 38(1985): 757.

事实已经有力地证明了这一点,后伦理学的问题对理论德性论又提出了前所未有的新挑战。有鉴于此,理论德性论必须融入应用伦理学的领域之中,自觉地吸纳应用伦理学的新视角、新思路和新的伦理精神,进而从后伦理学的视域把自身提升到后德性论的高度,才有可能寻求到德性的价值基准和出路。这就必须首先解决后德性论的桥梁问题——应用德性论。质言之,理论德性论研究的两个基本路径和后伦理学境遇已经预示出理论德性论的可能出路:在深刻反思两个基本路径的基础上,以应用伦理学和后伦理学的新视角重新审视理论德性论的性质及其问题,进而探求应用德性论、后德性论的基本性质及其价值基准。

第二节 应用德性论

应用德性论是理论德性论通向后德性论的重要环节或中介。应用伦理学领域的不断拓展和层出不穷的新伦理问题远远超出了理论德性论的理论视野和思维限度,诸如如何看待克隆人,如何看待社会制度的正当性,如何理解善治和法治,如何把握环境生态和人的关系等,都是理论德性论所推崇的诸如勇敢、智慧、仁慈、节制等德性所无能为力的,这既是理论德性论被边缘化的重要原因之一,同时也为德性论的复兴提供了新的契机。在此境遇中,德性论的出路在于,直面现实伦理问题,自觉地把理论德性论提升为应用德性论,进而从后伦理学的角度探究后德性论。完成这种转化的逻辑前提是:在对比理论德性论和应用德性论区别的基础上,准确把握应用德性论的特质。二者的区别主要体现在德性的问题视域、理论性质、实践特质等几个层面。

一、德性的问题视域

从德性的问题视域来看,亚里士多德、阿奎那、康德等人的理论德性论主要局限在探讨个体德性的狭小领域内。诚如斯尼维德(J. Schneewind)所说,理论德性伦把道德的核心问题看作"我将会成为何种类型的人?"[1]"当我们说某些人有德性,就暗示着他们已经学会了用完全正当的方式处事。"[2]因此,理论伦理学往往偏重把道德德性看作个人修身养性的私人领域的道德问题。

应用德性论从根本上超出了私人个体的狭小范围,拓展到了人类整体和整个社会的宽广领域,它关涉民族国家性的甚至人类全球性的、未来性的伦理问题,如生命伦理、生态伦理、科技伦理、经济伦理、政治伦理、媒体伦理、性伦理以及国际关系伦理等。因此,应用德性论的指向主要是寻求整体共识认同、具有普遍性指导价值的整体性的德性或类的德性,其核心问题是人们将如何共同应对和每个人息息相关的各种现实性的伦理问题。因此,应用德性论的主旨是力图寻求处理这些应用伦理问题的正当方式,它致力于研究人们如何以正当的程序和合理的路径应对当前或今后人类共同面临的紧迫的现实伦理问题。

两类德性论问题视域的不同,直接体现为二者理论性质和实践特质的显著区别。

二、德性的理论性质

从德性的理论性质来看,理论德性论常常以杜撰臆想出来的事例和模糊不明的语言来说明有关的德性内涵,其常用的表述方式是:"假如遇到某种道德问题,有德性的人该如何选择或作为?"比如,康德讲到诚实的德性时,就假设如果遇到企图侵害某人的人向你询问某人时,你依然不应该说谎。此类虚拟的道德情景为其语言的模糊不明预留了可能性,如亚里士多德在叙述勇敢的德性时,说勇敢就是要像勇敢的人那样行动,勇敢的人就是勇敢行动的人。这也致使传统德性通常具有独断性,它常常独断地坚持认为,有德性的每个人或许在某些境遇中做得最好,而另一些无

---

[1] J.Schneewind, *The misfortunes of virtue*, In Virtue ethics, ed. R. Crisp, and M. Slote, (Oxford: Oxford University Press, 1997), p.179.

[2] Joel J.Kupperman, "Virtue in Virtue Ethics", *Journal of Ethics*, 13(2009):243-255.

德性的人则可能做得最坏。对此,库普曼(Joel J. Kupperman)批评说,如果存在德性的话,并不像他们所说的那样简单,"许多人认为有德性就如同走直线那样,不会因为诱惑或压力而偏离它"[①]。事实上,以不同方式把行为分为有德性的行为和违背德性的行为,常常和我们日常对人们行为描述的划界命令相悖。

与理论德性论不同,应用德性论直面的不是最大快乐、长生不老、千年王国之类的遥远无期或虚拟幻想出来的伦理问题,而是现实存在着的、直接和每个人密切相关并且具有相当程度紧迫性的伦理问题,如生态、基因工程、安乐死、医疗卫生、突发事件的应急机制、消费者权益的维护等。对这些现实问题的思考和解决,绝不允许任何主观臆断的虚拟假设和含糊其词的语词表达,其语言表述必须明确清晰、精当简洁。其常用的表述方式是:"在我们面对的道德问题面前,应该如何有德性地选择或作为?"更为关键的是,这些伦理问题的紧迫性、重要性内在地要求应用德性论必须摒除独断和虚拟,持之以恒地秉持民主商谈的伦理精神,具备切实有效的解决问题、缓解矛盾冲突的伦理实践特质,而不是仅关注个体的希圣希贤式的德性和道德实践。

三、德性的实践特质

从德性的实践特质来看,理论德性论涉及的往往是独特境遇中的个体行为。在此种伦理境遇中,德性个体在匆忙中大多是凭德性直觉做出的道德应对和行为选择,这就不可避免地具有随意性、偶然性和多样性。原因在于:首先,人是不完善的脆弱性存在,"任何个人可能具有的动力和习性,在某些境遇中表现为德性行为,而在其他境遇中却没有表现为德性行为"[②]。其次,德性和恶性(vice)常常互相交织,以至于本来看似恶性的选择可能导致德性的选择,本来看似德性的选择能够导致恶性的选择。另外,仁慈、慷慨之类的德性往往也并不再需要它们的时刻如期而至。最后,实际情况往往是只有极少数人通过高度自律(可能也有自我批判)比

[①] Joel J. Kupperman, "Virtue in Virtue Ethics", *Journal of Ethics*, 13(2009): 243-255.
[②] Joel J. Kupperman, "Virtue in Virtue Ethics", *Journal of Ethics*, 13(2009): 243-255.

大多数人更为接近完善的德性。不过,我们通常尊敬和崇拜的这些人也并非始终如一地为善,他们也会有不那么善的行为或恶的行为。更何况人们的德性在其一生中的不同时段和不同境遇中也常常会有所变化。因此,库普曼(Joel J.Kupperman)认为:"我们不必要看那些和现象一样繁多的命题,因为现象是会变化的。对于德性伦理而言,最有用、最基本的是关注个体案例的特性。于是,可以得出的有趣的结论是在句子陈述中可以用'有时'或'经常'等开始,偶尔也可用'有个性地'等开始。"[1]然而,仅依靠道德语词的严谨精当(其实,"有时""经常"等本身也并不那么严谨),还不能真正摆脱传统德性的多样性、模糊性、偶然性所带来的困境,即它可能导致德性的泛滥而使人们无所适从,甚至自觉或不自觉地走向破坏德性的恶性(vice)。这是理论德性不可回避的一个重大问题,也是境遇德性论大行其道、德性统一论节节败守的主要根源之一。这个问题只有在应用德性论中才有望解决。

应用德性论试图将某种个体行为普遍化为一种一般的行为方式,使它不再仅仅是一种个体的修身养性和行为选择,而是使之转化为一种普遍性的社会行为模式和民主商谈程序[2]。这样一来,应用德性不再像传统德性那样将道德难题归咎于个体德性,而是调动全社会的整体性道德智慧,通过商谈讨论进行道德权衡和判断决策,也就是由社会力量(取代个体)做出明智的最后决断,并依据一定的价值基准制定出一种普遍有效的有一定约束力的行为方式或道德规则,然后通过法律制度等伦理程序有秩序地、理性地付诸实践。在应用伦理境遇中,个体德性主要体现为积极参与旨在制定与变更道德规则的民主商谈和道德实践。由于应用伦理学的目标是要靠社会结构与制度的正当、决策程序的民主、人类整体的共同性伦理行为来实现的,所以应用德性必须具有普遍性,并能渗透到社会制度和民主程序之内。应用德性的这种实践特质实际上体现着一种尊重人权、自由和民主的道德精神。据此观之,斯瑞内瓦舍(Gopal Sreenivasan)

---

[1] Joel J.Kupperman,"Virtue in Virtue Ethics",*Journal of Ethics*,13(2009):243-255.
[2] 关于应用伦理学的本质特征问题,请参见甘绍平:《关于应用伦理学本质特征的争论》,《哲学动态》2005年第1期。

教授曾提出的德性的"最低限度的道德准则"①(基本要求是不得为大恶之行,不得践踏重要权利)是一个很有见地的观点。它提醒我们直面现实伦理问题的应用德性论必须否定传统德性论的虚拟性、模糊性、偶然性和随意性,因此这一观点具有现实性、普遍性或共识性、明晰性的实践特质。所以,寻求具有现实性、普遍性或共识性、明晰性的价值基准是确证应用德性论的至关重要的问题。这就关涉到从应用德性的视角,重新反思传统德性的一和多的哲学争论的道德使命。

人造生命的可能出现,把伦理学带入后伦理学领域,也同时把德性论从理论德性论、应用德性论带入后德性论领域。因此,寻求德性的价值基准,不能仅仅囿于理论德性论、应用德性论的藩篱,应当从后伦理学、后德性论的高度探究后德性论的价值基准。由于后德性论涵纳了理论德性论和应用德性论,因此后德性论的价值基准也是它们的价值基准。换言之,后德性论的价值基准就是德性论(包括理论德性论、应用德性论和后德性论三个基本环节)的价值基准。

第三节　后德性论

后德性论是在扬弃传统德性论即理论德性论的基础上,涵纳应用德性论和后伦理学德性问题的德性论,是研究自然人、人造人和非人自然的德性论。

众所周知,荷马史诗之后,哲学扬弃诗学成为一种审视自然和人生的新的思维方式。由多求一的哲学精神,也自然地渗透到了德性的一和多的讨论。这经典地体现在著名的苏格拉底的对话之中:当回答者认为德性就是男子的德性、女子的德性、孩子的德性、老年人的德性、自由人的德性、奴隶的德性等时,苏格拉底责难道:"本来只寻一个德性,结果却从那

---

① Gopal Sreenivasan, "Disunity of Virtue", *Journal of Ethics*, 13(2009):195-212.

里发现潜藏着的蝴蝶般的一群德性。"[1]后来的斯多葛学派秉承苏格拉底德性论的基本精神,也主张只有一种德性[2]。柏拉图、亚里士多德开始质疑只有一种德性的看法,试图寻求德性的多,但他们并没有否定德性的普遍性或一。其实,亚里士多德的中道就是他所认为的德性的一或德性的普遍性标准。当今的德性统一论和德性境遇论之间的颉颃正是古希腊以来德性的一和多的理论德性论的哲学争论的拓展和深化。

特别值得重视的是,康德从先验哲学的高度对古希腊德性论进行的反思批判。他认为从形式讲,德性只能有一种形式——意志的形式即道德法则。德性就其作为理性意志的力量而言,其特质中已将每种义务都囊括在内,因此像一切形式的东西一样,只能是唯一的。但从资料即意志的目的讲,即考虑人应该当作目的的东西,则德性可以是多种。德性的多样性只能理解为理性意志在单一的德性原则的指引下达到的多种不同的道德目标。康德以他特有的方式回答了德性的一和多的关系:德性的形式是一,这种一和其资料的结合形成一的多。如果我们把康德的这一传统德性论的思路推进到应用德性论和后德性论的视域,就可以对古典德性的一和多的争论(包括当今的德性一致论和德性境遇论的论证)做出一个直觉的明确回答:人权是德性(包括理论德性、应用德性和后德性)的一或德性的普遍性标准,其他德性是以德性的一即人权为价值基准的多。

问题是,人权有何资格成为德性的一或德性的普遍性标准?这就涉及人权和德性的关系问题。我们知道,人权(human rights)是人的自然权利(natural rights),因此,人权和德性的关系应当从自然(nature)和德性(arete)的内涵以及二者之间的表面联系和内在关系的探究中追寻。

一、自然和德性的表面联系

在应用伦理学视域的人权中,我们已经涉及了这个问题。这里需要深入论证。我们知道,nature(自然)有两个基本含义:①本然、天然、固有、与生俱来;②本质、本性。根据海德格尔的考察,nature(自然)出自nasci

---

[1] 苗力田主编:《古希腊哲学》,中国人民大学出版社1995年版,第238页。
[2] Alasdair MacIntyre, *After virtue*,(Notre Dame: University of Notre Dame Press, 1981),p.157.

(意为诞生于、来源于),"nature 就是:让……从自身中起源"①。由此,nature 的完整含义就是"从本然中产生出其本质或本性",即"本然的创造性进程"。

在古希腊文中,德性(arete)原指每种事物固有的天然的本性,主要指每种事物固有且独有的特性、功能和用途,或者指任何事物内在的优秀或卓越(goodness, excellence of any kind)。任何一种自然物包括天然物(如土地、棉花、喷泉等)、人造物(如船、刀等)、人等都有自己的 arete,如马的 arete 是奔跑、鸟的 arete 是飞翔等。据此,arete 和 nature 的本意是一致的。

arete 在亚里士多德那里仍然具有较广的含义,它往往泛指使事物成为完美事物的特性或规定。亚里士多德说:"每种德性都既使得它是其德性的那事物的状态好,又使得它们的活动完成得好。比如,眼睛的德性既使得眼睛状态好,又使得它们的活动完成得好(因为有一副好眼睛的意思就是看东西清楚)。"②亚里士多德曾把自然解释为本性,一物的本性就是其自然的状态,一物按其本性活动就是其自然活动。在亚里士多德这里,arete 和 nature 的本意也是基本一致的。这就是德性(arete)的第一个层次——非人的自然物的德性即自然德性。

不过,苏格拉底已经开始扭转古希腊自然哲学的方向,他试图使哲学从追问自然的本体转向追寻德性本身。柏拉图尤其是亚里士多德秉承这一思想,开始把德性主要归结为人的内在的卓越或优秀,逐渐倾向于把德性主要限定在理智德性和道德德性上。亚里士多德以后,人们主要在道德意义上讨论德性的内涵。斯宾诺莎就把德性直接规定为人的本性,他说:"就人的德性而言,就是指人的本质或本性,或人所具有的可以产生一些只有根据他的本性的法则才可理解的行为的力量。"③德国自然法学家罗门也明确指出:"社会伦理和自然法的原则就是人的本质性自然。"④可见,亚里士多德以后的 arete 主要指人的本质、本性、卓越、优秀,即人的德性。正因为如此,亚里士多德以后,德性是人的第二天性得到广泛认可,

---

① 海德格尔:《路标》,孙周兴译,商务印书馆2000年版,第275页。
② 亚里士多德:《尼各马可伦理学》,廖申白译,商务印书馆2003年版,第45页。
③ 周辅成:《西方伦理学名著选辑》(上卷),商务印书馆1964年版,第625页。
④ 海因里希·罗门:《自然法的观念史和哲学》,姚中秋译,上海三联书店2007年版,第171页。

"假定我们说某人是有德性的,我们把诸如与生俱来的、固定不变的品质之类的东西归之于他,这当然是荒唐可笑的"①。因此,雷德(Soran Reader)说,德性不是与生俱来的,而是通过训练得来的,"我们需要德性如同燕子需要通过星体确定飞行方向的技术一样"②。这就是德性的第二个层面——人的德性。至此,自然和德性的表面联系已经触及了二者的内在联系。

二、自然和德性的内在联系

自然(nature)和德性(arete)的表面联系根源于自然和德性的内在联系:nature如何"从本然中产生出其本质或本性"即nature如何展现出其"本然"的arete(德性)的问题。

从自然史的角度看,尽管一切物质和整个自然界都潜在地具有思维的可能性,但是迄今为止,就我们所知的范围而言,整个自然只有通过人才意识到自身,才能够支配自身,并借此成为自由的、独立的自然。换言之,从人的眼光来看,整个自然史可以视作为人的产生而预做准备的过程。诚如马克思所说:"全部历史是为了使'人'成为感性意识的对象和使'人作为人'的需要成为需要而作准备的历史(发展的历史)。历史本身是自然史的即自然界生成为人这一过程的一个现实的部分。"③鉴于人和自然内在关系的这种哲学反思,海德格尔也认为,自然指称着人与他所不是和他本身所是的那个存在着的本质性联系,并非仅仅指人的躯体或种族,而是指人的整个本质④。人的本质是整个自然界的本质,它体现着人与人、人与社会、人与自然、人与其自身的自由自觉的德性。就是说,人是自然界一切潜在属性的本质体现,人的德性体现的恰好就是整个自然界的卓越或好(arete)即完整自然(自然和人)的德性。

---

① Joel J.Kupperman,"Virtue in Virtue Ethics",*Journal of Ethics*,13(2009):243-255.
② Soran Reader,"New Directions in Ethics:Naturalisms,Reasons and Virtue",*Ethical Theory and Moral Practice*,3(2000):341-364.
③ 马克思:《马克思1844年经济学哲学手稿》,人民出版社2000年版,第90页。
④ 海德格尔:《路标》,孙周兴译,商务印书馆2000年版,第275页。

因此，德性是自然界在其一切潜在属性实现的过程中体现出的卓越或好。自然界的德性或自然德性（如刀之锋利、马之善跑等）可以看作是人的德性的预备，是德性的初级阶段，它体现的是感性自然的外在必然性，但它潜藏着趋向德性的高级阶段（人的德性）转化的可能性。人的身体德性如善跑、健康等和理智德性如精于计算、博闻强识等，则成为自然德性过渡到意志德性的桥梁。人的身体德性虽然大体上属于自然德性，但它并非纯粹的自然德性，因为它和理智、意志密不可分。人的理智德性虽然已经超越了自然德性，但它必须以意志德性为归宿和价值标准，否则，它也可能成为恶性。

这里必须明确的是，诚如黑格尔所言，思维和意志的区别就是理论态度和实践态度的区别。但我们不能设想，人一方面是思维，另一方面是意志。因为它们不是两种官能，意志是特殊的思维方式，即把自己转变为定在的思维。人不可能没有意志而进行理论的活动或思维，因为在思维时他就在活动。就是说，意志是决心要使自己变成有限性的能思维的理性，人唯有通过决断，才投入现实实践，因为不做出决定的意志不是现实的意志。这恰好体现出意志的根本规定——自由，"自由的东西就是意志。意志而没有自由，只是一句空话；同时，自由只有作为意志，作为主体，才是现实的"[1]。可见，和自然德性、理智德性不同的是，意志德性即意志的本质是自由。由于只有经过意志的判断、选择的行为，才和道德相关，所以只有意志德性才是道德德性——自由，自由正是人之为人的特质和卓越所在，或者说，道德德性是人区别于任何其他事物的本质性标志。这样，自然通过人，人通过自由意志，就把自然德性、理智德性和道德德性连接起来，并把自然的本质或德性即自由充分地展示出来了。

换言之，"自由是从它的不自由那里发生出来"[2]。自然就是一个追求道德德性的自由历程，道德德性体现着自然的德性，也就是自然的内在必然性——自由。由于人本身就是自然界本质的体现者，因此，在人这里，理性意志与欲望和自然本身的斗争就体现着自然的德性——自由。这

---

[1] 黑格尔：《法哲学原理》，范扬、张企泰译，商务印书馆1961年版，第12页。
[2] 黑格尔：《历史哲学》，王造时译，上海书店出版社2001年版，第381页。

样,各种德性就在自然追求其内在的卓越即自由中相互贯通了(需要指出的是,这也确证了伦理学作为自由之学的实质就是德性论,因此本书开篇把德性排除出了基本的伦理路径)。因此,真正的自然德性就是基于自由的道德德性。人作为自然人和自由人的综合体,同时也就是自然德性、理智德性和道德德性的综合体。但自然德性、理智德性只有出自道德德性或至少符合道德德性才具有道德价值。所以,虽然自然德性、理智德性与道德德性有一定联系,但前两者只是伦理学的参照系统,而非伦理学的主要研究对象。只有道德德性(自由)才是伦理学的真正研究对象。就是说,作为德性的自由属于价值范畴。创造性是自由的本质体现和卓越本性,因此是人的德性的本质体现,人造生命正是人的德性的卓越体现之一。后德性论把人造生命、自然生命和其他食物作为研究对象,其实质在于把自由和创造性作为核心价值,尤其考虑自由的创造性在自由中的地位和作用。

不过,自由是一个歧义繁多的概念,要确定"何为自由",就应当根据一个明确的普遍性的价值基准加以判断。否则,自然德性、理智德性、意志德性就失去了其根基,理论德性论、应用德性论和后德性论也就不复存在了。

三、人权是德性的一

自然和德性的表面联系和内在关系已经预示了人权是德性的一或价值基准。

如前所述,德性(arete)的本义是指任何事物的内在的特有的不同于他者的卓越或优秀。既然 nature 的完整含义是"从本然中产生出本质或本性",人权即人的自然权利(natural rights)就是"从人的本然中产生出的人的本质权利或人的本性权利"。所以,人权就是基于人内在本质的权利,它体现着人与其他事物不同的特有本性即人的德性的某个层面。列奥·斯特劳斯之所以特别强调自然权利应回归古代的德性观念即理论德性论来理解,正是基于德性和人权的这种内在关系。

著名人权专家米尔恩曾把普遍性的人权概括为:人权是"属于所有时代、所有地域的所有人的权利。这些权利只要是人就可拥有,而不管其民族、宗教、性别、社会地位、职业、财富、财产的差异或者伦理、文化、社会特性等任何其他方面的不同"①。人权是人之为人的价值确证,是人之为人的共同享有的普遍性权利,因此是具有普遍性的德性。格劳秀斯曾说,人权和权利是人作为人这种理性动物所固有的道德本质,"由于它,一个人有资格正当地享有某些东西或正当地去做某些事情"②,"自然权利乃是正当理性的命令,它依据行为是否与合理的自然相谐和,而断定其为道德上的卑鄙,或道德上的必要"③。人的自然权利或人权就是标志和体现着人的整个本质即德性或自由的普遍性权利。

合而言之,人权作为一种普遍性的德性,其基本要求是人权主体享有或尊重人权。它至少应当具有三个层面的含义:①即使是尚未具备人权能力者如婴儿等,或丧失了人权能力者如重病者等,只要是自然人,都同样享有人权,这是人权的自然德性方面——仅因其是自然人就具有的德性或本质,如果被剥夺,就是其自然德性的丧失。②具有尊重人权能力的主体不仅仅因为其是自然人而享有人权(自然德性),更为重要的是因其具有道德素质和自由意志而必须尊重人权——这是人权的道德德性方面,实际上也是每个道德主体的道德责任。一个不尊重人权的道德主体就是一个丧失了基本德性的主体。③自然德性的人权并不能自在存在,它必须以道德德性的人权为前提和根据。就此而言,假如有动物权利、生态权利,也应当属于自然德性的范畴,它们并不能自在存在,必须以道德德性的人权为前提和依据。在不尊重人权这个前提下,不但动物权利、生态权利等自然德性失去了其存在的根据,而且任何道德德性包括勇敢、慷慨、仁慈、节制、求真等都是不道德的,都会转化为违背德性的恶性(行)。如从事法西斯的人体试验的人的求真、忠诚等在践踏人权的境遇中都成了恶性(行)。因此,人权具有相对于其他特有权利或义务责任的绝对优

---

① A.J.M.Milne, *Human Rights And Human Diversity: An Essay in the Philosophy of Human Rights*, (London: The Macmillan Press Ltd., 1986), p.1.
② 转引自张文显编:《当代西方法哲学》,吉林大学出版社1987年版,第119页。
③ 周辅成:《西方伦理学名著选辑》(上卷),商务印书馆1964年版,第582页。

先地位,它有资格成为德性的底线和最基本的道德要求即价值基准。

至此,我们可以对理论德性的一和多的争论及其当代变式德性统一论和德性境遇论的论证做出明确回应:德性一致论的可取之处在于,它坚持必须有一个判断德性的价值标准,其错误在于把德性固定为一种静态的没有生命力的绝对至善,因为若据此至善判断多样性的德性现象,就不会有任何德性了。德性境遇论试图脱离德性一致论的独断的虚幻的高不可攀的至善标准,这是德性摆脱桎梏的关键一步,但它却否定德性共有的价值基准,混淆善恶价值,进而导致德性的泛滥甚至可能把恶性冒充为德性。如此一来,二者殊途同归地把传统德性推向黑暗的深渊的同时,又为传统德性孕育了新的出路:德性必须有一个价值标准——但绝不是高不可及的至善,而应当是每一个人都应当也能够践行的道德底线的价值基准;德性不是单一的,而是多样的——但绝不是我行我素的任性的德性,而是以普遍性的价值基准(人权)为根据的德性。

具体说来,人权不是至善,而是具有普遍性的德性底线,它是德性的一或价值基准。在尊重和保障人权的前提下,德性具有多样性——如果把人权看作德性的第一个层面,这就是德性的第二个层面:以人权为价值基准的倾向、能力、技能、习性等才可能成为德性,诸如勇敢、诚实、仁慈、慷慨、智慧、明智等各种各样多的德性只有以人权为价值基准,才配享有德性之美誉。相反,任何德性只要违背了人权这个价值基准,就转化为恶性。比如,冒险救人因其尊重生命权这个基本人权而是勇敢的德性,冒险杀人则因其践踏生命权而是恶性。有了人权这个价值基准,不仅为各种个体德性提供了判断标准,使理论德性论的模糊争论得以解决,更重要的是为主要关注和每个人密切相关的伦理问题的应用德性论以及后德性论提供了基本的价值基准。诸如克隆人问题、环境生态问题、法治和善治问题、科学技术的价值取向问题等,都可以在人权这个价值基准的框架内得到论证,并根据一定的民主程序纳入立法、制度和实践之中。

这样一来,德性的多和一或境遇德性的相对主义和统一德性的绝对主义之间的矛盾在应用德性视域内的人权价值基准之上得以化解,应用德性论也因此得到确证。可见,一旦传统德性论以人权为价值基准,把个体和社会性问题结合起来,也就超越自身上升到了应用德性论的高度。换言之,应用德性论并不是完全抛弃传统德性论,而是扬弃它,即把它提升到应用伦理学视域的应用德性的新境地。

至此,需要特别考虑后德性论特别关注的人造生命的价值基准问题,即人权可否成为人造生命的价值基准?这里有两种情况:①人造生命是人。如果承认这一点,具有人的资格的人造生命当然具有人权,人权当然是其价值基准。②人造生命不是人,而是人之外的生命。这种生命的创造以及对待这种生命的价值根据是人权。就是说,是否创造这种生命,要以人权为价值基准。有可能或现实已经危害人权的人造生命应当予以禁止。不会危害人权甚至能够维系人权、促进人权的人造生命,应当予以支持和保护。对于已经创造出来的生命而言,对待其的价值根据依然是人权。如前文所述,人造生命带来的后伦理学问题的价值基准都是人权,后德性论的价值基准也是人权。所以,人权是德性的一。

以人权为价值基准的后德性论彰显了理论伦理学、应用伦理学和后伦理学的特质,也为后伦理学的研究奠定了理论基础。就此而言,理论德性论、应用德性论和后德性论是德性论进程的基本环节,也是伦理学体系的内在逻辑。

结　语

人权作为德性论的道德底线,构成了伦理学全部论证和全部规范的价值基准,因为所有的伦理学问题都与人权的价值基准相关,所有伦理学领域的争论都涉及人权。如堕胎与生命权的冲突、克隆人与人权问题、弱势群体与强势群体的权益冲突、工程师与公民之间的权益冲突、宗教信仰与人权的冲突、当代人与未来人之间的代际权益冲突、公众知情权与公民隐私权之间的矛盾、人造生命和自然生命的颉颃等。

不可否认,在人权的普遍意义与人权实现的具体条件之间,存在着一种独特的紧张关系:在现实生活境遇中,诸如生命权、自由权、财产权、幸福权、健康权、信仰权、发展权、良好的生活环境权等都是受具体条件限制的不完满的人权即相对权利。尽管相对权利必须以人权为根据,但人权只有在相对的权利中有限地、不完满地不断实现自我,却永远也不可能在相对权利中绝对地完成自我。因此,如何实践应用德性,仅确证人权底线是不够的,还必须依靠以人权为价值基准的正义的法律制度的坚强保障和有效规范。

这是因为德性、正义和人权之间其实具有内在的联系,哲学家们也因此常常把它们联系起来[1]。福斯特(Susanne Foster)说:"正义也是一种德性,是一个国家为其公民的繁荣起作用的特性,也是一个共同体为其成员的发展做出贡献的特性。"[2]罗尔斯在《正义论》中明确主张正义是社会制度的首要德性,认为一旦确定了人权和正义的法则,它们就应当被用来限定道德德性[3]。显然,正义可以作为类似亚里士多德式的个人的德性(个体德性),也可作为福斯特、罗尔斯所说的共同体或社会制度的德性(应用德性),也可作为关照后伦理学问题的德性(后德性),而其共同的价值基准都是人权。只有在公正的法律制度中,一个公正的人才可能真正发挥其尊重法律制度和尊重人权的作用。换言之,尽管人权不是法律制度赋予的权利,但它应该也必须通过公正的伦理秩序尤其是法律制度最终落实为具体个体的正当权利。如果没有公正的法律制度,人权就是一盏有油但不亮的灯的话,那么,如果没有人权,公正的法律制度就是一盏无油而同样不亮的灯。只有二者的相互支撑,才能点燃伦理德性之明灯,照亮光辉人性之大道。

值得强调的是,人权的价值基准和公正的法律制度并不能保证高尚的纯洁德性(比如至善)的实现,但却能够坚守德性的底线法则,不至于使人倒退到豺狼般的野蛮状态中去。如果失去了这个底线,且不说高尚的

---

[1] See P.Foot, *Virtues and vices*, (Berkeley: University of California Press, 1978), p.3; J.McDowell, "Virtue and reason," *Monist*, 62(1979):331-350; R.Adams, *A theory of virtue*, (Oxford: Oxford University Press), 2006.

[2] Susanne Foster, "Justice is a Virtue", *Philosophia*, 3(2004):501-512.

[3] John Rawls, *A Theory of Justice*, (Cambridge, Mass.: Harvard University Press, 1971), p.192.

德性沦为空谈,人类基本的存在也难以得到有效保障。因此,运用正义的法律制度的伦理力量,秉持人权底线,切实应对和人类密切相关的现实问题如人造生命、生态、食品健康问题等,而非沉醉于那些貌似科学、实则梦幻的虚拟问题如克隆技术是否会克隆出长生不老的克隆转忆人[1]等,是严防人性堕落的最切实的实践途径。它比乌托邦式的道德梦幻如至善至圣、千禧王国、最大幸福或最大快乐等更有价值和意义,这也是德性实践特质的内在要求。

---

[1] 参见韩东屏:《克隆转忆人——供人类思考的思考》,社会科学文献出版社2005年版。

本书内容初刊信息

《人类伦理视域的义利之辨》,《桂海论丛》2016年第3期;人大复印资料《伦理学》2016年第9期全文转载。

《义利之辨的现代伦理批判》,《博士后交流》2015年第2期。

《义利之辨的困境与出路》,《晋阳学刊》2016年第4期。

《论严复的经济伦理思想》,《攀枝花大学学报》1999年第4期。

《"对中体西用"文化内涵二重性的思考》,《沈阳师范学院学报》1999年第4期;人大复印资料《文化研究》1999年第11期全文转载。

《谁之功利,何种功利?》,《理论与现代化》2007年第4期。

《补贫弱之弊,求富强之道》,《重庆交通学院学报》2004年第1期。

《祛弱权与生命伦理学"共识的崩溃"》,《理论与现代化》2009年第3期。

《论荀子与黑格尔伦理思想的根本差异》,《道德与文明》2007年第3期。

《谁之中庸?》,《湖北大学学报》2017年第5期;人大复印资料《伦理学》2018第1期。

《〈中庸〉的伦理反思》,《东南大学学报》2018年第2期。

《康德的义务论辨正》,《哲学动态》2007年第5期。

《康德论道德教育方法》,《教育学报》2007年第4期。

《义务论还是目的论——伦理学的困境与出路》,《武汉大学学报》2008年第4期;人大复印资料《伦理学》2008年第11期全文转载。

《义务论还是德性论?——走出"康德伦理学是义务论"的误区》,《理论与现代化》2008年第4期。

《略谈康德伦理学的几个问题》,《道德与文明》2008年第6期。

《论黑格尔关于善的思想》,《学术论坛》2005年第4期;《新华文摘》

2005年第11期篇目辑览。

《简析黑格尔的伦理有机体思想》,《武汉大学学报》2005年第6期;人大复印资料《伦理学》2006年第2期全文转载。

《黑格尔理性主义伦理学体系》,《应用伦理研究》2016年第1期。

《应用伦理学视域下的道德冲突——伦理学专家高端论坛述评》,杜盼盼、任丑,《哲学动态》2016年第2期。

《应用伦理学的逻辑和历史》,《哲学动态》2008年第3期。

《人造生命:后应用伦理学发端的可能契机》,《哲学动态》2012年第9期。

《追寻正义的进程》,《应用伦理研究》2017年第1期。

《应用德性论及其价值基准》,《哲学研究》2011年第4期;人大复印资料《伦理学》2011年第7期全文转载。

《传统德性论的困境及其出路》,《云南民族大学学报》2011年第3期。

后　记

本书的出版得到了西南大学国家治理学院党委书记吴江教授、院长潘孝富教授的悉心关怀与西南大学出版社的大力支持，谨向他们致以衷心感谢。

本书最后的修改、完善得到了西南大学黎松老师的鼎力相助，阅读校对等工作得到了重庆市伦理学学会副秘书长甄真的大力支持。另外，本书成果得益于教学相长，这些成果尤其和伦理学专业的研究生们的思考讨论密切相关。他们是：硕士生郭晓林、张倩倩、王豪略、李小燕、张娅、岳伟华、平小柳、刘冰燕、余爱青、魏明勤、侯彦如、王静（女）、李梅、景熠阳、郝晓燕、刘颖、王一帆、都萧雅、王静（男）、徐诚明、杜盼盼、徐丽丽、张冰凌、薛靖、陈旭、杨金梅、何鑫、罗御哲、吴兆梅、郭程程、扶静、骆宇、王梦菊、金钊，博士生郑畅、周碧雯、陆灵鹏、沈冬香、陈旭、邓晓璇、邢静雯、张倩倩，以及博士后魏冰娥、吴祖刚、林志雄、孙晗霖、姚城等，特向他们致以诚挚的谢意。

最后，衷心感谢我的五大导师的授业之恩。他们是：中国社会科学院甘绍平研究员、武汉大学张传有教授、西南大学何向东教授、原西南师范大学杨义银教授、美国明尼苏达大学 Carl Elliott 教授。借此机会，谨向五位恩师的教诲提携致以最真挚的谢意！

2021 年 11 月 26 日
渝州东和春天悠然斋